AF522753

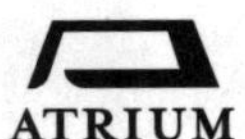
ATRIUM

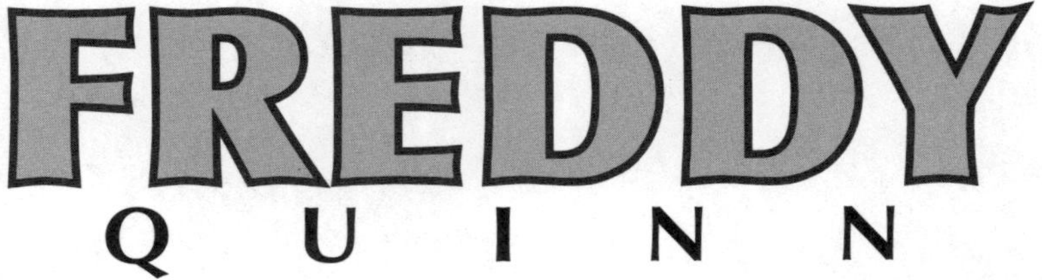

QUINN

Ein unwahrscheinliches Leben

Biografie

Elmar Kraushaar

Atrium Verlag · Zürich

»Jeder Mensch erfindet sich früher oder später eine Geschichte, die er für sein Leben hält.«

Max Frisch, *Mein Name sei Gantenbein*

INHALT

ERSTE BEGEGNUNG

Es ist laut geworden zum Schluss. »Ich will nicht, dass Sie über mich schreiben!«, schreit Freddy Quinn ins Telefon. »Ich werde dagegen vorgehen! Und ich werde nicht mit Ihnen kooperieren! Sie wollen doch nur wieder Lügen über mich verbreiten wie all die anderen Journalisten auch! Und außerdem«, jetzt wird er noch lauter, »Ihnen geht es doch nur um das große Geld mit meinem Namen!« Jetzt reicht es mir aber. Was bildet sich dieser Mann ein? Glaubt er wirklich, dass sein Name immer noch eine Garantie ist für die schnelle Mark? Ich reiße mich zusammen, verabschiede mich wortkarg und lege auf.

Das war also mein vorläufig letztes Telefongespräch mit Freddy Quinn im April 2005. Ein unerfreuliches Gespräch. Mit dem Anwalt hat er mir gedroht, falls ich über ihn schreibe, über die Paparazzi geklagt, die angeblich Tag und Nacht sein Haus belagern, über Deutschland geschimpft, in dem nur Neider und Denunzianten leben. Nein, Freddy Quinn mag die Journalisten nicht, mag keine Leute, die zu viele Fragen stellen, meidet die Öffentlichkeit, wenn es um seine Person und seine Geschichte geht. »Kein Wort über die drei Bs«, lautet sein Standardspruch: »Nichts über das Bett, die Bank und das Beten!« »Könnte es sein, dass du hinter einem Paravent lebst?«, hat ihn Joachim Fuchsberger mal in einer Talkshow gefragt und damit zum Ausdruck gebracht, wie wenig die Öffentlichkeit eigentlich weiß von Freddy Quinn. Obwohl laut einer Umfrage rund achtundneunzig Prozent aller Deutschen seinen Namen kennen. Was für eine Diskrepanz!

Dabei hatte es so interessant angefangen. Nachdem ich im Laufe meiner Berufsjahre schon einige Male über Freddy Quinn geschrieben hatte, sollte ich ihn im Dezember 1994 kennenlernen. Ich war mit der Bitte um ein Interview an ihn herangetreten, im Auftrag von Bear Family Records, die die Wiederveröffentlichung seiner Lieder auf CD planten und der Box ein Porträt des Sängers beilegen wollten. Nach einigem Hin und Her war ein Termin zustande gekommen, wir trafen uns in einem Restaurant am Stadtrand von Hamburg, unweit – wie ich später erfuhr – von dem Haus, in dem er lebt. Zunächst aßen wir gemeinsam, mit dabei waren seine – so wurde sie mir vorgestellt – Managerin Lilli Blessmann sowie die Haushälterin. Kaum war das Essen serviert, zeigte mir Freddy Quinn zum ersten Mal die Rote Karte. Mit einem Nicken in die Runde hatte ich allen einen »Guten Appetit!« gewünscht und wollte mit der Suppe beginnen. »Was fällt Ihnen eigentlich ein?«, fuhr er mich an: »Wir sind hier Gäste von Frau Blessmann, und nur sie kann uns einen ›Guten Appetit‹ wünschen. Was haben Sie nur für ein Benehmen!« Das kann ja heiter werden, dachte ich bei mir und blieb fortan auf der Hut.

Nach dem Essen, Lilli Blessmann und die Haushälterin hatten sich verabschiedet, zogen Freddy Quinn und ich uns zurück in ein Nebenzimmer des Restaurants. Ich hatte noch nicht Platz genommen, da öffnete Quinn mit großer Geste einen Aktenkoffer, den er die ganze Zeit über bei sich getragen hatte. Der legendäre Koffer! Oft hatte ich schon von ihm gehört, über ihn gelesen. »Mein Fluchtgepäck!«, wie er gerne sagt. »Da habe ich alles drinnen. Ich kann jederzeit verschwinden.« Der Sänger hatte ihn immer dabei, wenn er zu den Journalisten ging, vollgestopft mit amtlichen Papieren und wichtigen Briefen, die beweisen sollten, dass er ist, wer er ist. »Hier ... und ... hier ... und ... hier!«, sagte er jetzt laut zu mir und holte ein Blatt nach dem anderen aus dem Koffer, lauter Kopien offizieller Dokumente, wie ich bei genauerem Hinsehen feststellte, der »Staatsbürgerschaftsnachweis« der Republik Österreich, sein Reisepass, sein Waffenschein. Alle ausgestellt auf den Namen Manfred Freddy Quinn. Geboren in Wien. Am 27. September 1931. »Damit Sie mir glauben, dass ich Quinn heiße, Quinn und nichts anderes, nicht Nidl und nicht Petz oder was sonst noch für Namen kursieren.« Und dann begannen wir mit unserer Arbeit. Er erzählte mir sein Leben, routiniert und mit den richtigen Pausen an den richtigen Stellen. Ein Profi eben, der so oft schon sein Leben erzählt hat, oder das, was er dafür hält.

Manchmal unterbrach er abrupt seinen Redefluss, sah mich mit großen Augen an und polterte los: »Was stellen Sie mir eigentlich für Fragen? Warum erzähle ich Ihnen das alles? Verschwinden Sie!« Erschrocken stand ich auf, packte ganz schnell Notizblock und Aufnahmegerät ein und verließ den Raum. Ich hatte noch nicht das Lokal verlassen, da stand Quinn schon hinter mir und bat mich wieder herein. Ich setzte mich, packte meine Sachen wieder aus, und er erzählte weiter, so als sei nichts gewesen. Das wiederholte sich noch zweimal im Laufe dieses Nachmittags, jetzt blieb ich aber gleich sitzen und wartete ab, bis sich sein Ton wieder normalisiert hatte. »Alles in allem ein nettes Gespräch«, sagte ich zum Schluss, Heucheln gehört zum Handwerk. »Finde ich auch«, sagte er, und: »Heben Sie Ihre Notizen und die Bänder gut auf, vielleicht können wir mal ein Buch daraus machen.« Um Gottes willen, dachte ich bei mir, nur das nicht – und habe doch alle Kassetten und Aufzeichnungen aufgehoben.

Für die Arbeit an diesem Buch habe ich seitdem immer wieder meine Notizen durchgeblättert und die Bänder abgehört, wieder und wieder, dazu unzählige Porträts, Interviews, Berichte und Nachrichten mit und über Freddy Quinn aus Archiven zusammengesucht und gelesen, abgehört, angeschaut. Einmal, zweimal und noch mal und noch mal. Die Geschichte hatte mich gepackt. So viele Widersprüche waren in den verschiedenen Darstellungen aufgetaucht, so viele Zeitläufte, die nicht zueinander passten, so viele Namen und Daten, die immer wieder neu gemischt und neu verteilt wurden. Wie war das nur möglich? Da gehört einer zu den Topstars in diesem Land seit Jahrzehnten, bekannt wie kaum ein Zweiter, mit Liedern, die längst Kulturgut geworden sind und ins kollektive Gedächtnis dieser Nation gehören, niemand hat so viele Tonträger verkauft wie er, auf der Liste der Künstler mit den meisten Nummer-eins-Hits in

Deutschland liegt er immer noch auf Platz zwei, knapp hinter den Beatles und noch vor ABBA, und seine alten Filme werden ständig im Fernsehen wiederholt. Im Sommer 2010 wählten die Zuschauer des NDR ihn auf Platz zwei der »bedeutendsten Norddeutschen«, knapp hinter Altkanzler Helmut Schmidt, im Jahr 2003 wurde seine »La Paloma«-Interpretation in einer ARD-Abstimmung zum »Jahrhundert-Hit« der Deutschen gekürt, und im oberfränkischen Coburg ist bereits zu seinen Lebzeiten ein Platz nach Freddy Quinn benannt worden. Selbst nachkommende Generationen entdecken ihn immer wieder neu, als Kultfigur, als Zeitzeugen, als Idol der Eltern und Großeltern. Stefan Remmler, einer der Protagonisten der sogenannten Neuen Deutschen Welle, hat ein ganzes Album nur mit Quinn-Liedern aufgenommen: *Projekt F – Auf der Suche nach dem Schatz der verlorenen Gefühle*; Quinns »Heimweh«, gecovert von Element of Crime, gehört zum Soundtrack des Kultfilms *Die fetten Jahre sind vorbei*; und Götz Alsmann begrüßt in seiner TV-Show *Zimmer frei* Freddy Quinn enthusiastisch mit »Mein Held!«.

Trotzdem ist der Superstar ein Fremder geblieben, umflort von der Legende des Einsamen, Weitgereisten, Heimatlosen. Ganz so, wie es seinem Image entspricht, dem Bild des Seemanns, der jederzeit bereit ist, seinen Seesack zu schultern und wieder auf große Fahrt zu gehen, des Naturburschen, der sich um keine Konventionen schert und noch nie eine Krawatte um den Hals trug. Aber wer ist Freddy Quinn eigentlich? Woher kommt er? Wohin gehört er? Wo ist er geboren? Wer sind seine Eltern? Wie ist er aufgewachsen? Wer hat ihm nur die vielen Fremdsprachen beigebracht und wer das Gitarrenspiel? Gibt es eine Frau in seinem Leben? Oder einen Mann? Fragen über Fragen, so viele haben sich über die Jahre daran versucht, auch Freddy Quinn hat sie immer wieder brav beantwortet. Aber Zweifel bleiben, weil die eine Antwort nicht zur anderen passt, weil die Antworten so stereotyp daherkommen, als gäbe es kein Leben in ihnen, weil ständig neue Antworten auftauchen. Erinnerungen klaffen auseinander, so als steckten Mogeleien dahinter und Lügen, aufgebauschte Details oder große Dramen, die gekonnt heruntergespielt werden. »Die Lügen und die Halbwahrheiten kommen von den Journalisten und den Produzenten«, behauptet Freddy Quinn gerne in Interviews, so als sei er das Opfer von Verleumdungen – und damit ist für ihn der Fall erledigt.

Nein, eine Biografie schaut anders aus. Darin kann man nachlesen, wer wann wo geboren ist, wie die Vorfahren heißen und vielleicht sogar, wer die erste Liebe war. Nicht einmal diese Standards lassen sich so einfach beantworten für Freddy Quinn. Deshalb folgt hier keine Biografie, keine im klassischen Sinne, eine Spurensuche eher oder die Beschreibung der vielfältigen Versuche, sich einem Leben zu nähern und einem Phänomen, das von vielen Geschichten umstellt ist, Potemkinschen Dörfern gleich, deren Fassaden zusammenbrechen, kaum stößt man daran, um Platz zu machen für neue Geschichten und kleine und große Geheimnisse.

VOM DORF IN DIE STADT

1. Die Sonne schafft es kaum durch die Wolken, aber es ist warm in Niederösterreich. Ein Freitag im August, die Straßen sind fast leer in Niederfladnitz, einer kleinen Ortschaft hoch oben im Norden der Republik. Die Grenze zu Tschechien ist ganz nah, und der Wein soll besonders gut sein in der Region. Die Stadt Retz, eines der Zentren des sogenannten Weinviertels, ist nur ein paar Kilometer entfernt, und an den Sommerwochenenden startet von dort der »Reblaus-Express« – mit Halt in Niederfladnitz.

Mit einer Fotografie in der Hand suche ich die Dorfstraße ab, auf dem Bild das Haus, in dem Freddy Quinn geboren worden sein soll. Vor mehr als zwanzig Jahren hatte der Wiener Fanklub des Sängers eine Busreise nach Niederfladnitz unternommen und dabei diese Aufnahme gemacht. In sicherer Entfernung waren die Anhänger damals geblieben, hatten sich nicht getraut, an der Haustür zu klingeln, denn Quinns Halbschwester lebte in dem Haus, so gingen die Gerüchte, und die sollte nicht gestört werden.

Niemand begegnet mir, den ich jetzt fragen könnte, ein Lkw biegt um die Ecke mit Waren für den kleinen Lebensmittelladen in der Mitte der Ortschaft. Ich suche weiter in den Nebenstraßen, die ungepflastert sind und nicht geteert, und stehe mit einem Mal vor dem Haus. Tannen schützen das Gebäude vor allzu neugierigen Blicken, der Bau ist schmucklos und flach, mit heruntergezogenem Dach, wie so viele in der Region. Die Fenster sind gesichert mit gusseisernen Gittern, das fällt ebenso auf wie ein turmartiger Anbau über zwei Stockwerke. Nein, hier möchte niemand gestört werden, das ganze

Anwesen demonstriert Abwehrhaltung, im Kontrast zu den Häusern in der Nachbarschaft. Ein Videospion ist neben der Türklingel angebracht, und natürlich macht mir keiner auf.

Ich gehe zurück an die große Kreuzung in der Ortsmitte, hier muss es doch ein Gemeindeamt geben oder einen Bürgermeister, irgendeine offizielle Stelle, die mir bestätigen kann, dass Freddy Quinn einst hier auf die Welt kam, hier gelebt hat oder aufgewachsen ist. Die Verkäuferin trägt einen weißen Kittel und räumt gerade das Kühlregal in dem Lebensmittelgeschäft ein, sie ist freundlich und hilfsbereit: »Ja, der Bürgermeister, der könnte Ihnen vielleicht weiterhelfen. Wenn Sie sich beeilen, dann erwischen Sie ihn noch. Er hat in Pleissing seine Sprechstunde bis 12 Uhr.« Ich bin noch rechtzeitig im Nachbardorf, aber der Bürgermeister ist unterwegs. Ein Angestellter erreicht ihn auf dem Handy, und der Bürgermeister rät mir, mich an den alten Rockenbauer zu wenden, der kenne sich aus, der wisse Bescheid.

Zurück in Niederfladnitz mache ich mich erneut auf die Suche. Als ich klingele, öffnet mir Otto Rockenbauer sofort, so als habe er hinter dem hohen Hoftor auf Besuch gewartet. »Da war schon mal einer da, vor zehn Jahren, der wollte auch was über den Fredy wissen«, sagt er und bittet mich auf die gemütliche Bank im Innenhof. »Fredy« nennt er ihn, nicht Freddy, und erzählt weiter: »Ja natürlich weiß ich, dass der Fredy hier geboren wurde, hundertprozentig!« Rockenbauer schaut mich von der Seite an, ein bisschen misstrauisch, so als müsse er auf der Hut sein. »Wissen Sie, ich bin Jahrgang 1928, nur drei Jahre älter als der Fredy. Als kleine Buben haben wir zusammen auf der Straße gespielt. Der wurde hier geboren, ganz sicher.« Und dann erzählt er mir noch ein bisschen aus der Familiengeschichte des Fredy, so wie man sie sich hier im Dorf erzählt: dass seine Großmutter – »sie war eine Baronin, wissen Sie!« – einen Herrn aus Niederfladnitz kennengelernt habe und wegen ihm aus Wien gekommen sei, dass ihre Tochter – »die Mutter vom Fredy« – auch öfter hier gewesen sei, aber nach der Geburt wieder zurück sei in die Stadt, der Fredy aber die Ferien immer bei der Großmutter verbracht habe, und dass schließlich die Frau Baronin das Haus an ihre Enkelin, die Halbschwester vom Fredy, vererbt habe: »Sie wohnt heute noch hier, mit ihrem Mann. Aber sonst wissen wir nicht viel, denn eigentlich, eigentlich, sind die ja nicht von hier.«

Es scheint, als sei die Familie des Freddy Quinn nicht sehr beliebt in Niederfladnitz, ich frage hier noch nach und dort, und es gibt nicht viel zu erzählen: »Sie kaufen ja nicht einmal ein hier im Ort!«, sagt eine, und man sehe sie nur selten, sagt ein anderer. »Es ist schon mehr als zehn Jahre her«, erzählt die Wirtin vom Gasthof Angerer, »da sollte der Freddy mal hier singen. Aber das hat er natürlich nie gemacht.« Er käme schon hin und wieder ins Dorf, um die Schwester zu besuchen: »Aber davon erfährt man erst, wenn er schon wieder weg ist.« Es ist ruhig in Niederfladnitz, ein bisschen verschlafen fast, zwei Radtouristen kommen vorbei, mit Isomatte und Rucksack hintendrauf. »Wissen Sie«, fügt die Wirtin hinzu, »ich glaub, der schämt sich für seinen Geburtsort, Niederfladnitz kennt ja auch keiner.« Im Tanzsaal des Gasthofs ist ein Flohmarkt aufgebaut, ohne eine Schallplatte von Freddy Quinn weit und breit. Und bald ist Kürbisernte hier, das wird gefeiert.

2. Pula ist weit. Auch hier soll Freddy Quinn geboren worden sein, so steht es jedenfalls in den Presseberichten der ersten Jahre seiner Karriere. Die größte Stadt auf der Adria-Halbinsel Istrien gehörte einst zu Österreich und wurde ab 1867 Hauptstützpunkt der k.u.k. Kriegsmarine. 1918 kamen die Italiener nach Istrien, im Londoner Vertrag von 1915 war die Region Rom versprochen worden, um es zum Kriegseintritt an der Seite der Alliierten zu bewegen. Italiener wurden angesiedelt, die kroatische Sprache im öffentlichen Leben verboten, Italienisch offizielle Landessprache. Heute gehört Pula wieder zu Kroatien, und die früheren Besatzer bilden nur noch eine kleine Minderheit.

In den Artikeln über Freddys Geburtsort Pula wird immer wieder ein Bild gezeigt mit dem angeblichen Geburtshaus darauf, eine kleine, windschiefe Kate mit einem Zaun davor und einem Huhn. Und wenn man ganz genau hinschaut, erkennt man ein kleines Kind vor dem Toreingang des Hauses, es könnte ein Junge sein, aber genauso gut auch ein Mädchen, mit weißen Strümpfen bis zu den Knien. Der Vater sei Italiener gewesen, ein italienischer Kaufmann, heißt es weiter in den Berichten, und die Mutter kam aus Wien.

3. Von Pula ist nicht mehr die Rede, als 1960 Freddy Quinns erste »Autobiografie« erscheint – *Lieder, die das Leben schrieb*. Das reich bebilderte Fan-Buch, aufgeschrieben von Quinns damaligem Komponisten und Produzenten, Lotar Olias, bildet die Grundlage für alle weiteren Medienberichte über ihn. Wo er nun tatsächlich geboren wurde, steht nicht in diesem Buch, aber später einigen sich alle Journalisten und der Sänger selbst auf Wien: Geboren am 27. September 1931 in der Laudongasse 10 im achten Wiener Gemeindebezirk, der Josefstadt. Der Bezirk heißt so seit 1700, als Wien das gerade erworbene Gelände zu Ehren des damaligen Kronprinzen und späteren Kaisers Joseph I. umbenannte. Der Adel siedelte sich anschließend hier an, das Viertel wurde Gartenstadt und Sommeraufenthalt in einem.

Heute ist der achte Bezirk ein typisches Wohnviertel mit vielen Bürgerhäusern, die noch vor 1919 erbaut wurden. So eines ist auch das Haus Nummer 10 in der Laudongasse. Rosa Philomena Nidl, geborene Schich, lebte hier, die Großmutter von Freddy Quinn. Ihre Tochter, Edith Henriette Aloysia, geboren am 14. Mai 1910, war schwanger geworden während eines Aufenthalts in Hamburg. Sie war in die Hansestadt gekommen, um sich bei einer Tageszeitung, dem *Hamburger Fremdenblatt*, zur Journalistin ausbilden zu lassen. Gerade mal einundzwanzig Jahre alt und unverheiratet, kam sie im Sommer 1931 hochschwanger zurück nach Wien und suchte Schutz und Hilfe bei ihrer Mutter. Nur wenige Tage nach der Niederkunft wurde der Neugeborene am 8. Oktober von Pater Guido Wirth in der Heiligen Dreifaltigkeitskirche in der Alser Vorstadt getauft: Manfred Franz Eugen Helmuth Nidl. Fünfundvierzig Jahre später kommt Freddy Quinn einmal mit einem Kamerateam zurück in die Laudongasse 10. Als er die Treppen hinaufsteigt, fällt es ihm schwer zu reden: »Man sollte nicht länger in der Vergangenheit wühlen«, sagt er. »Denn da kommen Emotionen auf, mit denen man gar nicht fertigwerden könnte.«

Drei Geburtsorte stehen also zur Auswahl, für den einen bürgen die Nachbarn, der andere soll auf einem Foto zu sehen sein, und den dritten schließlich nennt – nach langem Schweigen – Freddy Quinn selbst. Um endlich Klarheit zu gewinnen, müssten doch offizielle Stellen weiterhelfen können. Doch da ist der Datenschutz vor. Im Wiener Rathaus komme ich nicht weiter: »Nein, Sie haben keinen Anspruch darauf, Einblick in den Taufschein zu nehmen, sofern er denn bei uns lagert. Dazu muss der Gesuchte seine Einwilligung geben.« In der Pfarrkanzlei der Heiligen Dreifaltigkeitskirche ist man nicht ganz so streng. Ein Blick in den Computer bestätigt, Freddy Quinn hat 1931 in der Laudongasse 10 gewohnt und wurde an dem bekannten Datum hier getauft. Aber geboren? »Darüber geben uns unsere Unterlagen leider keine Auskunft.« Vielleicht kann mir das Archiv der Diözese St. Pölten weiterhelfen, denn hier könnte auch der Geburts- oder Taufschein aufbewahrt sein, falls Freddy Quinn in Niederfladnitz geboren wurde. Die Pfarrei des Ortes ist schon seit Langem aufgelöst, und die Personenstandsregister der Kirchengemeinde wurden nach St. Pölten geschafft. »Aus datenschutzrechtlichen Gründen dürfen wir Ihnen keine Auskunft geben«, so die freundliche, aber bestimmte Abfuhr auch hier. Ganz sicher sind sich jedoch die Autoren der Internetseiten der Stadtgemeinde Hardegg. Niederfladnitz ist eine von zehn Katastralgemeinden, die zusammen Hardegg bilden, laut Eigenwerbung »vielfach als kleinste Stadt Österreichs genannt«. Sehenswürdigkeiten – heißt es weiter auf der Homepage – gibt es einige in Hardegg, die gleichnamige Burg, das Barockschloss Riegersburg und die Ruine der Burg Kaja. Und unter der Überschrift »Söhne und Töchter der Stadt« ist nur einer aufgeführt: »Freddy Quinn (* 1931 in Niederfladnitz), Schlagersänger und Musiker«. Um alle Zweifler seinerseits zu überzeugen, hat Freddy Quinn einmal in einem Zeitungsinterview seine Mutter als Kronzeugin aufgerufen: »Am Totenbett hat sie mir geschworen: ›Du bist in Wien geboren, du brauchst dir keine Sorgen zu machen.‹«

DER UNBEKANNTE VATER

Die Identität der Mutter ist einigermaßen geklärt. Einigermaßen deshalb, weil nur wenig bekannt geworden ist über sie. Edith Nidl, spätere Edith Henriette Baronin Petz, hat nie den Prominentenstatus ihres Sohnes genutzt, um selbst an die Öffentlichkeit zu gehen. Interviews mit ihr sind nicht bekannt, nur selten sieht man sie auf Fotos in den Zeitschriften und Journalen. Als einmal – im Jahr 1965 – ein Journalist es wagt, an ihrer Wohnungstür zu klingeln, wird er kühl abgefertigt: »Frau Baronin ist nicht da, sie ist verreist«, verleugnet sich Frau Baronin: »Ich bin nur die Untermieterin.« Das wenige, was man über sie weiß, hat Freddy Quinn erzählt: Journalistenausbildung in Hamburg, später Autorin und Herausgeberin der *Wiener Tierpost*. Andere, die sie kennengelernt haben, beschreiben sie als eine selbstbewusste, gut aussehende Frau, dunkler Typ, tatkräftig und voller Lebensfreude.

Aber wer ist der Vater? Nach der Mutter scheint ihn niemand je zu Gesicht bekommen zu haben, außer Freddy Quinn selbst. Die einzigen Schilderungen, die es über den Vater des Sängers gibt, stammen ausschließlich von ihm. Wie ein weißer Fleck auf der Landkarte die wildesten Fantasien provoziert, so gibt es auch unzählige Geschichten, Spekulationen und Vermutungen über den Vater – von Freddy Quinn erzählt, von Plattenproduzenten erfunden, von Journalisten zusammengereimt. Dass Freddy Quinn seinen Vater nie kennengelernt hat, wird vermutet, oder dass er ein Offizier gewesen sei beim Österreichischen Bundesheer, auch ein orthopädischer Schuhmacher aus Wien machte die Runde. Quinn selbst, dessen Image und Karriere ganz eng verknüpft ist mit der Hansestadt Hamburg, will, wenn schon nicht an der Waterkant geboren, so doch zumindest dort gezeugt worden sein. Das erzählt er immer wieder gerne und lächelt verschmitzt dabei.

In den ersten Jahren der Karriere – die Version vom Geburtsort Pula ist noch im Umlauf – ist in der Presse von einem italienischen Vater die Rede. Eine Quinn'sche Standard-Antwort taucht gleichlautend in fast allen Berichten der frühen Jahre auf: »Was für ein Landsmann ich bin? Da fängt's schon an, kompliziert zu werden. Sagen wir ein in Jugoslawien geborener Austro-Italiener, denn meine Mutter ist aus Wien, mein Vater aus Italien.« Im März 1962 erzählt Freddy Quinn »Sybille«, der Reporterin der *Film-Revue*, die Version vom »italienischen Exportkaufmann«, weigert sich aber, dessen Namen preiszugeben. Und wo es offenbar kein wirkliches Leben zu erzählen gibt, setzt die Kolportage ein: Als einzige Erinnerung an seinen Vater schildert Quinn der Reporterin eine Szene wie aus einem Film: »Ich stand auf dem Bahnsteig und winkte dem Zug nach, in dem er fortfuhr, ich muss damals etwa vier Jahre alt gewesen sein – es war bis heute das letzte Mal, dass ich ihn sah ...« Dass dieselbe Begebenheit – der endgültige Abschied vom Vater – auch ganz anders ausgesehen haben könnte, beschreibt ein namenloser Autor vier Jahre zuvor im Teenager-Magazin *Bravo*: »An Bord eines hohen Truppentransporters steht verloren ein schmächtiger Junge von fünfzehn Jahren. Er sucht sich einen freien Platz an der dicht umlagerten Reling. Da unten! Der Mann in dem hellen Regenmantel und dem hochgestellten Kragen, das ist sein Vater. Doch sein Vater entdeckt ihn nicht in der Menge, er winkt ziellos in die falsche Richtung. Der Nebel verschluckt den Mann im Regenmantel, verschluckt die verschwommene Silhouette New Yorks. Amerika? Nur noch eine Nebelwand, hinter der die Erinnerung liegt.« Und der fünfzehnjährige Freddy muss – so die *Bravo*-Version – nach neun Jahren Aufenthalt beim Vater in New York wieder zurück nach Wien.

Freddy Quinn spricht im Laufe der Jahre nicht mehr so oft vom »italienischen Vater«, stattdessen wird künftig die Betonung auf die »irische Herkunft« gelegt – schließlich muss der Nachname des Künstlers erklärt werden: »Ich heiße Quinn wie mein Vater, dessen Vorfahren aus Irland stammen.« Schon 1963, in der zweiten Auflage der »Autobiografie« *Lieder, die das Leben schrieb*, wird die Nationalität des Vaters offengelassen, zum Zeitpunkt von Freddys Geburt aber sei dieser in Italien auf Reisen gewesen. Wenigstens das. Die Herkunft des Vaters wird immer wieder variiert, in der Talkshow *Heut' abend* von Joachim Fuchsberger stellt sich 1985 der Gast Quinn als Kosmopolit vor: »Mein Großvater war Ire, meine Großmutter Tschechin, mein Vater Triestiner Amerikaner und meine Mutter Wienerin.« In einer anderen Talkshow, zehn Jahre später, spricht er wieder vom italienischen Vater, der in die USA ausgewandert sei. Einmal, 1973 in einem Interview mit der *Bild*-Zeitung, wird er gefragt: »Erinnern Sie sich an Ihren leiblichen Vater?«, und er antwortet kurz und knapp: »Flüchtig. Ich glaube, er hieß Willy. Oder?«

Trotzdem geht die Geschichte mit dem vermeintlichen Vater weiter: Die Eltern sollen geheiratet haben, 1934, da war der kleine Manfred gerade drei. Sechs Monate später folgt schon die Scheidung, und der Vater nimmt – so erzählt es Freddy Quinn bis heute – seinen Sohn mit auf Urlaubsreise, mit dem Schiff nach Amerika. Aus dem Urlaub wird ein USA-Aufenthalt von drei Jahren, die Freddy mit seinem Vater in Morgantown in West Virginia verbringt. Hier soll der kleine Österreicher sogar zur Schule gegangen sein, ein Jahr Grundschule, auf der er Englisch lernt mit breitem amerikanischem Akzent, außerdem Gitarre und *bugle*, eine Art Trompete ohne Ventile. Sonst gibt es nichts zu berichten aus West Virginia, nie hat Morgantown ein Gesicht in den Erzählungen von Freddy Quinn, keinen Geruch, keine Farbe. Wie haben sie dort gelebt, sein Vater und er? Zu zweit? Bei Verwandten? In Begleitung eines Journalisten fährt Freddy Quinn 1983 noch einmal nach Morgantown für ein Filmporträt. Die Schule steht nicht mehr, erzählt ein Taxifahrer, und Freddy steht dann vor einer anderen Schule, vor einem Gebäude aus den 1970er-Jahren. Da könnte die Schule gestanden haben, die er einmal besucht haben will, oder auch nicht. »Hier bin ich vor fast fünfzig Jahren zur Schule gegangen«, erzählt der Besucher zwei Jungs, die gerade auf dem Hof der Schule Basketball spielen. Aber sie wenden sich ab und kümmern sich nicht um den Fremden.

1938 muss der kleine Manfred wieder zurück nach Europa, nach Wien. Der Mutter wird das Sorgerecht zugesprochen. Hatte vorher der Vater das Sorgerecht? Wenn ja, warum? Oder hat er seinen Sohn in die USA entführt? Warum hat die Mutter darauf nicht reagiert und nach ihrem Sohn – beispielsweise – fahnden lassen? Auch diese Fragen lassen sich nicht klären. Aber vielleicht hat diese USA-Reise gar nicht stattgefunden, vielleicht hat der kleine Manfred Quinn nie Morgantown in West Virginia gesehen, vielleicht hat er dort nie eine Schule besucht. Von denen, die sich noch an seine Kinder- und Jugendjahre erinnern können, hat keiner ihn je davon erzählen hören, weder von dem Vater noch von der Schule. Höchst ungewöhnlich, dass ein Kind seinen Spielkameraden nie davon erzählt haben soll, dass es in einem anderen Land bereits zur Schule ging. Heute gibt es elf Grundschulen, Elementary Schools, in Morgantown, ich habe sie alle angeschrieben und nach einem Manfred (Freddy) Quinn oder Manfred Nidl gefragt. Eine einzige Antwort habe ich bekommen, von der übergeordneten Schulbehörde des Bezirks Monongalia County: »Wir haben alle Mikrofilme aus besagtem Zeitraum überprüft, aber wir haben leider keinen Eintrag über einen Schüler mit diesem Namen gefunden.« Das trägt auch nicht zur Klärung des Sachverhaltes bei. Noch ein anderes Detail der Geschichte muss angezweifelt werden: Edith Nidl ist nach österreichischem Recht nie mit einem Herrn Quinn verheiratet gewesen, laut Archivauskunft des Standesamtes Innere Stadt in Wien wird sie zum ersten Mal am 27. Juli 1939 getraut.

Dass die Kindheit ganz anders ausgesehen haben könnte, davon ist in »Heimweh-Freddy« die Rede, einer Artikelserie über den »Rattenfänger aus der Josefstadt«, die 1958 im Wiener *Kurier* erscheint. Da werden Begebenheiten geschildert, die zu alltäglich erscheinen, als dass man sie erfunden hätte – wie der dreijährige Freddy bei einer

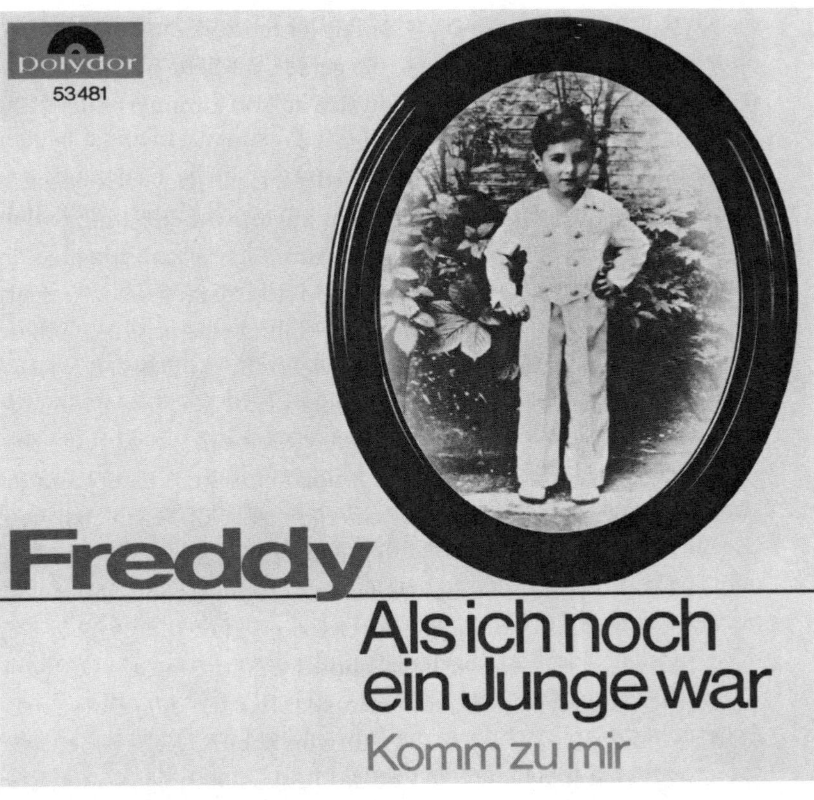

Der kleine Manfred zu Hause in Wien

Kindervorstellung im Wiener Stadttheater unbedingt dem Zauberer assistieren will, wie der fünfjährige Freddy bei einem Heurigennachmittag am Fuß des Kahlenberges auf einen Tisch steigt und »I kumm aus Grinzing« singt, wie der sechsjährige Freddy bei einem Ausflug im Türkenschanzpark sich von seiner Mutter losreißt und einen Spaziergänger mit Fotoapparat bittet, ihn doch zu fotografieren. Die Anekdote aus dem Stadttheater erzählt Freddy Quinn heute noch gerne, schließlich hatte er damals seinen ersten Auftritt vor einem Publikum: »Ich war also mit meiner Mutter in einer Märchenvorstellung im Stadttheater. Ein Zauberer agierte gerade auf der Bühne und bat, ein Kind aus dem Saal möge doch zu ihm nach oben kommen und ihm assistieren. Kaum hatte er das ausgesprochen, raste ich auch schon nach vorne, ging auf die Bühne und verbeugte mich als Erstes. Der Zauberer machte seine Tricks, holte Wasser aus meinem Bauch, und jedes Mal verbeugte ich mich. Das muss so lustig ausgesehen haben, dass sich die Zuschauer köstlich amüsierten und mir Beifall klatschten.«

Freddys Jugendfreund Erhard Hassek hat den ganz kleinen Manfred noch nicht gekannt, und doch erinnert er sich an die frühen Kinderjahre des Nidl-Buben, so wie man sich die Geschichte im Viertel erzählt hat. »Die Mutter hat den Kleinen in Niederfladnitz unehelich zur Welt gebracht, der Vater war unbekannt. Kurz darauf ist sie zurück nach Hamburg, um ihre Ausbildung zur Journalistin fortzusetzen. Den Jungen hat sie in Wien in einem Heim abgegeben. Manfreds Großmutter hat das einige Zeit mitgemacht, bis sie den Jungen aus dem Heim zurückgeholt und bei sich aufgenommen hat. Jetzt war er bei der Oma, und die Oma war ihm alles! Er war ein sehr hübsches Kind mit seinen großen Kugelaugen und wurde von allen verwöhnt.«

1938 – das ist gesichert – ist Manfred Nidl auf jeden Fall in Wien. Er besucht die Volksschule in der Josefstädter Lerchengasse. Ein Jahr später, am 27. Juli 1939, heiratet seine Mutter einen Mann, der dreiundzwanzig Jahre älter ist als sie: Baron Rudolf Anatol Freiherr von Petz. »Mein Vater war ja genauso alt wie meine Mutter, und weil sie so schlechte Erfahrungen mit einem Gleichaltrigen gemacht hat, dachte sie, jetzt, beim nächsten Mann müsse es ein älterer sein, einer, der viel älter ist.« Der Dichter und Schriftsteller von Petz wird am 28. Januar 1887 – den Ort kennen wir bereits – in Pula auf Istrien geboren, er entstammt einer alten und angesehenen Familie von Marineangehörigen. Sein Großvater, Anton Freiherr von Petz, war ein k. u. k. österreichisch-ungarischer Vizeadmiral, der als Kapitän zur See am 20. Juli 1866 die Zweite Division der österreichischen Flottille in der Seeschlacht von Lissa anführte. Bei diesem ersten Seegefecht der europäischen Geschichte, in dem Panzerschiffe eingesetzt wurden, besiegte die österreichische Flotte die italienischen Angreifer. Im Zuge kriegerischer Auseinandersetzungen zwischen Preußen und Österreich kämpfte Italien an der Seite Preußens und wollte hier vor der kroatischen Küste die österreichischen Gebiete an der Adria einnehmen. Für seine Verdienste bei dieser Seeschlacht wurde von Petz vier Wochen später der Maria-Theresia-Orden verliehen. 1868 stand Anton von Petz an der Spitze einer Delegation, die per Schiff nach Japan aufgebrochen war, um in Tokio einen Freundschafts- und Handelsvertrag zwischen Japan und der österreichisch-ungarischen Krone zu unterzeichnen, der Beginn der offiziellen Beziehungen zwischen beiden Ländern. Der Enkel Rudolf Anatol verbringt seine Jugend teils in Italien, teils in Wien. Zunächst soll er Diplomat werden, später Medizin studieren. Doch ihn zieht es zum Schreiben, und als er das Angebot erhält, für die *Münchner Neuesten Nachrichten* zu arbeiten, gibt er alle anderen Berufspläne auf. Gerade mal zwanzig Jahre alt, lebt Rudolf Anatol nur noch für seine schriftstellerische Tätigkeit. Von 1910 bis 1914 leitet er als Präsident die Wiener Literarische Gesellschaft, bis er im Ersten Weltkrieg eingezogen wird. Schwer erkrankt kehrt er Jahre später zurück und fängt wieder an zu schreiben. Unzählige Gedichte entstehen, Theaterstücke wie *Frau Barbara* und *Pest in Wien*, ebenso wie Lieder, die von namhaften Komponisten vertont werden, und Balladen wie »Der Blinde«, »Die arme Kathrin« oder »Maria, das Mädchen der Gasse«. Bis der junge Baron den Tierschutz für sich entdeckt und in Aufsätzen, Gedichten und Geschichten sich nur noch diesem Thema widmet.

Der kleine Manfred kann seinen Stiefvater nicht leiden, nie nennt er ihn »Papa«, immer nur »Vater«. »Da komm ich zurück aus Amerika«, hat er einmal erzählt, »und da liegt ein fremder Mann in meinem Bett ... äh, Entschuldigung, ich mein natürlich, im Bett meiner Mutter.« Dieser Fremde adoptiert ihn auch noch und zwingt ihm einen neuen Namen auf. Ein Nichtsnutz sei er gewesen, verarmter Adel, der seine Mutter nur wegen ihres Geldes geheiratet habe. »Wissen Sie, er war ein Mann, der von den Frauen gelebt hat.« Die Familie zieht um, von der Laudongasse gleich um die Ecke in die Kochgasse 8. Eine große, repräsentative Wohnung im zweiten Stock eines Patrizierhauses. Heute ist hier eine Gedenktafel angebracht, rechts neben dem Eingang: »Dieses Haus war von 1907 bis 1919 Heim und Wirkungsstätte des Dichters Stefan Zweig (1887–1942)«. Doch nicht nur der berühmte Schriftsteller lebte einst in diesem Haus. In Zweigs Erinnerungen ist von einer Klavierlehrerin die Rede, die eine Etage über ihm wohnt. Eines Tages, im Jahre 1910, erzählt ihm das »grauhaarige, ältliche Fräulein« von ihrer Mutter, mit der sie die Wohnung teilt. Zweig kann es nicht fassen: »Diese achtzigjährige Frau war niemand geringerer als die Tochter von Goethes Leibarzt Dr. Vogel und 1830 von Ottilie von Goethe in persönlicher Gegenwart Goethes aus der Taufe gehoben.« Weiter schreibt Zweig: »Mir wurde ein wenig schwindelig – es gab 1910 noch einen Menschen auf Erden, auf dem Goethes heiliger Blick geruht! – Ein letzter dünner Faden, der jeden Augenblick abreißen konnte, verband durch dies gebrechliche irdische Gebilde die olympische Welt Weimars mit diesem zufälligen Vorstadthaus Kochgasse 8.« Eines Tages wird Zweig bei der alten Dame – es ist die Pianistin Margarethe Demelius – eingeladen, und andächtig bestaunt er in ihren Räumen »mancherlei vom Hausrat des Unsterblichen«. Zweigs Erinnerungen an die Kochgasse 8 sind untrennbar verbunden mit seiner Verehrung für Johann Wolfgang von Goethe. »Und vielleicht bin ich selbst wiederum schon der letzte, der heute sagen darf: ich habe einen Menschen gekannt, auf dessen Haupt noch Goethes Hand einen Augenblick zärtlich geruht.«

Mit zum neu gegründeten Haushalt der Familie Petz gehört ein Dienstmädchen, Änne Dietrichstein, eine kluge, gebildete Frau. Sie ist – wie sich viel später herausstellt – eine Cousine von Stefan Zweig und hat bei der Familie Petz Zuflucht gefunden, als Jüdin wird sie von den Nazis verfolgt. Denn Österreich ist inzwischen von den Deutschen besetzt. Am 12. März 1938 lässt Adolf Hitler die Wehrmacht in Österreich einmarschieren. Zwei Tage später ruft er weit über hunderttausend jubelnden Menschen auf dem Wiener Heldenplatz zu:

»Deutsche! Männer und Frauen! Die älteste Ostmark des deutschen Volkes soll von jetzt ab das jüngste Bollwerk der deutschen Nation und damit des Deutschen Reiches sein.« Und: »Als Führer und Kanzler der deutschen Nation und des Reiches melde ich vor der Geschichte nunmehr den Eintritt meiner Heimat in das Deutsche Reich!« Aus Österreich wird die »Ostmark«, ein Begriff, der später durch den der »Donau- und Alpenreichsgaue« ersetzt wird. Hitler lässt sich den sogenannten Anschluss am 10. April 1938 durch eine Volksabstimmung bestätigen, laut offiziellem Ergebnis votieren 99,73 Prozent der Stimmberechtigten dafür, Juden, »Mischlinge« und Gegner der Nationalsozialisten sind von der Wahl ausgeschlossen. Die veränderte politische Situation hat ihre Auswirkungen offenbar auch auf das Leben des Schülers Manfred Petz. Im Unterricht ist er darauf bedacht, so stellt er es dar, so wenig wie möglich zu sprechen, zu sehr ließe sich noch der Akzent aus West Virginia heraushören, und die Amerikaner seien ja im großdeutschen Reich nicht beliebt gewesen. Statt zu reden, habe er sich lieber dem Fanfarenzug des Jungvolks angeschlossen und musiziert.

Wer weiß, wäre nicht der Zweite Weltkrieg ausgebrochen, hätte die Karriere des Freddy Quinn vielleicht schon sehr viel früher begonnen – als Kinderstar im Kino. Der Regisseur Ernst Marischka will das Leben von Wolfgang Amadeus Mozart verfilmen, und für die Rolle des kleinen Wolferl scheint ihm der Junge aus der Kochgasse mit den großen schwarzen Augen und dem dunklen Lockenkopf die ideale Besetzung. Doch der Film wird abgesagt, der Kriegsbeginn verhindert die Dreharbeiten.

Am 24. September 1940, drei Tage vor Manfreds neuntem Geburtstag, gibt es Zuwachs in der Kochgasse, seine Halbschwester Dagmar kommt zur Welt. Manfred lernt inzwischen Klavierspielen, sein Stiefvater hat ein altes Instrument mit in die Familie gebracht. Hinzu kommt der Geigenunterricht, den der umtriebige Junge aber schon nach wenigen Stunden schmeißt, ständig die gleichen Töne üben, dafür fehlt ihm jede Disziplin. Die Geige, ein Weihnachtsgeschenk, tauscht er gegen ein Knopfakkordeon ein. Am liebsten aber ist er im Prater unterwegs, zusammen mit seinem Spielkameraden Erwin Schweizer. Der wohnt mit seinen Eltern und acht Geschwistern im dritten Stock, eine Etage über der Familie Petz. »Mit zehn, elf Jahren – wir waren noch Knirpse –, da sind wir hauptsächlich in den Prater gefahren«, erzählt Erwin Schweizer Jahrzehnte später: »Wir sind so gerne Ringelspiel gefahren, das war unsere Leidenschaft. Weil wir kaum Geld hatten, sind wir immer auf der hinteren Seite der Straßenbahn gefahren, ohne zu zahlen. Manchmal mussten wir auch abspringen, damit wir ohne Fahrschein nicht erwischt werden, und sind dann zu spät nach Hause gekommen, weil wir zu Fuß laufen mussten. Da hat es dann immer Strafen gegeben, nicht für mich, aber der Freddy, der wurde von seinem Stiefvater mit einer Hundepeitsche gezüchtigt. Ich habe ihn schreien gehört, bis in den dritten Stock.« Ganz anders ist das Bild von Rudolf Anatol Petz, an das sich Freddys Jugendfreund Erhard Hassek erinnert. Bei seinen Besuchen in der Kochgasse ist er oft genug mit dem Stiefvater zusammengetroffen. »Immer wenn man zu ihm gekommen ist, hat er gesagt: ›Setzen Sie sich hin! Erzählen Sie mir was!‹ Der Herr Petz war ein Aristokrat vom alten Schlag, ein sehr sensibler, feinfühliger Mensch, musisch und lyrisch begabt. Dass der Petz den Freddy geschlagen haben soll, ist eine pure Erfindung, eine Frechheit, so etwas zu behaupten. Der Freddy war doch dem alten Aristokraten haushoch überlegen, schon als Bub.«

Heirat, die Geburt einer Tochter, ein ungezogener Stiefsohn, Klavierunterricht und erste Schuljahre – so soll sie ausgesehen haben, die nicht ganz heile, aber doch leidlich intakte Welt der Familie Niedl-Petz in Wien während des Zweiten Weltkriegs. So mag es gewesen sein, manchmal, so mag es sich Freddys Mutter gewünscht haben: familiäre Sicherheit für sich selbst und einen Vater für ihren unehelich geborenen Sohn. Dass es doch ganz anders aussah, entdeckt im Jahr 2009 die Journalistin Petra Cichos. Bei Recherchen stößt sie durch Zufall auf eine mögliche Nähe von Freddys Mutter zu den Nationalsozialisten. Und tatsächlich, die Akten über einen Prozess gegen Edith Petz vor dem Wiener Landgericht im Jahr 1947 bringen es an den Tag: Edith Petz, geborene Niedl, wird angeklagt, 1938 den jüdischen Fabrikanten Julius Traub denunziert zu haben. Genauer heißt es in der Anklageschrift: »Edith Petz habe in Wien am 4. Juni 1938, zur Zeit der nationalsozialistischen Gewaltherrschaft in Ausnützung der durch sie geschaffenen Lage aus politischer Gehässigkeit den Julius Traub durch Denunziation bewusst geschädigt; die Angabe sei eine wissentlich falsche gewesen und habe offenbar auf eigennützigen Beweggründen beruht.«

Die Vorgeschichte zu der Anklage führt zurück in das Jahr 1927. Traub, Besitzer einer chemischen Fabrik in Wien, sucht per Anzeige eine Bürokraft für sein Unternehmen. Unter anderen bewirbt sich auch die 17-jährige Edith Niedl, sie erhält die Stelle und arbeitet für einige Zeit in dem Betrieb. Gut zehn Jahre später, 1938 nach dem »Anschluss« Österreichs an das Deutsche Reich, erinnert sich Edith Niedl an ihre Zeit bei dem jüdischen Fabrikanten und zeigt ihn bei der NSDAP-Ortsgruppe »Schumann« an. Traub habe sie, so ihre späte Beschuldigung, um 3 000 Schilling betrogen. Er habe ihr damals, 1927, die Leitung der Firma anvertrauen wollen unter der Bedingung, dass sie eine Kaution in genannter Höhe hinterlege. Sie habe sich das Geld von einem Verwandten ausgeliehen, Traub habe ihr den Empfang des Betrages sogar bestätigt, sie aber dennoch weiterhin nur als Stenotypistin beschäftigt. Als er, Traub, im Laufe der Zeit auch noch zudringlich geworden sei »und ihr einmal einen Kuss rauben wollte«, sei sie nicht mehr zur Arbeit gegangen.

Diese Anzeige vor der Ortsgruppe hat Folgen für Edith Petz, aber nicht, wie sie sich erhofft hat. Zwar ermittelt das Landgericht Wien zunächst gegen Julius Traub. Edith Petz wird dazu als Zeugin vernommen und bekräftigt ihre Beschuldigungen. In der Hauptverhandlung gegen Traub muss sie aber ihre Aussage, die geforderten 3 000 Schilling von einem Verwandten geliehen zu haben, korrigieren, da dieser bei seiner Zeugenvernehmung behauptet, Edith Niedl nie Geld geborgt zu haben. Daraufhin wird Traub freigesprochen und ein Verfahren gegen Edith Niedl-Petz eröffnet, wegen Verbrechens der Verleumdung und der falschen Zeugenaussage. Im März 1941 kommt es schließlich zum Prozess, die Angeklagte wird zu zweieinhalb Jahren schwerer Kerkerhaft verurteilt. Für diese Zeit muss sie jetzt ihren Ehemann verlassen, den sie ja erst vor zwei Jahren geheiratet hat, ebenso wie ihre kleine Tochter, geboren sechs Monate zuvor. Ihr Sohn Manfred, auch das ergibt sich aus den Gerichtsakten, ist bereits seit 1939 in einem Kinderheim im Wiener Stadtteil Ottakring, wo er laut Unterlagen des Magistrats der Stadt Wien bis 1943 untergebracht ist.

Als es schließlich 1947 in gleicher Angelegenheit zu einer neuerlichen Anklage gegen Edith Petz kommt, steht eine reuige Sünderin vor Gericht. Vertreten durch ihren Anwalt, Maximilian Heinelt, ist sie bemüht, eine – wie es in der Juristensprache heißt – »gnadenweise Niederschlagung« des Verfahrens zu erreichen. Zur Begründung gibt sie an, sie habe ihren früheren Chef Julius Traub bei ihrer Ortsgruppe nicht anzeigen wollen, sondern lediglich eine »gesprächsweise Mitteilung« gemacht. Weiter gibt sie zu Protokoll: »Dass ich diese Mitteilung machte, kann ich mir heute psychologisch nur durch den Umstand erklären, dass eben damals eine allgemeine Psychose bestand, jedem Juden eine Schlechtigkeit anzudichten und es gewissermaßen zum guten Ton gehörte, zu behaupten, dass man durch einen Juden geschädigt worden ist. Dabei wurde oft aus einer Mücke ein Elefant gemacht und eine lächerliche Kleinigkeit so aufgebauscht, dass mit einem Male aus an sich harmlosen Ereignissen ein von einem Juden begangenes Kapitalverbrechen wurde. Dass dabei die dem weiblichen Geschlecht eigene Fantasie und Hemmungslosigkeit mit das Ihrige dazu beitrug, wird jeder Kenner der weiblichen Psyche verstehen.« Sie habe sich damals bei der Ortsgruppe nur interessant machen wollen und ein »aus Dichtung und Wahrheit zusammengebrautes Märchen« aufgetischt. »Ich wollte als gute Nationalsozialistin, die den Rassegedanken voll und ganz begriffen hat, dastehen.«

Dass sie jetzt wegen des ihrer Meinung nach gleichen Vergehens noch einmal angeklagt wird, obwohl sie doch bereits eine Gefängnisstrafe dafür verbüßt hat, will Edith Petz nicht hinnehmen. »Wenn das Recht Kapriolen schlägt, dann ist Gefahr im Verzuge, denn iustitia est regnorum fundamentum und fundamentum regnorum est iustitia bezw. leges. Aber die leges dürfen einander nicht selbst ins Gesicht schlagen und in diesem Falle würde sich ein eklatanter Schlag gegen das althergebrachte, in aller Welt geachtete österr. Recht ergeben.« Für ihr Gnadengesuch verweist sie auch darauf, dass sie sich nichts habe zuschulden kommen lassen, nicht vor ihrer Verurteilung 1941 und nicht mehr seitdem. Ihre Ehe mit dem »in weitesten Kreisen bekannten und geschätzten Schriftsteller« Rudolf Petz preist sie als »die denkbar glücklichste«. Ihr Mann sei aber nicht nur Künstler, der seine ganze künstlerische Kraft immer für seine österreichische Heimat eingesetzt habe, nein, er habe auch während der »ganzen Hitlerzeit« vier jüdische Mitbewohner – sogenannte U-Boot-Juden – »geschützt, beherbergt und mit Lebensmitteln versorgt«. Einer Verhaftung sei er nur knapp entgangen, als in seiner Wohnung eine gewisse Edda Berger verhaftet worden sei und man ihn daraufhin bei der Gestapo angezeigt habe. »Mein Mann«, fährt sie fort, »hat für Österreich gekämpft, er hat durch seine Tätigkeit dazu beigetragen, dass die Widerstandsbewegung erstarkte, indem er die Nachrichten fremder Sender schwarz abhörte und überall verbreitete, er war sohin ein Mann, der seit eh und je, das Naziregime verdammend, dagegen gearbeitet und einen Beitrag zur Befreiung unserer Heimat von dieser fürchterlichen und dämonischen Macht geleistet hat.« Selbst den Sohn aus erster Ehe ihres Mannes, Rüdiger Petz, zieht sie heran, um die gute Gesinnung ihrer Familie zu beweisen. Rüdiger sei bei den Gebirgsjägern in Innsbruck gewesen und habe als Einziger Adolf Hitler den Eid verweigert, deshalb sei ihm die weitere Karriere zum Offizier versperrt gewesen. Ganz zum Schluss geht Edith Petz auch auf ihre beiden Kinder, Manfred und Dagmar, ein: »Meine beiden Kinder wachsen heran, und wenn sie einmal erfahren würden, dass ich neuerlich bestraft bin, könnte dies auf ihr Seelenleben eine derartige schockartige Wirkung ausüben, dass sie in ihrer seelischen Entwicklung ernstlich gefährdet würden.«

Als weiterer Beleg für ihre eigene widerständige Haltung während des Nazi-Regimes legt Edith Petz vor Gericht die eidesstattliche Erklärung von Berta Körner aus der Strozzigasse 38 in der Josefstadt vor. Darin heißt es: »Ich bin Volljüdin und musste die letzten 3 Jahre als ein sogenanntes U-Boot mein Dasein fristen. Vor, und besonders in dieser Zeit war ich auf die Hilfe antifaschistisch eingestellter Menschen angewiesen. Bei Frau Baronin Edith von Petz fand ich immer die tatkräftigste Hilfe, sehr oft ohne Rücksicht auf ihre eigene persönliche Sicherheit.«

Ein anderes Bild von der politischen Haltung der Edith Petz ergibt eine Zeugenbefragung im Zuge der Ermittlungen durch den »provisorischen Kriminalbeamten« Daubrawa vom Bezirks-Polizeikommissariat Josefstadt. Die Nachbarn der Beschuldigten geben an, Edith Petz sei Mitglied der NSDAP gewesen und habe als Sekretärin bei dem Wiener Gauleiter Josef Bürckel gearbeitet. »Jedoch kann dies«, steht weiter in dem Bericht, »niemand genau bestätigen.« Außerdem gibt Margarethe Demelius aus der Kochgasse 8, die Pianistin und Klavierlehrerin, die bereits Stefan Zweig erwähnt hat, zu Protokoll, dass Edith Petz die Wohnung in dem Haus 1938 von der Familie Recht übernommen habe, die damals als »Mischehe« gegolten habe. Auch Anton Berger, Tapezierer in der Laudongasse 10, dem Haus, in dem Edith Petz vor ihrer Heirat zusammen mit ihrer Mutter und ihrem Bruder Hans gewohnt hat, will gehört haben, dass Edith Mitglied der NSDAP gewesen sei. Die ganze Familie Niedl sei als nationalsozialistisch gesinnt bekannt gewesen. Auch dass Tochter Edith im Büro des Gauleiters gearbeitet habe, will Berger erfahren haben, und die Wohnung in der Kochgasse habe sie nur ihren guten Beziehungen in der Partei zu verdanken. Schließlich wird in dem Protokoll von dem öffentlichen Angestellten Alexander Hajek aus der Laudongasse 10 berichtet: »Im Jahre 1941 musse dieser über Auftrag der Behörden eine Personenaufnahme im Bereich Kochg. durchführen. Damals gab Obgenannte (d.i. Edith Petz, E.K.) in einem Fragebogen an, ›Sekretärin bei Gauleiter Bürckel‹. Ob diese tatsächlich Parteimitglied war, kann nicht bestätigt werden.«

Über die Nähe von Edith Petz zur Nationalsozialistischen Partei Deutschlands gibt die sogenannte Registrierungsakte Auskunft. Im Rahmen der Entnazifizierung erstellten die österreichischen Behörden direkt nach Kriegsende Listen, in denen alle NSDAP-Parteimitglieder und -Parteianwärter und ihr »Belastungsgrad« erfasst wurden. In diesen Akten findet sich auch ein Hinweis auf Edith Niedl-Petz. Danach soll sie bereits 1932 in die NSDAP eingetreten sein, habe aber keine Mitgliedsbeiträge bezahlt, es existiert auch keine Mitgliedsnummer. 1938 habe sie dann in Wien erneut einen Antrag auf Aufnahme in die Partei gestellt, der aber im Mai 1942 schließlich abgelehnt wird mit Hinweis auf ihre Verurteilung und Inhaftierung ein Jahr zuvor. Gleichzeitig gibt der Eintrag in der Akte Auskunft darüber, dass Edith Niedl von 1931 bis 1934 teilweise in Deutschland als »Berichterstatterin« gearbeitet habe, unter anderem für den *Kampfruf*. Von 1939 bis 1940 sei sie dann Sekretärin gewesen im Büro des Wiener Gauleiters Bürckel. In der Registrierungsakte wird Edith Niedl-Petz schließlich als »minder belastet« eingestuft. Nach dem Krieg bemüht sie sich, dass ihre Daten und ihr Name aus dieser Akte gelöscht werden, ihre Begründung: Die NSDAP habe sie ja aus politischen Gründen abgelehnt. Die Behörden widersprechen, und so ist ihr Name bis heute in diesen Akten aufgeführt.

Einerseits will die Mutter von Freddy Quinn Antifaschistin gewesen sein und gemeinsam mit ihrem Mann untergetauchte Juden versteckt und versorgt haben. Andererseits ist sie nach Aktenlage als eine Art Deutschland-Korrespondentin für die Wiener NS-Wochenzeitung *Kampfruf* tätig. Der *Kampfruf* war 1930 von Alfred Frauenfeld, dem von Adolf Hitler bestätigten Gauleiter in der österreichischen Hauptstadt, gegründet worden. Frauenfeld baute den österreichischen Flügel der NSDAP aus und organisierte die Partei weiter im Untergrund, nachdem sie im Juni 1933 in Österreich verboten wurde. Weiterhin bezeugen die Bemühungen von Freddys Mutter um eine Mitgliedschaft in der Partei ihr Engagement für die Nationalsozialisten. Schließlich arbeitete sie als Sekretärin im Büro von Josef Bürckel. Bürckel war 1938 nach Wien gekommen, um die verbotene NSDAP neu zu organisieren – sein Vorgänger Frauenfeld war zunächst verhaftet worden und dann, 1934, nach Deutschland geflohen – und war mitbeteiligt an den Vorbereitungen zu der Volksabstimmung zum »Anschluss an das Deutsche Reich«. Nach dieser Abstimmung im April 1938 wird Bürckel »Reichskommissar für die Wiedervereinigung Österreichs mit dem Reich«. Zwischen 1939 und 1940, also genau in dem Zeitraum, als Edith Petz als Sekretärin für ihn tätig wird, ist er Gauleiter in Wien, gleichzeitig »Reichsstatthalter der Ostmark« und »Reichsverteidigungskommissar« und damit verantwortlich für die Massendeportationen der jüdischen Bevölkerung Wiens.

All diese Widersprüche sind bekannt und kommen zur Sprache während des Prozesses 1947. Und doch haben Edith Niedl-Petz und ihr Anwalt Glück, ihr Gnadengesuch »An den Herrn Bundespräsidenten der Republik Oesterreich« hat Erfolg, das Verfahren wird eingestellt. Ihre »denkbar glücklichste Ehe« – wie sie im Prozess zur Sprache kam – mit Rudolf Petz wird am 12. Mai 1952 geschieden, Petz stirbt am 16. April 1961 in Wien im Alter von 74 Jahren. Edith Petz stirbt 17 Jahre später und wird am 21. Dezember 1978 auf dem Friedhof im Wiener Stadtteil Döbling beigesetzt.

DER AUSREISSER

Noch sind wir im Jahr 1944. Freddys Mutter ist wieder aus dem Gefängnis entlassen, er selbst zurück aus dem Kinderheim in Ottakring. Rudolf Petz ist bemüht, dem Leben unter den erschwerten privaten Bedingungen und den Belastungen des Krieges dennoch eine Ordnung und Richtung zu geben. Auf Drängen des Stiefvaters soll Manfred doch noch eine ordentliche Schulausbildung bekommen, er besucht fortan die Staatliche Oberschule für Jungen in der Albertgasse. Die Schule, 1905 auf »allerhöchste Entschließung« Seiner Majestät des Kaisers Franz Josef I. als Realschule im achten Wiener Gemeindebezirk gegründet, hat bereits eine wechselvolle Geschichte hinter sich. Schon 1909 wird sie umgewandelt in ein »Reformrealgymnasium«, und nach dem Ersten Weltkrieg besuchen erstmals auch Mädchen die Schule. 1928 schließlich gehört die Schule zu den größten in Österreich. 1938, kurz nach dem »Anschluss« des Landes, ändert sich alles. Aus den Klassenzimmern verschwinden die obligatorischen Kreuze und werden durch Hitler-Porträts ersetzt, der Leiter der Schule wird entlassen, ein überzeugter Nationalsozialist übernimmt sein Amt, und alle jüdischen Schüler dürfen nicht mehr mit den anderen Klassenkameraden zusammensitzen, sondern werden – durch mindestens eine Reihe getrennt – in die letzte Bankreihe abgeschoben. Darüber hinaus werden jüdische Schüler – insgesamt 186 – aus anderen Schulen Wiens in die Albertgasse versetzt und in gesonderten Parallelklassen, den »Judenklassen«, zusammengefasst. In dem entsprechenden Erlass heißt es dazu abschließend: »Bis zur endgültigen Regelung der Judenfrage an den Wiener Mittelschulen müssen an den genannten jüdischen Schulen arische Lehrer den schweren Dienst auf sich nehmen.« Es dauert nicht lange, bis die »Judenklassen« geschlossen werden und keine jüdischen Schüler mehr die Schule besuchen. Der Hitler-Gruß wird nun Pflicht, und an den Feiertagen der Nationalsozialisten erscheint der Direktor in brauner Uniform zum Dienst und lässt die Schüler zu donnernden Nazi-Parolen antreten. Aus »Turnen« wird »Leibeserziehung«, Boxen wird Unterrichtsfach, und im Philosophieunterricht wird Hitlers *Mein Kampf* zur Pflichtlektüre.

In diese Schule wird nun im Frühjahr 1944 der dreizehnjährige Manfred Petz in die zweite Klasse aufgenommen. Aber an einen geordneten Unterricht ist schon lange nicht mehr zu denken, immer wieder fallen Lehrstunden wegen Bombenalarms aus. Bereits seit August 1943 fliegen US- und britische Bombengeschwader auch Ziele in Österreich an, sie haben vor allem die Flugzeugwerke in Wiener Neustadt, der zweitgrößten Stadt Niederösterreichs rund fünfzig Kilometer südlich von Wien, im Visier. Erste Luftangriffe auf Wien selbst erfolgen acht Monate später, im April 1944. Am 10. September 1944 ist am Morgen im Radio wieder der Kuckuck zu hören, ohne weiteren Kommentar. Das ist das Alarmsignal, dass feindliche Flieger im Anflug sind. Gegen 11 Uhr ertönen die Sirenen in Wien, die Amerikaner fliegen ihren bislang schwersten Bombenangriff auf die Stadt, das Zentrum wird verwüstet. Die Wiener begreifen nicht, wie es zu den Luftangriffen auf ihre Stadt kommen konnte, schließlich hatten die Alliierten erst 1943 die sogenannte Moskauer Deklaration unterschrieben. Darin wird Österreich als Opfer Nazi-Deutschlands anerkannt und die Absicht bekundet, das Land nach der Kapitulation Deutschlands als unabhängigen Staat wieder zu errichten. Warum wird dann noch die ehemalige und künftige Hauptstadt zerstört?

Die Josefstadt wird außer an diesem 10. September 1944 noch zweimal Ziel von Angriffen aus der Luft, am 5. November 1944 und am 15. Januar 1945. Einige Häuser in der Kochgasse werden dabei ebenso getroffen wie das Schulgebäude in der Albertgasse. Die älteren Schüler müssen zur Musterung und kommen zu einer vormilitärischen Ausbildung in die Steiermark. Andere werden zur »Heimflak« eingezogen und gegen Fliegerangriffe rund um Wien eingesetzt. Vereinzelt erteilen die Lehrer Notunterricht in den Flakstellungen. Die unteren Jahrgänge, zu denen auch Manfred gehört, nehmen an verschiedenen Sammelaktionen teil, für das »Winterhilfswerk« und das Rote Kreuz, aber auch für Altpapier, Altglas und Heilkräuter. Oder sie müssen raus in die zerstörten Stadtteile und bei Aufräumarbeiten helfen und werden als sogenannte Luftschutzmelder eingesetzt. So fährt Manfred auf einem alten Fahrrad mit Vollgummireifen nach den Angriffen durch die Straßen und muss auskundschaften, welche Häuser wo zerstört wurden. Bis Kriegsende wird Wien insgesamt zweiundfünfzigmal aus der Luft angegriffen, dabei werden fast neuntausend Menschen getötet, über 270 000 Menschen sind ausgebombt. 88 000 Wohnungen werden total zerstört, 100 000 als leicht beschädigt eingestuft.

Freddy erlebt das Kriegsende nicht in Wien, wie viele andere Kinder wird auch er aus der Stadt ins nahe Ungarn evakuiert, »erweiterte Kinderlandverschickung« lautet die amtliche Bezeichnung. Sie geht zurück auf einen Befehl Adolf Hitlers, der bereits im September 1940 die Evakuierung von Kindern und Jugendlichen aus den luftkriegsgefährdeten Städten anordnet. In Wien mangelt es in den Wintermonaten 1944/45 an Heizmaterial, deshalb bleiben die Schulen auch nach den Winterferien geschlossen. Die Wiederaufnahme des Unterrichts wird immer wieder verschoben, ab Februar 1945 stellen die meisten Schulen ihren Betrieb ganz ein, die Front rückt immer näher.

Am 29. März 1945 überschreiten die sowjetischen Truppen im Burgenland die österreichische Grenze, am 7. April beginnt die Schlacht um Wien, am 13. April ist der Kampf zu Ende, rund 19 000 deutsche und 18 000 sowjetische Soldaten werden dabei getötet. Unterdessen macht sich Freddy – so erzählt er später immer wieder – in Ungarn auf die Flucht vor den Sowjets. Auf einem Lkw der Wehrmacht ist er mit vielen anderen, Zivilisten wie Uniformierten, unterwegs und hat nur ein Ziel: gen Westen, um ja nicht den Russen in die Hände zu fallen. Bis in die tschechische Stadt Pilsen kommt der kleine Treck – ebenso wie Hunderttausende deutscher Soldaten, die vor den sowjetischen Truppen nach Westböhmen fliehen. Am 6. Mai marschieren US-Truppen aus zwei Richtungen kommend in Pilsen ein und befreien die Stadt aus der Hand der Nazis.

Für die unzähligen Flüchtlinge – so schildert es Freddy Quinn – gibt es eine zeitliche Frist, bis zu der sie sich in amerikanische Gefangenschaft zu begeben haben, danach werden sie den Sowjets übergeben. Freddy und seine Begleiter kommen nur vier Stunden nach dieser *deadline* in der Stadt an, doch mit einer List kann er sich trotzdem auf die amerikanische Seite retten. »I am an American!«, stellt sich der Dreizehnjährige einem US-Sergeant vor. Der will es nicht glauben: »You are kidding?!« »No, it's true«, antwortet Freddy mit astreinem US-Akzent, »and these are my friends who saved my life.« Freddy und die anderen können bei den US-Truppen bleiben, ein gewisser Major J. P. Walker als oberster Vorgesetzter wird hinzugezogen und entscheidet über das weitere Schicksal von Freddy, dem kleinen »Ami«. Mit einer Militärmaschine wird der sofort nach Paris ausgeflogen und von dort nach Antwerpen in Belgien gebracht. Mit dem Transportschiff »S. S. Eagen Victory« geht es weiter bis nach Ellis Island, die letzte Station vor der Einreise in New York. Hier endet die abenteuerliche Fahrt. Da Freddy keine offiziellen Papiere bei sich hat, fahnden Beamte der Einreisebehörde nach seinem Vater in Morgantown in West Virginia. Doch der ist inzwischen tot, 1943 bei einem Autounfall in Morgantown ums Leben gekommen. Jetzt fliegt Freddys Schwindel auf, er gesteht, dass er Österreicher ist, und wird mit dem nächsten Schiff wieder nach Europa, nach Antwerpen verfrachtet. Hier bringen die Amerikaner den Jungen zunächst in einem Hotel unter. Mit einem der nächsten Transporte soll er zurück zu seiner Mutter nach Wien gebracht werden, sobald er wieder im Besitz gültiger Reisepapiere ist. Doch das dauert. Freddy treibt sich inzwischen in der Hafenstadt herum, schließt sich Soldaten des A. G. R. C., des *American Graves Registration Command,* an, einer Einheit, die für die Überführung der Gefallenen und die Anlage von Soldatenfriedhöfen zu sorgen hat. Das ist nicht der rechte Platz für ein Kind, meinen die, die auf ihn aufpassen sollen, und übergeben ihn einem Heim für schwer erziehbare Jugendliche. Mehr als sechs Monate bleibt Freddy in dieser geschlossenen Anstalt und lernt hier auf die Schnelle Flämisch und Französisch.

Freddy Quinn hat einmal zusammengezählt, wie oft er die Grenzen wechseln musste auf seinem Weg von Antwerpen zurück nach Wien: mehr als zehn Mal einen Passierschein vorlegen, kontrollieren und abstempeln lassen. Von Belgien nach Deutschland, und dort von der englischen in die französische und in die amerikanische Zone nach Österreich, und hier weiter von der französischen in die amerikanische Zone nach Wien, durch die russische Zone nach Hause in die Kochgasse im achten Bezirk, der inzwischen zur amerikanischen Zone gehört. Über ein Jahr ist er unterwegs gewesen, glaubt man seinen Erzählungen, auf der Flucht vor den Sowjets, auf der Suche nach dem Vater, zwangsweise zurückgeführt zu seiner Mutter und seinem Stiefvater. Aus den Unterlagen des Albert-Gymnasiums geht lediglich hervor, dass Manfred Petz am 1. März 1946 wieder abgemeldet wird und nicht mehr die Schule in der Albertgasse besucht.

Auch von dieser abenteuerlichen Geschichte über die Erlebnisse des vierzehnjährigen Manfred Petz bei Kriegsende existiert noch eine andere mögliche Version. Eine Version, die Freddy selbst damals den Jugendfreunden erzählt hat. Gegen Kriegsende werden die Schüler des Albert-Gymnasiums nach Oberösterreich evakuiert. Eines Tages, es muss im April 1945 sein, trifft Freddy hier auf einen amerikanischen Piloten, der mit dem Fallschirm abgesprungen und hinter den feindlichen Linien gelandet ist. Die beiden schlagen sich gemeinsam zu den Vorausabteilungen der US-Truppen durch. Ein Major nimmt sich des Jungen an, will ihn adoptieren und mitnehmen nach New York, wo er ein großes Taxiunternehmen besitzt. Doch die Einwanderungsbehörden verhindern die illegale Einreise des Wiener Schuljungen. Mit einem Truppentransporter wird Freddy zurück nach Europa geschickt, nach Antwerpen. Hier gibt er sich als Belgier aus, nennt sich Frédéric, und wird Küchenhilfe bei einer amerikanischen Einheit. Eines Tages, wir schreiben inzwischen das Jahr 1947, landet eine Suchmeldung des Roten Kreuzes bei dieser Einheit, die Eltern von Manfred Petz versuchen seit Langem, den Aufenthaltsort ihres Sohnes ausfindig zu machen. Für den inzwischen Sechzehnjährigen gibt es keine Ausflüchte mehr, im November 1947 kehrt Freddy mit einem Sammeltransport kranker oder verletzter Kriegsgefangener österreichischer Staatsangehörigkeit zurück nach Wien.

Freddys Jugendfreund Erhard Hassek erinnert sich etwas anders an diese Geschichte: »Warum sie nie zur Sprache kommt, das weiß ich nicht. Und warum Freddy darüber schweigt, weiß ich auch nicht. Tatsache ist, hinter den feindlichen, den deutschen, Linien sind zwei amerikanische Fallschirmspringer gelandet. Das war in der Nähe von Wels in Oberösterreich. Der Freddy hat die beiden gefunden und sie bei einem Bauern im Hühnerstall versteckt. Das war kurz vor Kriegsende. Als alles vorbei war, haben die beiden Soldaten Freddy mitgenommen zu ihrer Einheit. Er bekam eine amerikanische Uniform verpasst und blieb bei den Amerikanern wie ein Maskottchen, ein Glücksbringer, er war ja gerade mal vierzehn Jahre alt. Ich selbst habe ein Foto gesehen, mit Freddy in dieser Uniform. Er ist dann eine ganze Weile in der Einheit geblieben, ist mit denen über Frankreich bis nach Belgien gezogen. Die Amis haben ihn schließlich wieder zu seiner Mutter geschickt, er konnte mit amerikanischen Ausweispapieren unbehelligt durch die ganzen Zonen zurück nach Wien reisen.«

Doch es gibt noch eine weitere Version, kürzer als die anderen, über Freddy Quinns Zeit nach dem Ende des Zweiten Weltkriegs. Die lässt er erzählen in der schon erwähnten »Autobiografie« von 1963: Im Frühjahr 1946 reißt er von zu Hause aus, sein Ziel ist Amerika, wo er seinen leiblichen Vater vermutet. Per Autostopp kommt Freddy bis Antwerpen, aber all seine Versuche, auf einem Schiff in die USA anzuheuern, sind vergebens. Die Militärpolizei wird auf ihn aufmerksam und schickt den Jugendlichen zurück nach Wien. Das klingt so einfach, aber genau hier liegt der Haken: Mehr als zehn Grenzen sind, wie bereits erwähnt, auf dem Weg zu überschreiten, man braucht Erlaubnisse und Passierscheine. In dieser Situation erscheint die gelungene Autostopp-Reise eines Fünfzehnjährigen von Wien in die belgische Hafenstadt Antwerpen geradezu unmöglich.

Wien feiert das Kriegsende am 29. April 1945. Am Vormittag tanzen die Menschen Walzer im Freien, Tausende bilden in der Ringstraße ein Spalier für die Mitglieder der neuen provisorischen Staatsregierung auf dem Weg ins Parlament. Der Anschluss an Deutschland wird für null und nichtig erklärt, die demokratische Republik Österreich wiederhergestellt. Das Burgtheater nimmt seinen Betrieb ebenso auf wie die Staatsoper. Am 10. Mai heißt es in einem Befehl der sowjetischen Stadtkommandantur, dass der »Betrieb von Gastwirtschaften, Restaurants, Kabaretts, Kasinos, Theatern, Lichtspielen und anderen Unterhaltungsstätten von 7 bis 20 Uhr MEZ gestattet« sei. Unter Obhut der Sowjets erscheint bereits am 23. April erstmals die Tageszeitung *Neues Österreich*. Später organisieren die Alliierten gemeinsam die Wiederinbetriebnahme der Medien im ganzen Land.

Im Januar 1946 erscheint die erste Nummer der *Wiener Tierpost – Das Blatt der Tier- und Naturfreunde*. Als Eigentümer, Herausgeber und Verleger zeichnet im Impressum Freddys ungeliebter Adoptivvater, Rudolf Anatol Petz, verantwortlich, Sitz der Redaktion ist die Kochgasse 8. »Möge diese Zeitschrift der Jugend und den Erwachsenen, möge sie allen Menschen, die eines guten Willens sind, jene Kräfte zum Kampfe gegen Rohheit und Unvernunft verleihen, damit diese die nötige Stärke finden, am Wiederaufbau der Heimat und der Herzen ihrer Bewohner mitzuarbeiten«, heißt es »Zum Geleit« in der ersten Ausgabe. Die »Kinderecke« im Heft wird betreut von »Tante Dita«, dahinter verbirgt sich Freddys Mutter, Edith von Petz, die unter diesem Namen auch eine Fortsetzungsgeschichte für die Kleinen beisteuert, »Struppi und Hexi – Eine Hundeliebe«. Die kleine Zeitung erscheint nur unregelmäßig, mal mit acht, mal mit sechzehn, mal mit zwanzig Seiten, voller Geschichten und Gedichte über Tiere, der Verfasser der meisten Texte heißt Rudolf Anatol Petz. »Dichter und Tierschriftsteller« nennt er sich und lässt sich am 2. Februar 1947, anlässlich seines sechzigsten Geburtstages und vierzigjährigen Berufsjubiläums, gebührend im Heft feiern. Trotz anhaltender Kohlennot richten ihm das Amt für Kultur und Volksbildung, der Schriftstellerverband und der Tierschutzverein gemeinsam ein Fest aus im großen Ehrbar-Saal in der Mühlgasse im vierten Bezirk. Dabei sind vor allem seine Lieder und Gedichte zu hören, gesungen von der Sopranistin Elsemaria Matheisl von der Wiener Staatsoper und gesprochen von der Burgschauspielerin Maria Eis. Die *Wiener Tierpost* erscheint vor allem als Abonnementzeitung, später kooperiert sie mit dem Wiener Tierschutzverein und veröffentlicht auch dessen Mitteilungen für die Mitglieder. Unter gleicher Redaktions- und Verwaltungsadresse, Kochgasse 8, erscheint im Sommer 1947 zusätzlich *Die Glocke – Jugendzeitschrift für Tier- und Naturschutz*. Herausgeber und fast alleiniger Autor ist auch hier wieder Rudolf Anatol Petz. Das Heft ähnelt in Inhalt und Aufmachung deutlich der *Tierpost* und stellt bereits nach zwei Ausgaben sein Erscheinen wieder ein.

Es scheinen vor allem Schwierigkeiten bei der Papierbeschaffung gewesen zu sein, die zur unregelmäßigen Herausgabe der Zeitungen zwingen. So schreibt Petz im zweiten Heft der *Glocke*: »Es ist keine leichte und einfache Angelegenheit, in der heutigen Zeit eine neue Zeitschrift zu gründen. Die herrschende Papierknappheit und die stetig steigenden Kosten aller Art machen die Berechnungen und den Aufbau eines neuen Blattes zu keiner fröhlichen Unterhaltung.« Wegen des andauernden Mangels appelliert die *Tierpost* immer wieder an die Solidarität ihrer Leser, da werden mal Schreibmaschinen oder ein Schreibtisch für die Redaktion gesucht, und in fast jeder Ausgabe ist eine Liste mit den Namen der Leser abgedruckt, die mit Geldspenden zum Überleben des Blattes beitragen. Auch die Kinder der Familie Petz müssen ran, Freddy hilft bei der Papierbeschaffung, und der Name von Rüdiger Petz, ein Sohn von Rudolf Anatol aus erster Ehe, taucht in den späteren Ausgaben der *Wiener Tierpost* als Autor oder Übersetzer auf. Zu den Brüdern im Geiste, die im Blatt hin und wieder zu Wort kommen, gehören Autoren der Zeitschrift für Parapsychologie, *Das Neue Licht*, ebenso wie Vertreter der Liga für Menschenrechte.

Freddy hat die Arbeit seines Stiefvaters nie geschätzt, er spielt sie herunter, die Zeitschriften, so seine Darstellung, die habe seine Mutter herausgegeben. Darin seien hin und wieder dann auch die Gedichte des »Tierdichters« – wie er ihn abfällig nennt – abgedruckt worden. Ein Blick in die Hefte vermittelt ein anderes Bild, als Motor und Hauptverantwortlicher ist einzig Rudolf Anatol Petz auszumachen. Er schreibt die meisten Texte in beiden Blättern, die deutlich seine ästhetische und ideologische Handschrift tragen. »Der Mensch der Zukunft wird gut und edel sein. Verbrechen werden der Vergangenheit angehören, er wird ein Mensch der Ordnung und der Vernunft sein, die Polizei wird überflüssig werden als Hüterin der Gesetze. Die Güte wird als Siegerin aus allen Leiden der Jetztzeit hervorgehen und die Liebe wird herrschen als Königin der Welt«, schreibt Petz einmal in der *Wiener Tierpost* über seine Ideale. Geprägt von diesem humanistischen Menschenbild hat er den Tierschutz zu seiner Sache gemacht, die er mit Leidenschaft und Pathos vertritt. Auch der damalige Bürgermeister Wiens, der Sozialist Theodor Körner, würdigt zu Petz' sechzigstem Geburtstag dessen herausragendes Engagement. Freddys Mutter tritt in der *Wiener Tierpost* kaum in Erscheinung, als »Tante Dita« in den ersten Ausgaben und mit ihrer Fortsetzungsgeschichte von »Struppi und Hexi«, unterzeichnet mit Edith von Petz. Ihre Arbeit findet hauptsächlich im Hintergrund statt, sie erledigt alle Büroaufgaben, besorgt die Fotos, tippt die Texte, holt die Hefte vom Drucker, erledigt den Abonnementversand.

Freddy Quinn ist – falls er, nach der kriegsbedingten Kinderlandverschickung, je weg war – wieder zurück in Wien, ob 1946 oder 1947 lässt sich nicht mit Bestimmtheit sagen. Auf dem Schwarzmarkt der viergeteilten Stadt ist er unterwegs und macht seine Geschäfte. Und Musik. Er spielt ein bisschen Klavier oder Gitarre in den Klubs der amerikanischen Soldaten. »Ich bin schon als junger Bursche mit meiner Band Red River Valley Boys in der damaligen US-Zone durch die Ami-Klubs getingelt«, so eine seiner seltenen Anmerkungen über diese Jahre. Tatsächlich ist just in jener Zeit in den USA eine Musikgruppe mit dem Namen Red River Valley Boys bekannt, und zwar als Begleitgruppe für den populären Country-Sänger Johnny Bond. Country- und Hillbilly-Lieder gehören auch zu Freddys Repertoire, ebenso Volkslieder und ein paar Schlager der Zeit. Als Gage gibt es Konserven, Zigaretten, Schokolade, Kaugummi. »Mit den Stangen Zigaretten, die ich von den Amis bekommen habe, bin ich rüber in den russischen Sektor und habe dort die Zigaretten gegen Kunstdruckpapier eingetauscht.« Das können die Eltern gut gebrauchen für ihre Zeitung. Gegen diesen Zusatzverdienst in Naturalien, den der Junge täglich mit nach Hause bringt, ist nichts einzuwenden, Freddy bekommt keinen Ärger wegen seiner Tingelei.

Doch Rudolf Anatol Petz möchte gerne, dass sein Stiefsohn wieder zurück zur Schule findet und doch noch das Abitur, die Matura, macht. Deshalb meldet er ihn im März 1948 auf einer Privatschule an, der Maturaschule des Dr. Roland in der Neubaugasse. Tatsächlich geht Freddy wieder zur Schule, offensichtlich aber nur ungern, gerade mal vom 8. bis zum 31. März ist er laut Archivunterlagen der heutigen »Europa-Akademie Dr. Roland« in der Schule eingeschrieben. Eine Geschichte aus seiner Schulzeit erzählt Freddy Quinn immer wieder gerne und liefert den Beweis, dass das normale Lernen seine Sache nicht ist: »Ich musste eines Tages vor der ganzen Klasse einen Hausaufsatz vorlesen und der Lehrer war sehr angetan. Am Ende der Stunde bat er mich noch einmal, den Text vorzulesen, als gutes Beispiel für die anderen. Doch ich musste passen, in meinem Heft stand nichts drin, ich hatte die Geschichte beim ersten Vorlesen spontan erfunden. Jetzt also flog mein Schwindel auf und ich bekam die Note ›ungenügend‹.« Ansonsten wissen wir nur wenig aus seiner Schulzeit. Er sei ein unaufmerksamer Schüler gewesen, seine schlechteste Note sei die in Betragen gewesen, er sei frech gewesen und habe sich oft geprügelt: »Ich war immer einer von den Kleinsten und von den Kräftigsten. Reihenweise habe ich die anderen umgehauen und bin oft mit einem blauen Auge oder einer dicken Lippe nach Hause gekommen.« Andere, die mit ihm die Schulbank gedrückt haben, schildern ihn so: »Wenn der Professor geredet hat im Unterricht, dann hat der Manfred gar nicht zugehört, er hat immer nur aus dem Fenster geschaut. Und in der Pause ist er ganz einfach verschwunden. Es hat ihn gelangweilt.«

Einen Teil seiner Freizeit verbringt Freddy aber ganz brav bei der Musikgruppe der Katholischen Jugend in seinem Viertel. Hier lernt er 1947 Erhard Hassek kennen, den »Erie«, wie er ihn nennt, den »Hardy«, wie er später als Duettpartner heißt. Erhard ist zwei Monate älter als Freddy und wohnt nur ein paar Straßenecken von ihm entfernt in der Skodagasse. Im Betrieb seines Großvaters macht er eine Maler- und Anstreicherlehre, aber sein Herz schlägt für die Musik. Auch das muss er vom Großvater haben, der die Posaune spielt. In der Florianigasse nimmt Erhard Akkordeonunterricht bei Franz Votruba, dem Pianisten des Österreichischen Nationalzirkus. Freddy, der »Fredl«, und »Erie« lernen sich kennen, die Musik bringt sie einander näher. Erhard ist begeistert von seinem neuen Freund, ihm imponieren dessen Temperament und Abenteuerlust. »Ich habe immer den Po zusammengekniffen vor lauter Angst und der Freddy hat die guten Ideen gehabt.« Freddys Mutter ist angetan von dem Umgang ihres Sohnes, sie hofft auf den guten Einfluss des zurückhaltenden Malerlehrlings. Die beiden werden unzertrennlich, gehen oft ins Kino zusammen, wenn sie nicht Musik machen. Gegenseitig zeigen sie sich die richtigen Griffe auf dem einen oder anderen Instrument, und sie singen gemeinsam, nachdem sie festgestellt haben, wie gut ihre Stimmen miteinander harmonieren. »Wir waren nur noch zusammen, haben alles gemeinsam unternommen. Auf unserer Wanderschaft haben wir uns – wörtlich und wirklich – eine Suppe miteinander geteilt, uns mit einer Rasierklinge rasiert. So san mir zusammeng'steckt! Man hat damals sogar behauptet, wir seien ein Pärchen, das war aber nicht der Fall. Der Freddy war ganz normal veranlagt und ich auch – das darf ich mit ruhigem Gewissen aussprechen.«

Eines Tages im Frühjahr 1949 – Erhard steht kurz vor seiner Gesellenprüfung – ruft der alte Votruba seinen Schüler zu sich und macht ihm einen Vorschlag: »Hör zu, du spielst ja recht gut inzwischen, und ich kann dir nichts mehr beibringen auf dem Akkordeon. Es wird Zeit, dass du als Musiker alleine weitermachst. Ich hab da eine Idee: Der Neffe vom alten Rebernik vom Nationalzirkus, der Gschwandner, will einen kleinen Wanderzirkus gründen. Dafür sucht er noch Musiker, das wäre doch was für dich.« Weg von zu Hause, nicht mehr anstreichen – Erhard gefällt die Idee vom Wanderzirkus. Sofort erzählt er seinem besten Freund davon. Freddy ist Feuer und Flamme: »Da muss ich mit. Bitte nimm mich mit zum Zirkus!« – »Aber du kannst gerade mal ein bisschen Gitarre und Klavier spielen, das können die beim Zirkus nicht gebrauchen«, entgegnet Erhard. »Ach was!«, kontert Freddy, »ich spiel doch auch Saxofon, nicht viel, aber für zwei, drei Lieder wird's schon reichen.« Erhard lässt sich überzeugen: »Du mit deinem musikalischen Talent wirst das schon schaffen – auch wenn du keine einzige Note lesen kannst. Also komm mit.« Im Musikhaus Edlinger in der Praterstraße im zweiten Bezirk besorgen die beiden sich ein Saxofon, ein gebrauchtes Instrument zur Miete, mehr können sie sich nicht leisten. Ein Big-Band-Erfolg der Zeit, »Sentimental Journey«, ist das erste Lied, das Freddy zu Hause einstudiert, dazu noch zwei andere Stücke. Erhard bringt ihm zusätzlich bei, was ein »Fis« ist und wie eine viertel, eine halbe und eine ganze Note aussehen auf dem Papier. Dann stellen die beiden Freunde sich bei Gschwandner vor. Der überlegt nicht lange, er weiß genau, bei der geringen Gage wird er keine besseren Musiker finden. Und außerdem – das erkennt er vor allem beim Anblick des kleinen drahtigen Freddy –, die beiden können zupacken. Gschwand-

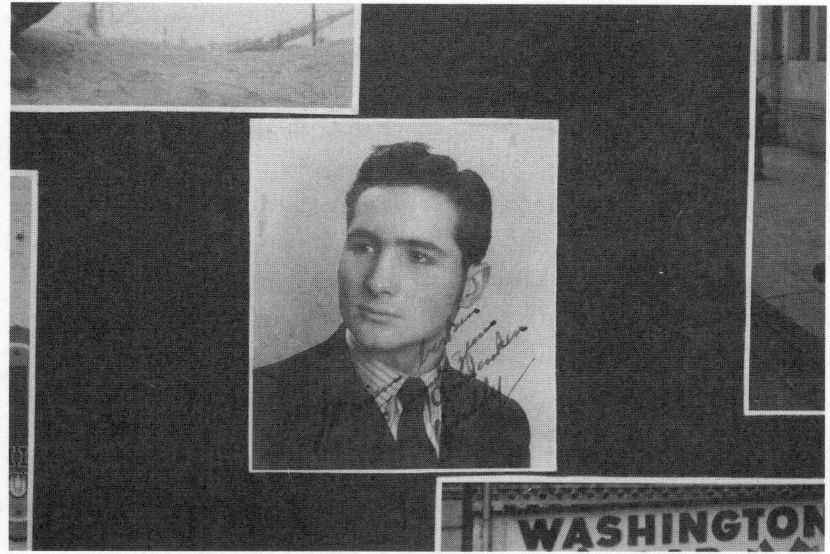

Aus dem privaten Fotoalbum des Erhard Hassek

ner und seine neuen Musiker werden sich schnell einig, vertraglich wird alles festgehalten auf einem Vordruck der Artistengewerkschaft, 25 Schilling Gage gibt es pro Vorstellung, garantiert werden 26 Spieltage pro Monat. Als Arbeitsbeginn ist der 10. März 1949 vorgesehen. Doch da muss Erhard passen, der Termin für seine Gesellenprüfung geht vor. »Kein Problem«, sagt Freddy, »dann fang ich schon mal alleine an, ich übernehme so lange dein Akkordeon, bis du dazukommst.«

Die Zirkus-Tournee beginnt im Burgenland, in der Nähe von Deutschkreutz. Erhard stößt acht Tage später in Rohrbach dazu, und die beiden werden eingesetzt für alles: Sie müssen das Zelt aufbauen, mit einem langstieligen Hammer die Anker in die Erde rammen, an denen das Zelt festgemacht wird; den Traktor fahren, Baujahr 1927, der zunächst mit Benzin gestartet und dann auf Petroleum umgestellt wird, um teuren Treibstoff zu sparen; die Tiere füttern; die Karten verkaufen; die Nummern im Programm ansagen; die Musik machen. Erhard spielt Akkordeon, Freddy das Saxofon. »Mir haben sie ein Bettlaken über den Kopf gezogen mit einem Band um die Stirn und mich als arabischen Saxofonisten angesagt, der aus dem fernen Land Karl Mays, aus der Wüste Kara Ben Nemsis stammt.« Einer der Artisten vervollständigt das Trio am Schlagzeug. Das funktioniert mehr schlecht als recht, für die Provinz muss es reichen, und manchmal setzt sich Zirkusdirektor Gschwandner mit seiner Geige dazu. Hin und wieder, nach der Vorstellung, spielen die Musiker auch noch in den Gaststätten der kleinen Dörfer auf, in denen sie unterwegs sind. Das übt und bringt einen kleinen Zusatzverdienst. Zusammen mit einem Stallburschen und einem Artisten sind Freddy und Erhard in einem Zirkuswagen untergebracht, um die Verpflegung kümmert sich jeder selbst. Der Ausflug in die Welt des Zirkus dauert nicht lange, gerade mal einen Sommer sind die beiden Jugendlichen mit den Artisten unterwegs. Denn in Wien machen sich Freddys Eltern Sorgen um ihren Sohn, der einfach so, ohne eine Nachricht zu hinterlassen, verschwunden ist. Zwar informiert der Zirkusdirektor, so erzählt Quinn, die Mutter und beteuert, dass ihr Sohn bei ihm in den besten Händen sei. Dessen ungeachtet wendet sich Stiefvater Petz an die Polizei und erstattet Vermisstenanzeige. Als der Zirkuschef davon erfährt, dass die Polizei auf der Suche nach seinem Helfer ist, schickt er ihn umgehend zurück nach Hause. Hier drängen die Eltern noch einmal ihren Sohn, wieder in die Schule zu gehen. Erneut wird er im Institut des Dr. Roland angemeldet, aber auch diesmal dauert es nicht lange, bis Freddy wieder alles hinschmeißt. In den Archivnotizen der »Europa-Akademie Dr. Roland« wird der Wiedereintritt des Schülers Manfred Petz am 7. September 1949 vermerkt – der Austritt mit Wirkung vom 31. Dezember 1949. Und noch etwas steht in den Unterlagen der Schule: Der Geburtsort des Schülers ist hier mit Niederfladnitz bei Retz, Niederösterreich, angegeben. Die Schule, erzählt Freddy Quinn immer wieder, hätte er gerne abgeschlossen, und dass er kein Abitur gemacht hat, darüber ärgert er sich noch heute.

Viel interessanter als die Schule ist das Wiener Leben bei Nacht, in das Freddy nach seiner Rückkehr vom Zirkus wieder eintaucht. Zunächst findet er einen neuen Job als Kulissenschieber und Aushilfsmusiker im berühmten Kabarett »Simpl«. Als sein Freund Hardy Anfang Dezember ebenfalls den Zirkus verlässt und wieder nach Hause kommt, tun die beiden sich wieder zusammen und machen gemeinsam Musik in den Klubs der Amerikaner. Sie wissen, was die Soldaten hören wollen, und erarbeiten sich ein Repertoire bekannter Hillbilly-Songs. Wenn der Army-Sender AFN diese Musik bringt in seinem Programm, sitzen die beiden vor dem Radioapparat und schreiben mit, Hardy ist für die Noten zuständig und Freddy für den Text. Die Lieder aus der Heimat kommen an bei den GIs, die Bezahlung für die jungen Musiker ist gut. Weil das Duo ein gutes Geschäft garantiert, sind sie bald auch bei den Kellnern beliebt und bei den Managern der Klubs. Ihre Lieder bringen sie so authentisch rüber, dass man sie beinahe für Amerikaner hält. Einmal, im »Tuxedo-Club«, kommt die Militärpolizei und verlangt Freddys Ausweis. Irgendjemand hat ihn angezeigt und behauptet, er sei ein amerikanischer Deserteur. Zwei schwere Schicksalsschläge beenden schließlich die Tingelei von Freddy und Hardy durch die Klubs im amerikanischen Sektor. Zunächst stirbt die Mutter von Hardy, er muss zurück in seinen erlernten Beruf als Maler, um regelmäßig Geld zu verdienen für sich und die beiden jüngeren Schwestern. Am 28. April 1950 wird Hedy Böck, eine Freundin der beiden aus der Florianigasse, tot aufgefunden. Ob es sich bei ihrem Tod um Mord oder Selbstmord handelt, kann nie zweifelsfrei geklärt werden. Der Tod der Jugendfreundin nimmt Freddy sehr mit. Nun – im Frühsommer 1950 – ist er ganz alleine auf sich gestellt.

Nichts hält ihn jetzt noch in Wien, heimlich packt er seine Sachen und haut ab von zu Hause, bei Nacht und Nebel, wie es sich für ein solches Abenteuer gehört. Auch von dieser ersten großen Reise, die jetzt folgt, kursieren viele Geschichten, eine spannender als die andere, ohne dass es möglich wäre, sie alle zur Deckung zu bringen.

»Für jede Station habe ich einen Beleg, und ich erinnere mich an alles noch sehr gut«, sagt Quinn immer dann, wenn Zweifel an seiner Ausreißergeschichte auftauchen. Seine erste Station ist Rom, per Autostopp kommt er in die italienische Hauptstadt. Hier findet er einen Job als Pianist in einer Bar, aber nur für einen Abend, bis der Besitzer merkt, dass das Repertoire des jungen Mannes sehr begrenzt ist und er immer nur dieselben drei Musikstücke spielt. So steht Freddy wieder ganz schnell auf der Straße, Daumen hoch, und weiter geht es nach Palermo. Oder Genua. Oder Neapel. Von einer dieser Hafenstädte aus setzt er per Schiff über nach Tunis, wo er sich – das belegt eine Postkarte an seine Kumpels in Wien – am 20. September 1950 aufhält. Über Algier und Oran trampt er weiter bis nach Sidi bel Abbès. Das bisschen Geld für den Lebensunterhalt verdient er sich mit seinem Gesang, begleitet auf der Gitarre, die er auf der Fähre nach Tunis von einem Seemann geschenkt bekommen haben will. So auch in einem Café in Sidi bel Abbès.

In der Stadt im Nordwesten Algeriens befindet sich, im Quartier Viénot, seit 1931 das sogenannte Mutterhaus, das Zentrum der französischen Fremdenlegion, mit dem 1. Fremdenregiment. Erst 1962, nach der Unabhängigkeit Algeriens, verliert die Fremdenlegion ihren bis dahin wichtigsten und ältesten Stützpunkt. Aber jetzt, im Jahre 1950, ist die Stadt noch voll von Söldnern aus aller Welt. Die meisten von ihnen gelten als verkrachte Existenzen und Abenteurer, Männer, die in ihren bürgerlichen Berufen gescheitert oder auf der Flucht sind vor Gerichten und Polizei. Sie lockt die Garantie, dass ihre Identität nicht preisgegeben wird. Die *Légion étrangère* war 1831 vom sogenannten Bürgerkönig Louis Philippe gegründet worden, Frankreich benötigte Soldaten für seinen Krieg in den nordafrikanischen Kolonien. Die Offiziere der Legion sind Franzosen, die Söldner werden angeworben in der ganzen Welt, darunter sind von Beginn an immer auch viele Deutsche. Einer der bekanntesten ist der Schriftsteller Ernst Jünger, der sich als achtzehnjähriger Schüler im November 1913 für die Fremdenlegion anwerben lässt. Doch sechs Wochen später schicken ihn die Ausbilder aus Algerien wieder zurück ins heimische Rehberg in Niedersachsen, sie können nichts mit dem Unterprimaner aus gutbürgerlichem Haus anfangen. »So rauh der süßen Schwärmerei entrissen / wird eins mir klar / 's ist hier wie dort beschissen«, reimt Jünger anschließend. Ein anderer bekannter Deutscher, der Porzellanfabrikant Philip Rosenthal, tritt 1939 in die Fremdenlegion ein, um gegen Hitler zu kämpfen. Nach der Kapitulation Frankreichs endet Rosenthals Söldnerlaufbahn im Oktober 1942. Nach dem Zweiten Weltkrieg werden wieder viele Deutsche für die Legion rekrutiert, vor allem Wehrmachtssoldaten, die als Kriegsgefangene in den Lagern in der französischen Besatzungszone interniert sind. So kommt es, dass zeitweise die Mehrheit der Truppe, die das an die Japaner verlorene Vietnam für die Franzosen zurückerobern soll, aus Deutschen besteht.

Wie vielen von ihnen wird Freddy in den Straßen von Sidi bel Abbès begegnet sein, wie viele von ihnen werden seinen Liedern gelauscht haben, die er in ihren Kneipen zum Besten gibt? »Am Brunnen vor dem Tore« gehört zu Quinns Repertoire ebenso wie andere deutsche Volkslieder, aber auch Vertrautes aus Spanien oder den USA, also genau die richtigen Lieder für die vielen Legionäre, die sich zurücksehnen in ihre Heimat, nach ihrem Zuhause. Freddy Quinn erzählt immer gerne, dass er auch zur Fremdenlegion gewollt habe, unbedingt. »Im Prinzip war ich eigentlich gegen das Militärhandwerk und auch überhaupt kein Befehlsempfänger. Außerdem habe ich ja auch das Elend der Legionäre erlebt, habe gesehen, wie sie damals als Invaliden zurückgekommen sind von ihren Einsätzen im Indochina-Krieg.« Dennoch will er sich für fünf Jahre verpflichten. Aber ein Ausbilder, so Quinn, will den jungen Mann davon abhalten. Er schlägt ihm einen Handel vor: Für sechs Wochen soll Freddy bei der Grundausbildung mitmachen, und wenn er die übersteht, solle er tun, was er nicht lassen kann. Bereits nach drei Wochen gibt der Achtzehnjährige auf: »Die Ausbildung war die Hölle, Gepäckmärsche durch die Wüste, nur wenig Wasser und schwere Waffen dabei, dazu die brennend heiße Sonne und den ständigen Befehlen ausgesetzt: Fron!« Freddy Quinn bekommt seine Papiere zurück und darf wieder gehen. Das sei einmalig gewesen in der Geschichte der Legion, behauptet Quinn gerne. Der Fall Ernst Jünger zeigt, dass derlei durchaus häufiger vorkam.

Noch einmal davongekommen, trampt Freddy Quinn weiter nach Casablanca, wo er für kurze Zeit in der Bibliothek des amerikanischen Konsulats jobbt. Nun kann er sich eine Schiffspassage nach Marseille leisten, von wo er weiterreist nach Paris. Hier zieht es ihn an die Place Pigalle, in den umliegenden Cafés und Kneipen trägt er wieder seine Lieder zur Gitarre vor. »Aber ich habe nie gebettelt dabei. Wenn man mir was in die Gitarre gesteckt hat, habe ich mich bedankt. Wenn nicht, war es auch okay.« Sein Repertoire kann sich inzwischen hören lassen, auf den Stationen seiner Reise hat er den Einheimischen genau zugehört und ihre Musik übernommen. Sein außergewöhnliches musikalisches Gehör erlaubt es ihm, jede fremde Sprache relativ schnell wiederzugeben, er versteht nicht jedes Wort, aber es klingt perfekt, als ob er seine Muttersprache spräche.

Der Ausreißer hat viel erlebt auf seiner Tour. Als er später ein Star ist, häufen sich in den Zeitungen die kolportagehaften Schilderungen über seine angeblichen Abenteuer – Waffenschmuggel für die Aufständischen in der algerischen Wüste, Inhaftierung in Casablanca, Modellsitzen für eine ältliche Malerin, Begegnungen mit Charles Aznavour und Jacques Brel –, und es kommen erhebliche Zweifel auf, was die genaue Reiseroute betrifft und auch den Zeitplan. Sein Freund Hardy erinnert sich jedenfalls sehr deutlich, mit Freddy im Dezember 1950 im österreichischen Wels zusammengetroffen zu sein. Freddy hingegen will in dieser Zeit in Paris gewesen sein, das er nach einigen Monaten verlässt. Über Rotterdam kommt er schließlich nach Deutschland, die vorerst letzte Station wird Hamburg. Dort landet er per Zufall in der »Washington-Bar« auf St. Pauli und macht Musik für die Matrosen, die hier verkehren. Aber bald darauf ist er wieder zurück in Wien, zurück bei den Eltern, zurück bei seinem Freund Hardy. Er überredet seinen Musikpartner, gemeinsam mit ihm hinauszuziehen in die Welt und wie er sein Glück als Musiker zu suchen. Es muss im Herbst 1951 sein, als die beiden sich auf den Weg machen. Erhard Hassek erinnert sich: »Per Autostopp haben wir uns zunächst durchgeschlagen bis Wels, wo wir ein paar Abende in einer Bar gespielt haben. Dann sind wir bei Nacht einfach abgehauen, es gab Ärger mit dem Barbesitzer, und weiter nach Salzburg. Da haben wir in einem amerikanischen Camp für die GIs gespielt und gesungen: ›Hey good lookin‹, what you gotta cookin'?‹, und schon floss das Bier, und schon flossen die Dollars. Hier sind wir einige Zeit geblieben und haben uns dann aber entschlossen, weiter nach Deutschland zu reisen. Aber wie? Dazu brauchte man doch ein Visum! Freddy kannte jemanden in München, und von dem hat er sich ein Besuchsvisum besorgt. So kamen wir also weiter bis nach München. Von den Amis hatte Freddy eine PX-Karte, die ihn berechtigte, in den Army-Läden einzukaufen. Damit bekamen wir auch verbilligt Fahrkarten, so sind wir also mit der Bahn Richtung Hamburg. ›Wenn die Fahrkartenkontrolle kommt, halt nur die Schnauze, red nix!‹, hat Freddy mich gewarnt, der Kontrolleur durfte nicht merken, dass wir keine Amerikaner sind. In Harburg ist Freddy mit einem amerikanischen Soldaten ausgestiegen, die beiden wollten sich was zu essen kaufen, haben sich aber völlig verquatscht und den Zug verpasst. So bin ich alleine bis nach Altona weitergefahren und habe dort gewartet, bis die beiden mit dem nächsten Zug nachgekommen sind. Dann hat mich Freddy zu seinem Ziel geführt, die ›Washington-Bar‹.«

IN DER »WASHINGTON-BAR«

Der Frauenkörper ist grellbunt bemalt und hat keinen Kopf. Die Skulptur in Pop-Art-Manier steht direkt neben dem Haus Nummer 79 in der Hamburger Bernhard-Nocht-Straße und soll Appetit machen auf das »Erotic Art Museum« zwei Häuser weiter. Die Parallelstraße, die Herbertstraße, ist abgesperrt, seit Jahrzehnten steht ein übermannshoher Holzzaun davor, und eine Tafel verkündet, dass Frauen hier keinen Einlass haben. Denn diese Straße gehört den Frauen, die hier arbeiten, die Tag für Tag und Nacht für Nacht in den rot und blau und gelb erleuchteten Fenstern sitzen und auf zahlende Männer warten, die ihren Teil beitragen zum Ruf der Hansestadt. Und wenn man vor dem Haus Nummer 79 in der Bernhard-Nocht-Straße steht und reckt und streckt sich und schaut an den Häusern auf der anderen Straßenseite vorbei, dann kann man die Schiffe sehen unten im Hafen.

Die Leuchtreklame verrät es, »Washington-Bar« steht über der Nummer 79, und eine Treppe davor gib es auch. Drei Stufen führen hoch in das Lokal, und drinnen wird es im Winter nicht richtig warm. Nur noch an drei Abenden pro Woche ist geöffnet, an den Wochenenden, und das Publikum ist modern und jung, das sich ab Mitternacht hier drängt. Ein paar Tische, an denen man sitzen kann auf wackeligen Eckbänken, einige Barhocker, eine Tanzfläche. Getränke holt man sich selbst, und getanzt wird, sobald der DJ Platz genommen hat hinter seinem Pult. An den Wänden hängen ein paar Fotos, Tom Selleck als »Thomas Magnum«, sein Partner »Major Higgins« alias John Hillerman im großen Rahmen und Elvis Presley. Die Tapete könnte man als altmodisch bezeichnen oder als schon wie-

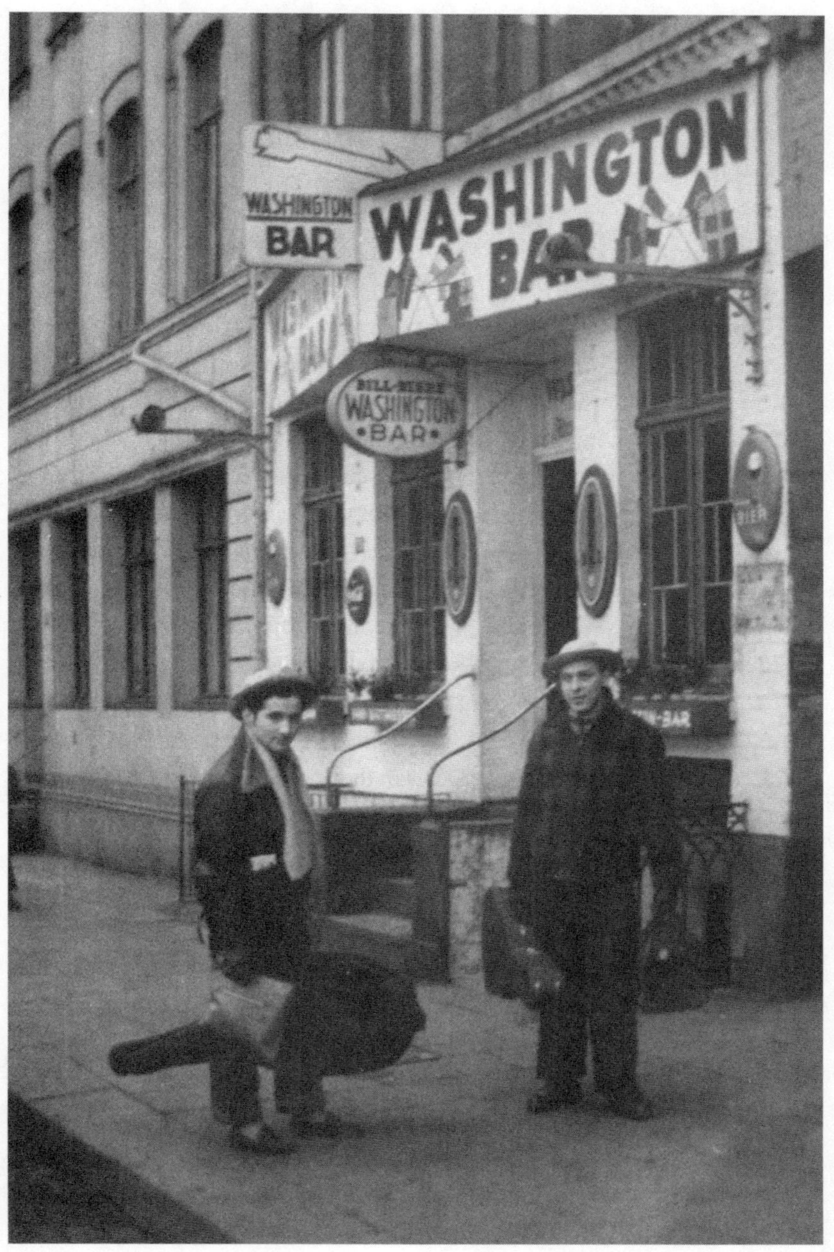

1951: Freddy und Hardy bei ihrer Ankunft in Hamburg

der hip, weil sie so sehr an früher erinnert. Der junge Mann hinter der Theke kennt natürlich Freddy Quinn, aber sonst? Dass der hier mal angefangen haben soll – keine Ahnung. Die Musiker, die jetzt in der Bar verkehren, stehen für die Hamburger Szene von heute, die Hip-Hopper der »Deichkinder« oder von »Fettes Brot«. Ja, hier hat er einst angefangen, und nein – es war doch nicht hier. Die erste »Washington-Bar«, die eigentliche, war direkt nebenan, da, wo heute eine Baulücke ist, in der der bunte Frauentorso steht. Irgendwann, nach ihrem Abriss, ist die Kneipe umgezogen in die Nummer 79, aber da war Freddy schon längst ein Star. Der Name ist geblieben, und das Interieur sieht aus wie einst und reicht aus für nostalgische Erinnerungen an den Beginn einer großen Künstlerkarriere.

»Die ›Washington-Bar‹«, erzählt Krimi-Regisseur und Kiez-Größe Jürgen Roland einmal im Fernsehen, »war damals eine Seemannskneipe und noch ein bisschen mehr. Da verkehrten Damen, die ihre Liegenschaften liegend vermehrten.« Wie sie eben so erzählen, die alten Männer von St. Pauli. Helga Diercks-Norden war nach dem Krieg in Hamburg als Reporterin für den damaligen Nordwestdeutschen Rundfunk unterwegs und kann sich auch noch gut an die »Washington-Bar« erinnern: »Das war eine richtige solide Hamburger Kneipe am Hafenrand, mit Soleiern und Frikadellen, mit zischendem Bier und ein paar Klaren.« Hier verkehrten zu Beginn der 1950er-Jahre nicht nur die Matrosen aus aller Welt und die Nutten vom Kiez, für die Beschäftigten des NWDR, des Vorläufers des NDR, war die »Washington-Bar« Stammkneipe der ersten Stunde. Eine In-Kneipe für Journalisten, wie es sie heutzutage wieder gibt in den Straßen rund um die Reeperbahn. »Und auf dem Tresen«, erinnert sich Helga Diercks-Norden weiter, »saß ein etwas zarter, kleiner, junger Mann, der zur Gitarre sang. Wir fanden den Gesang immer prima, er störte auch unsere Gespräche und Diskussionen nicht. Und das war Freddy Quinn.«

Nicht weit von der Bernhard-Nocht-Straße entfernt liegt das Heiligengeistfeld, Hamburgs bekanntester Rummelplatz. Hier star-

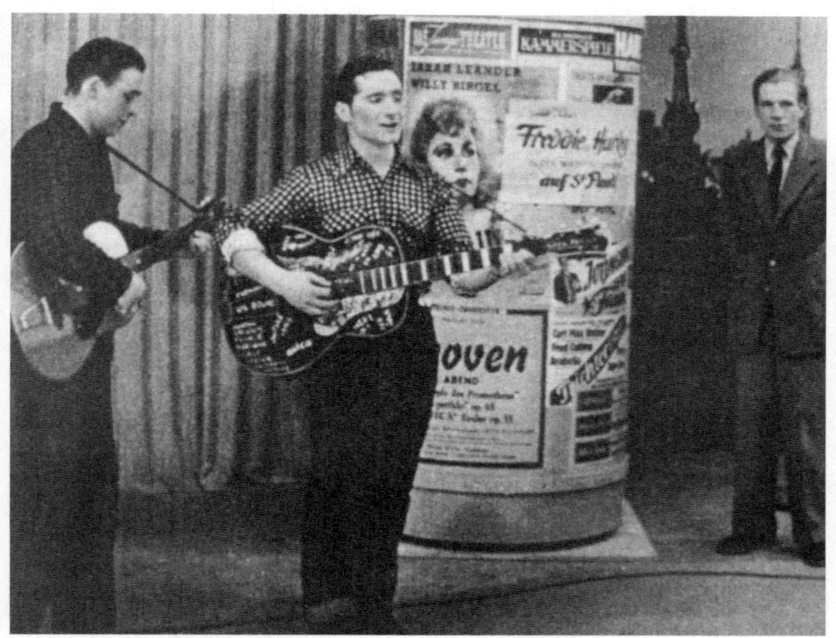

11. Januar 1952: Mit seinem Partner Erhard Hassek als »Freddie und Hardy« zum ersten Mal vor einer Fernsehkamera, rechts im Bild: Jürgen Roland

tet im September 1950 in einem Hochbunker das erste deutsche Fernseh-Versuchsprogramm nach dem Krieg. Dreimal in der Woche wird für ein bis zwei Stunden aus dem obersten Stockwerk des Bunkers Programm gemacht. Die Arbeit ist hart, das erste Studio misst gerade mal sechzehn Quadratmeter, auf denen sich alles staut: Kamera und Scheinwerfer, Regie und Schauspieler, Ansage und Studiogäste. Für die festen NWDR-Mitarbeiter spendiert die Hamburger Gesundheitsbehörde deshalb täglich einen Liter Milch, als Ausgleich für die Plackerei bei schlechter Luft und unerträglicher Hitze. Zuschauen kann kaum jemand bei den ersten Programmversuchen, gerade mal zwanzig bis dreißig Fernsehgeräte sind angemeldet, eines davon steht im Schaufenster des NWDR-Gebäudes, die anderen sind reserviert für Hierarchen des Senders und für einige Journalisten, die mit professionellem Blick die Testläufe begleiten sollen. Und ein Gerät steht in einer Kneipe auf St. Pauli, als Anreiz für die Gäste.

Jürgen Roland ist ein Mann der ersten Fernsehstunde. Nach dem Besuch der TV-Schule der BBC in London kommt er zurück nach Hamburg zum NWDR und macht Regie, führt durch das Programm und geht als Reporter nach draußen, interviewt Boxer, Schauspieler oder Eiskunstläufer, die sich gerade in der Stadt aufhalten. Und er ist mit dabei, als *Was ist los in Hamburg?* startet, ein Vorläufer der heute noch gern gesehenen Regionalsendung *Aktuelle Schaubude.* »Die beiden wären doch was für unsere Sendung!« So oder ähnlich muss Roland sich geäußert haben, als er wieder einmal mit seinen Kollegen bei einem Bier in der »Washington-Bar« sitzt und dem Wiener Gitarren- und Gesangsduo »Freddie und Hardy« lauscht. Jedenfalls kommen die beiden am 11. Januar 1952 ins Bunker-Studio auf dem Heiligengeistfeld, und Freddy Quinn steht zum ersten Mal vor einer Fernsehkamera. Freddy und Hardy haben sich fein gemacht für ihren Auftritt, Karohemden tragen sie, Freddy in hell, Hardy in dunkel, und Jeans, die so aussehen, als seien sie gerade frisch gebügelt worden. Beide haben ihre Gitarren dabei, und die von Freddy ist mit Ölfarbe vollgeschrieben, Textzeilen hat er darauf verewigt und die Namen von Städten, in denen er schon war. Ein paar Jahre später beschreibt der Autor Maximilian Fuchs den Auftritt: »Scheu und ungelenk, ihre Unsicherheit hinter forscher Schnoddrigkeit verbergend, bewegten sich die beiden jungen Burschen vor der Kamera. Mit schwieligen Fingern griffen sie in die Saiten ihrer Gitarren und entlockten ihnen eine Musik, wie man sie in keinem Ausflugslokal und keiner Matrosenkneipe besser zu hören bekommt.« Die Studiodekoration für den Gesangsvortrag ist schlicht, ein Vorhang bedeckt die eine Hälfte des Bildhintergrundes, auf der anderen Seite sieht man ein Alsterpanorama mit einer der berühmten Laternen davor. Und in der Mitte steht eine Litfaßsäule, beklebt mit Ankündigungsplakaten: für ein Beethoven-Konzert, für den Film *Zu neuen Ufern* mit Zarah Leander und Willy Birgel und für »Freddie und Hardy in der ›Washington-Bar‹ auf St. Pauli«. Der Medienjournalist Kurt Wagenführ gehört zu den wenigen, die die Sendung sehen, und schreibt anschließend in seinem Sendeprotokoll: »Die Plakatsäule dreht sich, bis Plakat von der ›Washington-Bar‹ auf St. Pauli sichtbar. Schnitt. Vor dem hellen Vorhang stehen zwei Gitarristen, die einen englischen Chanson singen, der am Schluss auf die Bar hinweist. Reklame? Die beiden spielen zurzeit dort.« In der Kneipe ist man stolz auf das Duo aus dem Fernsehen und freut sich über die Werbung, auch wenn die Sendung kaum einer gesehen hat. Der Wirt heftet ein großes, selbst gemaltes Plakat an die Wand seines Lokals: »Die ›Washington-Bar‹ im Fernseh-Sender Hamburg.«

Später müssen Freddy und Hardy knobeln, wer was bekommt von den Erinnerungsstücken, die von dem ersten Fernsehauftritt bleiben. Freddy erhält das Foto, das die beiden neben Jürgen Roland im Studio zeigt, und Hardy, Erhard Hassek, besitzt heute noch den Brief, eine Art Empfehlungsschreiben für weitere Auftritte, den ihr Gastgeber damals schrieb:

»Sehr geehrte Herren!
Für Ihre vorzügliche Arbeit vor der Fernsehkamera in unserer Sendung *Was ist los in Hamburg?* am Freitag, den 11.1.1952, möchte ich Ihnen auch auf diesem Wege meinen Dank sagen. Ihre präzise und gekonnte Art der Darbietung hat allgemein gefallen, so daß ich Sie mit gutem Gewissen weiterempfehlen kann. Ich hoffe, daß wir Sie nicht zum letzten Mal in unserem Fernsehstudio begrüßen konnten.

Mit allen guten Wünschen Ihr Jürgen Roland.
NWDR – Abteilung Fernsehen.«

Wenn der Erfolg kommt, wollen viele dabei gewesen sein. Viele behaupten, Freddy Quinn entdeckt zu haben, aber nur wenige mit dem gleichen Recht wie Jürgen Roland. Gerne erzählt der TV-Profi die Geschichten aus der »Washington-Bar«, wie er Freddy dort zum ersten Mal gehört hat, wie er ihn zum ersten Mal interviewt hat, wie er dafür gesorgt hat, dass Prominente wie Claus Biederstaedt, Ingrid Andree oder Ruth Leuwerik die Bar besuchen, um Freddy Quinn zu hören, wie er den ersten Kontakt zur Plattenfirma Polydor hergestellt hat, wie er den Sänger zum ersten Mal vor eine Fernsehkamera holte. Dabei ist nie von Hardy die Rede, dem zweiten Mann. Obwohl Roland »Freddie und Hardy« zum ersten Mal gemeinsam in der »Washington-Bar« gehört hat, obwohl er sie gemeinsam interviewt hat, obwohl er sie gemeinsam für den TV-Auftritt engagierte. Als ein Journalist ihn einmal auf dieses Versäumnis anspricht, fühlt Roland sich fast ertappt. Und stellt klar: Natürlich hat er beide zusammen kennengelernt, da Freddy aber seinen einstigen Freund und Duett-Partner aus seiner Vita gestrichen hat, sieht auch er keinen Anlass, Hardy zu erwähnen.

Bald nach ihrem erfolgreichen Start kommt es zum Bruch zwischen Freddy und Hardy. Es soll heftige Auseinandersetzungen gegeben haben, eines Tages soll sogar eine Gitarre zu Bruch gegangen sein. Energisch widerspricht Erhard Hassek diesen Gerüchten: »Wir haben nicht gestritten, wir sind einfach auseinandergekommen durch die Lebensumstände.« Die Lebensumstände – das heißt für Hardy, dass er nach Wien zurückmuss, seine Schwestern brauchen ihn, er muss sich um den Erhalt der Wohnung kümmern. Gemeinsam fahren sie nach Hause, und für Hardy beginnen Rennerei und Verhandlungen. Er schafft es, dass ihm die Wohnung seiner verstorbenen Mutter überschrieben wird, und es gelingt ihm, seine Schwestern in guter Obhut unterzubringen. »Dann hat mir der Freddy sehr übel mitgespielt. Ständig hat er gedrängt, komm, lass uns wieder weg, und immer wieder habe ich ihn gebeten, wart doch noch ein paar Tage, ich muss das doch alles erst unter Dach und Fach bringen. Aber der Freddy war ein Dickschädel. Ich dachte, wir machen da weiter, wo wir miteinander so erfolgreich angefangen haben, aber er war plötzlich weg.«

»Der Freddy ist doch schon längst gefahren!« Baronin Petz ist ganz erstaunt, als Hardy nach seinem Partner sucht in der Kochgasse 8. Wo er hin sei, das wisse sie auch nicht. Natürlich ist er wieder zurück nach Hamburg, wie Hardy später erfährt. Hardy fühlt sich im Stich gelassen, ist sauer, macht alleine weiter und sucht seinen eigenen Weg. Er ist von dem Jazzmusiker Lionel Hampton begeistert und will unbedingt Vibrafon spielen lernen. So übt er also Vibrafon und vervollkommnet sich auf der Gitarre, sein Akkordeonspiel lässt er dagegen ganz bleiben. Mit ein paar anderen Musikern gründet er seine erste eigene Band, das »Austrian Swingtett«. Auf tragische Weise kommen zwei Mitmusiker ums Leben, Hassek wechselt zu den »Original 5 Elite Boys«, bis er schließlich zu einer neuen Formation findet, »The Gamblers«. »Ich habe meine Laufbahn gemacht, bin Profi-Musiker geworden. Und das mit Leidenschaft. Als ich merkte, dass mit der Jazzmusik nichts rausschaut, bin ich zur *commercial music* gewechselt. Da konnte man was verdienen. Ich habe mit meiner Band nur in erstklassigen Häusern gespielt, lange Jahre sind wir von einem Intercontinental-Hotel zum anderen gereist. In ganz Europa haben wir gespielt, in Deutschland, in der Schweiz, in Österreich, in Norwegen, bis hin in den Nahen Osten. Auf den Golan-Höhen haben wir für die UN-Truppen Musik gemacht. Ich habe natürlich nicht so viel verdient wie der Freddy, das ist ja ganz klar. Aber ich habe genug verdient und konnte immer mit meiner Familie, meiner Frau und meinem Sohn, reisen. Denn auf Familienleben habe ich immer großen Wert gelegt.« Bis die Diskotheken kommen. Es muss so gegen Ende der 1960er-Jahre sein, die Hotels machen ihre Bars und Tanzcafés dicht, Live-Musik wird abgeschafft, dafür werden in den Kellerräumen Diskotheken eingerichtet. Erhard Hassek und seine Musiker müssen sich umstellen. »Was macht der Wiener in so einer Situation? Wiener Musik! Und so fing die Lernerei wieder von vorne an. Das ist nämlich nicht so einfach, ein guter Heurigen-Musiker zu sein. Allein schon die Fülle des Repertoires, denn es gibt – das müssen Sie sich mal vorstellen – authentisch fünfundzwanzigtausend Wiener Lieder, die man in den Archiven findet. Dann gibt es aber auch noch die überlieferten Lieder, von denen nichts notiert ist. Schließlich wird in jeder Gegend von Wien was anderes gesungen. So sind wir als ›Die drei charmanten Wiener‹ zusammengeblieben, als Duo wäre es wohl leichter gewesen, denn ein

Heurigen-Musiker muss sich in jedem Lokal seine Gage erkämpfen, und da springt für zwei mehr raus als für drei.«

Bis zu seinem Tod 2009 ist Erhard Hassek in den Heurigen-Lokalen Wiens unterwegs, fast zwanzig Jahre mit einer Duett-Partnerin. »Ich lerne und lerne und darf nicht müde werden zu lernen«, sagt er, als ich ihn 2005 treffe. Er ist da vierundsiebzigjährig. »Ich kann ein paar Hundert Wiener Lieder, und zusätzlich habe ich einiges aus meinem früheren Repertoire mit übernehmen können. Ich singe also auch spanische, italienische, französische, russische und hebräische Lieder, was eben so verlangt wird. Mein Hauptinstrument ist die Gitarre, ich bin umgestiegen auf die 15-saitige Kontragitarre, das Ur-Instrument für die Wiener Schrammelmusik.« Natürlich ist er auf Freddy Quinn nicht gut zu sprechen, und es bedarf einiger Telefonate, bis er bereit ist, sich mit mir zu treffen. Immer wieder haben sich über die Jahre Journalisten bei ihm gemeldet, und immer haben sie ihm nur Fragen gestellt zu seinem früheren Duett-Partner Freddy. Den hat er nur noch selten gesehen seit damals, und irgendwann hat er begriffen, dass Freddy Quinn ihn gar nicht sehen will. Er hat ihn einfach aus seinem Gedächtnis gestrichen. Immer wenn Quinn von seiner ersten Begegnung mit dem Zirkus erzählt, erwähnt er auch den Freund von einst, aber ohne seinen Namen zu nennen, ohne sich genau erinnern zu können. »Ach, das war doch ein Mitschüler. Oder nicht? Wie hieß er gleich?«, sagt er dann und bemüht sich nicht weiter. Zu einer Begegnung zwischen Erhard Hassek und dem Star Freddy Quinn kommt es Ende der 1960er-Jahre im Interconti-Hotel in Wien. Hassek sitzt an der Bar und verhandelt mit einem Impresario über ein Engagement nach Norwegen. Da sieht er plötzlich, wie Freddy Quinn ihm gegenüber auf der anderen Seite der Theke sitzt. Auch Quinn sieht hin zu ihm, schaut dann aber wieder weg. »Soll ich hingehen und ihm eine runterhauen?« Hassek tut nichts dergleichen. »Aber gedacht habe ich mir: Was für ein Arschloch!« Kurze Zeit darauf kreuzen sich noch einmal ihre Wege, wieder in einem Hotel, diesmal in Hannover. Hassek ist hier engagiert, Quinn ist für eine Aufzeichnung zur TV-Show *Musik aus Studio B* in der Stadt. Vom Hotelportier erfährt Hassek die Zimmernummer seines früheren Freundes. Er nimmt allen Mut zusammen und ruft bei ihm an: »Hallo Freddy, hör zu, lass uns die letzten Jahre vergessen und geben wir uns die Hand. Komm, wir treffen uns mal irgendwo! Was sagst du dazu? I bins, der Erie!« Quinn murmelt irgendwas Unverständliches ins Telefon und legt auf. Keine halbe Stunde später versucht Hassek es noch einmal, greift wieder zum Telefon: »Du, ich bin's, der Erie aus Wien, dein ehemaliger Freund, dein Partner von damals.« Weiter kommt Hassek nicht, wieder brummelt Quinn irgendwas in den Apparat und legt auf. Dem alten Mann treten die Tränen in die Augen, als er mir davon erzählt. Sosehr er sich bemüht, er findet keine Erklärung für dieses Verhalten, all die Jahre hat er immer wieder darüber nachgegrübelt. »Freddy will wohl mit seiner ganzen Vergangenheit, mit seiner Jugend nichts mehr zu tun haben. Vielleicht weil er ein armer Bub war. Seine Eltern haben ihm zeitlebens einen Anzug versprochen, den er nie bekommen hat. Sie waren arme Leute, und vielleicht will er daran nicht mehr erinnert werden.« Es sind traurige Erinnerungen, die Erhard Hassek zu erzählen hat. Aber seine Augen beginnen zu glänzen, wenn er von den schönen Tagen erzählt, die er mit seinem Jugendfreund erlebt hat. Dann schwärmt er von der unvergleichlichen Freundschaft zwischen ihnen beiden und von den außerordentlichen Begabungen seines Kumpels. »Der Freddy war schon immer sehr talentiert. Ich habe manchmal gedacht, der hat etwas eingebaut, das ihm hilft, sich alles zu merken. Er hat eine geniale Begabung gehabt diesbezüglich. Wenn zwei in einer Fremdsprache miteinander geredet haben, dann hat er zwei Tage zugehört und am dritten Tag mitgeredet. Auch in musikalischer Hinsicht hat er sofort alles begriffen und sich alles gemerkt. Das können Sie mir glauben, und ich sage das nicht, um den Freddy zu loben. Ich spreche Wahrheiten, Realitäten!«

Die Realität für Freddy 1952 in Hamburg sieht nicht unbedingt rosig aus, er ist jetzt ganz alleine und muss für seinen Unterhalt sorgen. Was liegt in einer Hafenstadt näher, als sich um einen Job an Bord eines Schiffes zu bemühen? Freddy hat Glück und heuert als Schiffsjunge an Bord des finnischen Zwölftausend-Tonnen-Frachters »Pansio« an. Hier muss er die Decks schrubben und überall helfen, wo Not am Mann ist. Nach der »Pansio« heuert er noch auf anderen Schiffen an und kommt ein bisschen rum in der Welt. Wo genau? Niemand weiß es. Natürlich ist in den Geschichten, die später erfunden werden, um das Image des heimatlosen Seemanns zu festigen, von großen Reisen die Rede, von fernen Ländern, von exotischen Orten – Seemannsgarn der feineren Sorte. In Odessa soll er gewesen sein und in Mexiko, in Südostasien, auf Haiti und in der Dominikanischen Republik, in New York und in Irland. Möglich ist, dass er mit der »Pansio« tatsächlich im Mittelmeer unterwegs war, sehr wahrscheinlich ist die Route einmal quer über die Ostsee, bis rauf in die finnische Hauptstadt Helsinki. Denn hier finden vom 19. Juli bis zum 3. August die Olympischen Sommerspiele 1952 statt. Und genau in dieser Zeit jobbt Freddy Quinn als Aushilfe in einem Reisebüro in Helsinki. Am 22. August aber muss er schon wieder mit der »Pansio« unterwegs sein, es gibt Fotos, die ihn an Bord des Frachters bei der Arbeit zeigen, braun gebrannt, mit Oberlippenbärtchen, freiem Oberkörper und einem Käppi auf dem Kopf. Ins Schwarze Meer geht diesmal die Reise, und Freddy Quinn wird dabei zum Leichtmatrosen befördert.

Die Sprachkenntnisse, die er sich auf dem finnischen Schiff aneignet, kommen ihm zugute, als er wieder zurück in Hamburg ist. Zwar spielt er wie gewohnt des Nachts in der »Washington-Bar«, tagsüber aber ist er für den Hamburger Schiffsausrüster Conny Priggen im Hafen als Clerk unterwegs. Vor allem finnischen Seeleuten soll er optische und elektrische Geräte verkaufen. Damit verdient er sich ein paar Mark nebenbei, aber die sind nichts gegen das, was er pro Abend für seinen Gesang zugesteckt bekommt. Also gibt er seinen Tagesjob bald wieder auf und ist nur noch nachts unterwegs. »Wenn ich in der ›Washington-Bar‹ fertig war, ging ich sofort in den besten Laden der Reeperbahn, der hieß ›Lausen‹, und bestellte da als Erstes ›eine Runde für meine Freunde‹, und im ›Lausen‹ kostete der Piccolo – das ist nicht mal Champagner – ungefähr 68 Mark. Dann ging's weiter ins ›Menke‹, ins ›Liliput‹, und den Rest gab ich im ›Blauen Peter‹ aus, der schloss um 5 Uhr auf, aber da war ich schon wieder im Dienst. Da habe ich mich ans Klavier gesetzt und Boogie gespielt für 'nen Rum. Ich hatte eine irrsinnige Sache drauf, die damals sehr gut ankam: Ich machte im Riff, im Break, einen Handstand auf dem Flügel, mit einer Hand, und mit der anderen habe ich weiter in die Tasten gehämmert. Und dann bin ich meistens, weil ich schon zu besoffen war, umgefallen und rein ins Bier, und dann mussten zehn Damen sich nach Hause begeben und sich umziehen, und mich warf man vor die Tür. Und gelandet bin ich meistens im ›Café Lehmitz‹. Das war ein berüchtigtes Frühlokal, in dem sich die ganze Gosse traf, alles, was in der Nacht übrig geblieben war, die unterste Stufe der Nutten, die kleinen Gangster, die an diesem Abend keine fünf Mark mehr klauen konnten, manche Taxifahrer, die zu besoffen waren, um noch ins Auto zu steigen, ein paar Hutzlrentner und ich natürlich. Schließlich marschierte ich um 11 Uhr morgens bei strahlendem Wetter über die Reeperbahn und sang: ›Der Mai ist gekommen‹. Ach, es kann sich kein Mensch vorstellen, wie glücklich ich war. Ich lebte im siebten Himmel, frei wie der Wind. Das werde ich nie vergessen.«

Kost und Logis findet der Nachtschwärmer immer wieder bei dem Ehepaar Hans und Christina Matthiesen, den Besitzern der »Washington-Bar«. »Onkel Hans« wird der eine von den Gästen gerufen, »Muttchen« die andere. Als »Muttchen« einmal für längere Zeit ins Krankenhaus muss, wechselt Freddy seine Schlafstelle und zieht aus dem Hinterzimmer ins Ehebett neben »Onkel Hans«, den er auch schon mal gerne den »Abkocher« nennt. Später sucht er sich eine eigene Bude, ein möbliertes Zimmer direkt um die Ecke am Hein-Köllisch-Platz Nummer 7, fünfte Etage. Doch da ist er nur selten, verrät »Onkel Hans« Jahre später einem Journalisten. Es habe immer andere

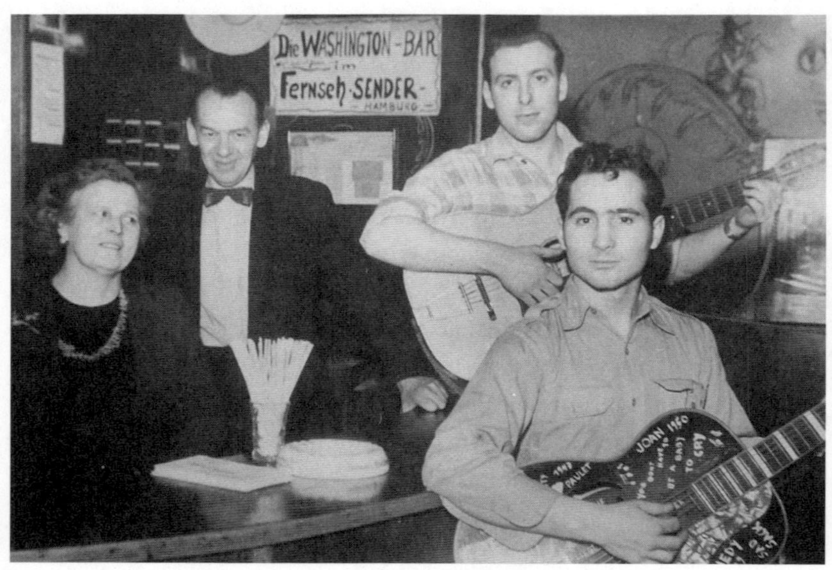

1952: Das Duo Freddie & Hardy mit Hans und Christina Matthiesen, den Besitzern der »Washington-Bar«

Übernachtungsmöglichkeiten gegeben. »Ich habe ihn sich austoben lassen«, lässt sich Hans Matthiesen weiter zitieren: »Und das hat ihm ja gerade so gefallen. Tscha, die Frauen waren auch furchtbar hinter dem Freddy her.« Der Wirt der »Washington-Bar« lässt den jungen Mann gewähren, schließlich ist er Garant für ein volles Haus. Am Abend, wenn die Matrosen kommen, egal woher, hat Freddy immer ein Lied parat, in Englisch oder Spanisch, in Portugiesisch oder Italienisch, das er von seinem Platz auf der Theke aus vorträgt. Die ferngereisten Seemänner werden ganz sentimental dabei und lassen ordentlich was springen, Trinkgeld gibt es reichlich für den begabten Sänger, mal achtzig Mark den Abend, mal hundert. Und viele Prominente kommen vorbei, in authentischer Umgebung erleben sie eine Szenerie, fast wie inszeniert: Matrosen aus aller Welt, Nutten von nebenan, und einer singt dazu, wehmütig und mit viel Herz.

Die bekannte Tänzerin Maria Litto ist ebenso darunter wie der namhafte Komponist Michael Jary. Der junge Mann gefällt ihnen, und so laden sie ihn zu ihren Partys ein, wenn es mal maritim zugehen soll. Bei einer dieser Gelegenheiten nimmt Jary, dessen Melodien Zarah Leander, Evelyn Künneke oder Rosita Serrano berühmt gemacht haben, einige Lieder von Freddy Quinn auf Band auf. Die spielt er bei der einen oder anderen Plattenfirma vor, doch niemand will anbeißen. Auch bei der Polydor, der Firma, die Jahre später den Sänger unter Vertrag nimmt, reicht Jary seine Bänder ein. Keine Chance, alle winken ab: »Der kann ja gar nicht singen!«, sollen die bei der Polydor gesagt haben, erzählt Jary später einmal.

Auch unter den Journalisten Hamburgs hat es sich herumgesprochen, dass in der »Washington-Bar« ein ganz besonderer Sänger zu hören ist, schon Ende 1953 taucht erstmals ein Bericht über ihn in der *Bild*-Zeitung auf: »Freddy – der singende Seemann«. Unter einem Foto, das Freddy zusammen mit den Schauspielern Ingrid Andree und Claus Biederstaedt zeigt, sind erste Informationen über den »musikalischen Jungen mit den hübschen weichen, braunen Augen« zu lesen: dass sein Vater ein Italiener sei, Kaufmann und Dichter von Beruf, dass Helmut Käutner ihm eine Rolle angeboten habe in seinem Film *Käpt'n Bay-Bay* und dass er nicht mehr zu halten sei, wenn ihn das große Fernweh überkommt. Einige Monate darauf ist auch ein Reporter der Programmzeitschrift *Hören und Sehen* in der »Washington-Bar« zu Gast und erlebt einen Abend mit dem »Gitarrenboy« Freddy, einem »sentimental-lustigen Wiener von 23 Lenzen mit italienisch-jugoslawischer Temperamentsskala«. Polydor zeige sich interessiert, heißt es weiter, und Michael Jary habe mit dem Sänger »auf Band« herumexperimentiert. Und wenn jetzt einer käme, der »seine tollen Shantys mit deutschen Softs koppelt, dann hat der Gitarrenboy wirklich alle guten Aussichten, aus romantisch verräucherten Seemannsbars in die Sonne des Ruhms aufzusteigen«.

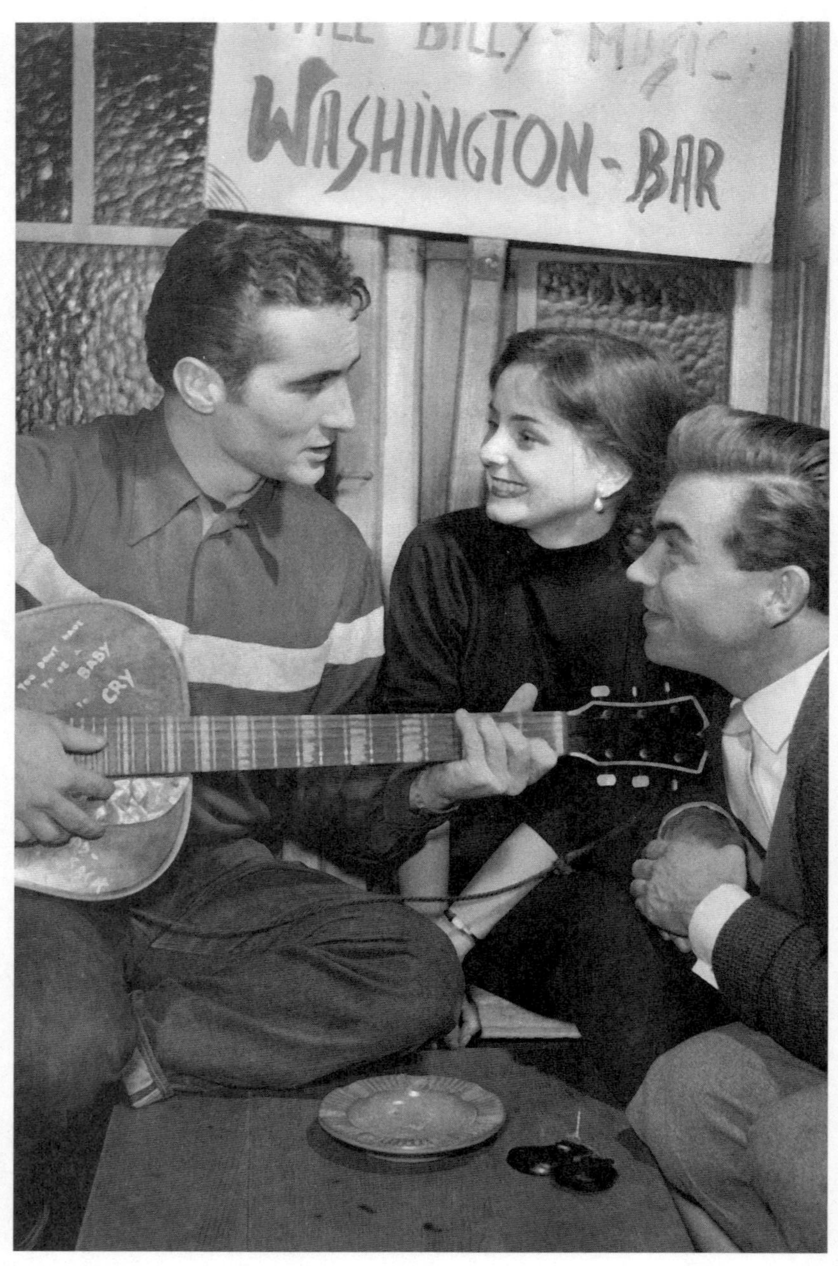

1953: Mit Ingrid Andree und Claus Biederstaedt in der »Washington-Bar«

ERFOLG AUS DEM NICHTS

Es sind vor allem Frauen, die Schlager hören. Sie folgen den einfachen Texten und den leichten Melodien, die wie kleine Fluchten sind oder eine Prise Hoffnung an einem verregneten Tag. Nichts von Bedeutung, nur mal so nebenbei, wie ein kleines Lächeln, ein Streicheln der Hände, ein kurzes Blinzeln mit einem Auge. Gefühle halt, notwendig und unverzichtbar für jedes kleine Leben. Genau diese Gefühle stecken in jedem guten Schlager, da hopst das Herz vor Freude, und man ist nicht alleine für ein paar beschwingte Minuten.

Die Funktion des Schlagers als Seelentröster und unaufdringlicher Begleiter in einem kargen und hoffnungslosen Alltag ist nicht neu. Die letzten Kriegsjahre sind voll von realitätsfernen Liedern, die Wunder versprechen jenseits des großen Zusammenbruchs und die Idylle einer Heimat beschwören, die es längst nicht mehr gibt. In ihrem Glamour weit entrückte Stars wie Zarah Leander oder Marika Rökk zelebrieren diese Lieder auf unglaublich breiten Treppen, die sich strahlend weiß abheben vor dem grenzenlosen Himmelblau in irgendeinem Filmatelier, oder auf der Bühne eines Revue-Theaters. Die Durchhaltelieder sind verordnet und im Einklang mit einer Propaganda, die den deutschen Endsieg verspricht. Doch mit dem Ende der Nazi-Diktatur bricht auch der deutsche Musikmarkt zusammen. Bis auf das Werk der Deutschen Grammophon Gesellschaft (DGG) in Hannover sind alle größeren Schallplattenproduktionsstätten zerstört, ebenso die deutschen Traumfabriken, wie die Ateliers der UFA.

Nur langsam läuft die Plattenproduktion wieder an nach dem Krieg. Die DGG ist die erste Plattenfirma in Deutschland, die im August 1946 mit Erlaubnis der britischen Besatzungsbehörden in Hannover den Betrieb aufnimmt. 1948 arbeiten bereits mehr als zweihundert Beschäftigte für die DGG, 1949 werden allein von der zum Siemens-Konzern gehörenden Firma wieder 3,2 Millionen Schallplatten hergestellt. Und 1950 kann sie den Absatz ihrer Schallplattenmarken »Grammophon«, »Polydor« und »Brunswick« um weitere dreißig Prozent erhöhen. Richtig in Schwung kommt das Geschäft 1952. Neben der DGG versuchen sich auch andere Unternehmen wieder im Geschäft der Unterhaltungsindustrie: die österreichische Austrophon, Philips, Electrola sowie Telefunken, die sich 1950 mit der britischen Decca zur Teldec zusammenschließt. In den Jahren 1952 und 1953 verdoppeln diese Firmen ihre Produktion, 1954 werden bereits 25 Millionen Exemplare gepresst, und 1955 sind es rund 31 Millionen. Das knüpft an die erste Konjunkturperiode der Schallplatte zu Beginn des Jahrhunderts an. Vor der Erfindung und Entwicklung des Rundfunks hatte die Schallplatte eine Monopolstellung für die musikalische Unterhaltung, es gab unzählige Plattenmarken damals, bereits 1907 wurden 3 Millionen Abspielgeräte produziert, und in den 1920er-Jahren stieg die Zahl der Schellackscheiben von 25 bis auf 30 Millionen Stück pro Jahr.

Ganz im Gegensatz zu diesem ersten Siegeszug der Schallplatte, als der Anteil der sogenannten ernsten Musik noch bei weit über sechzig Prozent lag, hält jetzt nach dem Zweiten Weltkrieg die Unterhaltungsmusik rund neunzig Prozent Anteil am Produktionsvolumen. Und diese Unterhaltungsmusik besteht kaum noch aus heimischen Kompositionen. Durch die Zensur der Nationalsozialisten so lange abgeschottet vom internationalen Musikmarkt, entdeckt das deutsche Publikum nun die Rhythmen vor allem der US-Amerikaner. Boogie-Woogie heißt 1946 der Modetanz, importiert aus den USA, er stammt vom Swing ab, der hierzulande seinen Durchbruch auch in der breiten Bevölkerung hat. Vor allem die jungen Leute schalten die Soldatensender AFN (American Forces Network) und BFN (British Forces Network, später BFBS) ein und lassen sich von der neuen Importware begeistern. Hier werden die bombastischen Streicherteppiche der großen Film- und Rundfunkorchester des Dritten Reichs abgelöst von Instrumenten, die auf schnelle und eingängige Rhythmen setzen. Und die Autoren im Schlagergeschäft leben jetzt hauptsächlich davon, amerikanische Songs einzudeutschen, noch 1960 waren fast fünfzig Prozent aller deutschen Schlagerkompositionen Cover-Versionen amerikanischer Vorlagen.

Marktführer unter den deutschen Plattenfirmen bleibt die DGG. Besonders erfolgreich ist ihr Label für Schlager-, Tanz- und Operettenmusik, die Polydor. Das Etikett mit der schwarzen Schallplatte auf himbeerrotem Grund wird zur Erkennungsmarke für die leichte Unterhaltung. Die Siemens-Zugehörigkeit erlaubt die Nutzung des Vertriebsnetzes des etablierten Elektrogeräteherstellers, und fast immer sind die Auslands-Tochtergesellschaften der Polydor, in Tokio, London, Paris und Wien, den jeweiligen Siemens-Niederlassungen angeschlossen. Die Polydor-Titel werden vor allem in der Hamburger Musikhalle aufgenommen, in West-Berlin im Studio Lankwitz, der sogenannten Siemens-Villa, und im Hotel Esplanade, in Wien im Austrophon-Studio und in Köln in einem Sendesaal des NWDR sowie einem Saal auf dem Messegelände.

Die meisten der erfolgreichen Plattenstars Mitte der 1950er-Jahre sind bei der Polydor unter Vertrag: Caterina Valente, Peter Alexander, Lolita, Margot Eskens, René Carol, Lonny Kellner, Bibi Johns, Helmut Zacharias, Kurt Edelhagen, Max Greger. Um diese Stellung zu halten, kümmert sich die Firma besonders um den Nachwuchs. Mit Plakaten und Anzeigen wird landesweit nach jungen Talenten gesucht: »Polydor sucht talentierten Nachwuchs, Sänger und Sängerinnen für neue Schlager und Unterhaltungsmusik. Wer singen kann, singen will, singen muss, hat Chancen für einen Ausbildungsvertrag. Die Sieger unseres Nachwuchswettbewerbes werden dem Publikum in einer öffentlichen Konzertveranstaltung vorgestellt. Wer Mut, Begabung und Herz hat, wende sich an seinen Schallplattenhändler oder direkt an die Polydor-Produktion Hamburg, Musikhalle.« Veranstaltungen, wo vorgesungen wird, finden im ganzen Land statt, außerdem sind die Talentsucher überall in Klubs und Lokalen unterwegs. Zwölftausend Leute bewerben sich, fünf bleiben schließlich übrig und erhalten den Ausbildungsvertrag. Der garantiert ihnen eine zweijährige Gesangs-, Tanz- und Schauspielausbildung auf Kosten des Hauses. Außerdem wird den Nachwuchskünstlern pro Lied eine Gage von 250 Mark garantiert – sollte es zu einer Schallplattenaufnahme kommen. »Ein solcher Vertrag«, räumt Jahre später ein Polydor-Manager ein, »brachte mehr Rechte für die Firma als für die Künstler. Wir testeten rum, probten Aufnahmen und versuchten einen Künstler zu kreieren.«

Freddy Quinn unterschreibt seinen Ausbildungsvertrag bei der Polydor am 7. November 1954. Theodor Seeger, einer der Talentsucher und zuständig für die Nachwuchsförderung bei der Polydor, hatte ihn in der »Washington-Bar« angesprochen und zum Vorsingen eingeladen. Nun muss Freddy ran, nimmt Unterricht in Tanz und Schauspiel, außerdem Gesang bei einem gewissen Fräulein Möbius. Sie trainiert in den folgenden Wochen und Monaten vor allem seine Aussprache, damit aus seinem Kauderwelsch aus wienerischem Akzent, Hamburger Dialekt und amerikanischem Slang ein akzeptables Hochdeutsch wird. Es wird eine lange Zeit des Bangens und Hoffens, keine Schallplattenaufnahme ist in Sicht, der Start in die Karriere lässt auf sich warten. »Ich kam mir vor wie Hänsel im Grimm'schen Märchen, der immer den Finger aus dem Käfig stecken musste, um dann von der ›bösen Hexe‹, der lieben Polydor-Produzentin Frau Volkmann, zu hören, dass es noch nicht so weit sei«, erinnert sich Quinn.

Und dann ist es doch so weit. Am 22. Februar 1956 um 10 Uhr morgens steht Freddy Quinn im Großen Saal der Hamburger Musikhalle vor dem Mikrofon, bereit für seine erste Polydor-Platte. Dieser ehrwürdige Ort muss es sein, mit großer Bühne, Polstersesseln im Zuschauerraum und einer einmaligen Akustik. Viele Schallplatten werden hier aufgenommen, schließlich sind die Tonstudios in der

Stadt noch alle zerstört. In Hamburg ist es kalt an diesem Mittwoch, bitterkalt, der kälteste Februar seit 1761, sagen die Meteorologen, mit Minuswerten von mehr als zwanzig Grad und dreiundzwanzig Tagen Dauerfrost. Das Heizmaterial wird knapp, Eisbrecher sind pausenlos auf der Elbe im Einsatz, die Küste und das Wattenmeer sind vereist, und die Nordseeinseln müssen aus der Luft versorgt werden. Und Freddy singt vom »brennend heißen Wüstensand«. Wie kein Zweiter. Alles legt er rein in sein Lied, sein ganzes Gefühl, seinen Willen zum Erfolg. »Sie hieß Mary Ann«, eine Cover-Version des US-Hits »Sixteen Tons« von Tennessee Ernie Ford, wird als A-Seite produziert, für die Rückseite ist »Heimweh« vorgesehen, das Lied vom »Wüstensand«, auch das ein Titel aus den amerikanischen Charts, »Memories Are Made Of This« von Dean Martin.

Es muss schnell gehen mit den Aufnahmen, schließlich hat der Hamburger Sikorski-Verlag, der die Deutschland-Rechte für das Lied besitzt, »Sixteen Tons« bereits an die Konkurrenz verkauft. Electrola lässt die Aufnahme gerade produzieren – mit Ralf Bendix (alias Dr. Karl-Heinz Schwab, der im bürgerlichen Beruf Leiter des Düsseldorfer Büros der US-Fluglinie TWA ist). Gerne hätte die Polydor mit einem eigenen namhaften Interpreten gekontert, René Carol war dafür vorgesehen, aber der Star hat keine Zeit. Gerhard Tschierschnitz (so sein richtiger Name) sitzt im Knast, verurteilt wegen Körperverletzung und Fahrerflucht. Deshalb sucht sich die Produzentin Sigrid Volkmann eine passende Stimme aus dem Nachwuchsstall. »Nehmen wir doch diesen Jungen mit der verbeulten Stimme«, soll sie gesagt haben, »den Freddy oder wie der heißt.« Ein Bariton ist gefragt, eine männliche Stimme, die die Moritat vom Seemann und seinem Schiff »Mary Ann« trägt. Denn der Texter Peter Moesser hat die »Sixteen Tons«-Vorgabe gänzlich außer Acht gelassen und die bittere Klage über die harten Arbeitsbedingungen amerikanischer Bergleute eingedeutscht in romantisierendes Seemannsgarn. Der Junge »mit der verbeulten Stimme« hat kaum Studio-Erfahrung, erst zweimal stand er vor einem Aufnahmemikro. Einmal im September 1955 im

Rundfunkstudio des NDR, begleitet vom großen Unterhaltungsorchester des NDR unter der Leitung von Alfred Hause, mit »Hallo Joe«, einem Lied, in dem der Sänger versucht, einen gewissen Joe aus Texas von den Vorzügen des deutschen Schicksalsflusses Rhein zu überzeugen. Das Ganze wird vorgetragen mit leicht amerikanischem Akzent und einigen Zeilen sogar auf Englisch, eingerahmt von großem Orchester – ein Stimmungslied, etwas zum Mitschunkeln.

»Karte genügt – ich komme sofort«, so lautet der Titel der zweiten Aufnahme im NDR-Studio, ein belangloses Liebesliedchen, diesmal vorgetragen mit rollendem »R« und dem deutlichen Bemühen, akzentfreies Hochdeutsch zu singen. In seinen Memoiren erinnert sich der Bandleader James Last an diese Aufnahmen. Als Bassist des NDR-Orchesters ist er Zeuge der ersten Studioaufnahmen von Freddy Quinn: »Es gab noch keine Playbacks, keine Textmonitore oder dergleichen, alles lief ›live‹ ab. Dementsprechend nervös stand der blutjunge Bursche im Studio in der Rothenbaumchaussee, sein Lampenfieber war nicht zu übersehen. Ich beschloss, mich seiner anzunehmen. ›Pass auf, es wird schon alles gut gehen, schau einfach zu mir, ich geb dir ein Zeichen, wann du einsetzen musst‹, sagte ich zu ihm. Während der Aufnahme schielte er dann mit einem Auge zu mir, mit dem anderen zu Alfred Hause, und dank seines Talents, vielleicht aber auch ein wenig dank meiner kleinen Hilfe, bestand er sein Debüt problemlos.« Ein zweites Mal steht Freddy Quinn wieder im Studio im Dezember 1955, diesmal bei der Plattenfirma Teldec in der Hamburger Osterstraße und begleitet von dem Orchester Detlev Lais. Südamerikanisch ist die Stimmung bei diesen beiden Aufnahmen, die erste nennt sich »Baiao Medley«, bei dem Freddy nicht singen muss, aber mittendrin mit ein paar spanischen Ausrufen für Atmosphäre sorgt. Mehr gefordert ist er bei der zweiten Einspielung mit dem Titel »Samba Medley«. Hier darf er in gekonntem Spanisch ein paar Verse des alten Volksliedes »Cielito Lindo« beisteuern. Veröffentlicht werden die Titel später unter den spanisch inspirierten Fantasienamen »Frederico Quinn und das Orchester Juan Miguel Gonzales«.

Für eine ganz andere Stimmung ist jetzt bei der »Heimweh«-Aufnahme eine kleine Besetzung verantwortlich, alles soll schnell gehen, auf ein großes Orchester wird verzichtet. Horst Wende und seine Solisten machen die Musik, mit zwei Gitarren, gespielt von Ladi Geisler und Werner Pathe, mit Franz Rasch am Bass, Hans Bekker am Schlagzeug und Heinz Habermann an der Trompete. Die Trompete, die hat sich Wende einfallen lassen – zum Stichwort »Fremdenlegion« passe stimmungsmäßig hervorragend ein leises Trompetensignal, fast so wie der Zapfenstreich bei den Legionären. Im Hintergrund singt dazu der Joe-Menke-Chor. Das wiederum ist eine Idee der Produzentin Volkmann, Solo-Gesang mit rhythmischem Männerchor, das habe ihr gut gefallen, als sie das einmal bei den Sardinenfischern an der Atlantikküste Marokkos gehört hat. Für Wende und seine Band ist die Aufnahme Routine, sie gehören zu den sogenannten Hausmusikern und werden häufig für die unterschiedlichsten Polydor-Aufnahmen gebucht. Horst Wende, 1919 im sächsischen Zeitz geboren, ist ein Profi. Studiert hat er zunächst am Konservatorium in Leipzig, bis er als Soldat eingezogen wird. Aufgrund seiner musikalischen Fähigkeiten wird er bis zum Ende des Zweiten Weltkriegs in ganz Europa zur Truppenbetreuung bei der Wehrmacht eingesetzt. Auf seiner letzten Station in Dänemark trifft Wende mit dem Prager Gitarristen Ladi Geisler zusammen. Gemeinsam mit einem anderen Musikerkollegen, dem Bassisten Hans Walter, gründen die drei nach Kriegsende das »Horst Wende Trio«. Zunächst bemühen sie sich in Hamburg um Engagements beim britischen Militärsender BFN und im Funkhaus an der Rothenbaumchaussee, wo im September 1945 unter Leitung von britischen Besatzungsoffizieren der Nordwestdeutsche Rundfunk seinen Betrieb aufgenommen hat. Schließlich landen sie bei der Polydor und dürfen Solisten wie Bully Buhlan, Liselotte Malkowsky, Renée Franke oder Friedel Hensch begleiten. Damit man ihm nicht nachsagen kann, der Wende würde zu oft gespielt im Rundfunk, legt sich der Orchesterleiter später, wie viele andere seiner Kollegen auch, ein Pseudonym zu und macht eine zweite Karriere als »Roberto Delgado«.

Ladi Geisler, der Gitarrist des Trios, gehört in den Nachkriegsjahren zu den meistbeschäftigten Studiomusikern, bei der Polydor kommt er bei fast allen Produktionen zum Einsatz. Daneben arbeitet er auch für die Teldec, Philips und Electrola, nach eigener Schätzung ist er bei rund 1500 Einsätzen pro Jahr dabei. Geisler spielt bei Horst Wende mit, beim Orchester Heinz Alisch und bei Bert Kaempfert, hat aber auch Erfolge als Solist. 1961 nimmt er seine Version des Instrumental-Welthits »Wheels« unter dem Bandnamen »Die Playboys« auf, die Platte verkauft sich mehr als 800 000-mal. Als schließlich Mitte der 1960er-Jahre die Beatles und ihre Musik den Markt beherrschen, erscheinen weitere Aufnahmen mit ihm unter dem Namen »Ladi Geisler und die Tonics«. Für seine herausragende Arbeit, die er als Gitarrist bei den Tourneen und Aufnahmen von Esther und Abi Ofarim, Bert Kaempfert, Jean-Claude Pascal und immer wieder auch für Freddy Quinn unter Beweis stellt, lobt ihn einmal das britische Fachblatt *Music Maker*: »Endlich mal ein Gitarrist, der virtuos spielt und bei dem die Gitarre wie eine Gitarre klingt.«

Ladi Geisler ist kein Unbekannter für Freddy Quinn, ebenso wenig wie die anderen Musiker, die an diesem kalten Februarmorgen 1956 gemeinsam in der Musikhalle ihren Job tun. Schließlich arbeiten die Band und der Sänger bereits seit einiger Zeit zusammen in der »Tarantella-Bar« im ehemaligen Hotel Esplanade am Stephansplatz. Kein schlechter Platz, diese Bar, um ein paar ordentliche Mark zu verdienen. Die »Tarantella« ist der angesagte Nachtklub für die Schönen und vor allem Reichen in Hamburg. Hierher kommen die hanseatischen Reeder und Händler, wenn es etwas zu feiern gibt oder sie ihre ausländischen Geschäftspartner angemessen bewirten wollen. Horst Wende und seine Musiker sind seit einiger Zeit dort engagiert und machen jede Nacht Musik, von abends zehn bis morgens um vier. Aktuelle Schlager haben sie in ihrem Repertoire ebenso wie die bekannten Jazz-Standards. Frau Langer heißt die Chefin der »Tarantella«, von allen nur »Madame« genannt. Immer wieder erzählen ihr Gäste ganz begeistert von einem jungen Sänger, der unten am Hafen große Erfolge feiert, in der »Washington-Bar«. Die Geschäftsfrau wird neugierig und lädt Freddy Quinn eines Nachmittags zum Vorspielen ein. Ganz so, als sei der Termin nicht von großer Bedeutung, erscheint Freddy ohne Gitarre und lässt die Dinge auf sich zukommen. Ladi Geisler ist mit dabei, um »Madame« fachmännisch zu beraten. Zum Glück hat der Gitarrist ein zweites Instrument, das er schnell aus der Garderobe holt, um dem jungen Kollegen auszuhelfen. Und dann legen sie beide los, ihr Zusammenspiel klappt auf Anhieb, sie entdecken viele musikalische Gemeinsamkeiten. Das Vorspielen endet erfolgreich, Geisler kann den jungen Mann von St. Pauli guten Gewissens empfehlen, und der wird engagiert.

»Ich habe dieses Angebot akzeptiert«, erzählt Quinn 1987 in einem Gespräch mit dem Wiener Stadtmagazin *Falter*, »und am 25. September 1954 mein Leben total umgekrempelt, von einem Tag zum anderen, als eine ganz bewusste Entscheidung. Ich hatte eine plötzliche Vision und sagte mir: ›Jetzt bist du 22, irgendwann geht das nicht mehr weiter, du hast alles, was du gemacht hast, abgebrochen‹, und eine Person, die für mich sehr wichtig war, meinte: ›Ich finde das toll, was Sie machen, aber wie wird das aussehen, wenn Sie vierzig sind? Dann ist dieser Charme, diese Freiheit, dieses Flair, das ist dann nicht mehr.‹ Das hat in mir gebohrt, da spürte ich irgendwie, das mit der ›Washington-Bar‹, das muss jetzt langsam aufhören.« Für Freddy Quinn wird es ernst, die Freiheit wird eingetauscht gegen die Sicherheit. Pünktlich muss er jetzt jeden Abend am Stephansplatz erscheinen, für 863 Mark brutto im Monat, mit gelbem Smoking und Seidenfliege. Farbige Smokings tragen alle Musiker, das ist Pflicht, mit einem gestickten »T« auf der Brust, und die Farben Blau, Rot und Grün sind schon an Quinns neue Kollegen vergeben. Die Erwartungen an die Musiker sind hoch in der »Tarantella-Bar«, die Solisten neben Horst Wende und seinem Ensemble – Hans Bekker am Schlagzeug, Franz Rasch am Bass und Ladi Geisler an der Gitarre –

sind nicht ohne: Da ist schon mal Detlev Lais mit dabei, längst ein Schallplattenstar, oder Eddi Unger, ein Geiger von Weltformat, der belgische Tenorsaxofonist und Kapellmeister Fud Candrix oder der Pianist Cornelius Op den Zieken, der viele Jahre später die Schlager-Erfolge für Rudi Carrell arrangiert.

Eines Abends ist ein ganz besonderer Gast in der »Tarantella-Bar«, einer der reichsten Männer der Welt, der griechische Reeder Aristoteles Onassis. »Madame« ist vorbereitet auf den hohen Besuch und gibt den Musikern strikte Anweisungen: Zurückhaltung bei der Musikauswahl, nur konzertante Stücke. Aber Freddy kann's nicht lassen, in einer Pause greift er zur Gitarre, tritt vor das kleine Orchester und singt ein griechisches Lied. Aus dem Augenwinkel beobachtet Freddy, wie der Tankerkönig zu ihm herüberschaut und ihn mit einer Handbewegung an seinen Tisch bittet. Den Sänger freut die Aufmerksamkeit, und er spielt sein ganzes Repertoire griechischer Lieder. Onassis gerät in Stimmung, entledigt sich seines Jacketts und entlohnt den Musiker – es ist inzwischen 5 Uhr morgens – mit einem Scheck, ausgestellt auf 1000 US-Dollar.

Der Ablauf der sonstigen Abende ist genau geregelt, es darf keine musikalische Pause entstehen, sechs Stunden Unterhaltung sind Pflicht, so steht es im Vertrag. Und will der eine oder andere doch einmal kurz aussetzen, so bleiben immer zwei oder drei der Musiker auf der kleinen Bühne zurück und spielen weiter. Wenn Freddy Quinn, Ladi Geisler und Franz Rasch die Stellung halten, lästern die Kollegen: »Jetzt ist das Hof-Trio an der Reihe.« Das ist kein Kompliment, denn damit sind die Musiker gemeint, die auf den Hinterhöfen spielen. Doch beim Publikum kommen sie an, die zwei Gitarren und der Bass spielen sich mit der Zeit gut aufeinander ein, und gesanglich harmonieren die zweite und dritte hervorragend mit Freddys erster Stimme. »In dieser Zeit«, erinnert sich Ladi Geisler, »habe ich gelernt, dass Musik nicht nur Beruf ist, sondern auch Kunst sein kann.« In der Regel sind die Pausenfüller der drei auf zwanzig Minuten begrenzt, doch nicht selten kommt es vor, dass sie nach neunzig Minuten immer noch zu dritt auf der Bühne stehen und gar nicht wollen, dass die Übrigen wieder zu ihren Instrumenten greifen. Das Publikum ist begeistert, sie vergessen ihr Essen oder zu tanzen, umringen die Musiker und verlangen einen neuen Titel nach dem anderen. Geisler heute: »Ich habe diese intensiven Reaktionen des Publikums nur noch selten wieder erlebt. Unsere Intensität war von keinen Vorurteilen gebremst, und Freddy hat es geschafft, in diesen Momenten offen zu sein und bereit, das Beste zu geben, was überhaupt in einem Menschen steckt.«

»Brennend heißer Wüstensand. / Fern, so fern das Heimatland. / Kein Gruß, kein Herz, kein Kuss, kein Scherz. / Alles liegt so weit, so weit ...«

Wieder gibt Freddy Quinn sein Bestes, jetzt vor dem Mikrofon in der Hamburger Musikhalle weiß er, es geht um alles oder nichts. Es ist seine erste wirkliche Chance. Ein Journalist der Illustrierten *Quick* lässt sich den besonderen Moment vier Jahre später noch einmal schildern und beschreibt ihn für seine Leser so: »Freddy schwitzt unter den großen gummigepolsterten Kopfhörern. Er hört die Musik, aber nicht seine eigene Stimme, und das macht ihn unsicher. Dabei will er es doch gut machen, besonders gut. Aber gerade damit bringt er den Tonmixer an den Rand des Irrsinns. Denn wenn Freddy in Fahrt kommt, wiegt er sich in den Hüften – nach links, nach rechts, vorwärts, rückwärts. Das macht sich gut in der ›Washington-Bar‹ und auch in der ›Tarantella‹. Im Studio aber gibt es ein Mikrofon, und das steht fest. Deshalb tönt Freddys Stimme mal laut, mal leise ... Neue Aufnahme. Ein paar Takte lang nimmt sich Freddy zusammen. Dann reißt ihn die Melodie wieder mit, und der Zeiger des Tonpegels am Mischpult wackelt wie ein Lämmerschwanz. Endlich hat jemand eine Idee: Der Chor, der hinter Freddy steht und den Refrain singt, muss den Solisten festhalten. So klappt es. Zwar singt der gefesselte Freddy nur halb so schön, aber Technik geht vor. Als besonders störend wird vermerkt, dass er an gefühlvollen Stellen leichte Schluchzer in der Stimme hat. Fragend blickt der Tonmixer Frau Volkmann an: ›Sollen wir das ausbügeln?‹ Aber Sigrid Volkmann winkt ab.«

Wiegende Hüften und Schluchzer in der Stimme – der Sänger scheint alle Erinnerungen an seine unsteten Jahre, an den Abschied aus Wien und an das ungeordnete Elternhaus in seinen Vortrag zu packen und mitklingen zu lassen zwischen den Zeilen, die von der Sehnsucht nach zu Hause erzählen. Wie schon bei der A-Seite »Mary Ann« hält sich auch der Text von »Heimweh« nicht an die amerikanische Vorlage, aus dem Liebesgeplänkel des »Memories Are Made Of This« wird eine Reverenz an den bundesdeutschen Gefühlshaushalt des Jahres 1956. »Ihr müsst eine Fremdenlegionärs-Atmosphäre schaffen«, fordert die Produzentin Sigrid Volkmann von den beiden Textautoren Ralf Arni und Ernst Bader: »Aber das Wort Fremdenlegion darf nicht vorkommen.« Der Text ist schnell geschrieben, Arni und Bader brauchen gerade mal zwei Tage, die Themenstellung ist kein Problem: »Wir haben die Zeit verstanden, das war unsere Kunst«, erzählt Ernst Bader Jahrzehnte später einem Fernsehjournalisten: »Dieses Lied passte genau in die Zeit, genau in das Jahr 1956. Viele kamen jetzt erst zurück aus Kriegsgefangenschaft, der erste Aufschwung war da, und viele Menschen in Deutschland glaubten tatsächlich an eine Wiedervereinigung.« Der 1914 in Stettin geborene Ernst Bader kennt sich aus mit dem Zeitgeist im deutschen Schlager, mehr als neunhundert Texte hat er geschrieben, darunter Millionenerfolge wie »Die Welt ist schön Milord«, »Am Tag als der Regen kam« und »Tulpen aus Amsterdam«. Schon als Elfjähriger steht er erstmals auf der Bühne in seiner Geburtsstadt, nach dem Gymnasium in Kolberg besucht er eine Schauspielschule in Berlin. Nebenbei arbeitet er als Pianist und tritt in Varietés auf. 1936 wird Bader zur Wehrmacht eingezogen, ist vom Militärdienst begeistert und bringt es bis zum Offizier. 1941 wird er im Krieg verwundet und als nicht »frontverwendungsfähig« eingestuft. In einigen Kinofilmen spielt er mit, darunter auch in Nazi-Propagandastreifen. Als Sänger und Texter lässt er sich für die »Bunten Abende« der nationalsozialistischen Freizeitorganisation »Kraft durch Freude« verpflichten. Nach dem Krieg schlägt er sich als Unterhaltungskünstler durch, ist Conférencier im »Kabarett der Komiker« in Flensburg, mimt den Alleinunterhalter im »Hotel Stadt Hamburg« in Plön und in der »Klause« in Uelzen, tritt im Münchner »Simpl« auf und kehrt immer wieder zurück nach Hamburg auf St. Pauli.

Hier erlebt er eines Abends auch den jungen Freddy Quinn in der »Washington-Bar«. »Er sang wie ein Gott«, erinnert sich Bader, »und spielte so wunderbar und so schön. Ich wollte ihm dafür ein Schnäpschen spendieren, aber Freddy lehnte ab. ›Ich muss die ganze Nacht noch arbeiten‹, hat er gesagt, ›und darf mir keinen Alkohol erlauben. Geben Sie mir lieber ein paar Mark, die kann ich besser gebrauchen.‹« Bader wird Lektor in einem Musikverlag und findet zu seiner eigentlichen Berufung, er schreibt Schlagertexte. Das erste Geld damit verdient er 1948, zur Einführung des Fußballtotos reimt er »Mädel, wollen wir glücklich sein, dann kauf' dir einen Toto-Schein«, ein Plattenerfolg für »Friedel Hensch und die Cyprys«. Und einen ganz großen Hit hat er 1951, wieder mit Friedel Hensch und den Cyprys, »Übers Jahr, wenn die Kornblumen blühen«. Dreimal tritt Bader in die SPD ein und verlässt sie enttäuscht wieder. 1968 ist er aufseiten der Studenten, gerne lädt er die Genossen vom Hamburger SDS ein auf seine Segeljacht »Südwind« und spendiert ihnen auch schon mal eine Druckmaschine. Aus seiner Sympathie für die DDR macht er nie einen Hehl, mit Erich Honecker hält er Kontakt bis zu dessen Tod in Chile. Politisch setzt der Schlagertexter in seinen letzten Lebensjahren ganz auf die PDS und unterstützt die Partei auch finanziell. Bader ist als Sozialist ein Außenseiter in seiner Branche und als Homosexueller ein Außenseiter in der Gesellschaft. »Ich bin Sozialist«, hat er einmal von sich gesagt, »Sänger, Sünder und im tiefsten Herzen Christ.«

Eine Fernsehkamera ist dabei, als Ernst Bader im November 1996 Freddy Quinn in der Lübecker Kongresshalle besucht. Der Sänger ist gerade beim Soundcheck für ein Konzert am Abend. Als er

Bader im Parkett entdeckt, stimmt Freddy noch einmal nur für ihn seinen »Heimweh«-Erfolgstitel an. Anschließend fallen sich beide in die Arme: »Ernst, mein Freund!« Quinn muss den alten Mann beruhigen: »Ich bin so gerührt, ich kann gar nicht sprechen«, sagt Bader. Fast erblindet stirbt Ernst Bader am 10. August 1999 in einem Altenheim in Norderstedt bei Hamburg. Noch zwei Monate vorher, anlässlich seines 85. Geburtstags am 7. Juni, reimt Freddy Quinn einen kleinen Gruß für den Jubilar:

»Du ewig junger Textpoet / Für dich, da war es nie zu spät / Du schriebst mit Seele und mit Herz / Von Heimweh, Fernweh und von Schmerz, / Auch zum Texteändern warst du jederzeit bereit / Ich kann nur sagen, danke, Ernst! Schön war die Zeit. / Dein alter Freund Freddy Quinn.«

Kaum sind »Mary Ann« und »Heimweh« in der Hamburger Musikhalle aufgenommen, muss alles ganz schnell gehen. Nicht einmal der Sänger kann sich mit seiner Bitte durchsetzen, die Aufnahmen noch einmal anzuhören. Keine Zeit, basta! Die beiden Bänder werden umgehend mitsamt dem Aufnahmeprotokoll in das Presswerk der DGG nach Hannover geschickt. Das Protokoll gerät dort auch in die Hände von Günter Ilgner, zuständig für den Vertrieb und die Promotion. Und der stutzt, greift umgehend zum Telefon und ruft bei dem Produktionschef Kurt Richter in Hamburg an: »Wie heißt denn der Sänger? Hier im Protokoll steht nur Freddy. Hat der keinen Nachnamen?« – »Nein, nein«, lautet die Antwort: »Wir wollen mal was ausprobieren. Lass mal gut sein. Außerdem, keine Diskussionen, wir müssen uns beeilen. Die Konkurrenz hat ihre Version von dem Titel schon produziert.« Doch Ilgner lässt nicht locker, vor allem, nachdem er sich die beiden Bänder genauer angehört hat. Wieder klingelt er an in Hamburg: »Wie kommt ihr nur auf ›Mary Ann‹ als A-Seite? Die B-Seite muss die A-Seite sein und nicht andersrum.« – »Nichts da!«, die Anordnung aus der Produktionszentrale in Hamburg ist deutlich: »Es bleibt alles so, wie es im Protokoll steht.« Ilgner aber vertraut seinem Instinkt und lässt im Presswerk 20 000 Exemplare als Startauflage deklarieren. Zum großen Bedauern von Kurt Schäfer, dem Disponenten der Fabrik. Der ruft eines Tages bei Ilgner an und bittet ihn, aus seinem Büro im ersten Stock doch nach unten ins Lager zu kommen. Ilgner traut seinen Augen nicht, die Schellackplatten liegen noch alle gestapelt da, 20 000 Stück, wie eine Wand. »Das ist also Ihr ›Heimweh‹«, sagt Schäfer: »Sehen Sie mal zu, dass Sie die verkaufen!« Ilgner versteht sein Handwerk und weiß sofort, was zu tun ist, er ruft die zuständigen Programmgestalter bei den Radiosendern an und bittet sie, die Neuerscheinung in ihren Sendungen einzusetzen. Wochen später kommt Ilgner wieder ins Lager, die Schellack-Wand ist verschwunden, alle Platten sind weg. »Gott sei Dank!« Chefdisponent Schäfer ist erleichtert, »Endlich!« – »Was heißt hier ›Gott sei Dank‹?«, antwortet Ilgner. »Wie sieht es denn aus mit Nachbestellungen?« Das weiß der Disponent nicht. Der Vertriebschef hakt nach und lässt sich die Liste der Nachbestellungen geben: 10 000, 5000, noch mal 10 000, die Aufträge kommen aus den verschiedenen Verkaufslagern der Firma in Köln, Essen, Stuttgart, München und Hamburg. Die größten Bestellungen liegen aus dem Ruhrgebiet vor, die Kumpels verdienen gut, weiß Ilgner, und kaufen gerne viele Schlagerplatten. Er bestellt sofort weitere 50 000 Exemplare, um die Nachfrage zu befriedigen. »Das ist nicht so wie heute«, erzählt Ilgner viele Jahre später, »wo zwei, drei Leute auf die Knöpfe drücken und hinten fallen die CDs raus. Das war damals richtige Schwerstarbeit. Da standen die Arbeiter mit freiem Oberkörper an den Pressen, die mit Matrizen bestückt wurden. Dann wurde der Schellackkuchen zwischen die Matrizen gegeben und es wurde gepresst. Das wurde heiß gemacht. Um die fertigen Platten zu lösen, wurden sie schließlich mit Wasserdampf wieder abgekühlt. Das war wie in einer Sauna, dazu der süßliche Geruch von dem harzigen Schellack. Weil das alles seine Zeit brauchte, mussten schnell noch ein paar Leute eingestellt werden, um die Bestellungen abzuarbeiten.«

Die Schellack-Wand ist abgebaut, der Verkauf läuft auf Hochtouren, in wenigen Monaten werden eine Million Exemplare verkauft. Das ist eine Zahl, die in die Wirtschaftswunderjahre passt, der

Überraschungserfolg von »Heimweh« ist Tagesthema, sein Interpret in aller Munde. Mühelos gelangt der Titel Ende Juni 1956 an die Spitze der Verkaufshitparaden und hält sich vierzehn Wochen lang auf Platz eins. Noch einmal zieht der Verkauf an, als die Platte auf Vinyl erscheint, eine weitere Million ist fällig. Anfang 1957 kommt ein Film in die deutschen Kinos, Titel: *Heimweh ... dort wo die Blumen blüh'n*. Der Chart-Erfolg liefert den Soundtrack zu einer rührseligen Liebesgeschichte um Renate und Robert, gespielt von Sabine Bethmann und Rudolf Prack. Mittendrin im Film sitzen sie in einem Weinlokal beieinander, aus der Musikbox erklingt »Heimweh«, und die Liebenden kommen sich näher durch das Lied.

Robert: »Ich bin nicht immer so empfindlich, aber dieses Lied erinnert mich an etwas.«

Renate: »Mich auch. An zu Hause.«

Robert: »Von wo sind Sie denn?«

Renate: »Von weit her, aus Ostpreußen, aus Tilsit.«

Robert: »Ach so.«

Renate: »Und wenn ich das Lied höre, dann sehe ich unser kleines Haus vor mir, meine Eltern lebten noch .... Ach, das können Sie sicher nicht verstehen!«

Robert: »Doch, ich weiß nämlich auch, was Heimweh ist, ich bin in Afrika in Gefangenschaft geraten.«

Renate: »Entschuldigen Sie bitte, das habe ich nicht gewusst.«

Robert: »Ach lassen Sie nur. Ich finde das Lied schon fast schön.«

Auch so etwas hat es noch nicht gegeben, ein erfolgreicher Schlager, der den Filmtitel liefert und gleichzeitig eine Erklärung für den Erfolg mit dazu.

»Durch Heimweh zum Millionär«, titelt im November 1956 die *Musikrevue*, die Kundenzeitung der Polydor. Und stellt gleich richtig: »Die obige Schlagzeile ist rein ideell gemeint.« Denn in der Tat – und das verraten die PR-Schreiber der *Musikrevue* nicht –, Freddy ist der Letzte, der an dem überraschenden Erfolg von »Heimweh« seinen gerechten Anteil hat. 250 Mark pro Plattenseite bekommt er ausgezahlt, so steht es im Titelhonorarvertrag vom März 1956, mehr ist nicht drin. Als die Plattenbosse merken, welches Talent sie sich da herangezogen haben, legen sie eine Prämie nach, einen Scheck über 20 000 Mark, und schenken dem Sänger einen VW-Käfer. Quinn weiß, was er seinem Image schuldig ist, und erzählt fast zwanzig Jahre später einer Reporterin eine rührselige Geschichte vom ersten Geld: »Ich weiß es noch wie heute, als meine Plattenfirma mir den ersten großen Scheck schickte. Ich hatte doch nie viel Geld besessen, und diese Summe war für mich einfach traumhaft. Ich lief über die Straße, hätte alle Menschen umarmen können und erzählte jedem, der es hören wollte, von meinem großen Glück. In meiner grenzenlosen Begeisterung lud ich alle meine guten Freunde ein, mit mir diesen Tag zu feiern. Ich wollte dieses Geld nicht für mich alleine ausgeben. Alle sollten teilhaben. Es war ein sagenhaftes Fest, und ich denke gern daran zurück. Die Seeleute trugen mich auf ihren Schultern durch das Lokal, stellten mich auf einen Tisch, und immer wieder musste ich ›Heimweh‹ singen. Am nächsten Tag ging ich in die Mönckebergstraße und kaufte mir meinen ersten feinen blauen Anzug. Und dann hatte ich immer noch ein bisschen Geld übrig. Davon kaufte ich meiner Mutter eine handgestickte Decke.« Ein ganz besonderer Wunsch wird dem neuen Star von seiner Plattenfirma erfüllt: Die Katalognummer seines ersten Erfolgstitels lautet 23 181. Die Zahl soll ihm weiter Glück bringen, wünscht sich Freddy, und deshalb wird für alle Folge-Singles, die auf dem deutschen Markt erscheinen, für ihn die Endziffer 81 reserviert. Dieses Privileg endet erst 1972 mit der Single »St. Helena«.

DER SIEGESZUG DER SCHNULZE

Das Geräusch schmerzt in den Ohren, eine Schellackplatte, die vor einem Mikrofon zerbricht. Werner Götze hat nachgeholfen dabei, der Moderator des Bayerischen Rundfunks lässt in seiner zweiwöchentlichen Sendung *Schlimmer geht's nimmer* im August 1956 wieder mal eine Platte akustisch beerdigen: »Heimweh – die schrecklichste Schnulze des Jahres. Schade um den Schellack!« Der Schuss geht nach hinten los, die Hörer lassen sich nicht einschüchtern und kaufen die Platte jetzt erst recht, sie wird der größte Verkaufserfolg im Schlagergeschäft seit Kriegsende, »obwohl«, wie der *Spiegel* berichtet, »die Platte unter ungünstigen Bedingungen auf dem Markt erschienen war. Mehrere Rundfunksender hatten es abgelehnt, die Aufnahme zu spielen, und die Polydor-Produktionsleitung hatte von der Platte zunächst keinen großen Erfolg erwartet, weil in der Schallplattenbranche das Sommergeschäft stets nur etwa dreißig Prozent des Wintergeschäfts ausmacht.« Für die lautstarken und wortreichen Gegner des deutschen Schlagers wird Quinns Heimweh-Klage zum Fanal, der letzte, der populärste Beweis für den Niedergang deutscher Kultur. Eine »Schnulze« ist das Lied! Seit einigen Jahren schon geistert der Begriff durch die deutsche Sprache und soll all jene populären Lieder mit Verachtung strafen, die den Wächtern einer niveauvollen Kultur zu platt sind, zu gefühlvoll, zu geistlos. Denn in Deutschland tobt ein Kulturkampf: E-Musik gegen U-Musik, Feuilleton gegen Schlagerfans, Bildungsbürger gegen Banausen, engagierte Pädagogen gegen ungehorsame Jugendliche. Immer wieder werden Umfragen veröffentlicht, die mit Zahlen beweisen sollen, was besorgte Eltern und Lehrer schon seit Langem befürchten: Die heranwachsende Generation lässt sich lieber von schlichten Schlagern einlullen, als klassischer Musik zu lauschen. Drei Viertel der männlichen Jugendlichen und sieben Achtel der weiblichen hören regelmäßig Schlager, das fördert eine Untersuchung in München zutage. In Berlin sind sogar schon die Dreizehn- bis Fünfzehnjährigen völlig versessen auf Schlager, und Zehn- bis Zwölfjährige können spontan ganze Schlagertexte niederschreiben. In einer Berufsschule im Hessischen erklären von 220 Befragten nicht weniger als 83 Prozent, dass sie ausschließlich Schlagermusik hören, und nur 4 Prozent interessieren sich für Opern und andere klassische Musik. Ähnliche Ergebnisse auch in Baden-Württemberg: in einer nicht genannten Kleinstadt von 6000 Einwohnern entscheiden sich 80 Prozent der befragten Volks- und Mittelschüler für moderne Schlager und nur 2,5 Prozent etwa für die Volksmusik. Hoffnung kommt bei diesen Hiobsbotschaften nur aus einem Kölner Gymnasium: Immerhin 26 Prozent der Oberstufenschüler hören gerne klassische Musik und fast 25 Prozent interessieren sich für Jazz, der Anteil der Schlagerfreunde liegt hier deutlich unter 50 Prozent.

Die Beweislast scheint erdrückend, die Jugend ist in Gefahr, die Verantwortlichen sind gefordert. Wie beispielsweise in den Rundfunkanstalten. Werner Götze aus München ist nicht alleine. Henri Regnier heißt sein Mitstreiter beim NDR und *Über Geschmack lässt sich doch streiten* seine Sendung, beim Berliner RIAS ist Fred Ignor im *Schlager der Woche* dafür zuständig, bei Radio Bremen heißt die Sendung *Platten aus dem Giftschrank*, und beim Süddeutschen Rundfunk sitzt Elmar Zimber für die Verteidigung des besseren Geschmacks vor dem Mikrofon. Musik für junge Leute, ja, heißt die Verpflichtung, aber keine Sendeminute für Schnulzen, die angeblich verdummen und verblöden. Stolz erzählt Walther von La Roche später, dass er in seiner Sendung *Teenager-Party* beim BR keines der Lieder »von unterstem Niveau« gespielt habe, auch wenn viele Zuhörer danach verlangt hätten. Offensiv in seiner Ablehnung auch Henri Regnier: »Wir hatten also jetzt die Kollektion der singenden Menschenaffen, womit die untere Grenze unseres Maßstabes erreicht wäre«, kommentiert er beispielsweise die Hits von Ted Herold oder Peter Kraus. Platten, die gar nicht mehr der Rede wert sind, werden endgültig abmoderiert: »Sie haben dieses Stück soeben zum letzten Male im NDR gehört.«

Auch Lehrer und Erzieher müssen ran. »Schlagerhören soll Schulfach werden«, heißt es in der *Frankfurter Rundschau,* dazu werden Lehrer zitiert, die ihre Aufgabe darin sehen, »der Jugend die Minderwertigkeit des Schlagers zum Bewusstsein zu bringen«, erst dann werde sich ihr Spaß daran verringern. Und die Musikreferentin einer Schulfunkabteilung plädiert für eine Soforthilfe der Lehrer: »Zum Musikverbraucher herabgewürdigt, wird es dem Jugendlichen kaum von selbst gelingen, sich vom Konsumzwang zu befreien, und so gewöhnt er sich an die seichten Melodien, an die monotonen Rhythmen und an die fragwürdigen Texte. Hinzu kommt noch der Umstand, dass die Mehrzahl der schlagerbesessenen Jugendlichen einen nicht geringen Teil ihrer Weltanschauung aus dem Schlager bezieht.« »Gute und schlechte Schlager« wird deshalb als Thema im Unterricht vorgeschlagen, oder: »Der vernünftige Umgang mit Schlagern«.

Ähnliche Themen werden auch in den Akademien der evangelischen oder der katholischen Kirche angeboten, wie beispielsweise im Evangelischen Männerwerk Hamburg. Ende Oktober 1960 treffen sich hier der Komponist Michael Jary, der Texter Kurt Schwabach und der Geistliche Günter Hegele – Thema des Abends, organisiert vom Amt für Öffentlichkeitsarbeit der Hamburgischen Landeskirche: »Der Schlager als Lebenshilfe«. Die Praktiker sind in dieser Debatte in der Defensive. »Der Schlager«, fordert Jary geradezu trotzig, »gehört dahin, wo er hingehört: in die Gesellschaft.« Weiter sagt er: »Es gibt in der Schnulze vom Musikalischen her eben die wertvolle Schnulze und die andere Schnulze. Der Begriff Schnulze wird ja heute auf alles gebraucht, was Schlager wird. Es gibt auf diesem Sektor genauso gute und schlechte Musik, wie es in der ernsten Musik gute und schlechte Musik gibt.« Schwabach sekundiert: »Es kommt, glaube ich, beim

Liedertext – ich sage absichtlich nicht Schlager – in erster Linie auf die Diktion an. Ich gebe mir immer Mühe, in einer guten, hübschen, textdichterischen Art und Weise diese Texte zu machen.« Einzig Hegele spricht als Konsument, der auch schon mal enttäuscht ist von der Schlichtheit des Schlagers. »Wenn ich also manchmal beobachte, dass ich in der Frühe nicht etwa mit einem Gesangbuchlied im Geiste aufwache, nein, dann wacht man dann auf mit einem Lied ›Das ist der Wumba-Tumba ...‹. Das ist ein ganz einfaches physikalisches Gesetz, dass dort, wo ein Ding ist, nicht gleichzeitig ein anderes ist. Hier wird oft die Fantasie blockiert.« Auch in der Evangelischen Akademie von Bad Boll wird heftig für und gegen den Schlager gestritten. Hier am Fuße der Schwäbischen Alb haben sich im Dezember 1960 rund hundert Jugendliche mit Vertretern der Plattenindustrie und des Rundfunks zusammengesetzt – »Der Schlager als Spiegel unserer Zeit«, so der Titel des Seminars. Schlager seien Schnulzen, lautet der Vorwurf, in der Regel ohne Klasse und ohne Niveau. »Die Schuld am deprimierenden Niveau des Schlagers liegt allein bei den Herstellern und Verbreitern«, beklagt sich der Unterhaltungschef des Süddeutschen Rundfunks, Wolfram Röhrig. Und die Sängerin Renée Franke beschwert sich: »Man diktiert uns eben.« Gute Titel könne man höchstens beim Rundfunk unterbringen oder mal in ein Vortragsprogramm einschmuggeln. Die Produzenten lassen sich nichts vorwerfen, argumentieren mit dem Massengeschmack und dem kleinsten gemeinsamen Nenner. Man vollziehe nur, was die Mehrheit verlangt, und würde man wirklich mal ein Lied ablehnen, weil es weit unter jeglichem Niveau liege, so würde die Konkurrenz ganz bestimmt zugreifen. Müsse da nicht – die Gegner des Schlagers kennen kein Halten mehr – der Gesetzgeber eingreifen und den modernen Schlager generell verbieten? »Wenn ihr uns hier schlechtmacht, dann sagen wir: Rutscht uns doch den Buckel runter!« Die Vertreter der Industrie bleiben stur: »Wir verdienen unser Geld auch ohne und trotz eurer Kritik.« Nur die Jugendlichen, denen die ganze Für- und Wider-Agitation gilt, bleiben gelassen. Geschmackssicher können sie unterscheiden zwischen guten Schlagern und schlechten Schnulzen, lehnen jegliches Verbot ab und schlagen – wenn überhaupt – so etwas wie eine freiwillige Selbstkontrolle vor. Ihren ganz eigenen Willen stellen sie schließlich bei einem Hörtest unter Beweis: Daumen runter für Elvis Presley und seine Kitsch-Version des deutschen Volksliedes »Muss i denn«, Daumen rauf dagegen bei der schwedischen Sängerin Siw Malmkvist und ihrem »Trocadero 9910«.

So oder ähnlich laufen sie ab, die Diskussionen der Zeit unter Produzenten und Konsumenten, ganz parteiisch beflügelt durch das deutsche Feuilleton. Denn die Intellektuellen des Landes sind sich einig: Der deutsche Schlager ist Mist, »akustischer Härtefall«, wie der *Spiegel* lästert. Das theoretische Fundament für die schlichte Ablehnung liefert der Frankfurter Philosoph Theodor W. Adorno mit seiner *Einleitung in die Musiksoziologie*. Der Schlager, so Adorno, biete nur kalkulierte Effekte und bewege sich zwischen den immer gleichen Schemata, eine freie, künstlerische Gestaltung habe keine Chance. Entsprechend lasse sich die Wirkung des Schlagers, seine soziale Rolle, umreißen als die von Schemata der Identifikation. »Nicht nur appellieren die Schlager an eine *lonely crowd*, an Atomisierte. Sie rechnen mit Unmündigen; solchen, die des Ausdrucks ihrer Emotionen und Erfahrungen nicht mächtig sind; sei es, dass Ausdrucksfähigkeit ihnen überhaupt abgeht, sei es, dass sie unter zivilisatorischen Tabus verkrüppelte. ... Sozial werden von den Schlagern entweder Gefühle kanalisiert, und dadurch anerkannt, oder sie erfüllen stellvertretend die Sehnsucht nach solchen.«

Adornos Analyse ist hart und unbestechlich, und viele folgen seiner Argumentation. So schreibt der Schriftsteller Hugo Hartung: »Die Schnulzenindustrie liefert Aromen, die ›wie Liebe‹ schmecken, wie Leidenschaft, wie heißer Süden, wie rote Lippen, roter Wein und blaues Meer ... Aber alle Gefühlchen sind genormt und beliebig austauschbar – vom Text wie von der Melodie her.« Der Musikkritiker Hans Christoph Worbs stellt in seinem *Leitfaden* zum deutschen Schlager Freddys »Heimweh« in den Mittelpunkt seiner Abrechnung mit der Schnulze: »Ein Lied von anspruchslosem lyrischen Reiz [›Memories Are Made Of This‹, E. K.] wurde zu einer weinerlich gefühlsseligen Schnulze, zu einem Schlager, der mit penetranten Mitteln auf eine totale Gefühlswirkung zielt, der mit eindringlichen Repetitionseffekten den Stimmungsgehalt noch zu steigern sucht.« Ohne Erbarmen und in ständiger Rückversicherung auf Adorno drischt der spätere Feuilleton-Chef des *Mannheimer Morgens*, Heinz Schönfeldt, auf den Schlager ein: »So vernichtet die Schlagerflut große Teile musischer Substanz in der Gesellschaft. Aber nicht nur im künstlerischen, im geschmacklichen Bereich stellt der Schlager eine Gefahr dar; seine Primitivität, sein billiger Illusionismus, die von ihm bewirkte Nivellierung des Publikums schädigen überdies den ganzen Menschen und die menschliche Gemeinschaft. Er hat, um es krass auszudrücken, eine verdummende, die Würde und Freiheit des Menschen herabsetzende Wirkung ... Wir leben im Jahrhundert des Schlagers, und mögen die daraus erwachsenden Gefahren auf den ersten Blick unbedeutend erscheinen: sie zu erkennen und einzudämmen ist nicht minder wichtig für die Zukunft als die Bewältigung anderer aktueller Bedrohungen.« Das ist also der Ton der Schlager-Gegner, gänzlich unversöhnlich, als gelte es in einen Kampf zu ziehen. Das ist bis heute so geblieben, der Schlager hat im deutschen Feuilleton nichts zu suchen, unter keinen Umständen, und wenn er dann doch einer Bemerkung wert ist, dann nur, um ihn hochmütig zu verreißen, ganz im Sinne Adornos.

Nur wenige halten bei so viel wortgewaltiger Ablehnung dagegen. Geradezu naiv nimmt sich die Verteidigungsrede des »Heimweh«-Texters Ernst Bader aus: »Glauben Sie im Ernst, dass irgendeiner von den Schlager- oder Tanzmusikfreunden sich Gedanken darüber macht, ob ein Schlager so oder so sein muss, ob das Niveau gehoben werden muss oder nicht? Gefallen soll das Lied, denn die Menschen sollen Freude haben, ein bisschen Ablenkung und Spaß.« Weiter schreibt Bader zu seinem »Heimweh«-Lied: »Ich habe weder eine ›gehobene‹ noch eine ›kommerzielle‹ Schnulze schreiben wollen, sondern ich schrieb, wie es mir ums Herz war – und deshalb kam ich damit auch ans Herz des Volkes, für das ich schreibe.« Selbst Freddy Quinn fühlt sich zur Gegenrede aufgerufen und lässt in der sogenannten Autobiografie *Lieder, die das Leben schrieb* seinen Ghostwriter Lotar Olias formulieren: »Ich war und bin der Ansicht, dass die Lieder, die ich singe, Volkslieder sind, im wörtlichen Sinne: Lieder des Volkes. Mehr sollen sie nicht sein, und mehr wollen sie auch nicht sein. Wer sie für Schnulzen hält, für den müssten dann auch Lieder wie: ›In einem kühlen Grunde‹ oder ›Am Brunnen vor dem Tore‹ und viele andere deutsche Volkslieder Schnulzen sein.« Vom Volkslied ist es nicht weit bis zum Volkssänger. Das Teenager-Magazin *Bravo* – in stillem Einvernehmen mit der Plattenindustrie daran interessiert, aus Talenten Stars zu machen – lässt dazu seinen Psychologen, einen gewissen Dr. Heldwein, zu Wort kommen: »Freddy Quinn ist ein Sänger des Volksliedes, wie es in unseren Heimatlanden in Nord und Süd zu Hause ist. Aber es kommt noch etwas Wesentliches hinzu. Freddy Quinn ist eine Persönlichkeit von hoher Eigenart, die mit Zeit und Mode wenig zu tun hat. Er ist dem Wesen nach – ich möchte es so nennen – irgendwie zeitlos. Ein fahrender Sänger, wie er in früheren Jahrhunderten ebenso durch die Lande zog, als man statt Liebe noch Minne sagte.« Derart veredelt werden vor allem Freddy und seine Lieder aus allen zeitlichen Zusammenhängen herausgehoben, um sie immun zu machen gegen jede Kritik.

Es ist der Geistliche Günter Hegele, der in der bereits zitierten Runde in Hamburg mit Michael Jary und Kurt Schwabach diskutierte, der sich um einen versöhnlichen Ton in der Debatte bemüht. Der Studentenpfarrer in München und Mitarbeiter der Evangelischen Akademie Tutzing, mischt sich immer wieder ein, sei es mit seiner Monatszeitschrift *Der Plattenteller*, als Schlager-Kommentator im Programm des Bayerischen Rundfunks oder als Publizist und Vortragsreisender in Sachen Schlager. So weit geht sein Engagement, dass man ihn in den Medien den »Schlagerpfarrer« nennt. »Der Schlager«, so einer seiner zentralen Sätze, »ist so gut oder so schlecht wie die

Gesellschaft, in der er produziert, gespielt und gehört wird.« Den Schlager-Gegnern hält Hegele entgegen: »Ich habe den Verdacht, dass es vielen Kritikern ohnehin mehr um die Aufwertung des eigenen Selbstbewusstseins geht als um die Liebe zur Sache oder zu den Menschen, die durch ihr Milieu und ihre Bildung zunächst auf den Bereich des Schlagers festgelegt sind.« Und weiter: »Natürlich ist es nicht leicht, kritisch zu sein und doch seine Freude dabei zu haben. Aber wir können es uns um unserer seelischen Hygiene willen nicht mehr leisten, ohne ein Minimum an Nachdenken mit den Produkten der heutigen Technik und Wirtschaft umzugehen. Der richtige Gebrauch von Schallplatten, Radio, Musikbox und Schlager verläuft genau in der Mitte zwischen Kulturpessimismus und Herdentrieb.« Wenn er etwas an einem Interpreten auszusetzen hat, spart Hegele nicht mit Kritik. So kommentiert er Freddys Erfolg: »Zu dieser Heimatlosigkeit gehört wahrscheinlich auch ein gewisses Selbstmitleid, das bestätigt werden will. Man müsste Freddy einmal ganz deutlich sagen: Bemitleide dich nicht immer selbst, sondern kümmere dich lieber um andere.« Im Nachrichtenmagazin *Spiegel* legt Hegele noch einmal nach: »Die Einsamkeit wird hier mit der Heimatlosigkeit gekoppelt, hier wird der Mensch durch diesen Schlager so unterderhand falsch eingestellt. Wenn ihm nämlich in seiner Einsamkeit recht gegeben wird in dem Sinne, dass er sich selbst bemitleidet, dann ist das nicht nur falsch ausgedrückt, das hat genau das entgegengesetzte Ergebnis, weil man nämlich aus der Einsamkeit nicht dadurch herauskommt, dass man sich selbst bemitleidet, sondern dass man Interesse und Anteilnahme für andere Menschen entwickelt.«

Den bis heute nachhaltigsten Eindruck in der Diskussion hinterlässt der Literatur- und Filmkritiker Wilfried Berghahn. Berghahn, Jahrgang 1930, studiert zunächst in Bonn. Zusammen mit seinen Kommilitonen Jürgen Habermas und Günter Rohrbach gründet er den Bonner Filmklub und eine Theatergruppe. Später, im Januar 1957, erscheint die erste Nummer der Zeitschrift *Filmkritik*, neben Ulrich Gregor und Enno Patalas gehört Berghahn zu den ersten Autoren.

Daneben arbeitet er für *Die Neue Rundschau*, den *Merkur*, die *Frankfurter Hefte* und die *Frankfurter Allgemeine Zeitung*. Nur 34 Jahre alt, stirbt Berghahn am 17. September 1964 in Baden-Baden. Sein wichtigstes Fazit zum Thema Schlager, das bis heute nichts eingebüßt hat von seiner Richtigkeit, steht in seinem Aufsatz »In der Fremde«, erschienen 1962: »Der Illusionismus der Schlager überzieht als dünner Lack einen großen Katzenjammer. Alle Vorwürfe, die sich gegen die Oberflächlichkeit wenden, verfehlen deshalb ihr Objekt. Sie verkennen, dass die Texter nicht aus Dummheit oberflächlich sind, sondern aus Notwendigkeit. Wer Schlager analysiert, stößt Schritt für Schritt an Unzufriedenheit und Einsamkeit. Schlagergeschichte ist Sozialgeschichte, auch wenn es vielen nicht gefällt.« In den Mittelpunkt seiner Schlager-Betrachtungen stellt Berghahn immer wieder die Lieder von Freddy Quinn. So befasst er sich in einem Rundfunkfeature für den Hessischen Rundfunk, ausgestrahlt im Frühjahr 1964, ausführlich mit dem Titel »Heimweh«: »Zweifellos klagt dieser Schlager über Mangel an menschlicher Wärme, über Kontakt- und Lieblosigkeit, über fehlende Vertrautheit mit dem Nachbarn. Ein Katalog von Frustrationen also, die einem Einsamen in einer zumindest gleichgültigen, wenn nicht feindseligen Welt widerfahren. Und daran müssen nicht Ozeane und Wüsten schuld sein; dies ist eine Fremde, die es überall gibt, auch und gerade im Alltag, hier und heute, wo wir eigentlich meinen, zu Hause zu sein.« Woher, so fragt sich Berghahn, kommt bei den Millionen Konsumenten des »Heimweh«-Erfolgs dieses Gefühl der Fremde, dieses Heimweh, wo es ihnen doch gut gehen müsste in einer Zeit, die geprägt ist von wirtschaftlichem Wachstum und materiellem Wohlstand? »Ungefähr 1956, aber eigentlich auch nicht früher, hatte dieser Staat sein heutiges Gesicht angenommen. Seither haben im Lebensstil nur noch Oberflächendifferenzierungen stattgefunden. Alle wesentlichen Institutionen, alle wichtigen Verhaltensschemata, die man heute als repräsentativ für das Leben in diesem Teil Deutschlands ansehen darf, wurden bis 1956 etwa geprägt. Und dann kam der Moment, in dem man zum ersten Mal von der Arbeit aufsah, sich umblickte in dem Haus, das man gebaut hatte, und entschlossen war, sich an ihm zu freuen. Da entdeckte man, dass äußerlich alles zum Besten stand; man durfte sicher sein, überall in dieser Gegend sein Geld zu verdienen. Aber war das alles? Was hatte man eigentlich gewollt? Den perfekten Wirtschaftsstaat? Gewiss, den hatte man bestimmt auch gewollt. Aber war er Heimat und Zuhause? Fühlte man sich geborgen in einer Gemeinschaft? Nahm man Anteil aneinander?«

MANN MIT GEFÜHL

Nein, so einen wie Freddy Quinn hat es vorher nicht gegeben. Die erfolgreichen Männer im deutschen Schlager der frühen 1950er-Jahre heißen Rudi Schuricke, Willy Hagara, Gerhard Wendland, René Carol oder Peter Alexander. Allesamt machen sie einen seriösen Eindruck, scheinen mit Schlips auf die Welt gekommen zu sein, und ihr Gesang klingt kunstvoll und jahrelang geschult. Sonore Stimmen, die zum Träumen einladen und nie aus dem Takt geraten, störungsfrei und ein Genuss wie Schokoladenpudding mit Sahne. Sie sind Entertainer, auch wenn es den Begriff noch gar nicht gibt in der deutschen Sprache. Ihr Platz ist auf der Bühne, vor dem Mikrofon, mit ein paar dekorativen Blumenkübeln nebenan und langbeinigen Tänzerinnen im Hintergrund, denen man – dramaturgisch richtig gesetzt – kess zuzwinkert an der einen oder anderen Stelle des Vortrags. Diese Männer sind keine Künstler, wie man sie aus dem Ausland kennt, keine »Singer-Songwriter« wie in den USA, keine »Chansonniers« wie in Frankreich, keine »Cantautori« wie in Italien – also jene, die ihre Lieder selbst texten und komponieren, dabei auch schon mal gesellschaftliche Verhältnisse kritisieren oder eine politische Haltung einnehmen. Dagegen definieren sich Schuricke und Kollegen – wenn überhaupt – als »Unterhalter«, mehr ist nicht drin. Und sie singen alles: ein bisschen was von Italien, von schönen Frauen im Mondenschein, leisen Worten beim Abschied oder mal was mit Schwung in irgendeinem lateinamerikanischen Rhythmus. Das machen sie gut, sie sind Profis und lächeln dabei, verbeugen sich abschließend charmant vor ihren Zuhörerinnen, und der eine oder andere schickt auch schon mal eine Kusshand ins Publikum. Das hat alles nicht viel zu bedeuten, gehört zum Handwerk, genauso wie die gepflegte Bühnenkleidung. Ein Anzug fast immer, ein Smoking, wenn es ganz festlich sein soll, mit Fliege, ansonsten fehlt die Krawatte nie. Die Haare sind akkurat frisiert, das Kinn immer glatt rasiert, und in keiner Situation verlieren sie ihre Haltung. Jovial im Ausdruck, sicher im Schritt, kein Wort zu viel, glatt, sehr glatt. An der lackierten Oberfläche kann sich jeder Traum festmachen, ohne hängen zu bleiben.

Solche Männer stehen hoch im Kurs bei den Frauen in der Zeit unmittelbar nach dem Krieg. Ihre Brüder und Väter, Verlobten und Ehemänner sind nicht da, entweder noch nicht zurück, oder die Nachricht ist längst eingetroffen, dass sie nie mehr wiederkommen, »gefallen« heißt es dann. Jene, die den Krieg überlebt haben und wieder zu Hause sind, sehen zumeist erbärmlich aus, ausgezehrt von den Strapazen an irgendeiner Front oder in irgendeinem Gefangenenlager, und viele sind zurückgekommen mit Krücken oder Prothesen, weil ein Bein fehlt, ein Arm, eine Hand. Noch haben sie nicht die Kraft und den Mut für charmante Komplimente, und wenn sie den Arm reichen, wollen sie keine Dame zum Tanze führen, sondern selbst geführt werden.

So ist die Realität – Männer, nach denen man sich gesehnt hat und die einem fehlten immerfort, sie geben ein trauriges Bild ab in diesen Tagen, man muss sich um sie sorgen, wenn sie denn zurück sind, sie müssen gepflegt werden und brauchen noch lange, bis sie wieder ihren Mann stehen. Da schaut man gerne mal zu anderen Männern hin, die intakt ausschauen, gepflegt und mit Manieren. Während die Frauen die Böden schrubben oder die Hemden bügeln, hören sie Rudi Schuricke zu, »Lass uns träumen vom Lago Maggiore«, singt der im Radio, und wie gerne träumen sie mit. Und wenn dann René Carol noch eins draufsetzt mit »Rote Rosen, rote Lippen, roter Wein«, dann schließen sie die Augen für einen kurzen Augenblick und wiegen sich mit dem Sänger im Takt des Tangos. Nicht, dass sie darüber ihren eigenen Mann vergessen würden und auch nicht ihre

Arbeit und nicht ihre Aufgaben, aber für einen ganz kleinen Moment wollen sie einmal nicht vernünftig sein, nicht stark und nicht allein.

Genau in diesem Moment, da berührt sie einer mit einer Stimme, die beinahe weint, von einem, der noch einsamer ist als sie selbst. Weinen? Ja fast, so hört es sich jedenfalls an. Das ist ungewöhnlich, denn ein deutscher Mann weint nicht, schon gar nicht in einem Schlager. Zugegeben, es gibt ein paar, die das vormachen in der Unterhaltungsmusik, aber die kommen aus den USA und sind 1956 noch wenig bekannt hierzulande: Hank Williams, Elvis Presley, Johnnie Ray. Bei so viel Gefühl kommt der Millionenerfolg von »Heimweh« nicht von ungefähr – und erwischt alle anderen kalt, die Plattenproduzenten, die Rundfunkanstalten, die Presse. Niemand hat damit gerechnet, dass ein Unbekannter derart einschlagen kann. Kaum einer weiß etwas über ihn, selbst die Plattenfirma ist sich uneins über den Namen des neuen Stars: Freddy Quinn oder nur Freddy? Und die *Bild*-Zeitung schreibt »Freddy Quint«. In den ersten PR-Veröffentlichungen der Polydor wird er noch vorgestellt als Jugoslawe, jung und burschikos, mit einem Faible für die See: »Am wohlsten fühle ich mich in der vertrauten Umgebung des Hamburger Hafens«, darf Freddy in der November-Ausgabe der firmeneigenen Kundenzeitung *Musikrevue* sagen, darüber ein Bild des lachenden Sängers, mit Krawatte, Anzug, blank geputzten Schuhen und sorgfältig frisierten Haaren. Nein, die Polydor-Produzenten wissen wirklich nicht, wie sie den neuen Goldjungen verkaufen sollen, sein Image ist noch nicht gefestigt. Auch musikalisch probieren sie rum. Der Erfolg läuft gerade an, am 12. Mai 1956 taucht »Heimweh« zum ersten Mal in den bundesdeutschen Verkaufscharts auf, und einen Tag zuvor darf der Nachwuchskünstler erneut vor ein Aufnahmemikro, wieder in der Hamburger Musikhalle, diesmal im kleinen Saal. »Rosalie« heißt das Lied, ein Männerchor singt die sentimentale Weise über die Inselschönheit Rosalie, Tochter des Gouverneurs und verliebt in einen Matrosen, und Freddy darf den Shanty-Refrain singen, zwei mal vier Zeilen, mehr nicht. Das nächste Lied wird drei Tage später eingesungen, am 14. Mai, ganz im Rhythmus der Zeit, ein Rock 'n' Roll soll es sein, mit Gitarre, Schlagzeug und einem Xylofon, »So geht das jede Nacht«. Peter Kraus heißt das angesagte Idol der Teenager und hat gerade mit »Tutti Frutti« seinen ersten Hit gelandet, ein Rock-'n'-Roll-Titel nach amerikanischem Vorbild, musikalisch entschärft für ein deutsches Publikum. Das ist im Kommen, die jungen Leute stehen drauf. Warum sollte man diesen Musikstil nicht auch mit Freddy Quinn probieren? Noch hat niemand dabei etwas zu verlieren. Die Musik für »So geht das jede Nacht« schreibt einer, der für den späteren Karriereweg des jungen Österreichers die zentrale Rolle spielen wird, Lotar Olias. Die Aufnahme wird hingepfuscht, und keiner korrigiert den Sänger, der »Sonntach« singt und »Montach« und »Dienstach«.

Dem Lied kommt eine besondere Aufgabe zu, es soll Deutschland bei einem Musikwettbewerb vertreten. Das Festival findet in der italienischen Schweiz, in Lugano, statt und heißt sehr umständlich »Gran Premio Eurovisione Della Canzone Europea« und wird später unter dem Namen »Grand Prix Eurovision de la Chanson Européenne« in Deutschland populär. Die Konkurrenz wird veranstaltet von der »European Broadcasting Union« (EBU), einem Zusammenschluss von dreiundzwanzig Rundfunkanstalten aus Süd- und Westeuropa sowie Nordafrika und dem Nahen Osten, der sich am 12. Februar 1950 im britischen Seebad Torquay gründet. Zur Auftaktsitzung sind weder die sozialistischen Staaten Europas (mit Ausnahme von Jugoslawien) noch die Bundesrepublik Deutschland geladen, die erst ein Jahr später offizielles Mitglied wird. Mit dem neuen Medienverbund soll die Zusammenarbeit der öffentlich-rechtlichen Sender über die Ländergrenzen hinweg verbessert werden, und erstmals kooperiert man bei der Übertragung der Krönung von Königin Elisabeth II. am 2. Juni 1953. Am 6. Juni 1954 folgt dann eine einstündige Sendung vom Narzissenfest im schweizerischen Montreux, diesmal übertragen in acht Länder. »Wonderful Eurovision is born!«, schwärmt der englische Journalist George Campey beim Anblick der schönen Bilder aus der Schweiz und gibt damit, ohne es zu wissen, der Einrichtung den fortan gültigen Namen: Eurovision. Und erstmals wird mit dieser Sendung ein Logo ausgestrahlt, das künftig das Markenzeichen sein wird für alle gemeinsamen Übertragungen, der gelbe Strahlenkranz auf blauem Grund mit der dazugehörigen Eurovisions-Melodie, dem Präludium aus dem *Te Deum* des französischen Komponisten Marc-Antoine Charpentier. Das wichtigste europäische Fernsehereignis 1954 aber ist die Übertragung der Fußballweltmeisterschaft aus der Schweiz, gefolgt im Januar 1956 von den Olympischen Winterspielen aus dem italienischen Cortina d'Ampezzo. Aber bereits im Oktober 1955, bei einem Treffen der EBU-Oberen im Palazzo Corsini in Rom, wird eine gemeinsame Sendung verabredet, die möglichst viele Zuschauer erreichen und das neue Medium Fernsehen populär machen soll. Im Gespräch sind ein Eurovisions-Wettstreit von Amateur-Artisten und Unterhaltungskünstlern und ein Liederwettbewerb nach dem Vorbild des Festivals von San Remo, das seit 1951 mit großem Erfolg in Italien über Radio und Fernsehen ausgestrahlt wird. Die Verantwortlichen entscheiden sich für den Sängerwettstreit und als ersten Austragungsort für Lugano im Tessin. Zur besseren Verbreitung der neuen Idee empfehlen die EBU-Vertreter eine breit angelegte Werbung in allen Tages- und Wochenzeitungen sowie nationale Vorentscheidungen.

Ob es in Deutschland zu einem Vorentscheid gekommen ist, ist nicht zweifelsfrei erwiesen. Der Journalist und Grand-Prix-Experte Jan Feddersen hat vor einigen Jahren versucht, den Abend zu rekonstruieren, der am 1. Mai 1956 im Großen Sendesaal des Kölner Funkhauses stattgefunden haben soll. Unter anderen sollen Margot Hielscher, Bibi Johns und Freddy Quinn bei der Show dabei gewesen sein, keiner von den dreien kann sich aber daran erinnern. »Mussten Sie sich über eine Vorentscheidung qualifizieren?«, fragt Feddersen Freddy Quinn. »Weiß ich nicht, wahrscheinlich ist das aber so. In Frankfurt oder Köln war die.« Besser kann er sich daran erinnern, wie er gemeinsam mit seiner Lebensgefährtin Lilli Blessmann in einem VW-Käfer ins Tessin gefahren ist, drei lange Tage. In Lugano steht

Quinn dann am 24. Mai, ein Donnerstag, um 21 Uhr auf der Bühne des »Teatro Kursaal«, vor ausgewähltem Publikum und den Kameras der Eurovision. Deutschland ist – wie alle übrigen sechs Teilnehmerländer – mit zwei Liedern im Wettbewerb vertreten, neben Freddy Quinn darf Walter Andreas Schwarz sein selbst verfasstes Chanson »Im Wartesaal zum großen Glück« vortragen.

Die Premiere des Eurovisions-Festivals, die in zehn Länder übertragen wird, verläuft denkbar unspektakulär und lässt überhaupt nicht ahnen, dass sich daraus einer der größten Live-Musikwettbewerbe der Welt entwickelt, dessen Erfolgsgeschichte bis heute andauert. In Lugano geht noch alles drunter und drüber, gleich drei Länder – Dänemark, Österreich und Großbritannien – dürfen nicht mitmachen, weil sie die Anmeldefrist für ihre Beiträge nicht eingehalten haben. Das Großherzogtum Luxemburg ist knapp bei Kasse und entsendet nur eine Sängerin, Michèle Arnaud, mit zwei Liedern und lässt überdies die Schweizer Jury in seinem Namen abstimmen, da auch das Geld für die Juroren, die jedes Land vor Ort einsetzen muss, nicht reicht. So kommt es schließlich zu einer Wertung – nicht öffentlich und ganz ohne große Anzeigetafel –, die bis heute ein Geheimnis geblieben ist und unter Eurovisions-Anhängern immer wieder Anlass gibt für wilde Gerüchte und Spekulationen. Dass die Schweizerin Lys Assia mit ihrem Lied »Refrain« Siegerin des Abends wird, das erfahren die Zuschauer, mehr aber nicht. Für Freddy Quinn und seinen Rock-'n'-Roll-Titel, interpretiert mit einem vierundzwanzigköpfigen Orchester und mit »Sonntach«, »Montach«, »Dienstach« vom Sänger weiterhin falsch ausgesprochen, bleibt der Auftritt fast ohne Folgen. Ob der Titel an diesem Abend angekommen ist – wir werden es wohl nie erfahren, und die *Bild*-Zeitung schreibt erst zwei Wochen später über den Auftritt eines gewissen – wie erwähnt – »Freddy Quint«, geboren in Pula, Vater Italiener, Mutter Österreicherin. Dass er schon als Seemann unterwegs war, steht in dem Artikel, bis er schließlich in der Hamburger »Washington-Bar« vor Anker geht. Von seinem »Heimweh« ist noch gar nicht die Rede, aber vom »Erfolg beim Europäischen Chanson-Wettbewerb in Lugano«: »Freddy befand sich in der Lage eines Mannes, der auf der Geige schluchzen soll, aber mit einem Schlagzeug anrückt. Er servierte einen Boogie modernster Machart. Weiß Gott, das war kein Chanson, das da unter den Palmen der Schweiz erklang! Es war echter Paprika. Ein Blitz unter Schnulzen, Erfolg ohne Preis. Egal! Freddy, dieser ungekünstelte Künstler, hat am Ruhm geknabbert.« Dieser »Blitz« von Lugano kommt als Platte in Deutschland erst vier Monate später, im September, in die Hitparaden, im Nachzug zu dem guten Verkauf von »Heimweh«. Und viele Erfolge später, im Januar 1958, nimmt Freddy Quinn »So geht das jede Nacht« noch einmal in einem Plattenstudio auf, diesmal in Tokio und auf Japanisch, »Kimi wa maiban no« – und unter Verwendung der Original-Musikbänder mit den »Horst Wende Tanz-Solisten« vom Mai 1956. Warum gerade dieses Lied auf Japanisch? Die Entscheidungen der Produzenten geben immer wieder Rätsel auf. Im Gespräch mit Jan Feddersen erinnert sich Freddy Quinn an die Aufnahme: »Da musste ich japanische Phonetik lernen. In Tokio hat man mir gesagt, dass es gut gelungen ist.« Übrigens, die Reise ins Tessin ist Quinns einziger Ausflug in die Welt der Gesangswettbewerbe. Später, als Superstar, wäre es seiner Karriere möglicherweise abträglich gewesen, vor einer solchen Konkurrenz aufzutreten und dabei eine Niederlage zu riskieren, und so hat er sich nie mehr öffentlich einer Jury gestellt.

Im August 1956 geht es noch einmal in den kleinen Saal der Hamburger Musikhalle, zwei Lieder werden aufgenommen, um der steigenden Nachfrage nach Freddy Quinn gerecht zu werden. »Bel Sante« heißt der eine Song, wieder eine Übernahme aus den US-Charts, und »Endlose Nächte« der andere, die Moritat eines Heimatlosen, dessen Vater zu viel trinkt und dessen Mutter schon lange nicht mehr lebt. Wenn es hier nicht der allzu sentimentale Text ist, der aufhorchen lässt, so ist es auf jeden Fall die Musik. Ein großes Orchester erklingt da, mit Bläsern und Streichern und einem sorgfältig gesetzten Arrangement. Hier ist ein Talent am Werk, zum ersten Mal arbeitet Freddy Quinn zusammen mit Bert Kaempfert. Kaempfert, am 16. Oktober 1923 in Hamburg-Barmbek als Berthold Kämpfert geboren, studiert zunächst an der Hamburger Musikhochschule, bis er seinen ersten Job antritt als Saxofonist beim Danziger Radio-Orchester. Hier lernt er, nach eigenem Bekunden, all das, was er Jahre später für seine Arbeit als Orchesterleiter, Arrangeur und Komponist brauchen wird. Noch während der Zeit seiner Kriegsgefangenschaft in Dänemark gründet er seine erste Band, »Pik Ass«, mit der er nach der Entlassung durch die Offiziersklubs der Amerikaner in Norddeutschland tingelt. Später arbeitet er für den NDR und die Polydor. Bei der Plattenfirma verpflichtet er sich, mindestens dreißig Musiktitel pro Jahr für die Aufnahmen vorzubereiten und künstlerisch zu leiten. So ergibt es sich ganz selbstverständlich, dass Kaempfert gleich bei einer der ersten Aufnahmen von Freddy Quinn als Arrangeur und Orchesterleiter dabei ist. Die Instrumentalisten, die sich Kaempfert in sein Orchester holt, sind alles Studiomusiker, kein festes Ensemble wie bei den Radio-Orchestern üblich, sondern für eine Aufnahme jeweils neu ausgesucht und engagiert. »Bel Sante« wird ein Achtungserfolg und steigt bis auf Platz sechs in der Verkaufshitparade, die hörenswerte Arbeit von Kaempfert für die B-Seite findet keine besondere Beachtung.

Für die restlichen Monate des Jahres 1956 muss Freddy Quinn vor kein Aufnahmemikro mehr. In diese Zeit fällt die Entscheidung für die Zusammenarbeit mit Lotar Olias, dem Mann, der Freddy endgültig zum Star macht. Olias, am 23. Dezember 1913 als Sohn eines Architekten in Königsberg geboren, zählt zu den erfolgreichsten Komponisten seiner Zeit. Als Quinn und er sich kennenlernen, ist Olias bereits ein gemachter Mann. Seine Musik kennt jeder, seinen Namen aber nur wenige. Als junger Mensch kommt er nach Berlin und studiert im Bezirk Tiergarten Musik am Klindworth-Scharwenka-Konservatorium. Moritz Mayer-Mahr und Institutsleiter Robert Robitschek sind hier seine Lehrer. Seinen Lebensunterhalt verdient er sich unterdessen mit Klavierspielen im »Billigrestaurant« Aschinger (»Beste Qualität bei billigstem Preis«), komponiert aber auch schon Chansons für Sänger wie Max Hansen, Lucienne Boyer und Mimi Thoma. Er verfasst dann Revuen für Berlins bekanntestes Varieté-Theater »Wintergarten« und Hamburgs Vergnügungspark »Planten un Blomen«. 1937 schreibt er für drei Kurzspielfilme – *Ruhe ist die erste Bürgerpflicht, Die Nichte aus* USA und *Ein kleiner Reinfall* – seine ersten Filmkompositionen. Bereits 1932, am 21. November, tritt Olias der NSDAP bei. In dem Aufnahmevermerk, der im Bundesarchiv in Berlin vorliegt, ist angegeben, dass er keine Parteischule besucht und bisher keinerlei politische Tätigkeit ausgeübt habe. Das ändert sich mit seinem Parteieintritt, Olias wird jetzt »Kulturwart« bei der »Gaukulturabteilung« im »Kreis IV, Ortsgruppe Wartburgplatz«, die dazugehörige Geschäftsstelle hat ihren Platz in der Schöneberger Mühlenstraße 7, heute Dominicusstraße. In einem Fragebogen vom 9. Januar 1934 gibt Olias als seine erlernte Tätigkeit »Musiker« und als seinen derzeitigen Beruf »Komponist« an, auf die Frage »Verheiratet« antwortet er mit »Nein«, ebenso setzt er ein »Nein« hinter das Stichwort »Kriegsteilnehmer«, und als »Besondere Interessen« trägt er ein: »Kompositionen für Tonfilm und Rundfunk«. Gleich mehrere Titel mit nationalsozialistischem Inhalt werden Olias später zugeschrieben, darunter der »SA-Totenmarsch« sowie »Braun und grau« und »Der Amtswaltermarsch«, in dem es unter anderem heißt: »Gott segne unser'n Führer und das Werk seiner Tat. / Dass er uns allzeit schütze vor Juda und Verrat«. Als Obergefreiter wird Olias schließlich Leiter des Fronttheaters »Knobelbecher«.

Nach dem Krieg verschlägt es Lotar Olias nach Hamburg, er macht zunächst Musik und Conférence im literarischen »Kabarett der Komiker«. Gemäß einer Vereinbarung der vier Siegermächte sollen in Deutschland und in Österreich alle gesellschaftlichen Bereiche von den Einflüssen des Nationalsozialismus befreit werden, die sogenannten Entnazifizierungsprozesse werden im ganzen Land durchgeführt. Hamburg gehört zur britischen Zone, entsprechend kümmern sich die britischen Militärbehörden um die Umsetzung der Untersuchungen. Im September 1947 wird Lotar Olias zu einem sogenannten *interview* in das »German Personal Office« der »Information Control Hamburg« im Mittelweg 118 einbestellt. Hier beantwortet er die Frage nach der Mitgliedschaft in der NSDAP mit einem »Nein«. Fünf Wochen später, am 17. Oktober 1947, wird sein Arbeitsvermittler, die Hamburger Gastspieldirektion Hans Hasslach, darüber informiert, dass Olias noch bis zum Ende des Monats seiner Arbeit nachgehen könne, anschließend aber nicht mehr weiterarbeiten dürfe, bis weitere Untersuchungen es erlauben. Als Grund wird angegeben, dass Olias gegenüber der britischen Militärregierung gelogen und seine Parteizugehörigkeit verschwiegen habe. Doch das Berufsverbot hat nicht lange Bestand, schon am 25. November 1947 erhält der Musiker folgende Mitteilung der Briten: »Wir informieren Sie hiermit, dass Sie Ihre Arbeit als Confirencier wieder aufnehmen können, es liegen ausreichende Beweise dafür vor, dass Sie nicht ›wissentlich‹ Ihren Fragebogen gefälscht haben.« Die »ausreichenden Beweise«, das ist ein Brief, den Olias' Vater, der Architekt Hans Olias, am 27. Oktober an seinen Sohn schreibt und ihm zur Vorlage bei der britischen Untersuchungsbehörde überlässt. Der Brief enthält ein erstaunliches Geständnis. Zunächst drückt der Vater die Sorge um das Arbeitsverbot seines Sohnes aus: »Mutti und ich sind darüber sehr erschüttert und traurig, weil es Dich durch Nichtausübung Deines Berufes sehr hart trifft und die Vernichtung Deiner Existenz nicht ausschließt.« Dann kommt der Vater auf das Thema der Parteizugehörigkeit zu sprechen: »So habe ich im Sommer 1933, als ich aus Existenzgründen gezwungen wurde, der deutschen Rechtsfront und somit der Partei anzugehören, es als sorgender Vater für Deine Zukunft als richtig erachtet, wenn auch Du trotz Deiner stets bekundeten Abscheu für die Partei dieser angehörst. Du warst im Sommer 1933 erst 19 Jahre und gerade von der Schule entlassen und vollständig unerfahren, als ich gelegentlich von Dir eine Unterschrift unter einem Zettel forderte mit einem Hinweis, welcher den wahren Grund verschwieg. Dieses war ein Parteiantrag. Du wusstest also damals nicht, was Du unterschrieben hattest.« Abschließend zeichnet der Briefschreiber seinen Sohn geradezu als eine Art Widerstandshelden: »... boykottierte Dich die Partei im blinden Hass bis Kriegsende durch Sendeverbot und weitere Maßnahmen. Man zog Dich bei Ausbruch des Krieges gleich den zweiten Tag ein und steckte Dich ungenügend ausgebildet als unsicherer Kantonist an die vorderste Front. Man gab Dir keinen Heimaturlaub, behielt Dich 6 Jahre im abgeschnittenen Kurland ... Der Widerstand, welchen Du in gefährlichem Maße geleistet hast, kann nicht für Dich unbeachtet bleiben ...« Der Ton des Briefes ist klar und soll als Beleg für die Unschuld von Lotar Olias vor den britischen Militärs herangezogen werden können. Ungeachtet des Widerspruchs zwischen den im Brief geäußerten Daten und jenen in den parteiinternen Unterlagen verfehlt der Brief nicht seine Wirkung, der Musiker darf wieder arbeiten.

Mit welchen künstlerischen Perspektiven Olias an seine Arbeit geht, darüber schreibt er im Juli 1948 in einem Gastbeitrag im *Spiegel*: »Ich habe mich lange bemüht, das Kabarett enger mit dem Rundfunk zu verbinden, glaube heute aber, dass diese Ehe nicht glücklich sein kann, zumindest was das anspruchsvolle literarische Kabarett anbelangt. Dagegen sehe ich große Möglichkeiten für eine kabarettistische Ebene im Film. Ich mache mir hierüber viele Gedanken und hoffe über kurz oder lang zu einer Lösung zu kommen.« Und weiter: »Wenn Sie mich nach meinen geheimen Wünschen fragen: Ich möchte ein eigenes Kabarett haben – aber Demo-kartei und Papierokratie sind die großen Hindernisse.« Aus dem eigenen Kabarett wird es nichts, dafür kann man Olias' Musik jetzt auch im Kino hören, und zwar täglich, denn die Erkennungsmelodie der *Neuen Deutschen Wochenschau* stammt von ihm. Es folgt ein Musikfilm auf den nächsten, mit Liedern, interpretiert von den Stars des bundesdeutschen Nachkriegskinos: Theo Lingen, Sonja Ziemann, Hubert von Meyerinck, Curd Jürgens, Fita Benkhoff, Paul Hörbiger, Hans Moser. Den Sprung in die USA schafft er 1953, sein »You, You, You«, gesungen von den Ames Brothers, hält sich wochenlang auf Platz eins der US-Charts, ein Erfolg, der kaum einem deutschen Komponisten zuvor beschieden war. »Der erste Blockadebrecher nach Noten«, lobt ihn die deutsche Presse dafür. Der Erfolg bringt den Hit zurück nach Europa, ein Jahr später wird er für den ersten deutschen im Stereo-Tonverfahren aufgenommenen Unterhaltungsfilm *Geld aus der Luft*, von Lonny Kellner als »Du, Du, Du« eingedeutscht. Tino Rossi singt die französische Version »Vous, Vous, Vous«, Flo Sandon's auf Italienisch, Nora Brockstedt auf Norwegisch, Åke Wentzel auf Schwedisch, Vera Lynn auf Englisch, Leea Solja auf Finnisch. Das bekannteste Lied von Olias aber – ebenfalls gesungen von Lonny Kellner in *Geld aus der Luft* – ist zweifellos »So ein Tag, so wunderschön wie heute«. Von den »Mainzer Hofsängern« anschließend als Karnevalsschlager etabliert, hat es inzwischen seinen Platz eingenommen im Kanon der beliebtesten Volkslieder. Als im November 1989 die Mauer zwischen den beiden Teilen Deutschlands fällt, ist dieses Lied vielerorts immer wieder zu hören, so zum Beispiel am 4. November 1989 bei der Großdemonstration auf dem Berliner Alexanderplatz, wenige Tage vor der Maueröffnung. Auch im Sport gibt es kaum noch eine Großveranstaltung, die nicht mit diesem Lied endet. Selbst die Bundesregierung konstatiert anlässlich der Fußball-WM 2006 in Deutschland auf ihrer Internetseite als »Begriffserklärung« zu dem Lied: »Deutscher Fan-Gesang zur Feier eines schönen Spiels, also eines Sieges.« Übrigens, der Texter des Liedes heißt Walter Rothenburg und war Boxpromoter, unter anderen auch von Max Schmeling.

Lotar Olias ist 1956 also ein sehr erfolgreicher Mann, kurz vor der Entscheidung, in die USA auszuwandern: »Ich war dicht dran, rüberzugehen«, gesteht er Jahre später: »Ich habe hin und her überlegt. Da wurde mir die Entscheidung abgenommen, weil Freddy kam. Von da an hatte ich keine Zeit mehr zum Nachdenken. Das Schicksal hat mir das abgenommen.« Olias bleibt in Hamburg, wohnt standesgemäß in einer backsteinroten Stadtvilla, dem »Sonnenhof«, im Stadtteil Alsterdorf. Gleichzeitig besitzt er, wie viele andere Spitzenverdiener der deutschen Unterhaltungsbranche, aus steuerrechtlichen Gründen ein Haus in der Schweiz, in Ascona am Lago Maggiore, auch »Lago di GEMA« genannt. Immer elegant gekleidet, immer etwas heiser und immer beschäftigt – so schildern ihn Kollegen und Freunde. »Er hat kaum Zeit, zum Friseur zu gehen«, beschreibt ihn einmal ein Journalist: »Die kleinen Löckchen, die adrett in seinem Nacken wallen, sind kein Modefimmel, sondern ein Ausdruck ständigen Zeitmangels.« Eine besondere Zuneigung zu Hamburg wird dem Komponisten nachgesagt, die Hafenstadt, die ihm zur zweiten Heimat geworden ist und in die er immer wieder von seinen vielen Reisen gerne zurückkommt. Bereits 1951 arbeitet er an der Idee für eine »Revue-Operette«, die schließlich am 2. Februar 1954 im Hamburger Operettenhaus ihre glanzvolle Uraufführung erlebt: *Heimweh nach St. Pauli.* In der Hauptrolle spielt Norman Clausen einen jungen Mann, der seine Eltern um ein paar Tausend Mark erleichtert und sich anschließend nach Amerika absetzt. Dort aber hält er es nicht aus, es plagen ihn Reue und Heimweh, und er kehrt zu seinen Eltern zurück nach St. Pauli. Das Stück wird ein großer Erfolg, mit 132 Aufführungen allein im Operettenhaus und 150 000 Besuchern. In dieser »Heimweh«-Geschichte tauchen bereits einige der Elemente auf, die sich später in den Legenden um Freddy Quinn wiederfinden.

Nach den ersten Plattenerfolgen von Freddy Quinn hat Olias die Qualitäten des jungen Sängers für den Markt erkannt. »Es wird gern abgestritten, aber es gibt immer noch echtes Gefühl, einen künstlerischen Ausdruck der unverfälschten Regungen eines Herzens. Dies zu transponieren in Konzeption und Interpretation ist eines der einfachsten ›Geheimnisse‹ in Freddys Arbeit.« Olias widmet sich voll und ganz seinem Schützling, er schreibt ihm künftig alle Melodien auf den Leib, studiert sie mit ihm ein, verlegt sie in seinem eigenen Verlag, der »Edition Esplanade«, produziert sie für die Schallplatte, handelt die Verträge aus und ist maßgeblich beteiligt an den Ideen und Drehbüchern für die Kinofilme. Für den ersten Freddy-Film klopft Olias zunächst bei der UFA an, doch die winkt ab: »Nein, nein, dieser Freddy ist nicht UFA-like.« Das lässt Olias nicht auf sich sitzen, er ist überzeugt von seinem Künstler: »Freddy ist imstande, ganze Fil-

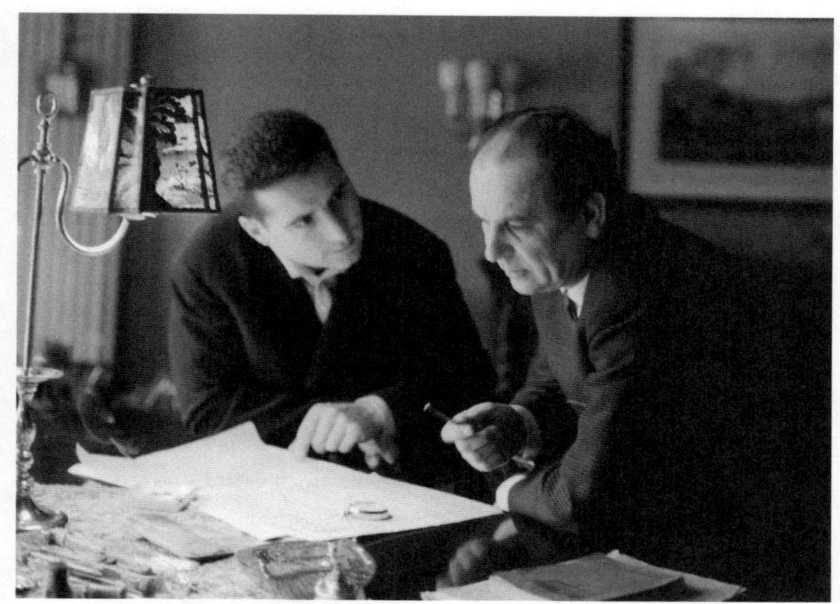

1959: Mit Lotar Olias bei der Arbeit

me zu tragen. Ich werde es Ihnen vorexerzieren«, antwortet er den UFA-Bossen. Und dreht einen erfolgreichen Film nach dem anderen mit Freddy Quinn in der Hauptrolle – für die Berliner »Melodie-Film«.

Weggefährten von Olias werden sauer, ihr einstiger Kollege hat jetzt keine Zeit mehr für sie, alles dreht sich nur noch um Freddy Quinn. In der Presse beklagt sich der Texter von »So ein Tag« und vielen anderen Olias-Schlagern, Walter Rothenburg, bitter darüber, dass er seinen einstigen Partner kaum noch zu Gesicht bekommt. Richtig zum Krach kommt es mit Peter Moesser, der die Texte schrieb von »Sie hieß Mary Ann« und »So geht das jede Nacht« sowie von allen folgenden Hits der Ära Olias – Quinn. Bis 1959. Da schreibt Moesser »Morgen«, ganz im Ton der sentimentalen Freddy-Lieder. Doch Freddy – so wird in der Presse kolportiert – lehnt ab, Olias ebenso, das sei nicht der typische »Freddy-Sound«. Moesser ist sauer und sucht sich einen anderen Sänger für seinen Text, der international noch unbekannte Jugoslawe Ivo Robić übernimmt den Part und macht daraus einen Welterfolg. Das Lied schafft es selbst in die britischen sowie in die US-Charts, obwohl die Amerikaner zunächst »Morgan« statt »Morgen« hören und deshalb den Song als ein Liebeslied – *»a bizarre love chant«* – eines Mannes für einen anderen Mann missverstehen. Innerhalb weniger Monate wird die Platte über eine Million Mal verkauft und hält sich 31 Wochen in der Hitparade. Das Ende der Zusammenarbeit zwischen Lotar Olias und Peter Moesser ist damit besiegelt. Jahre später erinnert sich Freddy Quinn etwas anders an das Zerwürfnis: »Ich sollte ›Morgen‹ singen und fand das auch sehr gut, aber dann kam es zum großen Knall zwischen Olias und Moesser. Sie haben sich wirklich bis aufs Messer gestritten und sich schließlich getrennt. Ich habe mich, loyal wie ich war, für die weitere Zusammenarbeit mit Olias entschieden, weil ich mit ihm den etabliertesten Kontakt hatte.« Und noch eine weitere Arbeitsbeziehung mit Olias geht mit »Morgen« zu Bruch. Bert Kaempfert, der bis dahin viele Lieder für Olias und Quinn arrangiert und produziert hat, schlägt sich in dem Konflikt auf die Seite von Peter Moesser und unterstützt diesen nach Kräften, mit Ivo Robić einen gewichtigen Konkurrenten zu Freddy Quinn aufzubauen.

Mit »Heimatlos« wird am 29. Januar 1957 der erste würdige Nachfolger des »Heimweh«-Erfolgs aufgenommen. Lotar Olias hält jetzt die Zügel in den Händen und weiß, wo es langgeht. Erstmals sieht man auf dem Plattencover den Freddy, wie er die nächsten Jahre von der Öffentlichkeit gesehen werden soll: Melancholisch dreinblickend sitzt der Sänger mit einer Gitarre auf dem Knie auf einem Poller aus Holz, gekleidet ganz in Schwarz mit Hose und Pullover, dazu ein rotes Tuch, kess um den Hals geknotet, im Hintergrund, in zarten Pastelltönen gezeichnet, ein Fischernetz, das Meer, ein Segelschiff, die Berge am Horizont. »Freddy« steht auf dem Cover – so wie auf allen Platten vorher und nachher. Der Künstlername »Freddy Quinn« taucht 1976 erstmals auf den Plattenhüllen auf – mit dem Zusatz »original«. Das ist er also, der Freddy, keine Fälschung, und so wie ihn die Menschen kennengelernt haben und weiter in ihr Herz schließen sollen, einfach und einsam, mit dem Meer verbunden und mit der Musik. Der Künstler wird eins mit seinen Liedern, das Gesamtprodukt ist hergestellt, der singende Seemann ist geboren. Ihn vollständig auf dieses Image festzulegen, wagt man nicht, denn dafür gibt es keine Vorbilder. Zwar kennt man bereits Sänger, wie beispielsweise Richard Germer, die gerne mit Kapitänsmütze auftreten und Shantys zum Besten geben, aber die sind lediglich von regionaler Bedeutung. Ein Idol der Massen, das immer wieder in maritime Kostüme schlüpft, ist Hans Albers. Unvergessen sein »Auf der Reeperbahn nachts um halb eins«, sein »La Paloma«, sein »Nimm mich mit, Kapitän, auf die Reise«. Doch erschöpft sich seine Popularität nicht nur in Seemannsklischees, Albers ist beliebt als ganzer Kerl auch in anderem Kostüm.

Das Thema selbst ist im Schlager nicht neu. Die Comedian Harmonists haben bereits 1931 einen ersten Schallplattenerfolg mit »Das ist die Liebe der Matrosen«, und 1939 macht Heinz Rühmann aus dem Filmlied »Das kann doch einen Seemann nicht erschüttern« einen Gassenhauer. In diesen Liedern kommt der Matrose schon rum in der Welt, dabei geht es aber eher lustig zu und fidel. Die tiefer liegenden Gefühle von Heimweh und Fernweh kommen erst später dazu, in den deutschen Schlagern nach dem Krieg. Viel zu viel Heim- und Fernweh, wie der Musikkritiker Hans Christoph Worbs seinerzeit beklagt: »Seit Jahrzehnten bereits rankt sich das Motiv des Heimwehs, das Motiv der Fernsehnsucht um die geheimnisumwitterte, abenteuerliche Gestalt des Seemanns. Gerade hier werden Klischees bis zum Überdruss abgenutzt.« »Im Hafen von Adano«, »Der alte Seemann kann nachts nicht schlafen«, »Ja, mein Hein ist der schönste Matrose«, »Zwei Matrosen aus Shanghai«, »Soviel Wind und keine Segel« – die Liste maritimer Erfolgstitel in den ersten Nachkriegsjahren ist lang. Und das Thema verliert nicht an Attraktivität bis weit in die 1960er-Jahre hinein. Heim- und Fernweh, diese beiden Wehs gehören untrennbar zusammen. Die Menschen im Nachkriegsdeutschland sehnen sich nach exotischen Orten auf entlegenen Inseln, wo es keine Geschichte gibt und keine Schuld, keinen Schutt und keine Not, kein Trauma, nur Träume, kein Gestern und kein Morgen, nur das Heute am paradiesischen Strand. Dahin wollen sie reisen in ihren Tagträumen und bemühen Personal und Requisite, all die Kapitäne und Matrosen, Segel, Meere, Horizonte, die notwendig sind für den imaginären Transport von hier nach da. Und sind sie in ihren Träumen dort einmal angekommen, dann geht ihr Blick auch schon wieder zurück, auf die Heimat, die man verloren hat oder die zerstört ist, und sie ergreift eine Sehnsucht nach den gewohnten und vertrauten Orten. Das Ohr ist wieder frei für die ganz andere Sorte von Liedern, die Heimatlieder. Auch diese Titelliste ist lang im Nachkriegsdeutschland: »Die Fischerin vom Bodensee«, »Köhlerliesel«, »Ein Häuschen mit Garten«, »Das alte Försterhaus«, »Weißer Holunder«, »So wie es früher war«.

So treibt es die Deutschen hin und her zwischen diesen beiden Gefühlen. Gleichzeitig macht sich der wirtschaftliche Aufschwung in Westdeutschland bemerkbar. Die Zahl der Arbeitslosen sinkt kontinuierlich, bereits 1955 werden die ersten sogenannten Gastarbeiter angeworben, der Lebensstandard steigt, ein Auto wird erschwinglich, eine Ferienreise, das schmucke Reihenhaus. Bis 1956 werden rund zwei Millionen Sozialwohnungen gebaut, 1955 läuft in Wolfsburg der millionste VW-Käfer vom Band. »Es geht besser, besser, besser« besingt ein Hit von Caterina Valente und Peter Alexander die Stimmung von 1957. »Wohlstand für alle« heißt die Losung des amtierenden Wirtschaftsministers Ludwig Erhard, das Wirtschaftswunder ist da. Und mit ihm auch die Amerikaner. Der *American Way of Life* macht sich überall bemerkbar, die Jugendlichen tragen Jeans, trinken Coca-Cola und kauen Kaugummi. Die ersten Rock-'n'-Roll-Titel sind im Radio zu hören, Bill Haley gibt 1958 Konzerte in Essen, Hamburg und Berlin, Elvis Presley ist präsent auf Plattencovern und Magazintiteln. Die Anhänger des neuen Sounds gelten als aufsässig und laut, der Halbstarke ist geboren, zwar nur eine Minderheit unter den Jugendlichen, aber eine, die für Schlagzeilen sorgt. Der große Rest, das sind die Teenager, junge Leute eben, die unter dem modischen Sammelbegriff als neue Konsumentengruppe entdeckt werden. Am 26. August 1956 erscheint zum ersten Mal *Bravo – Die Zeitschrift für Film und Fernsehen* mit Marilyn Monroe und Richard Widmark auf dem Titel, ganz Hollywood, ganz amerikanisch. Aus dem Magazin noch ohne Zielgruppe wird dreißig Ausgaben später »Die Zeitschrift mit dem jungen Herzen – Film – Fernsehen – Schlager«, ein buntes Wochenblatt, das sich zunehmend deutlich an junge Leute wendet, mit James Dean auf dem Cover, Toni Sailer, Horst Buchholz. Und immer wieder amerikanisch. Eine Fortsetzungsserie über James Dean läuft über dreiunddreißig Wochen, und über Elvis Presley wird schon ausführlich berichtet, bevor seine Schallplatten hierzulande überhaupt erhältlich sind. Schließlich hat die *Bravo* ihre Zielgruppe gefunden, und die Idole der Teenager erobern den Titel und das ganze Heft: Conny, Peter Kraus, Heidi Brühl, Romy Schneider. In »Steffis Tagebuch« erfährt man 1958 ab Heft 32 alles über »Das Leben eines Teenagers«, und anlässlich der Verfilmung von Françoise Sagans Romanerfolg *Bonjour Tristesse* fragt *Bravo* im Juni 1958 in einer Titelgeschichte besorgt: »Sind Teenager wirklich so?« Dazu in jeder Ausgabe Werbeanzeigen für Motorroller der Marke »Hobby«, Fahrräder aus dem Hause »Vaterland«, »James-Dean-Jacken« aus Wildleder, der Pullover »Peter-Kraus-Coll« in Azurblau mit Floridaweiß, »Sulfoderm-Puder« gegen Pickel, Pusteln, Mitesser – der neue, bunte Warenkorb für junge Leute. Der Kulturforscher Kaspar Maase resümiert: »Der Kommerzialisierungsschub in der jugendlichen Lebenswelt schlug sich in *Bravo* derart nieder, dass der Anteil der Anzeigen am Gesamtumfang sich zwischen Anfang 1958 und Ende 1959 von ca. 5 auf rund 15 Prozent verdreifachte; Werbung, die ausdrücklich Teenager ansprach und Teenageridole einsetzte, nahm darunter einen bedeutenden Platz ein.« Der Aufschwung hat der heranwachsenden Generation ihr eigenes Geld gebracht, Schätzungen zufolge haben sich die Finanzmittel der Jugendlichen von 1953 bis 1960 etwa verdoppelt. Fünfzig Pfennig davon gehen jede Woche drauf für *Bravo*, die Auflage wächst von 30 000 Exemplaren beim Start innerhalb der ersten zwölf Monate auf 200 000 und bis Mitte 1959 auf 523 000 Exemplare. Seine ständig wachsende Popularität gewinnt das Blatt auch daraus, dass es seine Leser in einer bis dahin nicht gekannten Weise vertraut macht mit dem *American Way of Life*. Noch einmal Kaspar Maase: »*Bravo* bot umfangreiches Material, aus dem Heranwachsende ihr Bild der amerikanischen Lebensweise zusammensetzten; nicht zuletzt anhand dieser Informationen entschieden die jungen Leser, ob und wie sie mit ›Amerikanischem‹ ihre Einstellungen und Bedürfnisse ausdrückten.« Der »Heimweh«-Schlager erscheint vor diesem Hintergrund wie das letzte Bollwerk gegen den Siegeszug der Jugendkultur, vor allem aber gegen die schleichende Amerikanisierung deutscher Lebensverhältnisse.

Freddy Quinn kommt seinen Zuhörern ganz nah in Wort und Ton, doch das reicht nicht aus, er ist der erste Sänger, der sich ihnen hingibt als ganze Person, mit Haut und Haaren. Vor allem den weiblichen Zuhörern gibt er jenen Sehnsüchten Gestalt, die sie so gut kennen. Er wird zur Inkarnation des abwesenden Mannes, auf den sie warten jeden Tag. Der gar nicht mehr zurückkommt oder erst sehr spät, der so weit weg ist, dass er nur noch Erinnerung bleibt. Stellvertretend für all diese Männer sitzt Freddy ein letztes Mal am Hafen, mit der Gitarre im Arm singt er noch einmal sein Lied, bevor er in der Ferne verschwindet. Als Matrose. Das ist ein Anblick, der romantisch genug erscheint und keine Schmerzen bereitet. Kein Soldat, nein, keiner, der sein Zuhause verlassen hat mit Waffe und in Uniform, das wäre zu nahe an der Realität, an der Realität der vergangenen Jahre, die bis in das Jahr 1955 hereinreicht, als die letzten dreißigtausend Soldaten und Zivilisten aus sowjetischer Kriegsgefangenschaft entlassen werden, aber auch zu nah an der bundesrepublikanischen Wirklichkeit von 1956, denn am 1. April rücken die ersten Wehrpflichtigen wieder in deutsche Kasernen ein. Dagegen ist der Anblick eines Seemanns viel leichter zu ertragen, auch er ist einer, den es nicht zu Hause hält und der hinausmuss, immer wieder, als sei es ein Gesetz der Natur. Seine Abenteuer sind aber von friedlicher Art, und er kommt stets zurück, braun gebrannt und strotzend vor Kraft. Nach einer genauen Analyse einiger Lieder von Freddy Quinn schreibt der Kulturanthropologe Timo Heimerdinger: »Durch kulturell vorgeprägte Wissensbestände und eine spezifische gesellschaftliche Situation bietet sich die Seemannsfigur in den 1950er- und 1960er-Jahren offenbar besonders gut an, ein Maximum an emotionalen Assoziationen zu mobilisieren, sie erscheint geradezu als emotional überdeterminiert, und löst dadurch eine Lawine an Affekten aus, weil sie in breiter Form gesellschaftlich virulente Befindlichkeiten integriert: Fernweh, Heimweh, Ankunft, Abschied, Einsamkeit und menschlicher Zusammenhalt sind allesamt inhaltliche Elemente, die sich auf einfache und unmittelbare Weise mit der Seemannsfigur in Verbindung bringen lassen.«

In einer »Kleinen Typologie populärer Seemannsbilder« unterscheidet Heimerdinger insgesamt sechs gängige Stilisierungen: den starken, den wilden, den geselligen, den freien, den erotischen und den leidenden Seemann. Es gibt in der populären Kultur wohl kaum ein zweites Berufsbild, das mehr Projektionen auf sich vereint als das des Seemanns. Und all die Stilisierungen, die eine mehr, die andere weniger ausgeprägt, verkörpert im Deutschland der Nachkriegszeit eine Person – Freddy Quinn. Oder die Gestalt, die Manager Lotar Olias aus ihm macht. So als habe ihn der schnelle Erfolg seines Schützlings misstrauisch gemacht, meint er nun, ihn begründen zu müssen, und schreibt ihm als Ghostwriter eine Vita auf den Leib, die dazu passt. Olias mit seiner Vorliebe für das maritime Leben ist prädestiniert, das Image zu vervollständigen, die Legende zu zementieren. »Ich habe einen Monat gebraucht, um Freddys Geschichte in eine für die Presse greifbare Form zu bringen«, erzählt Olias Ende der 1980er-Jahre. Das Ergebnis erscheint 1960 im Frankfurter Wilhelm-Limpert-Verlag: *Lieder, die das Leben schrieb*, Autor Freddy Quinn. Auf dem Umschlag eine Farbaufnahme, Freddy Quinn steht in einer Wüstenlandschaft, trägt eine Jeans mit breitem Gürtel und ein zerschlissenes Hemd in Lila, das notdürftig über der nackten Brust verknotet ist, dazu hält er eine Gitarre in der Hand. Ein leichtes Lächeln spielt um seine dünnen Lippen, der Blick ist dem Betrachter zugewandt. Auf der Rückseite eine ganz andere Pose, der Künstler sitzt hoch konzentriert an einem Schreibtisch über ein leeres Notenblatt gebeugt, mit einem Bleistift zwischen den Fingern, bereit eine neue Komposition zu notieren. 1963 übrigens, als die zweite Auflage der vermeintlichen Autobiografie erscheint, ist ein ganz anderer Freddy Quinn auf dem Titel, der Sänger, bekleidet mit einem Trenchcoat sowie Hemd und Krawatte, steht trotzig dreinblickend, ohne in die Kamera zu schauen, am Hudson River vor der Skyline von New York. Und rückseitig sieht man ihn, aus der Ferne betrachtet, in einer Stadtlandschaft einsam an einem Fluss entlanglaufen, er trägt einen Dufflecoat mit Kapuze, und die wenigen Bäume links und rechts im Bild sind kahl.

»Ich halte mich beileibe nicht für einen Schriftsteller, ich möchte Ihnen nur ein wenig von mir erzählen, von meinem Weg, meiner Arbeit, von meinen Plänen, Hoffnungen und Wünschen«, schreibt Quinn handschriftlich in einem Grußwort an die »Liebe Leserin, lieber Leser«, das als Faksimile dem Buch vorangestellt ist. Ohne Umschweife setzt dann die Ich-Erzählung ein, und wir sind sofort mittendrin im schönsten Klischee: »Wenn der stürmische Nordwestwind über Hamburgs Dächer fegt und ich vom Hafen her das Tuten der Dampfer höre, dann kommt es immer wieder über mich, das Fernweh.« Es folgt auf siebzig Seiten die Geschichte seines Lebens und seiner Karriere, so wie Olias möchte, dass sie gelesen wird. Angelehnt an die eine oder andere Begebenheit aus dem wirklichen Leben des Österreichers Manfred Nidl, fertigt der heimliche Autor eine leicht verdauliche Legende. »Es stimmt alles nicht«, bekennt Olias dreißig Jahre später: »Ich wusste, es stimmt alles nicht.« Dass Freddys Vater ein Ire gewesen sei, sei eine Erfindung von ihm, Olias, gewesen, sagt Olias, und Quinn sei nichts weiter als ein Künstlername, inspiriert von dem Schauspieler Anthony Quinn. Auf großer Seefahrt sei Freddy nie gewesen, nur einmal auf kleiner Fahrt nach Skandinavien, unehelich sei er geboren, seinen Vater in den USA habe er nie besucht, ein Abitur habe er nie gemacht und die ersten Jahre habe er von Lilli Blessmann gelebt, die ihn aufgelesen habe an einem Laternenmast. Olias' späte Bilanz des im Buch noch so farbenreich geschilderten Sängerlebens fällt nüchtern aus: »Ich würde sagen, sein Leben war eher normaler, als man es annimmt.«

Dass die Öffentlichkeit das Leben von Freddy Quinn für abenteuerlicher hält, als es tatsächlich je war, ist ganz allein der Fantasie von Lotar Olias zu verdanken. In seiner Darstellung ist Freddy Quinn, geboren in Wien, das Kind einer glücklosen Ehe. Immer auf der Suche nach dem geliebten Vater, wird das Meer sein Schicksal. Zutiefst unglücklich ist er mit einem bösen Stiefvater, dem er entfliehen muss, erst zum Zirkus und dann noch viel weiter weg, über Nordafrika, Marseille, Paris und Hamburg schließlich auf alle sieben Meere, und immer auf der Suche nach dem richtigen Vater: »Die Unruhe saß mir im Blut.« Bis es ihn wieder nach Hamburg verschlägt, in eine kleine Hafenbar, wo er schließlich entdeckt wird, und – »ein wenig Glück gehört wohl zu jedem Leben« – aufsteigt zu Deutschlands Superstar. Dabei bleibt er fleißig und bescheiden, zurückhaltend und einsam, Einzelgänger, Bastler, Nichtraucher und nie einen Tropfen Alkohol. Die Geschichte endet in der Stimmung, in der sie ihren Anfang genommen hat: »Ich schlich mich an Deck, setzte mich in eine dunkle Ecke und starrte aufs Meer hinaus. Ich dachte an die Zeit, als die Schiffsplanken noch meine Heimat waren.« Dazu achtundzwanzig ganzseitige Fotografien, Freddy mit Gitarre und ohne, im Hafen und auf dem Wasser, mal traurig, mal sinnend, mal verhalten lächelnd, mal verträumt, mal voller Sehnsucht. Nur auf einem Bild, da ist er nicht alleine, da hält er »Lumpi« im Arm, einen schwarzen Pudel: »Mein bester Freund.« Dass alles so stimmt, wie er es schildert, dafür bürgt Freddy mit seinem guten Namen. Immer und immer wieder bekräftigt er im Text, die Wahrheit zu erzählen und nichts als die Wahrheit. »Da über mich die unwahrscheinlichsten ›Tatsachenberichte‹ geschrieben wurden, bin ich auf den Gedanken gekommen, einmal selbst zu Ihnen zu sprechen.« Weiter: »So, wie ich nur Lieder singe und Rollen spielen kann, die mir entsprechen, kann ich auch nur so schreiben, wie ich denke und empfinde. Ich versuche stets der zu sein, der ich wirklich bin; nicht besser und nicht schlechter, nicht mehr, aber auch nicht weniger.« Und noch ein Geständnis: »Es ist mir nicht immer gut gegangen. Das ist gar nicht so lange her, und ich habe es nicht vergessen.«

Vor allem diese ständig wiederkehrenden gefühlvollen Beteuerungen halten die gefälschte Geschichte zusammen. Denn für seine Anhänger ist es eigentlich unwichtig, ob Freddy Quinn zur See gefahren oder durch halb Europa getrampt ist, ob er beim Zirkus war oder schon mal in New York. Sie verehren ihn vor allem deshalb, weil er seine Gefühle so wiedergeben und ausdrücken, so darstellen und aufführen kann, dass alle sich in ihnen wiederfinden, ganz so als seien es ihre eigenen. Die Figur des Seemanns mit all ihren Facetten gibt diesen Gefühlen eine besondere Stärke und Authentizität und macht sie glaubhaft, ohne die romantische Überhöhung aufzugeben.

Die Inszenierung ist perfekt: Die Menschen drängen sich an Bord, es gibt Erbsensuppe und Häppchen, dazu Hochprozentiges, Whiskey oder Cognac, ganz nach Wahl, Journalisten sind gekommen, Produzenten, Texter und Komponisten – alle sind sie der Polydor-Einladung gefolgt, eingerollt in eine täuschend echte Flaschenpost. In Bussen hat man sie an diesem 4. September 1959 zunächst von Hamburg nach Travemünde gefahren, und jetzt stehen sie an Bord eines Vierhundert-Tonnen-Schiffes, das eigentlich »Almut« heißt (»›Almut‹ ganz ohne h am Ende«, wie Kapitän Hein Schütt betont) und für einen Tag umgetauft wurde auf »Heimweh«, »Heimweh« statt »Almut«, und warten alle auf den Star des Tages, Freddy Quinn. Doch der ist nirgends zu sehen, »Mensch, is' det 'ne Wolke!«, ruft ein Reporter aus Berlin dazwischen: »Freddy, die Gala-Hauptperson, ham se vajessen.« Stimmt gar nicht, irgendwo weit draußen in der

Lübecker Bucht kreuzen sie eine Jacht, die heißt »Désirée« und hat ihn an Bord. »Hat die ›Heimweh‹ noch Platz für einen Beachcomber?«, ruft Freddy Quinn herüber, Beachcomber, das heißt Strandräuber. »Okay!«, ruft ihm der Gastgeber, Polydor-Chef Kurt Richter, entgegen, und geschickt entert der Sänger die Jakobsleiter der »Heimweh«. Eine Kapelle ist auch an Bord, die spielt jetzt einen Tusch, und zwei junge Frauen, Mitglieder eines Hamburger Freddy-Fanklubs, heißen ihr Idol willkommen, ein Küsschen links, ein Küsschen rechts, alles für die Fotografen. Zünftig ist er gekleidet – schwarzer Sweater, schwarze Hose, weißes Klubjackett mit Einstecktuch, Prinz-Heinrich-Mütze – ganz maritim und doch dem Anlass gerecht. Denn jetzt geht es zur Sache, auf einem Tisch liegen zwei Goldene Schallplatten, für zwei Millionen verkaufter »Heimweh«-Schallplatten ist die zweite Goldene fällig, die erste gab es bereits 1957, und die zweite Auszeichnung gibt es für eine Million verkaufter »Heimatlos«-Singles. »Das ist einmalig in Europa!«, betont einer, und alle stoßen an auf den Erfolg, nachdem Freddy aus der Hand des künstlerischen Direktors der DGG, Helmut Haertel, die Auszeichnungen entgegengenommen hat. Und dann steht er da, der Gefeierte, mit einem Glas Cola in der Hand – »Nur keinen Alkohol!« –, und beantwortet all die wichtigen Journalistenfragen: »Was essen Sie am liebsten?« – »Ein Steak!« – »Wie heißt Ihre Lieblingssängerin?« – »Maria Callas!« – »Welchen Komponisten hören Sie am liebsten?« – »Johann Sebastian Bach!« Dann erzählt er noch, dass er schon immer gesungen hat, seit seiner frühesten Jugend, dass sein Vater Italiener ist und seine Mutter eine Wienerin und, klar, dass er Seemann war vor seiner Karriere. »Das Märchen vom Millionär«, titelt am nächsten Tag die *Bild*-Zeitung ihren 70-Zeiler aus Travemünde, und »Herr ›Jedermann‹ singt Schlager« steht über dem Artikel in der *Welt*.

Noch Jahre später erzählt Freddy Quinn von diesem Tag auf hoher See und hat eine passende Antwort bereit auf die Frage, warum er die ganze Show veranstaltet hat. »Ich wollte endlich einmal unter Beweis stellen, dass ich nicht nur das harte Leben der Seeleute besingen konnte, sondern dass ich auch in der Praxis allerhand davon verstand. Die Gäste jagten mich in die Takelage und auf den Steven. Ja, ich musste sogar einen Handstand auf der Reling vorführen. Ich machte natürlich jeden Spaß mit.« Mit diesem Spaß, diesem Ostsee-Ausflug, ist der Kurs für alle weiteren medialen Inszenierungen des Künstlers für die kommenden Geschäftsjahre festgelegt. Aus dem zufälligen Zusammentreffen biografischer Lebenssplitter mit dem ersten Überraschungserfolg eines jungen Sängers aus Österreich hat sich endgültig ein Image geformt, eine Marke, die aus sechs Buchstaben besteht und in kürzester Zeit für jedermann ein Begriff geworden ist in Deutschland. Der singende Seemann Freddy kommt nicht mehr heraus aus dieser maritimen Welt. Fortan dreht sich alles nur noch um Wind und Wellen, Meer und Matrosen, Schiffe und Segel, Heuer und Hafen.

Immer wieder muss er auf See hinaus, für seine Filme, in seinen Liedern, für die Fotografen. So auch vier Jahre später, im Juli 1963, als Freddy Quinn mit seinem »Junge, komm bald wieder« erneut einen Hit landet und ihm dafür die siebte Goldene verliehen werden soll. Auch diesmal hat die Polydor auf ein Schiff geladen, mehr als 250 Gäste, Journalisten, Bildreporter, Geschäftspartner, darunter 186 Deutsche, 43 Holländer, 17 Skandinavier, vier Schweizer und ein Österreicher. Mit dem Dreißigtausend-Tonnen-Dampfer »Hanseatic« geht es von Cuxhaven aus in die Nordsee, und wieder ist der Star nicht mit an Bord. Draußen, auf hoher See, neunzig Minuten vom Land entfernt beim Feuerschiff, kreist plötzlich ein Hubschrauber über der »Hanseatic«, die einzigen Passagiere darin sind Freddy Quinn und sein Fotograf Lothar Winkler. Noch ehe die Maschine auf dem vorher angekreideten Platz auf dem Achterdeck zur Landung ansetzt, springt Freddy aus dem Hubschrauber. Tosender Beifall der Journalisten, und wieder gibt es einen Tusch, dann noch eine Goldene, mit Dankesreden, Häppchen und Drinks und einem Rettungsring als Geschenk vom Kapitän des Luxusliners für den Dekorierten. Erneut ist ein Rekord zu vermelden: zwölf Millionen verkaufte Quinn-Platten, damit ist der Polydor-Künstler Europas erfolgreichster Plattenstar. »Und schließlich waren nicht nur die See und der Himmel, sondern auch ein erheblicher Teil der Passagiere blau«, berichtet ein Reporter, der dabei war. Mit an Deck ist auch Artur Brauner, einer der erfolgreichsten Filmproduzenten in Deutschland. Er hat es endlich geschafft, dass Freddy Quinn seinen nächsten Film mit ihm drehen wird – *Freddy und das Lied der Prärie*. Lange hat sich Brauner darum bemüht, schließlich sei Freddys Name auf dem Vorspann, so des Produzenten Einschätzung, bares Geld. Aber Freddy Quinn will mit Brauner nicht arbeiten, immer wieder lehnt er seine Angebote ab. Bei den Dreharbeiten zu dem Film in Jugoslawien lernen sich die beiden doch noch kennen, und Freddy gesteht – so erzählt Brauner in seinen Memoiren –, warum er sich so lange gesträubt hat: »›Der da war's‹, sagte er und zeigte auf meine Oberlippe. ›Wissen Sie, ich kann nämlich Leute mit Schnurrbart auf den Tod nicht ausstehen. Ich bin allergisch dagegen.‹«

Nur wenige Monate zuvor, im März 1963, lässt Freddy Quinn eine weitere Zutat zur Komplettierung seines Image herrichten, ein eigenes Schiff. »Libertas« heißt jetzt der einstige Kriegsfischkutter, den Quinn sich auf der Schiffswerft Dodegge in Neuhaus an der Ostsee modernisieren und umrüsten lässt. 24 Meter ist der Kutter lang und 6,30 Meter breit, braunschwarz wird er gestrichen und erhält einen Aufsatz aus Mahagoni-Holz. Ebenso werden die Kommandobrücke und die Innenräume erneuert. 150 000 Mark soll die Renovierung kosten, und der neue Eigner legt selbst Hand an zur Verschönerung, Wochen vorher hat man Quinn auf Hamburger Abwrackplätzen beobachtet, wie er Material für seine »Libertas« zusammensucht. »Was für andere Leute eine Villa an der Elbchaussee oder der rassige Sportwagen ist, das bedeutet für mich die ›Libertas‹«, so sein Kommentar. Richtig Ärger gibt es, als der Zeitpunkt des Stapellaufs für das neue alte Schiff näher rückt. Zum einen macht ein kräftiger Ostwind die Zeremonie zunichte, er drückt alles notwendige Wasser aus dem Neuhauser Hafen. Zum anderen hat die Lokalpresse für die kleine Feier einen Fotografen geschickt: Das ist zu viel!

»Wenn ich Fotoapparate sehe, bin ich sauer! Ich fahre zurück nach Hamburg!«, grollt der Künstler, steigt in sein Auto und verschwindet Richtung Hansestadt. Allein sein »Hausfotograf«, Lothar Winkler, habe das Recht, das Schiff zu fotografieren und das Material zu verwerten, lässt Quinn die Zurückgebliebenen wissen.

Denn Lothar Winkler macht – wie immer – gute Arbeit. Im Oktober 1966 verkauft er eine groß angelegte, reich bebilderte Story an die Illustrierte *Stern*: »Freddy in Seenot«. Die Rede ist von der »Libertas«, die Freddy und seine Crew – das ist, neben Winkler, der ständige Bootsmann Heinz Lipke, ein Freund und Kollege, der einst als Matrose auf demselben Frachter fuhr wie Schiffsjunge Freddy, sowie Bordhund Pedro – von der Kanareninsel Teneriffa in den italienischen Hafen Genua überführen wollen. Das sind 1480 Seemeilen über das offene Meer, rund 2750 Kilometer, für die eine Fahrt von sieben Tagen vorgesehen ist. Am vierten Tag der Reise bricht ein großer Sturm los, Windstärke sechs, bis zu sechs Meter hoch sind die Wellen, die von vorne kommen, das Schiff neigt sich bis zu zweiundvierzig Grad zur Seite. Der Wind wird stärker, bis Stärke acht in der darauffolgenden Nacht. Am nächsten Morgen steht der Maschinenraum einen halben Meter unter Wasser, die Funkanlage fällt aus. Am sechsten Tag schließlich – der Sturm hält unvermindert an – setzt der Motor aus, die »Libertas« ist in Seenot. Winkler schildert exklusiv für den *Stern* die folgenden dramatischen Stunden: »Durchnässt und ölverschmiert und übermüdet sucht der Sänger in dem Gewirr von Rädern, Leitungen und Ventilen nach dem Defekt. Fast hat er schon aufgegeben – da entdeckt er einen Fetzen Stoff, der die Ölzuführung verstopft. Der Schaden ist schnell behoben, die Maschine mit zwei Handgriffen angeworfen. Die ›Libertas‹ macht wieder Fahrt. Die Pumpen arbeiten. Gerettet.« »Beinahe«, resümiert Winkler die abenteuerliche Seefahrt, »hätten die Fans und die Produzenten und die Reeperbahn-Bummler ›ihren‹ Freddy nicht mehr gehabt. Beinahe hätten sie ihm Kränze ins nasse Seemannsgrab nachwerfen müssen. Wenn Freddy nämlich nur von Schiffen und der See gesungen und

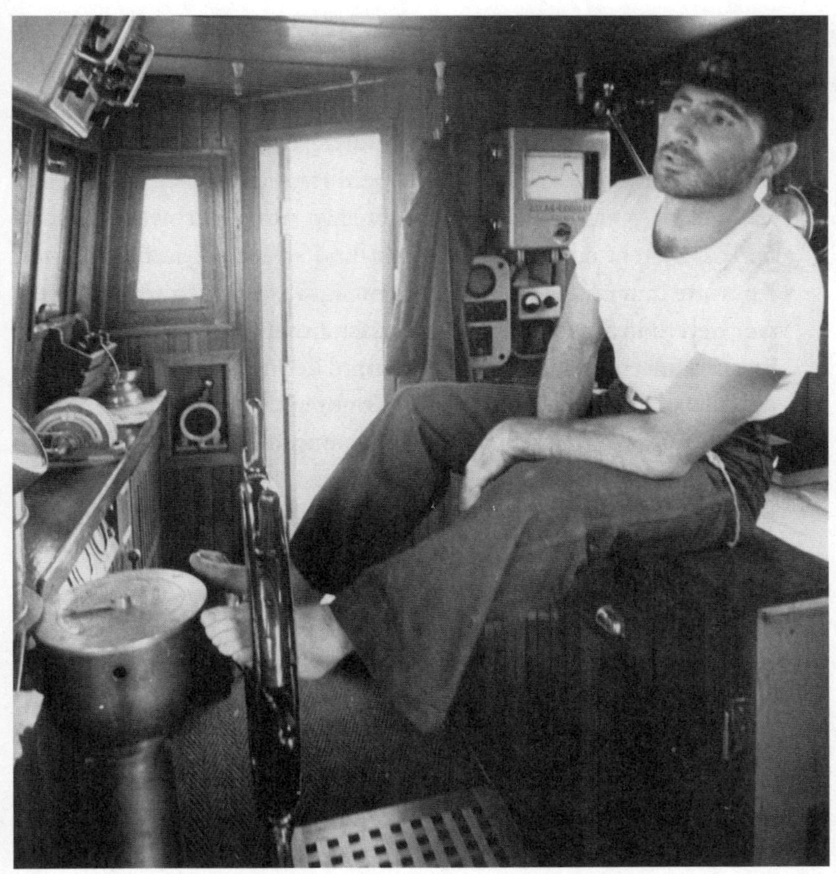

1967: An Bord seines Schiffes »Libertas«

nichts von Schiffen und der See verstanden hätte.« Zum Glück ist alles gut gegangen, und zum Glück ist der Fotograf immer dabei.

Ohne Zweifel, Freddy Quinn macht sich um die Seefahrt verdient. Er popularisiert das Leben an Bord und auf großer Fahrt und setzt dem dazugehörigen Personal einen Gedenkstein nach dem anderen in seinen Liedern und Filmen. Das bleibt nicht ohne Folgen, am Abend des 9. Mai 1970 wird er dafür belohnt. Er steht auf der Bühne des St. Pauli-Theaters in Hamburg, die hundertste Vorstellung des

Musicals *Der Junge von St. Pauli* wird gegeben, als kurz nach dem letzten Vorhang plötzlich vier waschechte Seeleute die Bühne entern, drei Mannschaftsmitglieder und ihr Bootsmann vom Marineschulschiff »Deutschland«. Bootsmann Stutziger hält eine zusammengerollte Urkunde in der Hand, die er dem Hauptdarsteller überreichen möchte: »Wir ernennen Sie, lieber Freddy, zum Obermaat ehrenhalber!« Der steht da, ganz überrascht und schon abgeschminkt, mit Krawatte und im Blazer, und weiß nicht, was er sagen soll. »Wir, die weit gereisten Seesoldaten des Schulschiffes ›Deutschland‹ ernennen hiermit unseren Freund Freddy Quinn, der uns mit seinen Liedern auf allen Reisen über Meere und Kontinente begleitet und schöne Stunden bereitet hat, zum Ehrenbesatzungsmitglied des Schulschiffes ›Deutschland‹ und verleihen ihm den Dienstgrad eines Oberbootsmannsmaaten.« So steht es auf der Urkunde, die nun entrollt wird, und Freddy Quinn kommen die Tränen. »Danke«, sagt er und schüttelt die Hände der Seeleute und verbeugt sich von einem zum anderen. Bis er sich wieder gefasst hat, zu seiner Gitarre greift und gemeinsam mit seinen Gästen und dem Publikum im Saal »Rolling Home« anstimmt. Zum Abschluss schickt er noch ein japanisches Wiegenlied hinterher.

Aber wie sieht das Leben hinter den Kulissen aus? Gibt es überhaupt noch ein Privatleben für einen, der sich mit Haut und Haar seiner Karriere verschrieben hat? Oder steht ihm das fest gefügte Image nicht ständig im Wege? Freddy Quinn und seinen Beratern – Lotar Olias und Lilli Blessmann – gelingt es auf wundersame Weise, das eine sehr gut mit dem anderen zu verknüpfen. Sein Wohnort beispielsweise, den Quinn bereits 1956 wechselt, ist überhaupt nicht zu vergleichen mit den möblierten Zimmern in Hafen- und Kieznähe, die er in den Jahren zuvor kennengelernt hat. Der Sänger wohnt jetzt weit entfernt in einer Gegend Hamburgs, die so gar nichts mit Schifffahrt und weiter See zu tun hat, er residiert im Vorort Sasel im Pfeilshof, Hausnummer 35. Das idyllisch gelegene Gutshaus, am Rande des Dorfes gebaut um die Jahrhundertwende, ist umgeben von grünen Wiesen und Feldern, hundertdreißig Morgen Land. Sasel im Nordosten Hamburgs gehörte früher zum Landkreis Stormarn und damit zum Land Schleswig-Holstein. Erst 1937 kommt die Ortschaft zur Freien und Hansestadt Hamburg und gehört seitdem zum Ortsamt Alstertal des Bezirks Wandsbek. Ein kleiner Park umschließt den Pfeilshof, der zwei Stockwerke hoch ist. Ein vierstöckiger Eckturm dominiert das Gebäude und die hohen Bäume im Park, hier ist eine Terrasse angelegt und da eine Glasveranda und ab und zu kleine und große Balkone, schmiedeeisern verziert. Die hohen Salonräume im Inneren des Hauses sind geschmackvoll eingerichtet mit alten Möbeln, sorgfältig ausgewählten Antiquitäten, großformatigen Ölgemälden, Meißner Porzellan in den Vitrinen. Das ist die Welt der Lilli Blessmann, denn sie ist die Eigentümerin des Anwesens. Freddy Quinn wird in der Presse wahlweise als neuer Besitzer des Pfeilshofes genannt oder aber als Untermieter seiner Managerin. Auf jeden Fall führt Lilli Blessmann das Regiment im Haus. Sie organisiert alle geschäftlichen Termine für ihren Schützling und hat im Eingangsbereich des Hauses eigens Büroräume dafür eingerichtet. Hier sitzen stundenweise Studenten aus der Stadt, die zur Bearbeitung der Autogrammpost engagiert sind. Doch nicht nur das, die Briefe – es sollen mehrere Hundert sein pro Tag – werden auch statistisch erfasst. Als einmal ein *Stern*-Redakteur den Star nach der besonderen Rolle der »Vermögensverwalterin und Gönnerin« Blessmann befragt, poltert Quinn zurück: »Frau Blessmann ist nicht meine Gönnerin, sondern ein Freund. Ich bin stets bemüht, Frau Blessmann aus allem herauszuhalten, da sie schließlich aus einer gehobenen Mittelschicht Hamburger Kaufleute stammt und um meinetwillen die Androhung einer Enterbung auf sich genommen hat.« Was später unmöglich ist, wird zu Beginn der Quinn'schen Karriere noch möglich gemacht, Journalisten werden zu sogenannten Homestorys in den Pfeilshof geladen. Dafür gibt es ein paar Räume, die dem Image entsprechend dekoriert sind. Der Fotografen liebstes Motiv ist die Bar, angeblich von Freddy Quinn selbst gebaut und gestaltet. Fischerkugeln hängen da und eine Schiffsglocke aus Schweden, und in der Souvenirecke steht neben einer Grubenlampe und einer japanischen Puppe unter Glas ein holzgeschnitzter Buddha, der Reichtum verheißt, wie der Gastgeber gerne erläutert. Die geschwungene Bartheke ist mit bunten Mosaiksteinchen ausgelegt, der Schriftzug »By Freddy« ist zu erkennen. In den Regalen dahinter stehen Flaschen und Gläser, ganz wie in einer gut besuchten Kneipe. Alles alkoholische Getränke, die hier ausgestellt sind, auch wenn der Sänger nach eigenen Angaben nichts davon konsumiert. Einen weiteren Blick dürfen die Pressebesucher in die Eingangshalle werfen, hier hat Freddy unter der Treppe zum Obergeschoss seine Bastelstube eingerichtet. Denn, auch das erfahren die Reporter, Freddy heimwerkt gerne, vor allem alte Uhren haben es ihm angetan, die er in seiner knappen Freizeit auseinandernimmt und wieder zusammensetzt. Aber auch an den Wänden weist das eine oder andere auf den neuen Bewohner im Pfeilshof hin, der 1959 vom *Film-Journal* in Verkennung der wahren Besitzverhältnisse zum neuen »Gutsbesitzer« ausgerufen wird. Zum einen hängt da ein Ölgemälde an der Wand, darauf ein pausbäckiges Kind, das Freddy darstellen soll, im Alter von fünf Jahren. Und in der Bar hängt über der Schrankkombination mit Radio und Zehn-Platten-Wechsler ein »Novomat«, ein Spielautomat für das gepflegte Daddeln zwischendurch. Und in der Garage steht ein Mercedes 300 SL, aber das darf niemand erfahren, öffentlich lässt sich Quinn nur in einem Volkswagen blicken.

Die Inszenierung des einfachen Matrosen in großbürgerlicher Umgebung gelingt. »Im hochherrschaftlichen Pfeilshof gibt es eine waschechte ›Freddy-Bar‹ mit der Atmosphäre ungeschminkter globaler Gemütlichkeit, wo sich Groß und Klein, Arm und Reich beim gleichen Bier oder Whiskey zusammenfinden können.« So klingt die Journalisten-Prosa seinerzeit. Oder so: »Er legt sein Geld clever an und lebt relativ bescheiden – nicht so sehr aus Sparsamkeit als aus Rücksicht auf sein Publikum. Freddy mit Villa und Swimmingpool? Unmöglich! Einem bürgerlich gesicherten Seemann würde die treue

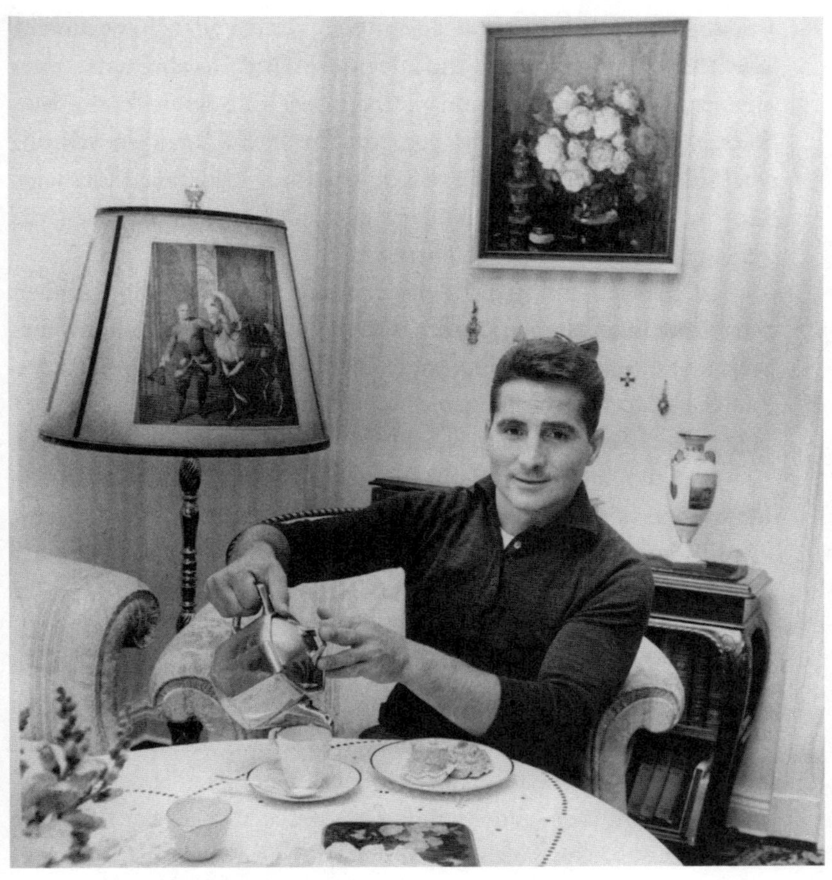

1958: Im Pfeilshof 35, dem Haus von Lilly Blessmann

Gemeinde der Plattenfreunde nicht mehr glauben, dass er heimatlos in die Ferne zieht.« Für all jene, die ihm den genügsamen Seemann noch immer nicht abnehmen, hält Freddy Quinn stets ein Schmankerl bereit: hoch oben, auf dem Dachboden des Pfeilshofes, da stehe ein Seesack, fertig gepackt und jederzeit zur Abreise über die sieben Meere bereit. Zur selben Zeit, als all diese Geschichten in den Magazinen erscheinen, muss sich Freddy Quinn im Mai 1959 vor dem Hamburger Finanzamt erklären. »Mein Lebensschiff ist in Hamburg vor Anker gegangen, und vielleicht klingt es ein wenig sentimental, aber für mich ist es beruhigend zu wissen: ›Hierhin gehörst du‹ – was mir viele Jahre gefehlt hat.« Im gleichen Zeitraum – so deckt ein *Stern*-Reporter auf – geht Freddy Quinn in der steuergünstigen Schweiz vor Anker, in der kleinen Ortschaft Tenero, am Nordzipfel des Lago Maggiore. Dieser Coup soll ihm Jahrzehnte später noch einmal schlagzeilenträchtige Sorgen bereiten.

Auch sonst stimmt nicht immer alles mit dem sorgfältig gepflegten Medienbild überein, Freddy Quinn entwickelt Starallüren und wird im Kollegenkreis nicht immer geschätzt. Bei all den diesbezüglichen Geschichten, die kursieren, spielt gelegentlich der Neid der Kollegen eine Rolle, doch entgleist dem so schnell zu Ruhm Gekommenen auch die eine oder andere Situation. 1959, zum Beispiel, soll ihm im Kongresssaal des Deutschen Museums in München der »Goldene Otto« überreicht werden, der Publikumspreis der Zeitschrift *Bravo*. Alles ist bis ins kleinste Detail vorbereitet, die sechzehnjährige Saskia van Hoogstraten, Tochter der Schauspielerin Eleonore van Hoogstraten und Enkelin der Pianistin Elly Ney, wird eigens engagiert, um – ganz spontan – mit einem Strauß Blumen auf die Bühne zu gehen und mit dem Sänger einen Walzer zu tanzen. Als der große Moment gekommen ist, fehlt einer – der Sänger erscheint nicht auf der Bühne. Stattdessen muss ein anderer raus, O. W. Fischer, der in der Kategorie der besten Schauspieler ausgezeichnet wird. Dessen Auftritt sollte eigentlich der Schluss- und Höhepunkt der Veranstaltung sein, doch das ist mit Freddy Quinn nicht zu machen. Er ist einfach nicht aufzufinden und lässt sich erst wieder blicken, nachdem O. W. Fischer die Bühne verlassen hat. Den Schlusspunkt setzt nur er. Saskia übrigens, die ihre Sache trotz des veränderten Zeitplans gut gemeistert hat, wird ein paar Monate später erneut beschäftigt und muss mit Freddy Quinn anlässlich der Verleihung des »Goldenen Löwen« von Radio Luxemburg in Wiesbaden die gleiche Show noch einmal abliefern. Ein Jahr später, wieder will der private Radiosender aus Luxemburg seine goldenen und silbernen Löwen verleihen, macht Freddy

Quinn erneut Schwierigkeiten. Die Feierlichkeiten finden diesmal an Bord des Passagierschiffes »United States« statt, und die Kameras der UFA-Wochenschau sind dabei, als die Stars zum festlichen Diner Platz nehmen. Nur Freddy Quinn haut ab, sobald die Scheinwerfer angehen, und will sich nicht filmen lassen. »Denken Sie, was Sie wollen«, erklärt er anschließend, als die Kameras wieder verschwunden sind: »Aber ich lasse mich nun mal nicht bei Champagner und Kaviar fotografieren.« Später am Abend, als die Preise verliehen werden, ist der Sänger nur in schwarzer Hose und schwarzem Pullover zu sehen: »Ich singe nicht im Smoking!«, und zur Gitarre will er auch nicht singen: »Man drückt mir so eine aufgedonnerte 2000-Mark-Gitarre in die Hand. Das stimmt doch nicht.«

Solche Geschichten kursieren immer wieder in der Branche, das schafft keine Freunde, und Freddy Quinn bleibt ein Einzelgänger. 1965 schildert ein Reporter des Nürnberger *8 Uhr-Blatts,* wie sich der Sänger anlässlich einer Tournee hinter den Kulissen der Meistersingerhalle benimmt. Die Veranstaltung ist ausverkauft an diesem Montagabend im Januar, mit dabei sind die singenden Schwestern Li und Eve, das Medium-Terzett, der ewige Brite Chris Howland, Jacqueline Boyer aus Paris und ein strahlender Rex Gildo. Der Höhepunkt der Show ist natürlich Freddy Quinn, hinter den Kulissen gut abgeschirmt von seiner Managerin und zu keinerlei Gespräch oder Foto mit dem Reporter bereit. Auf die Bühne geht er nur über einen eigenen Aufgang, streng abgeriegelt. Nach der Show treffen sich noch alle Beteiligten in den »Trödelstuben«, Nürnberger Bratwürste stehen auf der Karte. Freddy erscheint erst ganz am Schluss, notiert der Reporter: »Er ist im Straßenkreuzer nachgekommen. Denn im Bus fährt er nicht. Der Sänger-König ist ob unserer Ausgelassenheit etwas verlegen und antwortet auf den Hinweis, dass es keine Bratwürste mehr gebe, mit feinem Humor: ›Aber ein Würstchen ist auf alle Fälle hier‹, setzt sich an den Tisch von Chris Howland, isst Frankfurter und trinkt Cola.«

Die Ausfälle und Extravaganzen des Künstlers werden zwar öffentlich, können aber den positiven Gesamteindruck nicht beeinträchtigen. Die kommerziellen Erfolge werden zum einzigen Maßstab und lassen sich durch keine fachlichen oder moralischen Einwände erschüttern. Freddy Quinn feiert einen Hit-Erfolg nach dem anderen in diesen Jahren, er ist auf den Kinoleinwänden Deutschlands so präsent wie kaum ein anderer und wird wieder und wieder ausgezeichnet: Goldene Schallplatten gibt es 1959 für »Die Gitarre und das Meer« und für »Unter fremden Sternen«, und 1963 gleich drei für »Junge, komm bald wieder«. Auch seine Langspielplatten *Freddy auf hoher See* (1961) und *Weihnachten auf hoher See* (1963) werden vergoldet. Die Single, für die er 1961 mit der besonderen Trophäe ausgezeichnet wird, hat für seine Karriere eine ganz besondere Bedeutung: »La Paloma«. Auch wenn zu der Zeit Quinns Produzenten davon überzeugt sind, dass ihr bester Mann nur deutschsprachig zu vermarkten ist, lassen sie ihn bei dieser Aufnahme spanisch singen – im ersten Teil. Hier greift der Sänger zurück auf den Urtext von 1860 des baskischen Komponisten Sebastián Iradier und interpretiert dessen sentimentales Liebeslied: »¡Ay chinita que sí / ay que dame tu amor, / ay que vente conmigo / chinita, a donde vivo yo!« (»Ach, Kleine, ach gib mir deine Liebe, ach komm mit mir, meine Kleine, dorthin, wo ich lebe.«) Dann aber – nach einem instrumentalen Zwischenspiel mit summender Chorbegleitung – geht es auf Deutsch und gewohnt maritim weiter: »Falle ich einst zum Raube empörtem Meer. / Fliegt eine weiße Taube zu dir hierher. / Lasse sie ohne Säumen zum Fenster ein. / Mit ihr wird meine Seele dann bei dir sein. / Auf Matrosen, ohé! / In die wogende See! / Schwarze Gedanken, sie wanken / Und fliehn geschwind / Uns wie Sturm und Wind.« Aus dem melancholischen Liebeslied wird nur ein paar Takte weiter – in der deutschen Textfassung von Heinrich Rupp von 1880 – eine düstere Seemannsklage. »Tief gründelt die deutsche Seele bei Heinrich Rupp«, schreiben dazu die beiden »La Paloma«-Forscher Sigrid Faltin und Andreas Schäfler. »La Paloma«, das ist nach Faltin und Schäfler der meistinterpretierte Titel in der Geschichte der populären Musik, »der größte Wechselbalg des Pop«, wie Musikkritiker Thomas Gross in der *Zeit* es formuliert. Über die Zeiten, Sprachen und Kulturen hinweg: In Mexiko wird daraus ein politisches Spott- und Protestlied, auf Sansibar spielt man es als Rausschmeißer auf Hochzeitsfeiern, die Banater Schwaben in Rumänien begleiten damit ihre Toten zu Grabe. Es kursieren weltweit geschätzte zweitausend Versionen von dem Lied. A propos *»la paloma«*, die Taube – auf dem Single-Cover von Freddy Quinn sieht man den Sänger wie gehabt an Bord eines Schiffes stehen, ein schweres Tau in den Händen und umgeben von einem Schwarm weißer Möwen. Egal, ob Taube oder Möwen, die Platte verkauft sich mehr als drei Millionen Mal und wird zu einem der Erfolge, die man stets mit Quinns Namen assoziiert. 1984 singt er wieder einmal dieses Lied, jetzt auf der Bühne des Hamburger Operettenhauses im Musical *Große Freiheit Nr. 7*. Es ist Teil des Stückerepertoires, wieder halb auf Spanisch, im zweiten Teil aber mit einem neuen deutschen Text versehen: »La Paloma ohé, / Einmal müssen wir gehen. / Einmal schlägt uns die Stunde der Trennung. / Einmal komm' ich zurück.« Das Musical floppt, das Lied in dieser Textfassung aber bleibt. Am Sonntag, dem 9. Mai 2004, es ist der dritte Tag des »815. Hamburger Hafengeburtstags«, lädt die Radiowelle 90,3 des NDR alle Festbesucher ein, zusammen mit Freddy Quinn »La Paloma« zu singen. 88 600 sollen es schließlich gewesen sein – für das Londoner *Guinness-Buch der Rekorde* aus einem Polizeihubschrauber heraus geschätzt, der hoch über der Menge kreist –, die gemeinsam mit Quinn und dem Shanty-Chor »De Tampentrekker« das Lied anstimmen, in der Fassung, die man aus dem Musical kennt. Seitdem tragen die Dabeigewesenen gemeinsam mit Freddy Quinn den Guinness-Buch-Titel »Größter Chor der Welt«. Und noch einen anderen Titel heimst Quinn mit »La Paloma« ein Jahr zuvor ein, als die GEMA aus Anlass ihres hundertjährigen Bestehens gemeinsam mit der *Bild am Sonntag* die Deutschen aufruft, ihr Lieblingslied zu wählen. Insgesamt hundert der bei der GEMA als erfolgreichste Titel gelisteten Songs in den Sparten Schlager, Rock, Pop und Volksmusik werden in der Sonntagszeitung für eine Vorabstimmung veröffentlicht. Am 13. September 2003 geht es in einer

Live-Show in der ARD schließlich um den Sieg: Wer wird der Deutschen Jahrhunderthit? Bei der telefonischen TED-Abstimmung unter den zwanzig Besten erreichen Boney M. mit »By The Rivers Of Babylon« Platz drei, und der zweite Platz geht an »Yesterday« von den Beatles. Der Sieger aber, der Hit des Jahrhunderts, heißt »La Paloma«, in der Sendung vorgetragen von Freddy Quinn, auch diesmal in der Musical-Version von 1984.

Doch zurück zu den Goldenen Schallplatten der frühen 1960er-Jahre. Alle Produktionen liegen in dieser Zeit noch in festen Händen von Lotar Olias und der Plattenfirma Polydor. Aber auch andere wollen gerne an dem Siegeszug der Marke Freddy teilhaben. So wie die Plattenproduzenten Walter Haas und Ulrich Klever. Die beiden planen, 1964 eine Langspielplatte mit Liedern aus den frühen Jahren zu veröffentlichen. Ihnen steht ein Band zur Verfügung, auf dem ein ganzes Programm zu hören ist, das einst in der »Washington-Bar« mitgeschnitten wurde. Haas und Klever, beide eigentlich Journalisten und Autoren von Büchern wie *Das Schlagerbuch* (1957) und *Die Stimme seines Herrn – Eine Geschichte der Schallplatte* (1959), planen ebenfalls, alte Aufnahmen des Geigers Yehudi Menuhin und des Wiener Kabarettisten Helmut Qualtinger zu veröffentlichen, ohne Einwände dieser Künstler. Nur Freddy Quinn ist damit nicht einverstanden und erwirkt vor einem Hamburger Gericht eine einstweilige Verfügung. Selbst die Zusage von Haas und Klever, ihn natürlich an den zu erwartenden Einnahmen zu beteiligen, kann Quinn nicht umstimmen. Er bleibt hart, und die Platte erscheint nie. Seine starre Haltung stößt auf Unverständnis in der Presse, schließlich hätten die Fans doch einen Anspruch auf alle Lieder ihres Idols. »Denn«, so schreibt das *Hamburger Echo*, »die Lieder von damals gehören vielleicht zu seinen schönsten. Freddy Quinn darf sich darum leichten Herzens zu seiner Vergangenheit bekennen, denn jeder Mensch hat eine Vergangenheit. Dies ließe den Sänger von der Waterkant heiter und weise erscheinen.«

LAUTER LIEDER

Die Konkurrenz sammelt sich um die Ecke, nur ein paar Straßen entfernt von der »Washington-Bar«, da, wo für Freddy Quinn einst alles begann. Es ist Sommer, Mitte August 1960, als ein klappriger Ford Transit in St. Pauli eintrifft, Koffer und Instrumente auf dem Dachgepäckträger festgeschnürt. Nach zweieinhalb Tagen Reise sind die zehn Engländer endlich am Ziel, dem »Kaiserkeller« auf der Großen Freiheit Nr. 36. Hier, in einer Nebenstraße der Reeperbahn, befindet sich ein Striptease-Lokal neben dem anderen, hier tobt das Nachtleben, für das das Hamburger Hafenviertel weltberühmt ist. Und hier, im »Kaiserkeller«, gibt es Musik, Live-Musik. Seit Oktober 1959 treten fast jede Nacht Bands in den Kellerräumen auf, die Rock 'n' Roll spielen, wie man ihn sonst nur von der Schallplatte kennt. Tony Sheridan mit seiner Band The Jets sind die ersten britischen Musiker, die hier auf der Bühne stehen, gefolgt von Derry Wilkie & The Seniors und Rory Storm & The Hurricanes. Nicht mehr als drei Akkorde haben sie zumeist drauf, aber das reicht aus, die Hits der Rock-'n'-Roll-Größen aus Übersee nachzuspielen: Chuck Berry, Little Richard, Bill Haley. Das Publikum ist begeistert, siebenhundert Leute haben Platz in dem Klub, und jede Nacht ist es voll. Vor allem Rocker kommen hierher, »Halbstarke« genannt, junge Männer vorwiegend aus dem Arbeitermilieu, die man an ihrer Nackentolle und der Lederjacke erkennt.

Und genau so sehen auch die Jungs aus, die in dieser Sommernacht im August völlig übermüdet aus ihrem Kleinbus klettern, fünf Musiker sind dabei, und die nennen sich The Beatles. Aus Liverpool kommen sie, der Stadt am Mersey River, wo große Arbeitslosigkeit herrscht und es viel mehr Bands gibt als Auftrittsmöglichkeiten. Deshalb haben sich die Beatles auf den weiten Weg nach Hamburg gemacht, fünfzehn Pfund in der Woche könne man hier verdienen, hat man ihnen versprochen, und spielen könnten sie im »Kaiserkeller«, jede Nacht. Doch John Lennon, Paul McCartney, George Harrison, Stuart Sutcliffe und Pete Best – so heißen die fünf – werden enttäuscht, spielen ja, sagt ihnen »Kaiserkeller«-Chef Bruno Koschmider, aber nur im »Indra«, einem Striplokal am anderen Ende der Straße. Untergebracht werden sie nebenan, im »Bambi«-Kino. Da gibt es einen Lagerraum, hinten neben den Toiletten, ohne Heizung, mit zwei Etagenbetten und einem Waschbecken auf dem Herrenklo. Die Beatles bleiben, sie haben keine Wahl, und spielen jede Nacht zwischen den Auftritten der Tänzerinnen. Carina Berné, La Manuela oder Clivia heißen die Stars im »Indra« und »Schönheitstänze der Sonderklasse« ihr Programm. Es kommen nicht viele Gäste, um die Musik der Liverpooler Jungs zu hören, aber achtundvierzig Nächte halten sie durch, bis sie am 4. Oktober in den »Kaiserkeller« wechseln dürfen, als Zweitgruppe hinter Rory Storm & The Hurricanes mit Ringo Starr am Schlagzeug. Bis Ende November spielen sie hier, tagtäglich sieben bis acht Stunden, jeweils neunzig Minuten Auftritt, dann dreißig Minuten Pause, so steht es im Vertrag. Das ist viel Zeit, um zu experimentieren, zu improvisieren, zu lernen und Bühnenerfahrung zu sammeln. Als die Beatles im Dezember Hals über Kopf Hamburg verlassen – George ist noch keine achtzehn und befürchtet Schwierigkeiten mit der Polizei – und wieder nach Liverpool zurückkehren, sind sie schon fast Profis, dürfen jetzt im »Cavern-Club« auftreten und anderswo und wagen sich an eigene Songs. Nur vier Monate später, am 1. April 1961, sind sie wieder da, für ein Engagement im »Top Ten«, ein Klub an der Reeperbahn 136. Tony Sheridan, genannt *»the teacher«*, spielt hier, und die Beatles dürfen ihn begleiten. Das hat Folgen: Am 22. Juni holt Orchesterchef und Plattenproduzent Bert Kaempfert Tony Sheridan und die Beatles in die Friedrich-Ebert-Halle nach Harburg und nimmt dort eine Schallplatte mit ihnen auf. »My Bonnie« heißt der Song, und die

Beatles firmieren noch als »Beat Brothers« auf der Single, die im Oktober auf dem deutschen Markt erscheint. Die Beatles, erstmals auf Vinyl, eine Single, die bei Polydor erscheint, der Firma, die nur wenige Jahre zuvor auch Freddy Quinn groß gemacht hat.

Noch ein drittes Mal kommen die Beatles nach St. Pauli, bevor ihre Weltkarriere so richtig losgeht. Sie sind Gast bei der Eröffnung des »Star-Clubs« am 13. April 1962. »Die Not hat ein Ende! Die Zeit der Dorfmusik ist vorbei« prangt schwarz auf weiß auf dem Plakat, das zu der »Rock'n'Twist-Parade 1962« einlädt. Tex Roberg ist an diesem ersten Abend des neuen Klubs auf der Großen Freiheit 39 mit dabei, Roy Young, The Graduates, The Bachelors und The Beatles. »Eine Ballung der Spitzenklasse Europas«, das verspricht Manfred Weißleder, Besitzer einiger Bars und Striplokale auf St. Pauli, als er den »Star-Club« eröffnet. Und Weißleder hält Wort, nur Monate später ist er mit seinem Lokal weit über die Grenzen Hamburgs und Deutschlands hinaus bekannt als das Zentrum europäischer Rock-'n'-Roll- und Beat-Musik. Der gelernte Flugzeug-Elektromechaniker ist auf St. Pauli bekannt als knallharter Geschäftsmann, verfolgt aber mit seinem »Star-Club« eine geradezu missionarische Idee, er will sich für die Jugend und ihre Musik starkmachen, gegen den Widerstand der Eltern-Generation. »Elektrische Gitarren erzeugen einen angenehmeren Klang als das Landsknechtgetrommel und die Fanfaren der schon wieder gen Ostland drängenden neuen Jugendverbände. Auch wenn diese vorgeben, für eine Freiheit zu tönen, in der mancher dem Nächsten sogar seinen Haarschnitt und seinen Musikgeschmack vorschreiben will«, schreibt er dazu in den *Star-Club News*, die er ab 1964 herausgibt. Sein Konzept ist denkbar einfach, der Eintritt wird gering gehalten, höchstens fünf Mark, und die Bands holt er sich überwiegend aus England, sucht sie selber aus und bucht nicht über Agenturen. Dazu veranstaltet er Nachwuchs- und Bandwettbewerbe und gibt Newcomern die Chance für ihren ersten Auftritt vor einem begeisterten Publikum. Ruhm und Anerkennung aber verdient er sich damit, dass er fast alle nach Hamburg holt, die einen großen Namen haben im internationalen Rock-'n'-Roll-Geschäft, die Superstars. Gene Vincent ist der erste im Mai 1962, es folgen Bill Haley, Little Richard, Fats Domino, Ray Charles, Jerry Lee Lewis, Bo Diddley, Duane Eddy, Chuck Berry (nur Elvis Presley fehlt auf der Liste). Auch andere Stilrichtungen sind zu hören im »Star-Club«, einfach alles, was gerade in den Charts vertreten ist: Chubby Checker, Joey Dee, Tommy Roe, Brenda Lee, Little Eva und – für nur einen Auftritt, der aber völlig danebengeht – das jamaikanische One-Hit-Wunder Millie.

Das Konzept des »Star-Clubs« überzeugt und findet Nachahmer in ganz Deutschland. In Kiel eröffnet der »Star-Palast«, bis in die Innendekoration eine Kopie des Hamburger Klubs. Anderen interessierten Veranstaltern schlägt Weißleder ein einträgliches Geschäft vor: Für tausend Mark im Monat vermietet er den Namen »Star-Club«, und Lokale in Berlin, Köln, Flensburg, Bremen, Bielefeld und Karlsruhe nehmen an. Mit der zeitweiligen Übernahme des Namens verpflichten sich die Veranstalter auch, ihre Bands bei Weißleder zu buchen. Doch damit nicht genug: Unter dem »Star-Club«-Label werden Tourneen veranstaltet und Sondergastspiele, Schallplatten veröffentlicht und das bereits erwähnte klubeigene Magazin. Außerdem gibt es Anstecker und Aufkleber, T-Shirts und Pullover, Reisetaschen und Kopftücher, alle mit dem Klub-Emblem, das ganze Merchandising-Programm, wie man es heutzutage von jedem Popstar kennt, was aber 1964 völlig neu ist für einen Veranstaltungsort von Rock- und Beat-Konzerten.

Im Sommer 1964 wird der Klub kurzzeitig geschlossen, dafür sorgt ein besonders eifriger Beamter des Hamburger Ordnungsamtes. Immer wieder schickt er die Polizei in das Lokal, um den Jugendschutz zu überprüfen, um Aufenthaltserlaubnisse zu kontrollieren, um gegen Schlägereien und unerlaubte Drogen vorzugehen. Der Beamte sitzt am längeren Hebel, am 11. Juni 1964 wird Weißleder die Konzession entzogen, am 23. Juni der »Star-Club« geschlossen. Als die Gäste an diesem Abend vor verschlossenen Türen stehen, gehen sie nicht nach Hause, dafür aber auf die Straße. Hunderte sind es schließlich, die gegen die Schließung ihres Klubs protestieren, so viele, dass der Verkehr auf der Großen Freiheit fast lahmgelegt wird. Und die *Bild*-Zeitung fragt am nächsten Tag empört, warum die Polizei die Demonstranten nicht mit Knüppeln auseinandergetrieben habe. Aber nach zwei Tagen ist der Laden wieder offen, Weißleder überträgt die Konzession auf einen seiner Mitarbeiter. Der ist jetzt für das Abendgeschäft vor Ort zuständig, und Weißleder hat mehr Zeit, seine Aktivitäten auszuweiten. Seine Star-Club-LPs lässt er nun in den USA, Japan und Australien veröffentlichen, außerdem beliefert er den *Beat-Club* von Radio Bremen – seit dem 25. September 1965 die erste Live-Musiksendung für junge Leute im deutschen Fernsehen – mit neuen Bands, und er managt Musiker wie die Rattles, die Liverbirds und Lee Curtis.

Der Erfolg der Beat-Musik ist nicht aufzuhalten. Das kommerzielle Engagement eines Einzelnen hat Folgen, die die Musikwelt für immer verändern. So wie St. Pauli die Wiege ist für die Karriere der Beatles, so ist St. Pauli auch die Wiege der europäischen Rock-'n'-Roll- und Beat-Musik. Eine bis dahin nicht gekannte, ganz eigene Jugendkultur gibt von hier aus ihre Impulse in die ganze Welt. Es sind nicht mehr nur die proletarischen Halbstarken, die den »Star-Club« und die anderen Lokale bevölkern, Oberschüler und Studenten sind dazugekommen, neben Lederjacken sieht man jetzt auch Anzüge, Krawatten und Nyltesthemden. Neben den großen Stars, die sie bejubeln, kommen sie vor allem wegen der vielen Bands, die noch auf dem Weg nach oben sind. Bands, die hauptsächlich aus Großbritannien kommen, aber auch aus Deutschland und anderen westeuropäischen Ländern. All diese Musiker zeichnet vor allem aus, dass sie ihrem Publikum ganz nahe sind, ja, sie sind fast so wie sie selbst. Mit ihrer Kleidung, ihrer Haartracht, ihrem gesamten Outfit prägen sie das Erscheinungsbild einer ganzen Generation. Die Bands machen Mode und verkörpern einen Lebensstil, der nachgeahmt und kopiert wird. Nein, die jungen Leute wollen keine unnahbaren Stars auf der Bühne mehr sehen, die ihnen viel zu alt, zu professionell und zu abgewandt erscheinen. Sie verehren die Bands, die ihre Musik genau so gut oder schlecht machen, wie sie selbst es könnten, die genau so gut oder schlecht singen, wie sie es selbst zustande brächten. Und die Idole sind keine Einzelpersonen mehr, die herausgehoben werden und auf einen Sockel gestellt, sondern Gruppen, die gleich ein ganzes Repertoire verschiedener Identifikationsfiguren anbieten. Ihre Musik ist nicht mehr nur Unterhaltung und Zeitvertreib, sondern wird zum emphatischen Statement, für die eigene Existenz und gegen die Welt der Erwachsenen und Altvordern.

Freddy Quinn bekommt nichts mit davon, seine Karriere lässt ihm keine Zeit für anderes, und konsequent bewegt er sich weiterhin in seiner Welt, die doch so eng an diese Orte einer neuen Musik- und Jugendkultur grenzt. Die Existenz der Beatles nimmt er wahr, wenn er die Auflagenzahlen seiner Platten mit denen der Liverpooler vergleicht, aber nur um – wie 1964 – festzustellen, dass er europaweit noch vor ihnen liegt. Und einmal – mehr im Scherz – behauptet er von sich, dass er doch der erste Beatle gewesen sei, schließlich habe er die Gitarre populär gemacht lange vor den vier Pilzköpfen. Aber irgendwann, im Laufe der Jahre, wird der immer noch populärste Sänger Deutschlands gezwungen, die Veränderungen in der Musiklandschaft zur Kenntnis zu nehmen. Die Charts-Notierungen seiner Platten finden nicht mehr ganz oben statt, die letzte Goldene Schallplatte für eine Single ist von 1962 für »Junge, komm bald wieder«; die heranwachsende Generation, die zunehmend auch zu einem wichtigen Wirtschaftsfaktor wird, gibt ihr Geld jetzt für ganz andere Platten aus. Eine Krise bahnt sich an, der Quinn und seine Produzenten zunächst ausweichen können. Noch probiert sich der Sänger als Schauspieler auf der Leinwand und auf der Musicalbühne aus, mit so viel Erfolg, dass das Bild der Nummer eins gewahrt bleibt. Nicht zu unterschätzen dabei ist die Tatsache, dass die Zahl der Anhänger, die sich in den ersten Jahren um ihn geschart haben, noch immer groß ist. Sie reichen aus, dass sich die Verkäufe seiner Schallplatten und Kinokarten in erfolgreichen Höhen halten.

Über Grenzen

Gleichzeitig streckt Quinn seine Fühler ins Ausland aus, will den Plattenmarkt für sich erweitern. Bereits zu Beginn seiner Karriere hat er darauf bestanden, seine Lieder auch auf Englisch aufzunehmen, Amerika ist sein Ziel von Anfang an. Als er Ende Januar 1957 seinen zweiten Millionen-Erfolg »Heimatlos« in der Kleinen Musikhalle in Hamburg aufnimmt, wird die englische Version davon – »Love Me Ever – Leave Me Never« – zuerst produziert. »Das war Freddys Idee«, sagt Lotar Olias. »Er wollte immer alles gleichzeitig in Englisch machen, und ich war auch sehr dafür.« Zwei Monate später, am 26. März, steht Quinn auch in den Niederlanden, in Hilversum, vor dem Studiomikrofon und singt den neuen Hit auf Niederländisch, »Zonder t'huis«, und am 15. Juni wird der Titel im Apollo-Studio in Paris auf Französisch eingespielt, »Heimatlos« wird hier mit »Seul au monde« übersetzt. Noch überwältigt von dem Erfolg in Deutschland, glaubt die Plattenfirma Polydor, Freddy Quinn auch in den westeuropäischen Nachbarländern durchsetzen zu können. Das klappt für die Niederlande und das belgische Flandern, »Heimweh« wird hier bereits monatelang in der Spitzengruppe der Hitparade notiert. Umso mehr gefällt es, den Sänger jetzt auch auf Niederländisch zu hören. In Frankreich ist es ungleich schwerer für ihn, Fuß zu fassen. Ausländische Interpreten haben es generell schwer auf dem französischen Markt, nur wenige Musiker haben das geschafft: Der exotische Akzent der Spanierin Gloria Lasso und der Italo-Ägypterin Dalida verhelfen beiden zu großen Erfolgen. Geradezu vernarrt sind die Franzosen in den englischen Akzent von Petula Clark, und als sie auch noch einen Franzosen heiratet und ihren Hauptwohnsitz von London nach Paris verlegt, ist ihre Karriere nicht mehr zu stoppen. Aus Deutschland hat den Sprung nur eine geschafft, die junge Ria Bartok aus Einbeck bei Hannover. Marie-Louise Pleiss, wie sie eigentlich heißt, ist die Tochter einer Opernsängerin und kommt als Sprachenschülerin nach Paris. Gleich mit ihrer ersten Platte – »Parce que j'ai revu François« – schafft sie es 1963 in die Hitparade, drei Jahre lang kommt sie recht erfolgreich über die Runden, bis sie 1966 bei einem Brand tödlich verunglückt. Udo Jürgens und Vicky Leandros finden kurzzeitige Beachtung in Frankreich mit ihren Erfolgstiteln vom »Grand Prix Eurovision de la Chanson«: »Merci, Chérie«, »L'amour est bleu« und »Après toi«. Mary Roos, der gerne eine glänzende Karriere in Frankreich nachgesagt wird, war nur mäßig erfolgreich, trotz ihres ausgezeichneten Französisch, fast ganz ohne den unbeliebten deutschen Akzent. Zwar gewinnt sie 1970 den renommierten Musikpreis »La Rose D'Or«, doch den erhalten mit ihr in diesem Jahr alle anderen Teilnehmer auch, zum ersten Mal wollte man keinen Wettbewerb ausrichten, sondern vor allem Newcomer aus ganz Europa vorstellen und auszeichnen. Auch die angeblich großen Auftritte von Mary Roos vor ausverkauftem Haus im legendären Pariser »Olympia« entpuppen sich bei genauerem Blick ins Archiv des Konzertsaals als Sammelauftritte verschiedener Nachwuchskünstler, unter denen auch die Deutsche mit zwei Liedern ihren Platz fand. Deutsche Pop-Produktionen – in englischer Sprache – schaffen erst zwei Jahrzehnte später den Sprung in die französischen Charts, allen voran Boney M., Modern Talking, Sandra, Milli Vanilli und Alphaville. Die einzigen deutschsprachigen – wenn auch recht wortkargen – Titel, die je in Frankreich notiert werden, sind »Autobahn« von Kraftwerk, »Da da da« von Trio und der Österreicher Falco mit »Der Kommissar«. Unter den Schlagersängern aus Deutschland ist Nino de Angelo der erste und einzige, der es fast an die Spitze der französischen Hitparaden schafft, sein »La vallée de l'Eden« – auf Deutsch: »Jenseits von Eden« – klettert im Juli 1984 bis auf Platz zwei der nationalen Listen.

Freddy Quinn hat fünfundzwanzig Jahre zuvor kaum eine Chance beim französischen Nachbarn, sein Akzent klingt zu hart, zu deutsch. Das will niemand hören, das erinnert zu sehr an die »Achtung!«-Befehle der einstigen verhassten Besatzer. Außerdem spielen die Heim- und Fernweh-Themen, für die Quinn steht, so gut wie keine Rolle in den gefragten Chansons der 1950er- und 60er-Jahre. Einen zweiten Versuch startet seine Plattenfirma mit ihm noch einmal 1961. Freddy wird nach Paris in die populäre Fernsehsendung *Discorama* eingeladen, die jeden Sonntagmittag um 12.30 Uhr Millionen Zuschauer vor den Bildschirm lockt. Hier stellt ihn die Moderatorin Denise Glaser als Superstar von outre-Rhin vor, er trägt zwei seiner neuen Lieder – »La Guitarra Brasiliana« und »Mélodie du soir« – im Rollkragenpullover und mit Gitarre vor. Dazwischen werden kurze Ausschnitte aus seinen Kinofilmen eingespielt. Der Kurztrip nach Paris wird in der Heimat zur großen Sensation erklärt – »Freddy eroberte das französische Fernsehpublikum« –, es bleiben aber nur ein paar Erinnerungsfotos des Sängers mit den weiblichen Stars der französischen Musikszene, Dalida und Edith Piaf.

Neben Englisch, Niederländisch und Französisch nimmt Freddy Quinn seine Erfolgstitel auch auf Italienisch, Spanisch, Portugiesisch, Afrikaans und Serbokroatisch auf. Über die diversen Lizenzpartner seiner Plattenfirma ist er deshalb in vielen Teilen der Welt auf Platte erhältlich. Bereits im Januar 1958 schickt ihn die Polydor nach Japan, um den Markt in Fernost zu testen. Was offiziell als Urlaubsreise ausgegeben wird, entpuppt sich als eine straff organisierte Promotion-Tour. Der Sänger gibt einige Konzerte, darunter eins für die Arbeiter der »Nippon Grammophon«, tritt in sechs TV- und achtundzwanzig Radiosendungen auf und spielt im Studio sieben Lieder ein, darunter vier auf Japanisch. Die anderen drei werden auf Englisch aufgenommen, wobei er bei zwei Titeln – »At The Hop« und »Stood Up« (waschechten Rock-'n'-Roll-Nummern ganz im Sound der internationalen Hits der Zeit) – von einer japanischen Gruppe, The Four Coins Swing West, begleitet wird. Zwar wird diese Platte in Deutschland veröffentlicht, aber unter dem Namen »The Manhattans«, die Plattenfirma will kein Risiko eingehen und Freddy Quinn in der Heimat englischsprachig präsentieren. In *Lieder, die das Leben schrieb* findet sich eine kleine Anekdote, in der Freddys besondere Betriebsamkeit in Japan erklärt wird. »Auf der Ginza, der Hauptstraße von Tokio, bemerkte ich, wie man mich von allen Seiten anstarrte, wie Fotoapparate gezückt wurden, um Bilder von mir zu machen ... Das merkwürdige Interesse an meiner Person klärte sich sehr bald auf. Es galt nicht mir, sondern der modernen Kamera, die ich umhängen hatte. Eines dieser Bilder muss wohl doch den Presseleuten vor Augen gekommen sein. Wenige Tage später standen Artikel über mich und meine Plattenerfolge in Europa in den Zeitungen. Man hatte mich schnell ausfindig gemacht, und die Bitte, doch auch in Japan zu singen, ließ nicht lange auf sich warten.« Eine besondere Geste wird am Schluss erwähnt, um den kommerziellen Charakter der Reise möglichst herunterzuspielen: »Das Honorar für meine Sendungen stellte ich für die unglücklichsten Menschen unserer Zeit zur Verfügung: für die Opfer von Hiroshima, was mir ein Herzensbedürfnis war.«

Noch im selben Jahr nach seinem Japan-Abstecher reist Freddy Quinn erstmals als Plattenstar in die USA. Die Karriere in der Neuen Welt soll beginnen, hofft er und plant Aufnahmen für den amerikanischen Markt. Genau drei Stunden hat er dafür in New York Zeit, am Abend des 12. November 1958, von 19 Uhr bis 22 Uhr ist das Pythian-Temple-Studio, ein ehemaliger Ballsaal, in der 80. Straße in Manhattan angemietet. Verantwortlich für die Aufnahmen ist der legendäre Produzent Milt Gabler, Sohn jüdischer Einwanderer aus Österreich, der bereits den Rock 'n' Roller Bill Haley zum Welterfolg führte. Die Aufnahmen werden für die US-Decca produziert, seit Mitte der 1950er-Jahre Lizenzpartner der Polydor. Zwei Songs werden an diesem Abend eingespielt, »If You Do That To Him« und »See You Around«, in einer für den Sänger aus Deutschland ungewohnten Aufnahmetechnik: Es wird live produziert, die sieben Musiker und drei Backgroundsänger sind im Studio mit dabei, und gemeinsam mit Freddy wird so lange – innerhalb der gebuchten Zeit – gespielt und probiert, bis die Aufnahme sitzt. Ähnlich wie zur Erklärung seiner Tokio-Reise erzählt Freddy Quinn in seiner »Autobiografie« wieder eine kleine Geschichte, um die Aufnahmen in New York als eine Folge glücklicher Zufälle darzustellen. Zunächst habe ihm Milt Gabler abgesagt. Der sei von Plattenaufnahmen mit Freddy Quinn nicht begeistert gewesen. »Freddy Quinn? Nie gehört den Namen!«, habe er gesagt, und: »Was bei euch im alten Europa gut und schön ist, muss es hier noch lange nicht sein!« Weiter erzählt Freddy: »Nach der Absage des Mr. Gabler ging ich in ein Lokal in der 91. Straße, in dem sich Menschen aller Hautfarben und aller Nationalitäten trafen. Schlicht und einfach nannte sich das Unternehmen ›Der Keller‹. Und hier fand ich mein Publikum, wie ich es aus der ›Washington-Bar‹ gewohnt war. Ich griff nach einer Gitarre, die im ›Keller‹ an der Wand hing, und begann zu spielen und zu singen. Wenige Tage später hatte ich ein Angebot der N. Y. Israel Radio Station, und kurz darauf meldete sich auch der Plattenboss Milt Gabler wieder. Er wollte nun doch zwei Plattenaufnahmen mit mir machen.« Was aus der Platte schließlich geworden ist? Jedenfalls kein Erfolg, nicht in den USA und auch nicht in Deutschland.

Die nächste Single-Schallplatte auf Englisch wird erst Jahre später, am 12. März 1962, aufgenommen, diesmal im Studio Rahlstedt in Hamburg. Die Musik kommt aus Paris vom Orchester Jacques Denjean, der auch die Arrangements für die beiden Titel geschrieben hat. »Ich habe Denjean damit nach Hamburg kommen lassen«, erzählt Produzent Olias, »um den Aufnahmen ein internationales Flair zu geben.« Denn die beiden Titel – »You, You, You« und »Blue Mirage« – sind die international erfolgreichsten Kompositionen von Lotar Olias. Mit ihnen hatte er schon zu Beginn der 1950er-Jahre weltweit Erfolg und will sie jetzt von seinem größten Star hören, auch wenn sie überhaupt nicht zu dessen Image passen. Die Titel werden produziert, aber nicht veröffentlicht. Es kommt zum Streit zwischen dem Produzenten und seinem Künstler. Wer letztlich eine Veröffentlichung der Platte ablehnt – Olias kann sich Jahrzehnte später nicht mehr genau erinnern, entweder war es Quinn oder die Polydor. Denn Quinn – so weit ist seine Position gegenüber der Plattenfirma inzwischen gefestigt – darf Titel ablehnen, wenn sie ihm nicht zusagen.

Bei einem neuerlichen Versuch in englischer Sprache geht es wieder ganz nach Quinns Geschmack, die Titel werden Anfang Januar 1964 im Mekka der Country-Musik, in Nashville im US-Bundesstaat Tennessee, aufgenommen. »Son, Won't You Come Home« ist dabei, die englische Fassung seines letzten Riesenhits aus Deutschland, »Junge, komm bald wieder«. Zwar wurde der Titel zwei Monate zuvor in Hamburg schon einmal auf Englisch aufgenommen, für eine Veröffentlichung bevorzugt man aber die Nashville-Version. »Der Sound ist besser«, urteilt Olias. Von den insgesamt sechs Titeln, die in Nashville produziert werden, verschwinden zwei gleich wieder in der Versenkung und werden nie veröffentlicht. Einer aber, der für Freddy Quinn sehr ungewöhnliche Titel »Der Boss ist nicht hier« aus dem Film *Freddy und der Millionär,* wird hier als »The Boss Is Not Here« noch einmal produziert. An dem neuen Playback ist kein Geringerer als Burt Bacharach beteiligt, einer der prominentesten Produzenten und Komponisten des Landes. Für die Produktion verantwortlich ist die Plattenfirma MGM, seit 1962 neuer Lizenzpartner der Polydor in den USA. Da die Deutsche Grammophon und ihr Label Polydor kein eigenes Unternehmen in den USA unterhalten, müssen sie mit heimischen zusammenarbeiten. US-Firmen übernehmen Titel aus dem Repertoire des deutschen Unternehmens, zahlen ihre Lizenzgebühr und veröffentlichen sie dann auf ihren Labels in den Vereinigten Staaten. Die Deutsche Grammophon ist für die US-Firmen vor allem interessant wegen des klassischen Programms im Repertoire. Dafür gibt es in den USA einen großen Markt, deutsche Musiker und Dirigenten genießen hier höchstes Ansehen. Bis 1962 war die Decca dieser Partner, bis die MGM ein lukrativeres Angebot macht.

Freddy Quinn ist fest entschlossen, diesmal den Sprung in das amerikanische Showgeschäft zu schaffen. »Ich will nicht nur von

Lünen bis Ingolstadt ein bekannter Mann sein. In Spanien habe ich schon einen guten Namen, in Belgien und Holland und Skandinavien kennt man mich. Jetzt will ich beweisen, dass ich auch anderswo ankomme.« Anderswo, das sind die USA, das ist New York. »If I can make it there, I'll make it anywhere / It's up to you – New York, New York.« Freddy Quinn kennt diese Textzeile und weiß, Frank Sinatras Credo gilt für jeden: Wer es in New York schafft, der schafft es überall. Das gilt für die Amerikaner und noch viel mehr für den Rest der Welt. Denn Showgrößen, Entertainer, Sänger, Musiker, die ganze Kontinente aufgerollt und jede Trophäe eingeheimst haben in ihrer Heimat, spielen noch lange keine Rolle in den USA. Die Entertainment-Tradition dieses Landes ist so gewaltig, dass hier keiner auf irgendjemanden aus der Alten Welt wartet. Talente sind hier im Überfluss vorhanden, die Konkurrenz zwingt zur Meisterschaft, sonst braucht man überhaupt nicht erst anzutreten. Und fällt der Star der Show aus, stehen gleich zwanzig neue bereit, den Platz einzunehmen – das ist kein bloßer Mythos, sondern Tagesrealität. »Amerika«, hat Caterina Valente einmal geschrieben, »das war für mich eine große Herausforderung. In keinem Land der Welt hat ein Künstler so viel Konkurrenz, nirgendwo muss er so hart kämpfen. Es gibt in den USA unzählig viele gute Stars, und nicht jeder kann sich gegen sie behaupten.«

Deutsche Unterhaltungskünstler in den USA? Nein, die gibt es nicht, die hat es nie gegeben. Auch Künstler aus anderen europäischen Ländern haben keine Chance in Übersee, der amerikanische Markt ist abgeschottet wie eine Festung. An zehn Fingern lassen sich die abzählen, die in einer nichtenglischen Sprache in den 1950er- und 60er-Jahren den Sprung in die US-Charts geschafft haben. Die Italiener Domenico Modugno (»Volare«), Rocco Granata (»Marina«) und Emilio Pericoli (»Al di là«) gehören dazu sowie die belgische Nonne Sœur Sourire (»Dominique«) und der Japaner Kyu Sakamoto (»Sukiyaki«). In deutscher Sprache stehen gleich zwei auf dieser Liste, der Jugoslawe Ivo Robić (»Morgen«) und die Österreicherin Lolita (»Seemann«), wobei bei der »Seemann«-Aufnahme mit einem Trick gearbeitet wird: Während Lolita ihre Seemannsballade singt, wird von einer weiblichen Stimme ein englischer Text darübergesprochen. Nein, Vokalinterpreten in fremden Sprachen haben kein Glück in den USA, die wenigen Ausnahmen bekamen nur eine Zufallschance als exotische Abwechslung. Mehr Erfolg dagegen können deutsche Instrumentalisten verzeichnen, der Pianist Fritz Schulz-Reichel taucht 1955 als »Crazy Otto« gleich zweimal in den Hitparaden auf, 1956 gefolgt von Helmut Zacharias und seiner Geige, 1957 schafft der sogenannte Polkakönig Will Glahé mit seiner »Liechtensteiner Polka« den Sprung in die Charts, und 1960 besetzt Orchesterchef Bert Kaempfert mit »Wonderland By Night« sogar Platz eins der Top 100, und das für drei Wochen in Folge. In den Jahren danach hat er noch weitere Charts-Erfolge, ebenso wie Horst Jankowski, dem 1965 mit seinem »Walk In The Black Forest« ein Hit gelingt. Die einzige Interpretin, die mit Hitparadenplatzierungen sowie Auftritten in TV-Shows und auf Konzertbühnen nachhaltig auf sich aufmerksam machen kann, ist Caterina Valente, eine Ausnahmeerscheinung, schließlich ist sie eine europäische, eine internationale Künstlerin von Beginn an, auch wenn sie ihren dauerhaftesten Erfolg in Deutschland hat. Die Kessler-Zwillinge sind mal in Las Vegas aufgetreten, später auch Heidi Brühl und Teenie-Star Manuela – aber eine wichtige Position im Showgeschäft hat keine von ihnen je eingenommen. Umso mehr verfolgt Freddy Quinn hartnäckig den Plan, der Erste zu sein, der es wirklich schafft. Er ist – so sein Selbstbild – ein Star, der alles erreicht hat in Deutschland und in Europa, so viele Auszeichnungen hat er bekommen, in so vielen Metiers hat er sich bewiesen, der Gipfel der Weltkarriere, den es noch zu erklimmen gilt, ist nur über die USA zu erreichen. Tatsächlich ist er dafür gut vorbereitet, sein Talent für Fremdsprachen lässt ihn international erscheinen, sein Amerikanisch klingt perfekt, er hat Charisma und genügend Bühnenerfahrung, er besitzt eine schöne Stimme und kann seine Lieder glaubhaft interpretieren. Doch Quinn überschätzt das Interesse US-amerikanischer Plattenfirmen an ausländischen Künstlern. Warum sollten sie Unbekannte aus Europa für viel Geld neu aufbauen, wo sie doch genügend heimische Künstler haben? Dabei hatte Freddy Quinn doch vorgesorgt, bereits 1963 zahlte er aus eigener Tasche viel Geld, um US-Star Jayne Mansfield für den Film *Heimweh nach St. Pauli* einzukaufen. »Ich hoffte, dass man mit ihrem Namen den Film verkaufen könnte«, bekennt Quinn arglos. Doch der Plan, sich und seinen Namen über einen Film schon mal bekannt zu machen in den Vereinigten Staaten, geht nicht auf, kein Verleiher ist an dem Film interessiert.

Nach den Plattenaufnahmen im Januar 1964 in New York reist Freddy Quinn noch einmal über den Atlantik, im Dezember desselben Jahres ist er für einige Auftritte gebucht. Gerd Skolmar, deutschstämmiger Gastspielveranstalter in Chicago, hat Konzerte vor deutschen Auswanderern organisiert, in Los Angeles, in Milwaukee und in Chicago. Kurz vor seinem ersten Auftritt telefoniert Quinn mit einem Reporter der *Welt am Sonntag* aus dem Lasalle-Hotel in Chicago und spricht über seine Erwartungen: »Ich habe ja in Deutschland einigen Erfolg und würde es nicht ungern sehen, nun auch über die Grenzen der Bundesrepublik hinaus bekannt zu werden.« Aber noch viel wichtiger als die Konzerte ist ein Auftritt im US-Fernsehen, Freddy Quinn ist Gast in der populären Johnny-Carson-Show. 322 Dollar Gage bekommt er dafür, knappe fünfzehn Minuten dauert der Auftritt. »The Boss Is Not Here«, singt Freddy Quinn, begleitet vom Orchester Skitch Handerson, und die englische Fassung von »Junge, komm bald wieder«. Das Studiopublikum ist angetan von dem Europäer, schließlich ist Vorweihnachtszeit, und Quinn kann einiges erzählen über die Weihnachtsbräuche in der Alten Welt. Dazu stimmt er »Stille Nacht« an, auf Deutsch und auf Englisch. Gastgeber Carson will Freddy gleich für weitere Shows buchen, aber der muss ablehnen, eine Deutschland-Tournee ist schon lange vereinbart. Stolz kehrt Freddy Quinn zurück nach Hause. »Das ist mein größter Erfolg. Johnny Carson will mich wieder für seine berühmte Show haben. Ich glaube, diesmal ist der Durchbruch gelungen.« Seine Fans freuen sich mit ihm und haben doch Angst, ihr Idol zu verlieren. In vielen Briefen bitten sie ihn, in Deutschland zu bleiben, die Heimat nicht zu vergessen, nicht auszuwandern.

Freddy bleibt vorerst, erfüllt seine Verträge und geht auf Tournee, in zweiunddreißig Hallen tritt er auf, neunundzwanzig davon sind ausverkauft. Bis er wieder nach drüben will, 1965 soll für ihn das entscheidende Jahr werden. So hat er es geplant und sich frei gemacht, um für drei Monate in die USA zu gehen: »Ich lasse mir Zeit für Amerika.« Als eine Art »Austauschstudent« gehe er nach drüben, so wie seine Plattenfirma Polydor die US-Künstlerin Connie Francis in Deutschland betreut hat, soll jetzt Freddy von ihrer Firma MGM unter die Fittiche genommen werden. Doch die Reise endet in einem Desaster. »Amerika ist nichts für mich!«, titelt das *Neue Blatt* nach Quinns Rückkehr. »Wie ich in Amerika aufs Kreuz gelegt wurde«, lautet die Überschrift im *Stern*. »Was mit Deutschlands beliebtestem Schlagerstar in Amerika geschah«, schreibt die *Heim und Welt*. »Ich bin ein Opfer der Beatles!«, zitiert die *Bravo* in Großbuchstaben. Was ist geschehen? Das Wochenmagazin *Stern* räumt im Oktober 1965 für Freddy Quinn den Titel und vier Seiten frei, Platz genug, auf denen sich der Sänger höchstpersönlich über sein Pech in den USA äußern darf. Gleich am Flughafen habe es angefangen, die MGM habe ihn mit einer Limousine abholen lassen, Kosten: 32 Dollar 40, die Rechnung dafür sei an die Polydor geschickt worden. Die vertraglich zugesicherte Single-Schallplatte – »5000 Meilen von zu Haus«, und auf der Rückseite ein mexikanisches Volkslied, »Adiós Mexiko« – sei nur fünfhundertmal gepresst worden: »Sie verschwand in Schubladen oder wurde kommentarlos an irgendwelche Discjockeys geschickt, die sie in ihren Stapel von wöchentlich 250 Neuerscheinungen schoben. Ein Geschäft haben diese Platten nie gesehen.« Den größten Fehler aber habe er, so berichtet Quinn, schon bei Beginn der Reise gemacht, er sei mit einem Touristenvisum und nicht mit einem Arbeitsvisum eingereist. »Normalerweise lässt sich das Touristenvisum bequem in ein Arbeitsvisum umwandeln. Aber gerade vor meiner Ankunft hatten vier Jungs aus England das amerikanische Schaugeschäft, das sich sicherlich mit Recht für das beste der Welt hält, durcheinandergewirbelt. Die Beatles entführten nach inoffiziellen Schätzungen 40 Millionen Dollar aus den Staaten. Das war für die Amerikaner ein Schlag ins Gesicht. Nun zogen sie die Notbremse für alle Interpreten aus dem Ausland.« So also lässt sich Freddys Verbalattacke gegen die Beatles in der *Bravo* erklären. Die fehlende Arbeitserlaubnis hat ungeahnte Folgen, bei jedem Auftritt, den der Sänger absolvieren will, egal ob in einem TV-Studio oder auf einer Bühne, muss er zahlen, irgendeine Gewerkschaft hält die Hand auf und bittet zur Kasse. In der *Bravo* listet er anschließend seine Unkosten auf: »270 Dollar für die Musikergewerkschaft ... 235 Dollar für die Sängergewerkschaft ... 240 Dollar für die Schauspielergewerkschaft ...«

Das soll es gewesen sein? Zerknirscht kehrt Freddy Quinn nach Deutschland zurück, erbost und enttäuscht. In deutschen Zeitungen macht er seiner Verärgerung Luft. »Die Amerikaner wollten mich ›abschießen‹«, lamentiert er und kann sich einen Seitenhieb auf die ausländische Konkurrenz im eigenen Land nicht verkneifen: »Jeder kann heute zu uns kommen und braucht nur einen ausländischen Akzent beim Singen – dann jubelt das deutsche Publikum. Was glauben Sie, wie schön das wäre, wenn wir deutschen Sänger es so einfach im Ausland hätten.« Aber dann reißt er sich zusammen und sucht das Beste aus der Situation zu machen. Viel gelernt habe er drüben und beim nächsten Mal werde er alles besser machen. »Ich habe eine ganze Reihe Ohrfeigen einstecken müssen, bis ich kapiert hatte, dass Künstler hier nur Markenartikel sind.« Das ist so eine der Lehren aus den Gepflogenheiten im amerikanischen Showgeschäft. Eine andere: »Nichts ist älter als ein Hit von gestern. Nichts ist uninteressanter als die Person selbst.« Oder: »Bescheidenheit in meiner Branche bedeutet in Amerika Selbstmord. Ich hätte behaupten müssen, ich bin der Größte aus Mitteleuropa, denn Übertreibung gehört zur Tagesordnung.« Aber hatte er nicht genau das behauptet, der Größte zu sein in Mitteleuropa? Und doch hat es nicht funktioniert. Gekränkt zieht er sich zurück hinter die bekannten Tugenden, die ihm sein Image vorschreibt. »Ich bin ehrlich«, sagt er dem *Stern*, »ich bin aus Amerika nicht zurückgekommen wie viele andere mit der Schlagzeile: Ich habe Triumphe gefeiert.« Und dem Reporter des *Neuen Blatts* gesteht er: »Es war das Heimweh, das mich zurücktrieb. Ich würde ein ganzes Jahr brauchen, um mich im amerikanischen Schaugeschäft bis an die Spitze zu singen. Aber ein ganzes Jahr Amerika – das ist nichts für mich. So lange will ich meine deutschen Freunde nicht vermissen. Dieser Preis ist mir zu hoch.«

Und während er noch schimpft und klagt, sich wieder bescheiden gibt und einsichtig, passiert das eigentliche Drama seines musikalischen Schicksalsjahres 1965, ohne dass er die ganze Tragweite gleich erfasst. Noch nie zuvor wie in diesem Jahr ist Freddy Quinn so nah an seinem Ziel, der Weltkarriere. Angefangen hat es im Herbst 1964 mit einem kleinen Lied, »Moon Over Naples«. In seinem Haus am Brahmsee im Herzen von Schleswig-Holstein sitzt der Komponist und Orchesterchef Bert Kaempfert daran, die Musikstücke für eine neue LP-Produktion zusammenzustellen. *The Magic Music Of Far Away Places*, so der Titel der Langspielplatte für den amerikanischen Markt, soll eine musikalische Reise um die Welt werden. »Hava Nagila« ist dabei und »Midnight In Moscow«, »Monte Carlo« und der berühmte Tango »La Cumparsita«. Kaempfert fehlt noch etwas Italienisches, da fällt ihm der Mondschein in Neapel ein. Der Produzent der Aufnahmen, jener Milt Gabler, den auch Freddy schon 1958 in New York kennengelernt hat, ist von »Moon Over Naples« angetan. Ein Text wird zu der Melodie in Auftrag gegeben, und aus dem Italienischen wird was Spanisches – »Spanish Eyes« –, das ist näher dran am amerikanischen Musikgeschmack. Kaempfert weiß auch schon, mit wem er das Lied aufnehmen möchte, Freddy Quinn soll die Nummer singen. Während der Arbeit am Arrangement schreibt er Freddy in einem Brief, wie er sich die Aufnahme vorstellt. »Der Grund meines Schreibens ist«, zitiert der Kaempfert-Biograf Marc Boettcher in seinem Buch *Stranger in the Night – Die Bert Kaempfert Story* aus dem Brief, »dass ich nach reiflicher Überlegung zu der Überzeugung gekommen bin, dass die Nummer bzw. das Arrangement einen halben Ton höher sein muss. Sollte Dir im zweiten Teil das hohe F (welches nur einmal vorkommt) Schwierigkeiten machen, was ich aber nicht glaube, kannst Du ohne Weiteres auch ein Des singen. Sonst haben wir auch noch die Möglichkeit, beim Synchronisieren das Band eine Idee langsamer ablaufen zu lassen, um auf die alten Tonarten zu kommen.« Quinn ist begeistert von dem Angebot und will das Lied unbedingt singen. Kurz darauf produziert Kaempfert mit seinem Orchester das Playback, anschließend nimmt Freddy Quinn den englischen Gesang im Studio in Hamburg-Rahlstedt auf. Aber weder die Polydor noch Kaempferts Plattenfirma in den USA, die Decca, sind an einer Veröffentlichung interessiert. Kaempfert und Quinn aber bleiben dran. Im Februar 1965 fliegen sie gemeinsam in Urlaub nach Florida, zum Angeln in die Everglades. In Miami mieten sie sich für tausend Dollar ein kleines Tonstudio, die Kosten werden durch zwei geteilt. Sie wollen noch einmal »Spanish Eyes« aufnehmen. Bis der Sänger stopp sagt, halt, aufhören, so lässt sich das nicht singen. Gleich am Anfang, zwei langsame Takte hindurch ein Ton auf der Silbe »Spaaaaa...«, das funktioniert nicht. Noch aus dem Studio ruft Quinn bei dem Texter der Liedzeilen, Charlie Singleton, in New York an und erklärt ihm das Problem. Der braucht zehn Minuten, bis er die Lösung gefunden hat: »Sing ›Blue Spanish Eyes‹, und es wird klappen.« Und es klappt, Kaempfert und Quinn sind mit dem Ergebnis zufrieden, die Platte erscheint auf dem Sublabel »Four Corners« der Plattenfirma »Kapp-Records«. Die kleine, aber feine Firma gehört David Kapp, dereinst Produktionschef bei der Decca. Dem Mann wird ein Gespür für gute Musik nachgesagt, und er gilt als einer der wenigen in den USA, die ernsthaft Interesse haben an musikalischen Entwicklungen sowie an Interpreten aus Europa. Bereits 1961 hat er die unbekannte österreichische Sängerin Lolita mit ihrem »Seemann« in die US-Charts gebracht.

Zurück in Deutschland, versuchen Kaempfert und Quinn, die Polydor-Oberen noch einmal umzustimmen, und schlagen die Veröffentlichung der neuen Version »Blue Spanish Eyes« vor. Sie haben kein Glück, wieder wird der Titel abgelehnt, die Begründung diesmal: Der Text könne zu Irritationen führen, schließlich hätten Spanier keine blauen Augen. Wahrscheinlicher ist, dass die Polydor-Bosse weiterhin das Risiko scheuen und Freddy Quinn nicht mit einem englischsprachigen Titel auf den deutschen Markt schicken wollen. Dafür tut sich was in den USA. Eines Tages wird Quinn aus Chicago angerufen, sein »Blue Spanish Eyes« habe es in die Top 40 geschafft und sei ein Hit im Mittleren Westen. Vor allem der bekannte Discjockey Lenny Shears lässt den Titel sooft wie möglich in seinen Sendungen laufen. Damit ist der Weg auch frei für die Veröffentlichung der *commercial copies*, die Single kann jetzt in den Plattenläden verkauft werden. Doch der Erfolg ist nur von kurzer Dauer, die Plattenfirmen von Kaempfert und Quinn, Decca und Polydor, geraten in Streit miteinander, es geht um laufende Verträge und gebrochene Rechte, Kapp-Records kommt zwischen die Fronten der konkurrierenden *major companies* und zieht die Platte aus dem Verkehr. Da die Melodie aber ankommt beim Publikum, setzen die Radiostationen zunächst Kaempferts Instrumentalversion wieder ein. Bis von ganz anderer Seite ein neuer Konkurrent auftaucht. Hal Fein, der Verleger der Kaempfert-Kompositionen in den USA, hat nämlich vor einiger Zeit bereits die Rechte an dem Titel auch an andere Firmen verkauft, schließlich ist das sein Job. So ist die Komposition bereits im April bei Capitol-Records gelandet. Hier nimmt der Sänger Al Martino gerade eine LP – *My Cherie* – auf, und »Blue Spanish Eyes« ist ein Titel, der gut passt zu »Little Sinatra«, wie man Martino auch nennt. Capitol-Records reagiert prompt auf den anhaltenden Zuspruch für die Kaempfert-Nummer und veröffentlicht Al Martinos Version als Single-Schallplatte. Der Rest ist eine Erfolgsgeschichte – für Al Martino. Der Italo-Amerikaner hatte bereits seinen ersten Hit 1952, »Here In My Heart«, und erreichte damit als erster US-Amerikaner Platz eins der britischen Charts, Grund für einen Eintrag ins *Guinness-Buch der Rekorde.* Anschließend taucht er für einige Jahre in Großbritannien unter und versteckt sich vor der Mafia. Erst 1959, nach dem Tod des Mafia-Bosses, der es auf ihn und seine Karriere abgesehen hatte, kehrt Martino wieder zurück in die USA und bemüht sich, an alte Erfolge anzuknüpfen. Bis ihm schließlich 1965 der Zufall zu Hilfe kommt und »Blue Spanish Eyes« die Hitparaden erobert, in den USA und weltweit.

Dem Titel ergeht es dann wie allen Hits der damaligen Zeit, in vielen Ländern werden eigene Versionen in den jeweiligen Landessprachen produziert. Claudio Villa und Milva machen daraus im Italienischen die »Occhi spagnoli«, Luis Mariano singt auf Französisch »Tes yeux«, Lucky Blondo – ebenfalls auf Französisch – »Tous ces voyages« und Nana Mouskouri – auch auf Französisch – »Vivre au soleil«. Und die schwedische Version von Anita Lindblom heißt »Spanska ögon«. Auch die Polydor hat sich von dem Erfolg überzeugen lassen und lässt einen deutschen Text schreiben – »Mond, guter Freund« – und bietet ihn – nun, wem wohl? – Freddy Quinn an. »Mond, guter Freund, / du weißt, ich hab die Liebe ernst gemeint, / doch ein anderer kam, / der sich das Herz, an das ich glaubte, nahm.« Freddy lehnt entrüstet ab: »Der Text war wohl der idiotischste und dümmste, der mir je in meinem Leben unter die Augen gekommen ist.« Der Titel wird im Herbst 1965 mit Ivo Robić produziert und nie veröffentlicht. Quinn hat recht, der deutsche Text klingt wirklich schlecht, das sehen auch die Polydor-Produzenten ein und geben eine zweite Übersetzung in Auftrag. »Rot ist der Wein« gefällt den Produzenten und dem Publikum und wird 1966 ein weiterer großer Erfolg für Ivo Robić. Kurz darauf nimmt Robić das Lied auch in Serbokroatisch auf. Der Song ist ein Evergreen inzwischen und steht auf der Liste der fünfzig meistgespielten Titel aller Zeiten, mehr als fünfhundert Versionen davon sind seitdem erschienen, unter anderen von Andy Williams, Johnny Mathis, Peter Alexander, René Kollo, Elvis Presley, Engelbert und Solomon King.

»Blue Spanish Eyes« wird zum Trauma für Freddy Quinn, eine nie verklingende Erinnerung daran, dass er den Sprung in die Weltkarriere verpasst hat. Ihm gelingt es nicht, das unglückliche Zusammenspiel der Umstände zu erkennen. Lieber schimpft er auf Al Martino, der habe jahrelang den »Wasserträger« von Frank Sinatra spielen müssen, und bezichtigt ihn, statt »you and your Spanish eyes *will wait* for me« fälschlicherweise »*will waits* for me« zu singen. Die wirklich Schuldigen an der Katastrophe sind in seinen Augen aber die Manager und Produzenten der Polydor. An dieser Sicht der Dinge hat sich bis heute nichts geändert, immer wieder verweist er auf die Plattenfirma, wenn er auf den Titel angesprochen wird. Die Polydor-Leute, die seien »blöd« gewesen: »Sie wollten keinen internationalen Freddy Quinn, sondern nur einen deutschen.« Das sei die Strategie der Manager gewesen. Dem widerspricht deutlich einer, der dabei war. Claus R. Petermann, seit 1962 Vertriebsleiter der Polydor in den USA und von New York aus zuständig für alle US-Geschäfte der Firma, nimmt in einem Gespräch mit dem TV-Journalisten Reiner Holzemer Stellung zu Quinns Vorhaltungen: »Das ist doch absurd, es stimmt einfach nicht. Ich hatte Anweisungen von meiner Zentrale in Deutschland, alles in den USA dafür zu unternehmen, das Freddy zum Star macht. Davon hätten wir doch nur profitiert, schließlich war er ja bei uns unter Vertrag. ›Blue Spanish Eyes' hätte ein Welthit für Freddy Quinn werden können, darüber sind sich alle Fachleute einig. Aber leider hatte Kaempferts Verleger Hal Fein das Lied auch schon woanders verkauft und einfach nicht mehr daran gedacht. Das war Pech, denn Freddy hatte die Statur, ein Weltstar zu werden!«

Wer weiß, vielleicht hätte er es wirklich geschafft und wäre mit »Blue Spanish Eyes« ein Weltstar geworden – aber so? Die wichtigste Voraussetzung dafür, die Eroberung des amerikanischen Marktes, hat er nie geschafft. »Amerika und ich – wir sind wie ein Liebespaar, das niemals voneinander loskommt«, hat er oft gesagt, und bis in die späten Jahre ist er immer wieder in die USA gekommen, zu Konzerten und Tourneen – vor deutschstämmigem Publikum. Ein lukratives Geschäft übrigens für die dafür zuständigen Konzertveranstalter und -vermittler drüben. So viele Interpreten aus der deutschen Schlager- und Volksmusikszene sind in den vergangenen Jahrzehnten in die USA gereist, um die unzähligen eingewanderten Deutschen an die alte Heimat zu erinnern. Bereits 1964 begibt sich Freddy Quinn zum ersten Mal auf Tour durch die deutschen Gemeinden, 1967 erneut und noch einmal 1971. Neun Shows in acht Städten stehen diesmal auf dem Programm, das Ganze in sechzehn Tagen. »Das große Geld«, bekennt er anschließend, »ist bei so einer US-Tournee nicht zu machen. Dazu sind die Unkosten viel zu hoch.«

Richtigen Ärger macht der deutsche Superstar auf der letzten Station der Reise, im deutschen »Phönix Club« in Anaheim bei Los Angeles. Bereits vor seiner Ankunft fordert Quinns Manager den Einbau einer neuen Lautsprecheranlage, Kosten für den Klub: umgerechnet 40 000 Mark. Bei den ersten Durchlaufproben mit dem mitgereisten Günther-Röös-Quintett gibt es einen solchen Krach, dass die Musiker sich schließlich weigern, den Sänger zu begleiten. Und als die Gastgeber den sensiblen Künstler in einem der besten Restaurants von Los Angeles bewirten wollen, hat der nichts Besseres zu tun, als das Lokal schnellstens wieder zu verlassen, weil sein Steak nicht nach fünf Minuten auf dem Tisch steht. »Ich geh jetzt ein Paar Würstchen essen«, ruft er den verdutzten Phönix-Mitgliedern zum Abschied zu. »Wir sind bedient«, die Deutschamerikaner sind sauer, »den Freddy Quinn laden wir nie wieder ein.«

Trotz solcher Ausrutscher – Freddy Quinns Konzertreisen durch die USA sind immer wieder ein voller Erfolg, von weit her reisen die Menschen an, um den guten alten Bekannten aus der einstigen Heimat wiederzusehen. Den Höhepunkt markiert ein Auftritt am 11. März 1981 in der Carnegie Hall in New York. Die Carnegie Hall! Das legendäre Konzerthaus an der Ecke 57. Straße und 7. Avenue in Manhattan! Theodore Roosevelt hielt hier einst seine Wahlkampfreden, der erste Suffragettenkongress tagte hier 1909, alle Musiker von Weltruf aus allen Bereichen, Klassik, Jazz, Popularmusik, sind hier aufgetreten.

Jetzt also auch Freddy Quinn – nicht vor dem verwöhnten New Yorker Publikum, aber vor mehr als zweitausend Deutschamerikanern. Das ist der New Yorker Presse kaum eine Zeile wert, nur die *New York Times* bringt im »Going Out Guide« ihres Kolumnisten Richard Shepard eine kurze Notiz: »Freddy Quinn, der wegen einer Kehlkopfentzündung sein Debut in der Carnegie Hall im vergangenen Dezember absagen musste, ist wieder bei Stimme und tritt heute Abend um 20 Uhr im Großen Saal auf.« Und dann erwähnt Shepard noch ein paar Einzelheiten aus der offiziellen Künstler-Biografie: Ein populärer Sänger und Schauspieler in Europa, spricht sieben Sprachen, geboren in Wien, aufgewachsen in West Virginia und in Antwerpen, riss einst aus von zu Hause und singt »O mein Papa« auf einem Seil zwölf Meter über dem Boden: »Seine Stimme alleine aber ist schon Unterhaltung genug.« Das finden auch Quinns Zuhörer in der Carnegie Hall – alle schunkeln begeistert mit, selbst die Platzanweiser im Saal, ansonsten bekannt für ihre blasierte Zurückhaltung. Und als der Star sich in seiner Smokingweste vom Publikum abwendet und auf der Rückseite die Aufschrift »I love New York« enthüllt, gibt es eine Sonderrunde Applaus.

Heute noch und immer wieder erinnert sich Freddy Quinn voller Stolz an diesen Auftritt zurück, »ein Höhepunkt meiner Karriere«, auch wenn er genau weiß, dass er damals nur die Minderheit der Deutschamerikaner erreicht hat: »Auch ich habe die Amerikaner nicht erobert. Was ich wollte, das habe ich erreicht: Ich habe den früheren Landsleuten eine Freude gemacht. Aber leider – der Durchschnittsamerikaner kennt mich trotzdem nicht!« Als besondere Reverenz für seine deutschamerikanischen Anhänger liest sich sein vorläufig letztes Interview, das im November 2008 im *Fenster* erscheint, »America's oldest and most popular German language magazine«. Auf die Frage der *Fenster*-Reporterin Susanne Petermann: »Gibt es etwas, das Sie Ihren amerikanischen Fans ausrichten möchten?«, antwortet Quinn: »Dass ich nur gute Erinnerungen habe und mir die Arbeit für die deutschamerikanische Gesellschaft sehr viel

Spaß gemacht hat. Und ich erinnere mich sehr gerne an meine Auftritte im Opernhaus in Chicago, oder in der Carnegie Hall. Oder an meinen Auftritt in New Jersey, bei dem 11 000 Zuschauer kamen. In meinen inneren Memoiren, also in meinem Herzen, werden diese Auftritte und dieses Publikum immer in einer guten Erinnerung bleiben. Ich habe meine Arbeit dort immer sehr ernst genommen und mich bemüht, mein Allerbestes zu geben.«

DER LANGE ABSCHIED

Ein verpasster Welthit, eine verpatzte US-Karriere – Freddy Quinn steckt jetzt, Mitte der 1960er-Jahre, in einer tiefen Krise. In Deutschland geht seine Zeit als Filmstar zu Ende, das Fernsehen hat sich inzwischen durchgesetzt, die Menschen müssen schon lange nicht mehr ins Kino rennen, um einen Schlagersänger bei der Arbeit zu sehen, die dereinst so populären Musikfilme sind von den Spielplänen verschwunden. Schluss ist auch mit der vermeintlichen Garantie auf sichere Hitparadennotierungen, jetzt drängen ganz andere Sänger und Musiker nach vorne. Werner Götze, der Moderator beim Bayerischen Rundfunk, der einst die »Heimweh«-Platte vor dem Mikrofon zerbrach, sieht das Ende des klassischen Schlagers gekommen: »Es herrscht in diesem Land eine latente Schlagermüdigkeit. Vor allem bei den Erwachsenen, die durchaus nicht so schlichten Gemüts sind, dass sie sich zum tausendsten Mal was vom Seemann und vom Wilden Westen vorsingen lassen wollen. Auch die Teens und Twens haben das ewige Einerlei satt.« Offensichtlich trifft seine Analyse zu, die Polydor muss kräftige Umsatzeinbußen hinnehmen, der Verkauf der Single-Schallplatten geht um ein Drittel zurück. Der Siegeszug vor allem britischer Beat-Gruppen macht natürlich auch nicht vor Deutschland halt. Schließlich startete nicht zuletzt hier, in Hamburg auf St. Pauli, die Umwälzung der Popmusik weltweit. Die Beatles okkupieren jetzt die Spitzenplätze, die Rolling Stones, Manfred Mann, die Yardbirds und wie sie alle heißen. Kreischende Teenager begleiten die neuen Musikhelden auf ihren Tourneen, bei denen sie locker jede noch so große Halle füllen. Ende März 1964 stimmen

12 151 Hörerinnen und Hörer der weit über Hessen hinaus bekannten Radiosendung *Frankfurter Schlagerbörse* für die Beatles und setzen sie mit ihrem deutschsprachigen Titel »Sie liebt dich« auf Platz eins der Senderhitparade, den Zuschriften-Rekord hielt bisher Freddy Quinn mit »Junge, komm bald wieder«, 7684 Stimmen – ein Beispiel von vielen, das das Ende der Schlager-Ära und den Beginn einer neuen Zeitrechnung in der Popmusik belegt. »Kurzum«, stellt die Autorin Bettina Greve in ihrer Polydor-Chronik *Sternenhimmel* fest, »Polydor wird die Verliererin der Beatwelle. Gleichzeitig wird die ausländische Konkurrenz so groß, dass deutsche Titel kaum noch eine Chance haben. Auch die Eindeutschungen (Cover-Versionen) sind bei der Jugend nicht mehr gefragt. Warum deutsche Fassungen kaufen, wenn es fürs gleiche Geld das Original gibt?«

Zwar gibt die Beat-Musik jetzt den Ton an, Englisch ist jetzt die Verkehrssprache im Musikgeschäft. Deutsches hingegen gilt als altbacken und überholt, und doch ist der deutsche Schlager nicht verschwunden. Der Markt hat sich lediglich verändert und sieht anders aus. Das Erscheinungsbild der Beat-Bands bleibt nicht ohne Einfluss auf die Optik und Selbstdarstellung der neuen Schlageridole. Sie sind jung vor allem und chic, unkonventionell, modisch und ausgelassen, kurz: kess und sexy. Das sind die Stichworte der Saison, die Zeit der Cocktailkleider und Anzüge ist vorbei, keiner trägt mehr eine Smoking-Schleife, hat sein Haar gescheitelt oder aufgetürmt mit viel Spray. Manuela heißen jetzt die jungen Leute, Drafi, Roy, Gitte, Connie, Mary, Rex – Künstlernamen allesamt, wie Kürzel fast, die vor allem Nähe symbolisieren sollen zu den Fans: Seht her, wir sind genauso wie ihr! Eine Clique, eine Generation! Das sind die Identifikationsangebote, die bei den jungen Leuten ankommen, bei den Teens und Twens. Während in der Popmusik die britische Invasion alle Rekorde schlägt, lässt sich mit Blick auf den heimischen Schlagermarkt von einer Invasion junger Frauen sprechen, der Beat-Girls. Aus ganz Europa, selbst aus den USA kommen sie, um den deutschen Markt einzunehmen. Sie alle haben einen Akzent, der sie akustisch attraktiv macht und sind – vor allem jene aus den skandinavischen Ländern – mitunter von einer Körperlichkeit, die deutsche Schlagersängerinnen dagegen als hochgeschlossen und prüde erscheinen lassen. Peggy March und Connie Francis aus den USA, Petula Clark und Sandie Shaw aus Großbritannien, Elisa Gabbai, Carmela Corren und Esther Ofarim aus Israel, Rita Pavone und Mina aus Italien, Françoise Hardy und France Gall aus Frankreich, Tonia aus Belgien, Gitte Hænning und Dorthe aus Dänemark, Lill Babs, Siw Malmkvist, Ann-Louise Hanson und Anita Lindblom aus Schweden, Wencke Myhre und Kirsti Sparboe aus Norwegen, Pirko Manola aus Finnland – die Liste ließe sich noch weiterführen. Ähnlich sieht es bei den männlichen Interpreten aus: Adamo, Bata Illic, Gus Backus, Bill Ramsey, Graham Bonney, Cliff Richard, Chris Andrews, Karel Gott, Billy Mo, Ricky Shayne – alles »Gastarbeiter« mit großem Erfolg. Auch weil sie sich mehrheitlich abgewendet haben von den schweren Themen im Schlager der 1950er-Jahre, in ihren Texten geht es eher munter zu, sie nehmen sich nicht ganz ernst dabei, und die Liebe und das Liebesleid – immer noch die zentralen Themen eines jeden Schlagers – lassen sich viel besser mit einem Augenzwinkern erleben und ertragen. Mit dem vielfältigen Interpretenreservoir macht die Musik nicht halt an Grenzen, sie ist international. Das entspricht dem Selbstbild der neuen Generation, und das entspricht den Bestrebungen der Plattenindustrie, die längst nicht mehr nur den nationalen Markt im Auge hat, sondern weltweit kooperiert. Das ruft aber auch die Neider auf den Plan, in der deutschen Presse erscheinen tendenziöse Berichte über die »Schallplatten-Gastarbeiter«, und öffentlich wird gefragt: »Warum wird es den ausländischen Schlagerstars so leicht gemacht, bei uns Riesengagen einzustreichen?« Und: »Haben wir nicht selbst ausgezeichnete deutsche Sängerinnen und Sänger?« Der Berliner Drafi Deutscher, ein Superstar seit »Marmor, Stein und Eisen bricht«, nimmt die Konkurrenz eher gelassen: »Ick rede wie ’n waschechter Baliner, aber singen tu ick die Ami-Masche. Det verkooft sich bessa! Ick überleg’ mir sogar, ob ick nich och auf Itaker machen soll. Die Leute wollen eben ausländischen Akzent hören!«

Neben der Masche mit den ausländischen Künstlern bemühen sich die Plattenfirmen, auch neue Märkte zu erschließen. Viel mehr als bislang konzentrieren sie sich jetzt auf den Verkauf von Langspielplatten. Zwar wurde bereits 1931 in New York die erste Langspielplatte mit 33 ⅓ Umdrehungen pro Minute vorgestellt, doch hatte sie ihren Durchbruch erst Mitte der 1950er-Jahre. Von da an wurde, zunächst in den USA, zielgerichtet für den LP-Markt Musik produziert. Die deutschen Firmen ziehen nach, zunächst für Aufnahmen mit klassischer Musik, bis man die Möglichkeiten für den Bereich der leichten Unterhaltung erkennt. Ohne neuerliche Kosten lassen sich beispielsweise verschiedene Erfolgstitel in Hit-Kopplungen zusammenbringen, zum anderen werden Einzeltitel von Solisten neu sortiert und zusammengefasst und als Künstler-Porträts wieder in den Handel gebracht. Außerdem bietet die Langspielplatte die Gelegenheit, auch Titel zu produzieren ohne Druck, dass jedes Mal ein Hit daraus wird. So entstehen thematisch orientierte Platten, die keinen Anspruch auf Charts-Notierungen haben, aber den Fans eine ganze Menge Musik ihres Idols bieten. Freddy Quinn ist einer der Wegbereiter für diese geschäftliche Neuorientierung mit Langspielplatten. Mitten im Sommer, Ende Juni und Anfang Juli 1963, nimmt er im Studio Rahlstedt in Hamburg eine ganze Reihe altbekannter Weihnachtslieder auf, die dann als *Weihnachten auf hoher See* zusammengefasst und veröffentlicht werden. Die LP wird ein Verkaufsschlager, gleich zwei Goldene gibt es dafür.

Damit hat Freddy Quinn auch diese Spartenneuausrichtung erfolgreich geschafft, seine Krise der nächsten Jahre lässt sich damit aber nicht bewältigen. Noch immer nicht ganz ohne Hoffnung hakt er nach dem »Blue Spanish Eyes«-Desaster seine Pläne für eine Weltkarriere zunächst ab und besinnt sich auf seinen angestammten Platz auf dem deutschen Markt. Mit Blick auf seine neuen Konkurrenten im Schallplattengeschäft dürfte auch ihm klar geworden sein, dass das alte Image nicht mehr taugt, die Zeit des heimwehgeplagten Seemanns ist endgültig vorbei. Zwei Alben nimmt er auf im September 1965, eines davon mit deutschen Volksliedern. Gleichzeitig bereitet er seinen Abschied vor, den Abschied vom Image, den »Abschied vom Meer«. So heißt das Lied, das er sich von Lotar Olias schreiben lässt, und es klingt wie ein letztes Signal, um Schluss zu machen mit den großen Themen von einst.

»Abschied vom Meer, von Wolken, von Winden, von Sternen, / Abschied vom Meer, von Ländern in weltweiten Fernen, / Abschied von Männern, von Masten und vom Glück, / Abschied von Seefahrt, ein schwerer Augenblick! / Abschied von Häfen, von Flaggen hoch im Wind, / von Kameraden die unvergessen sind. / Abschied vom Meer fällt dem Seemann so schwer.«

Freddy macht Ernst, für die Fans ist das Lied nur ein weiterer Song aus dem bei ihnen so beliebten maritimen Repertoire, und über Wochen halten sie ihn in den Charts, doch für den Interpreten beginnt tatsächlich ein langer Abschied. Schon seit einiger Zeit kriselt es in Quinns Beziehung mit seinem Produzenten und Freund Lotar Olias, der nichts ändern will am erfolgreichen Konzept, während sein Schützling rausmuss aus dem starren Korsett. Freddy Quinn geht aufs Ganze, setzt auf den totalen Bruch, will die Provokation. »Hundert Mann und ein Befehl« heißt der Titel, den er am 28. Februar 1966 in Hamburg aufnimmt, die deutsche Fassung eines Songs, den man bereits aus den US-Charts kennt. »The Ballad Of The Green Berets«, so der Titel des Liedes im Original, ist eine patriotische Ballade und den »Green Berets« gewidmet, einer Eliteeinheit der US-Armee, bekannt geworden durch ihre Einsätze in Vietnam. Geschrieben und interpretiert wird der Song von Barry Sadler.

»Fighting soldiers from the sky / Fearless men who jump and die / Men who mean just what they say / The brave men of the Green Berets. / Silver wings upon their chests / These are men, America's best / One hundred men will test today / But only three win the Green Beret.«

Der Krieg der US-Amerikaner in dem kleinen südostasiatischen Land ist eine direkte Fortsetzung des Indochinakriegs. Unmittelbar nach dem Zweiten Weltkrieg versucht Frankreich, das von den Japanern besetzte Französisch-Indochina wieder zurückzuerobern. Die USA helfen den Franzosen mit Dollars und Waffen, dennoch wird die französische Armee von Rebellen unter kommunistischer Führung geschlagen. 1954 wird Vietnam in einen kommunistischen Norden und einen nichtkommunistischen Süden geteilt. Bereits 1957 kommen die ersten US-Soldaten als Militärberater nach Südvietnam, politisch gerechtfertigt mit der sogenannten Domino-Theorie: Würde der Süden des Landes von den Kommunisten erobert, dann würden auch alle anderen Länder Südostasiens wie eine Reihe Dominosteine in den Einflussbereich der Kommunisten fallen. Nordvietnam wird militärisch von der Sowjetunion und von China unterstützt. 1964 sind schon über 15 000 US-Soldaten in Südvietnam stationiert, bekämpfen Partisanen, bilden vietnamesische Rekruten aus, stehen als Berater den südvietnamesischen Bataillonen zur Seite und sind mit Hubschraubern, leichten Bombern und Aufklärungsflugzeugen bei den Kampfhandlungen dabei. Bis zum 1. Juni 1964 sind insgesamt 137 US-Soldaten in Südvietnam gefallen, 877 Verwundete werden gezählt. Einer von ihnen ist Staff Sergeant Barry Sadler, einer der »Green Berets«, der nach seiner Verwundung in die Staaten zurückkehrt. Mit seinem Song »The Ballad Of The Green Berets« will er sich und den anderen seiner Einheit ein musikalisches Denkmal setzen. Anfang 1966 gelingt Sadler mit seiner »Ballade« der Sprung in die US-Charts. Auch wenn sich in der amerikanischen Öffentlichkeit mit Demonstrationen und Protesten zunehmend der Widerstand gegen den Krieg in Vietnam artikuliert, sind offensichtlich noch genügend US-Bürger bereit, mit einem Pop-Song ihre Kriegshelden zu feiern.

Gleichzeitig und mit deutlich größerem kommerziellen Erfolg tauchen Lieder auf, die sich entschieden gegen den Vietnamkrieg wenden. Und nicht nur das, auch die alltägliche Rassendiskriminierung in den USA und die Angst vor der Atombombe avancieren zu Themen in der angesagten Popmusik der Zeit, der Protestsong erobert den Musikmarkt. Ein eindringlicher Schlagzeugrhythmus, die Mundharmonika und vor allem die Gitarre bestimmen den neuen Sound der musikalischen Gesellschaftskritik. Das Trio Peter, Paul and Mary gehört zu den bekanntesten Vertretern, ihr pazifistisches »Blowin' In The Wind« wird ein Nummer-eins-Hit in vielen Ländern. Ähnlich erfolgreich ist auch Barry McGuire, und obwohl er von vielen Rundfunkstationen boykottiert wird, verkauft sich sein »Eve Of Destruction« weltweit über fünf Millionen Mal. Auch Joan Baez macht sich weit über den US-Markt hinaus einen Namen als Protestsängerin, »We Shall Overcome«, das sie zum ersten Mal im Sommer 1963 beim legendären »Marsch auf Washington« vor mehr als 250 000 Demonstranten vorträgt, wird zur Hymne der US-amerikanischen Bürgerrechtsbewegung. Über allen aber thront Bob Dylan, er ist der intellektuelle Kopf der neuen Welle, die er mit seinen Texten versorgt. Rund dreitausend soll er geschrieben haben allein in fünf Jahren, darunter »Blowin' In The Wind«, »The Times They Are A-Changin«, »All I Really Want to Do«, »Spanish Harlem Incident«, »Mr. Tambourine Man«, »Like A Rolling Stone« – viele werden zu Hits, von unzähligen Künstlern weltweit interpretiert. Unnachahmlich aber sind seine Lieder, wenn er sie selbst vorträgt, mit näselnder Stimme und oft kaum zu verstehen. Die *New York Times* verklärt ihn seinerzeit als direkten Nachfolger von William Faulkner und Ernest Hemingway, die *Frankfurter Allgemeine Zeitung* sieht in ihm »einen amerikanischen Homer und den jungen Beethoven in einer Gestalt«, und der *Spiegel* nennt ihn einen »Intellektuellen-Troubadour«, der »winselt wie ein Muezzin«.

All das hat Freddy Quinn zur Kenntnis genommen, er kennt sich aus in den amerikanischen Charts und entscheidet sich – gegen den Widerstand von Lotar Olias – für einen Protestsong. Eine deutsche Version von »The Ballad Of The Green Berets« soll es sein, auch wenn das Original ganz sicher nicht in die neue Kategorie der Protestlieder gehört. Doch der erfolgreiche Texter Ernst Bader, der sich nach dem Krieg deutlich zur Linken bekennt, versteht es, dem patriotischen Kampfsong eine andere Wendung zu geben.

»Irgendwo im fremden Land / Ziehen wir durch Stein und Sand / Fern von zu Haus und vogelfrei / Hundert Mann, und ich bin dabei /

Hundert Mann und ein Befehl / Und ein Weg, den keiner will / Tagein, tagaus, wer weiß wohin? / Verbranntes Land, und was ist der Sinn? /

Wahllos schlägt das Schicksal zu / Heute ich und morgen du / Ich hör' von fern die Krähen schrei'n / Im Morgenrot. Warum muss das sein?«

»Was ist der Sinn? Warum muss das sein?« Diese Fragen sind es, die den markigen Landsergesang, der mit seinen Bildern deutlich an Quinns allerersten Millionenseller »Heimweh« erinnert, zu einem Antikriegslied werden lassen. Auch wenn – wie im Original – in der deutschen Fassung mit keinem Wort die Rede ist von dem Krieg in Vietnam, versteht doch jeder Zuhörer, worum es geht. Schließlich wissen die Menschen in Deutschland, was in dem anderen Teil der Welt passiert. Wie noch nie in einem militärischen Konflikt zuvor sind sie Zeugen des Geschehens, jeden Tag werden die Bilder der aktuellen Kämpfe in den Fernsehnachrichten ausgestrahlt. »Hundert Mann und ein Befehl« schlägt ein beim deutschen Publikum und polarisiert die Zuhörerschaft: auf der einen Seite die Fans, die ihr Idol wieder einmal als ganzen Kerl erleben, der mit viel Pathos als zweifelnder Kämpfer unterwegs ist im fremden Wüstensand, auf der anderen Seite die Gegner des Vietnamkriegs, die in Freddys Interpretation nur eine Verherrlichung des Kampfgeschehens heraushören. Für sie lässt das ganze Arrangement des Liedes, für das James Last verantwortlich ist, mit Trommeln und Fanfaren und im zackigen Marschrhythmus kein anderes Verständnis zu. Das Bild auf der Plattenhülle – zum ersten Mal nicht das Konterfei des Künstlers, dafür das Dickicht eines Urwalddschungels, womöglich der in Vietnam – verschärft die vermutete Absicht. Das Lied löst Diskussionen aus, Zeitungen organisieren Pro- und Kontra-Debatten. Im *Hamburger Abendblatt* meldet sich ein Student zu Wort: »Die in Spuren vorhandene Protestabsicht wird durch ungenaue Angaben (›Irgendwo‹)

verschleiert. Der Song erscheint mir zu hart für eine Schnulze und zu weich für einen Protest.« Noch deutlicher äußert sich ein Pazifist: »Für mich ist es unerträglich, dass hier der Krieg verschnulzt wird. Der Texter scheut sich, die Problematik des Krieges beim Namen zu nennen. Er redet mit einem ›Jein‹ drum herum. So geht es nicht. Der Krieg ist eine viel zu ernste Sache.« Ganz anders kommt das Lied bei einem einstigen Wehrmachtssoldaten an: »Der Landser an der Front war früher sehr empfänglich für sentimentale Romantik, wie sie in dem Lied anklingt. Sie gab ihm tatsächlich Auftrieb und Kraft. Ich weiß das aus eigener Erfahrung. Warum sollte es heute anders sein?« Auch der Texter Ernst Bader schaltet sich in die Diskussion ein: »Die deutsche Fassung ist kein Protestsong. Ich habe mich vielmehr bemüht, den Titel für deutsche Ohren zu neutralisieren und ihn vor allem zwischen den Zeilen ›lesbar‹ zu machen. Hier geht es also nicht um Vietnam, sondern um allgemein menschliche Probleme, um Fragen des kleinen Mannes in der Bundesrepublik. Freddy ist hier nicht der ›einsame‹ Freddy, sondern ein Mensch unter Menschen.« Quinn selbst entzieht sich trotzig jeder Auseinandersetzung. Auf die Reporter-Frage, ob er sich mit dieser Aufnahme der »augenblicklichen Protestwelle der zornigen jungen Männer« anschließe, antwortet er: »Ich mache nie eine Welle mit. Natürlich kenne ich alle Protestsänger, aber ich kopiere niemanden. Ich bin meinem Stil von Anfang an bis heute treu geblieben.« Ein amerikanischer Musikverleger kann die ganze Aufregung um das Lied nicht verstehen. Nachdem er sich Quinns Version hat übersetzen lassen, kommentiert er nicht ohne Ironie: »Die Deutschen machen auch aus toten Soldaten noch Gartenzwerge.«

Die öffentliche Aufmerksamkeit für »Hundert Mann und ein Befehl« steigt, als Heidi Brühl kurz nach Quinns Veröffentlichung mit ihrer Version des Titels auf dem Schallplattenmarkt erscheint. Das Arrangement ist ähnlich, mit Trommeln und im Marschrhythmus, und der Text ist derselbe, nur aus einem »wir« wird ein »sie«, und schon hat sich die Perspektive verändert. Dazu ein Oberschüler in einer Leserumfrage: »Heidi Brühl bringt den Protest noch härter als Freddy. Vielleicht ist eine Frau geeigneter für den Song, weil doch die Frauen letzten Endes die Leidtragenden sind.« Betrachtet man die Verkaufszahlen der ersten Wochen, scheint es dem Publikum egal zu sein, wer singt, der Titel kommt offensichtlich an. Schnell sind von Freddy Quinns Version 100 000 Exemplare verkauft, ähnliche Zahlen veröffentlicht auch die Plattenfirma von Heidi Brühl: »Wir müssen jetzt schon in Holland pressen lassen, um der Nachfrage gerecht zu werden.« Quinn ist stocksauer auf die Konkurrenz: »Ich halte nicht viel von Heidi Brühls Lied. Wo es um Blutvergießen und Massenmorden geht, hört die leichte Muse auf.« Die Presse steigt ein auf den Streit, vom »Schlagerkrieg« wird geschrieben. Zum Countdown der Gegner kommt es Anfang April 1966 in den Fernsehstudios des NDR in Hannover. Hier wird eine neue Folge der populären TV-Show *Musik aus Studio B* aufgezeichnet, und beide, Heidi Brühl und Freddy Quinn, sind geladen, ihren neuen Erfolgstitel vorzustellen. Der Krach ist damit vorprogrammiert. Heidi Brühl: »Wenn Freddy ›Hundert Mann und ein Befehl‹ singt, singe ich nicht.« Freddy Quinn: »Ich werde meinen Song vor Heidi Brühl singen! Soll sie meinetwegen nach mir singen.« Die Idee, dass beide das Lied singen und dann das Studiopublikum entscheidet, welche Version ausgestrahlt wird, wird verworfen. Schließlich gibt Heidi Brühl nach: »Um des lieben Friedens willen«, und trägt stattdessen die B-Seite ihrer aktuellen Single vor, »Das kann mir keiner nehmen«. Doch damit sind die Unstimmigkeiten während der Aufzeichnung noch nicht beseitigt: Laut Drehplan soll Heidi Brühl durch den Zuschauerraum auf die Bühne zugehen, während Freddy Quinn »Hundert Mann und ein Befehl« singt. Das lehnt die Sängerin entschieden ab: »Ich hätte dem Freddy doch seinen Auftritt vermiest. Wenn ich durch den Zuschauerraum gekommen wäre, wäre das Publikum unruhig geworden. Man hätte sich nicht mehr auf Freddy konzentriert.« Nach der Sendung – Brühl und Quinn sind Profis im Showgeschäft – stellen sich die beiden den Fotografen, lachend und in herzlicher Umarmung. »Ende gut – alles gut«, kommentiert die *Bravo* die schlagzeilenträchtige PR-Nummer. Und Heidi Brühl zieht für ihre Karriere ihre ganz eigene Konsequenz aus dem Überraschungserfolg mit dem umstrittenen Lied. »Für mich ist das Lied des amerikanischen Vietnam-Soldaten ein Problem-Song«, sagt sie. »Ich möchte am liebsten nur noch solche Problem-Lieder singen, keine leichten Schlager mehr. Die haben keinen Sinn.«

Auch Freddy Quinn ist auf den Geschmack gekommen, keine leichten Schlager mehr, dafür will er Lieder, die polarisieren, die Diskussionen auslösen. Am 22. September 1966 steht er wieder für Plattenaufnahmen im Studio, diesmal in seiner Heimatstadt Wien. Das Orchester von Robert Opratko begleitet ihn, »Wir« und »Eine Handvoll Reis« heißen die Titel.

»Eine Handvoll Reis gab es in Lao-tan / Eine Handvoll Reis für einen Tag pro Mann / Eine Handvoll Reis, eine Handvoll Reis / Dazu 300 Schuss Munition und zum Appell generell / Stolz und Trauer und die Grüße, / ja, die Grüße der ganzen Nation. /

Wir kämpften in uns'rer Kolonne für Freiheit und Demokratie / Und hinter uns rollte die Tonne mit dem Whisky der Kompanie / Wir sind in die Hölle gefahren, Malaria, letzte Ration / Von 70 Mann, die wir waren, erreichten nur drei die Station. /

Der Ort Lao-tan an der Küste war dreimal verwüstet und leer / Die Felder dort wurden zur Wüste und es gab keine Blumen mehr / Hier wurde die Hoffnung verladen, die Heimat erreichten wir nie / Wir waren drei Kameraden, die letzten der Kompanie.«

Eine Trompete ruft zum Appell, ein Trommelwirbel folgt darauf – jetzt gibt es keine Missverständnisse mehr: »Eine Handvoll Reis« ist kein Antikriegslied, seine militaristische Propaganda ist nicht zu überhören. Ein Lied, ganz auf der patriotischen Linie eines Staff Sergeant Barry Sadler, Freddy Quinn hat sich entschieden. Auch über die historische Zuordnung gibt es keine Zweifel, von Reis ist die Rede und von einem Küstenort namens Lao-tan, damit kann nur der Krieg in Vietnam gemeint sein. Für die Musik ist Lotar Olias verantwortlich, und den Text hat einer geschrieben, von dem man einen solchen

Text nicht erwartet: Fritz Graßhoff. Der 1913 in Quedlinburg geborene Zeichner, Lyriker, Buchillustrator, Maler, Übersetzer und Schriftsteller ist bekannt als Querkopf und überzeugter Pazifist, hat sich einen Namen gemacht mit seinen Chansons und Bänkelliedern, und seine Texte werden rezitiert und gesungen unter anderem von Inge Meysel und Gustav Knuth, von Hanne Wieder, Illo Schieder und Inge Brandenburg. Sein Geld aber verdient er mit Schlagertexten. »Davon lebe ich, damit ich schreiben und malen kann, was mir Spaß macht!«, hat er einmal gesagt. Sein »Nimm uns mit, Kapitän, auf die Reise«, geschrieben für Hans Albers, ist längst ein Evergreen. »Ich war nur ein Mädchen vom Hafen« kennt man von Lale Andersen, und für Hildegard Knef übersetzt er Jacques Brels »Le plat pays« in »Mein flaches Land«. In Zusammenarbeit mit Lotar Olias steuert er auch immer wieder Texte für Freddy Quinn bei, 1962 für das Musical *Heimweh nach St. Pauli*, 1963 für den Film *Freddy und das Lied der Prärie* ebenso wie 1964 für *Freddy, Tiere, Sensationen.*

Die Journalisten sind nicht begeistert von Freddy Quinns neuen Tönen, sie sparen nicht mit Kritik und Häme. In den Medien ist seit »Hundert Mann und ein Befehl« von Quinns »Antiprotestliedern«, von seiner »harten Welle« die Rede. Als ihn ein Reporter fragt, ob er sich mit »Eine Handvoll Reis« zu Vietnam äußern wolle, rudert der Sänger kleinlaut zurück: »Es geht zwar in diesem Lied um ein Land in Asien, aber ich habe mich als Künstler politisch nicht zu äußern.« Der Protest gegen den kriegerischen Einsatz der US-amerikanischen Truppen in Vietnam wird unterdessen immer lauter, auch in Europa demonstrieren die ersten Studenten dagegen auf den Straßen. Bereits am 5. Februar 1966 sind es rund 2500, die sich vor dem Amerika-Haus in Berlin lautstark artikulieren, erst mit einem »Sit-in«, dann fliegen Eier gegen die Fassade des Gebäudes in der Hardenbergstraße, schließlich wird die US-Flagge auf halbmast gezogen und es kommt zu Rangeleien zwischen den Demonstranten und der Polizei. Das ist die erste derartige Protestaktion in Deutschland, der viele weitere folgen. Die Medien berichten ausführlich, zunächst noch empört darüber, dass junge Deutsche es wagen, die allgegenwärtige Schutzmacht USA zu kritisieren. Ganz anders dagegen Freddy Quinn, er schlägt sich eindeutig auf die Seite der USA und nimmt Partei für deren Soldaten, ganz so als sei er selbst mit dabei, als sei es auch seine Sache, die weit weg in Südostasien ausgefochten wird. Die politisch fragwürdige Botschaft dieses Liedes aber geht unter, denn einen wirklichen Skandal entfacht die Rückseite der Polydor-Single Nummer 52781 mit dem Titel: »Wir«.

»Wer will nicht mit Gammlern verwechselt werden? WIR! / Wer sorgt sich um den Frieden auf Erden? WIR! / Ihr lungert herum in Parks und in Gassen, / wer kann eure sinnlose Faulheit nicht fassen? WIR! WIR! WIR! /

Wer hat den Mut, für euch sich zu schämen? WIR! / Wer lässt sich unsere Zukunft nicht nehmen? WIR! / Wer sieht euch alte Kirchen beschmieren, / und muss vor euch jede Achtung verlieren? WIR! WIR! WIR! /

(...)

Auch wir sind für Härte, / auch wir tragen Bärte, / auch wir geh'n oft viel zu weit. / Doch manchmal im Guten, / in stillen Minuten, / da tut uns verschiedenes leid. /

Wer hat noch nicht die Hoffnung verloren? WIR! / Wer dankt noch denen, die uns geboren? WIR! / Doch wer will weiter nur protestieren, / bis nichts mehr da ist zum Protestieren? IHR! IHR! IHR!«

Die Vorwürfe sitzen, der Ton ist aggressiv, die Stimme unversöhnlich – so etwas hat es im deutschen Schlager noch nicht gegeben. Einer, der deutlich seine Stimme erhebt gegen ein gesellschaftliches Phänomen, der die Zuhörerschaft unnachgiebig spaltet in »wir« und »ihr«. Mit einer Musik, die im schnellen Beat-Rhythmus den Text vorantreibt und eine Eile vorgibt, als gelte es, das Schlimmste zu verhindern. Für die Komposition ist erneut Lotar Olias verantwortlich, das Arrangement – mit eindringlicher E-Gitarre und Schlagzeug gleich zu Beginn und einem aufschreienden Frauenchor zum Höhepunkt – besorgt wieder der namhafte Wiener Orchesterchef Robert

Opratko. Der Text voll böser Bilder und Vorurteile ist von Fritz Rotter, noch so ein Profi, von dem man solche Verse nicht erwartet. Der 1900 in Wien geborene Rotter schreibt bereits mit siebzehn seine ersten Chanson- und Kabarettlieder, später kommen Schlager dazu, die als Gassenhauer bislang jede Zeit überlebt haben: »Veronika, der Lenz ist da«, »Wenn der weiße Flieder wieder blüht«, »Ich küsse Ihre Hand, Madame«, »Was macht der Maier am Himalaya«, »Heut' ist die Käthe etepetete«. 1936 muss Rotter als Jude emigrieren, zunächst nach England, später in die USA. Hier schreibt er vor allem Drehbücher, unter anderem für Filme von Fritz Kortner und Fritz Lang. Nach dem Krieg wieder zurück in Deutschland, erhält er 1952 den Deutschen Filmpreis für seine Verdienste um die deutsche Filmindustrie. Er schreibt weiter Schlagertexte und Drehbücher, so für *Nachts auf den Straßen* mit Hildegard Knef und Hans Albers, *Illusion in Moll* mit Hildegard Knef und Hardy Krüger sowie die Liedtexte für *Der Lügner* mit Heinz Rühmann und Gustav Knuth.

Freddy Quinn geht ganz auf in seiner neuen Rolle als Provokateur. »Mir gefällt das Lied großartig«, sagt er. »Ich bin einfach begeistert von dem Text.« Und für alle, die es noch nicht begriffen haben, legt er in Interviews nach: »Mit ›Wir‹ meine ich alle jungen Menschen, die fest mit beiden Beinen im Leben stehen. ›Wir‹ sind diejenigen, die nicht sinnlos protestieren und als Ausdruck dieses Protests lange Haare tragen.« Denn um die geht es, die Langhaarigen, die Gammler. Ein ganz neues Phänomen in Deutschland, in einem Land, in dem Zucht und Ordnung noch immer zu den höchsten Tugenden zählen. »So sehen sie aus – Deutschlands Gammler.« Der *Spiegel* hilft im Sommer 1966 seinen Lesern auf die Sprünge: »Langhaarig, trinkfest, schmuddelig, gleichgültig, lungern sie an den Ecken der Nation: am Ohr oder um den Hals blechernes Geschmeide, um die Hüften zerfranste Jeans, an jedem Fuß eine andersfarbige Socke, eher aber noch ohne Strümpfe und Schuhe ... Sie waschen sich, wenn überhaupt, unterm Springbrunnen oder auf Warenhaus-Toiletten. Sie nähren sich von milden Gaben trockenen Brotes oder Schulstullen, die ihnen von Obersekundanerinnen aus der Straßenbahn gereicht werden. Sie nächtigen in Parks, Streusandkisten, Autowracks und halbfertigen Neubauten.« Eine einzige Provokation! Gerade hat die Generation der Eltern mit Fleiß und Disziplin das Land wieder aus den Trümmern des Krieges neu aufgebaut und ein allseits gefeiertes Wirtschaftswunder geschaffen, jetzt sitzen ihre Kinder vor ihnen auf den zentralen Plätzen ihrer neuen, schmucken Städte – und tun nichts. So viel Müßiggang bringt die Erwachsenen zur Weißglut, »Gammler« wird zum schlimmsten aller Schimpfwörter. Das Phänomen bleibt nicht auf die Bundesrepublik beschränkt, neben dem Platz vor der Berliner Gedächtniskirche, der Hauptwache in Frankfurt und dem Englischen Garten in München sind die Gammler auch auf dem Dam in Amsterdam anzutreffen, auf der Spanischen Treppe in Rom oder auf Kreta in der Bucht von Matala. Nur – so viele sind es gar nicht, auf fünftausend schätzt der *Spiegel* 1966 ihre Zahl in ganz Europa, davon gerade mal achthundert in Deutschland. Trotzdem, der öffentliche Zorn gegen sie wächst, selbst der Kanzler der Republik, der CDU-Politiker Ludwig Erhard, will die Gefahr erkannt haben: »Solange ich regiere, werde ich alles tun, um dieses Unwesen zu zerstören.« Ihm zur Seite stehen die üblichen Verdächtigen: Springer-Kolumnist William S. Schlamm will in den Gammlern das »hässlichste 20. Jahrhundert« erkennen, Sigi Sommer schimpft als »Blasius der Spaziergänger« in seiner Kolumne in der Münchner *AZ* über die »ausgewachsenen Saubären« und den »schlummernden Müll«, und die rechtsradikale NPD fordert »endlich Maßnahmen ... um das ganze Problem radikal und im Sinne des gesunden Volksempfindens zu lösen«.

Das ist also die Gesellschaft, in die sich Freddy Quinn jetzt begeben hat. Ganz ungewohnt für einen Schlagersänger, gehört seine Berufsgruppe doch zu denen, die sich in der Regel auf keinen Fall politisch äußern, sich höchstens ganz neutral geben auf Nachfrage. Nein, mit politischen Statements lässt sich in Deutschland keine Showkarriere beschleunigen, jedenfalls nicht in den 1960er-Jahren. Der gerne als »sozialdemokratischer Schlager« verspottete Trend zu einer moderaten Parteilichkeit auch in der leichten Unterhaltung kommt erst einige Jahre später in Mode, als Katja Ebstein beispielsweise 1971 mit »Diese Welt« die Probleme der Umwelt thematisiert und Udo Jürgens 1975 mit »Griechischer Wein« sich des Schicksals der sogenannten Gastarbeiter im Lande annimmt. Doch Mitte 1966 ist Freddy der Erste, der die unverfänglichen Themen von Liebe und Heimweh, Sehnsucht und Abschied verlässt und sich waghalsig auf neues Terrain begibt. »Bundeskanzler Ludwig Erhard hat im Kampf gegen die Gammler einen populären Bundesgenossen gefunden«, steht in der Presse geschrieben, und man weiß nicht, ob das als Kompliment gemeint ist. »Der Verständigung der Generationen«, urteilt jedenfalls der in Bremen erscheinende *Weser-Kurier*, »dient der Song keineswegs, denn Freddy trägt härteste Establishment-Parolen vor.« Grund genug für die Zeitung, der Schlagerbranche eine neue Trophäe vorzuschlagen, Freddy Quinn sollte als Erstem die »Saubere Schallplatte« verliehen werden. Bis heute wird Quinn auf diesen Titel angesprochen, in fast jedem seriösen Interview muss er dazu Stellung beziehen: War die Platte ein Fehltritt, eine bewusste Abwendung vom bekannten Image oder gar eine Mission? Auf die Frage, wobei er im Laufe seiner Karriere die meisten Konzessionen gemacht habe, antwortet er 1999 in einem Gespräch mit der Wochenzeitung *Die Zeit*: »Bei dem Lied ›Wir‹. In dem greife ich die jungen Leute an, weil sie lange Haare tragen. Das war idiotisch. Aber das wollte der Produzent damals unbedingt machen. Er sagte zu mir: ›Gerade du bist prädestiniert, die Leute zur Ordnung zu rufen.‹ Darauf sagte ich: ›Aber das ist doch gar nicht meine Aufgabe! Ich bin nicht bereit, die Menschen politisch oder konfessionell zu schulen.‹« Nächste Frage: »Dennoch haben Sie das Lied aufgenommen. Warum?« – »Weil ich hyperloyal bin: Ich war meiner Plattenfirma Polydor 28 Jahre lang zutiefst treu und loyal. Ich habe allen Angeboten der Konkurrenz, die mich immer wieder abwerben wollte, widerstanden. Und das, obwohl ich dort viel mehr verdient hätte als bei Polydor.«

Ein paar Monate später, im März 1967, wird das militärische Pathos noch einmal bemüht, diesmal mit einem Lied, das so gar nicht dafür taugt. »The Little Drummer Boy« heißt der Song im Original und erzählt die Geschichte von dem kleinen Trommler, der bei der Geburt Jesu ganz ohne Geschenke vor der Krippe steht und nichts weiter anzubieten hat als sein Trommelspiel. Als »Johnny Tambour« wird das Lied auch bei uns bekannt und ist aus dem Weihnachtslieder-Repertoire unzähliger Interpreten nicht mehr wegzudenken. Freddy Quinn aber nimmt – mithilfe des Texters Ernst Bader – dem Lied jegliche Festtagsstimmung, »Zwei von Tausenden« wird daraus, eine sentimentale Landsknechtschnulze mit homoerotischem Unterton:

»Zwei von Tausenden, parapapapam. / Die Welt wird unser sein, wir glaubten daran / Doch eines Tag's in einem freudlosen Land / Da reichten wir zum letzten Mal uns die Hand / Parapapapam, parapapapam. / In die Nacht hinein / ging ich allein.«

Und wieder mit Trommelwirbel und Trompetenstößen, so als sei die nächste Schlacht ganz nah. Ganz anders dagegen die Hitparaden-Karriere des Freddy Quinn, die Schlachten sind geschlagen. Mit »Hundert Mann und ein Befehl« schafft er es noch einmal bis ganz nach oben, fünfzehn Wochen hält sich der Titel unter den deutschen Top 10, trotz Beatles und Rolling Stones. Auch »Eine Handvoll Reis« liegt noch gut im Verkauf, die »harte Welle« des sentimentalen Sängers scheint seinem Publikum ein gelungenes Gegengewicht zur Eroberung des deutschen Musikmarktes durch englische und amerikanische Beat- und Rock-Bands. Doch dann werden die Eintragungen spärlicher, »Seemann, weit bist du gefahren« ist Ende 1967 die letzte Charts-Notierung für Freddy Quinn unter den ersten zehn. Und: Der Bruch mit Lotar Olias ist nicht mehr zu kitten, die fast zehnjährige Zusammenarbeit und Freundschaft mit dem Komponisten und Produzenten geht zu Ende, schleichend und ohne großen Knall, aber mit Verletzungen auf beiden Seiten. »Dann kam, als wir auseinandergingen, dieser Brief von der Polydor: ›Freddy wünscht nicht mehr, von

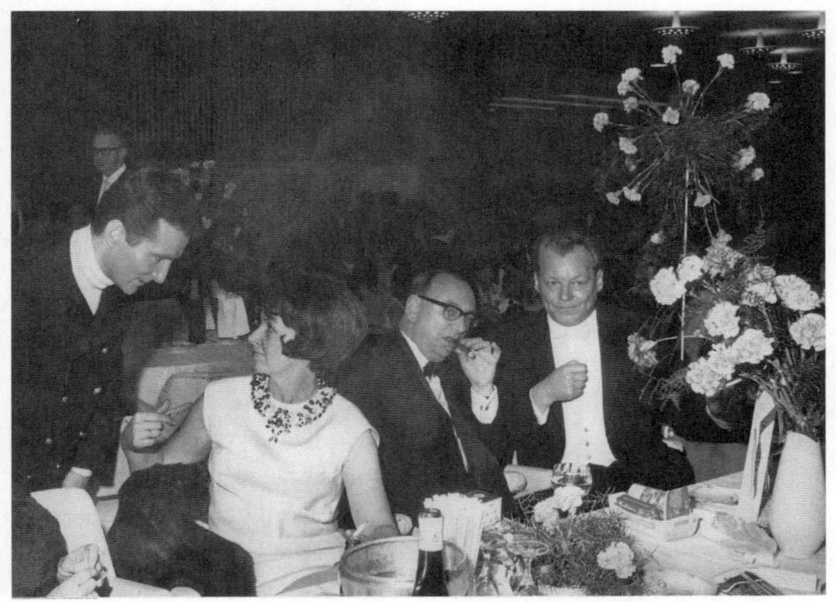

1967: Auf dem Presseball in Berlin, mit Willy Brandt (re.), Heinrich Albertz und Rut Brandt

Ihnen produziert zu werden.‹« Lotar Olias klingt viele Jahre später noch verbittert: »Erst was werden, und wenn man was geworden ist, die Schnur kappen und alleine weitermachen, alles selber machen wollen. Man hat ja bei Olias gelernt.« Der routinierte Musikmanager will nach der Trennung von Freddy Quinn nicht aufgeben, er probiert die gleiche Masche noch einmal, mit einem anderen Künstler. Es ist wieder ein Österreicher, der achtundzwanzigjährige Ferry Gillming aus Graz. Gillming, besser bekannt als Jonny Hill, hat eine Stimme ganz ähnlich der von Quinn und gleicht ihm auch in seiner männlich-markanten Wirkung auf die weiblichen Zuhörer. Olias bleibt bei seinem Thema und schreibt dem jungen Sänger Seemannslieder wie gehabt. Doch der will mehr und nicht enden als zweite Besetzung hinter Freddy Quinn. 1971 trennt sich Hill von Olias, er ist nicht bereit, seine Ehefrau zu verstecken und öffentlich nur als Junggeselle zu erscheinen, so wie der Produzent es von ihm verlangt. »Ich will nicht länger Freddy spielen!«, erzählt er im November 1971 einem Reporter: »Ich bin Lotar Olias sehr dankbar, immerhin hat er mich entdeckt und gefördert. Doch in letzter Zeit bin ich mit den Arrangements nicht mehr einverstanden. Sie ähneln viel zu stark den Freddy-Songs von einst. Ich habe meine eigenen Lieder und meine eigene Art, sie zu interpretieren.«

Freddy Quinn verliert mit dem Ende der so lange Jahre erfolgreichen Beziehung jegliche Orientierung, die Musikstile wechseln wie die Aufnahmeorte, wie die Produzenten. In Wien nimmt er Mitte 1967 eine Langspielplatte auf mit einem Sammelsurium bekannter und unbekannter Operettenmelodien, ein Lied von Franz Lehár, eins von Paul Lincke, eins von Eduard Künneke, eins von Peter Kreuder, eins von Paul Burkhard. Dann nimmt er in London eine Single in englischer Sprache auf und für den lateinamerikanischen Markt viele spanische Lieder in den Studios der United Western Recorders in Hollywood. Als erster Künstler aus dem Westen steht Quinn am 8. Mai 1968 vor den Mikros des Supraphon-Studios in Prag. »Don Diri Don« heißt der Titel, geschrieben von dem tschechischen Komponisten Bohuslav Ondráček. Das Lied hat sich bereits seine Lorbeeren verdient, beim Schlagerfestival von Bratislava gewann der in der ČSSR sehr populäre Waldemar Matuška damit eine »Silberne Lyra«. Jetzt zieht Quinn mit einer deutschen Version nach, und mit Schlagzeilen wie »›Goldjunge‹ Freddy Quinn in der ›Goldenen Stadt‹« wird in der deutschen Presse die Platte als der Beginn einer intensiven Beziehung auf dem Feld der leichten Unterhaltung zwischen der BRD und der ČSSR gelobt. Das eine hat mit dem anderen nichts zu tun, und doch passt der Zeitpunkt der Aufnahme in die aktuelle politische Situation des Landes, er fällt mitten in den sogenannten Prager Frühling. Die Kommunistische Partei unter Alexander Dubček bemüht sich, ein Liberalisierungs- und Demokratisierungsprogramm durchzusetzen, ein »Sozialismus mit menschlichem Antlitz« wird angestrebt. Mit dem Einmarsch der Truppen der Warschauer-Pakt-Staaten am

21. August 1968 werden diese Versuche gewaltsam niedergeschlagen. »Don Diri Don« – so unscheinbar der Titel auch klingen mag, der Text selbst liest sich wie ein Kommentar zur Zeit, das Lied klingt wie eine Hymne auf den herbeigesehnten politischen Wandel:

»Tage ohne Sonnenschein / Nächte ohne Licht / Herzen härter noch als Stein / Bau'n die Zukunft nicht. / Don Diri Don / Hört ihr mein Lied / Don Diri Don / Was auch geschieht / Den dunklen Nächten folgt ein Tag / Der gestern noch in weiter Ferne lag.«

»Das Lied stimmt«, urteilt der Sänger. »Ich finde die Nummer sehr gut. Ich will nur keine Platte mehr, von der ich nicht überzeugt bin!« Weiter sagt er: »Dabei wollte ich fast keine Singleplatten mehr aufnehmen. Ich hatte zuletzt Konzessionen gemacht. Gerade als ich verlauten ließ, ich wolle nicht mehr Seemann vom Dienst sein, kam ›Seemann, weit bist du gefahren‹. Ich bin natürlich sofort bereit, wieder ein Seemannslied zu singen. Wenn es stimmt.«

Der Aufenthalt in Prag ist nur eine Stippvisite und bleibt gänzlich ohne Konsequenzen. Falls es zu einer Annäherung der tschechischen und der bundesdeutschen Schlagerwelt kommt, Freddy Quinn hat daran keinen Anteil. Am 20. Mai hat er schon längst den Kontinent gewechselt, für das ZDF ist er in Mexiko unterwegs, gedreht wird mit ihm eine musikalische Reise durch das Land der Olympischen Spiele 1968. Ausgestrahlt werden soll die sechzigminütige Show erst im Oktober, als unterhaltsame Unterbrechung der Olympia-Berichterstattung des Zweiten Deutschen Fernsehens. Parallel erscheint, in Kooperation mit dem Magazin *Stern*, eine Langspielplatte – *Viva Mexico* – mit Evergreens aus dem mittelamerikanischen Land, »Vaya Con Dios«, »Besame Mucho«, »Cucurrucucu Paloma«, »La Golondrina«, all jene Titel, die er bereits im April in Hollywood mit dem »Copacabana Trio« und »Los Tres Mexicanos« aufgenommen hat. Der *Stern*, als Co-Produzent am Verkauf der Platte beteiligt, wärmt im redaktionellen Teil die passende Legende zu den mexikanischen Liedern auf: »1951, drei Jahre vor dem Beginn seiner Karriere als Schlagerstar, war der Fahrensmann auch nach Mexiko gekommen, hatte sich in vielen Berufen versucht und fließend Spanisch gelernt. Musikalische Ausbeute der Wanderschaft waren einige Lieder, die den heimatlosen Seemann populär machten.«

Noch vor Prag und Mexiko, gleich zu Beginn des Jahres 1968, begibt sich Freddy Quinn zusammen mit James Last und seinem Orchester auf große Tour, eine »Europa-Tournee«, wie es heißt, schließlich führt sie ihn durch fünfunddreißig Städte in Deutschland, Österreich, der Schweiz und nach Straßburg in Frankreich. Mit »So ein Tag, so wunderschön wie heute« beginnt er sein Programm und lässt dann hören, was er alles so draufhat inzwischen, ein paar der bekannten Hits, dann Volks- und Operettenlieder, ein bisschen Country, was Spanisches und »Games That Lovers Play« von James Last. Die Konzerte sind ausverkauft, und die Presse ist diesmal ganz auf des Künstlers Seite. Gelobt wird sein »neues Repertoire«, die Vielfalt seiner Texte und Musikstile, die Abkehr vom »Schnulzensänger« mit dem ewig gleichen Hang zum Meer: »Freddy – weg vom Seemann«. Es scheint, als sei der Befreiungsschlag gelungen, als habe Quinn sich endlich von seinem Image gelöst.

Weiter so, denkt sich der Sänger, und weiter weg, weg von den alten Liedern. 1969 schickt ihn seine Plattenfirma, noch immer die Polydor, nach Nashville, Tennessee, um dort mit ihm eine ganze Langspielplatte mit Country-Songs aufzunehmen. *Tennessee Saturday Night* heißt das Ergebnis, aufgenommen in drei Nächten vom 16. bis 18. Juni im »Woodland Sound Studio«. Produzent ist Shelby Singleton, einer der besten in den USA, der bereits mit Jerry Lee Lewis, Roger Miller, Charlie Rich, Dave Dudley und Jeannie C. Riley gearbeitet hat. Die LP wird kein kommerzieller Erfolg, die Plattenfirma bewirbt das neue Produkt kaum und tut so, als habe man damit lediglich einem verdienten Star einen Herzenswunsch erfüllen wollen. Die Kritiker aber – die sich für gewöhnlich nur herablassend mit Freddy Quinn beschäftigen – sind voll des Lobes. »Die Überraschung des Albums ist zweifellos Freddy«, schreibt der renommierte Berliner Musikjournalist Barry Graves. »Fern von jeder St.-Pauli-Schunkelei,

Fernfahrer-Romantik und Hochsee-Besinnlichkeit stöhnt, fleht und klagt er sich mit bis in die Nuancen perfektem Englisch durch sein Country-Programm, dass Glen Campbell, Elvis, Hank Williams, Dave Dudley und Charley Pride ihn sicherlich als einen der ihren akzeptiert hätten. Freddys Country-Debüt überzeugt.« Dass seine Fans die Platte der Vollständigkeit halber für die Sammlung kaufen, das weiß Freddy, er weiß aber auch, dass die Zeiten der Hitparadennotierungen endgültig vorbei sind. »Hitlisten sind Quatsch. Sie sind kein Spiegel für den Verkaufserfolg. Ich habe gerade im vorigen Jahr ungewöhnlich viele Platten verkauft, obwohl mein Name in den Hitlisten selten zu finden war. Warum das so ist? Nun, ich habe ein Familienpublikum. Das schreibt nicht so eifrig wie jugendliche Fans. Aber meine Platten werden dafür auch in Japan, Australien oder Südamerika gekauft. Übrigens, ich bin nicht nach Nashville gegangen, um meinem Publikum zu sagen, jetzt kommt der reitende Seemann. Ich möchte nur zeigen, wie groß meine Spannweite ist.«

Zu oft hat er selbst damit argumentiert und geworben – der wirkliche Erfolg zeigt sich nur in Zahlen. Verkaufszahlen und Besucherrekorde, das ist der Maßstab für eine gelungene Karriere. »Freddy Quinn am Ende« – in der Presse wird jetzt offen darüber geschrieben, die Plattenverkäufe gehen deutlich zurück, der letzte Kinofilm *Haie an Bord* war ein peinlicher Flop. »Der ›Seemann vom Dienst‹ konnte nicht über seinen Schatten springen«, die Journalisten sparen nicht mit Häme. Wohlmeinende wollen ihn im Fernsehen sehen, nicht als Gast in einer Sendung von anderen, aber mit einer eigenen Show. Sie trauen ihm die Entertainer-Qualitäten zu, loben die Vielseitigkeit seiner Lieder und sein komödiantisches Talent. Doch noch halten sich die Programmgestalter bei ARD und ZDF zurück, Quinns letzter Show-Versuch mit dem Mexiko-Programm für das ZDF war kein Zuschauer-Erfolg. Ein TV-Macher spricht öffentlich aus, was viele andere in der Branche denken: »Freddy reicht für zwanzig Minuten. Er trägt keine Show. Er ist kein Entertainer, kein Verkäufer, keiner, der mit dem Herzen lachen kann.«

Und noch einer macht Freddy Quinn zu schaffen, ein semmelblonder Konditor aus dem Rheinischen mit dunkler Brille und einem Bariton, der dem seinen ganz ähnlich ist: Heino. Der hat seinen ersten Plattenerfolg 1965 und tritt an mit »Dreizehn Mann und ein Kapitän«, promotet als der »neue Freddy«. Der unbekannte Heino ist stolz auf den Vergleich: »Ich als neuer Freddy – das ließ sich hören.« Doch das Publikum entscheidet anders, zwar wird die Single mehr als hunderttausendmal verkauft, der Hit aber ist die B-Seite, »Jenseits des Tales«. Damit ist die musikalische Richtung für Heino vorgegeben, seine Karriere macht er künftig als Interpret deutscher Volks- und Wanderlieder. 1969 treten die beiden zum ersten Mal in der ZDF-*Hitparade* gegeneinander an. Kurz vor dem Auftritt sitzen der Moderator der Show, Dieter Thomas Heck, und die damalige Ehefrau von Heino, Lilo Kramm, mit Freddy Quinn in der Kantine beisammen. Ohne zu wissen, wer Lilo ist, legt Freddy los und schimpft über seinen Rivalen. »Der macht mich nur nach«, sagt er, und wie der Hitparaden-Regisseur Truck Branss es sich nur erlauben könne, ihn mit Heino in einem Programm auftreten zu lassen. Nach dieser Tirade stellt Heck die Unbekannte am Tisch vor, und Freddy Quinn will im Erdboden versinken. Anschließend entschuldigt er sich bei Lilo Kramm mit einem Blumenstrauß. Auch in der anschließenden Sendung hat Freddy kein Glück, das Publikum wählt Heino auf den zweiten Platz und er wird Sechster. »Der ist damals ganz schön durchgefallen«, erinnert sich Truck Branss: »Uns hat das sehr leidgetan.« Seitdem geht der eine dem anderen aus dem Weg, »Terminschwierigkeiten« werden vorgeschoben, um nicht in einer Sendung aufzutreten, für die der andere bereits gebucht ist. Die beiden Sänger machen Schlagzeilen als »Erzfeinde«, vom »Krieg der Show-Stars« ist die Rede. Das belebt das Geschäft, und Heino-Manager Hans R. Beierlein versorgt die Boulevardpresse mit angeblichen Attacken des Konkurrenten auf seinen Schützling. Freddy ist es nicht gewohnt, dass einer an seinem Thron sägt, sein Selbstbewusstsein verträgt keine Kratzer, und mit der üblichen Arroganz setzt er sich zur Wehr. »Ein bisschen blass, der Gute!«, lästert er über Heino, oder: »Wen, bitte sehr, interessiert schon Heino?«

Wie zwiespältig das Verhältnis der beiden Kollegen ist, mag eine Anekdote beleuchten, an die sich Heino in seiner Autobiografie *Und sie lieben mich doch* erinnert: »Ein typisches Erlebnis mit Freddy Quinn: Flughafen Miami. Ich stehe am Schalter der Business-Klasse, will mir meine Bordkarte geben lassen. Da kommt Freddy, Mütze fesch auf dem Kopf, ganz Star *on the road*. Er geht zum Schalter der Ersten Klasse. Wir haben kurzen Augenkontakt. So, wie ich ihn erkannt habe, wird er auch mich erkannt haben, ich bin ja ein ziemlich einprägsamer Typ. Aber Freddy tut so, als habe er nichts gesehen. Dann ist er abgefertigt, braucht sich nur noch nach rechts zu wenden, um in den Wartesaal zu gehen. Aber da stehe ich. Da macht Freddy links kehrt und springt über eine Barriere wie ein Kunstturner. Ich gehe zur VIP-Lounge. Ein langer Gang. Da hinten kommt mir mein ›Freund‹ Freddy entgegen. Er sieht mich – und wutsch ist er weg, in die Toilette. Ich setze mich in die VIP-Lounge und bestelle mir ein Bier. Da kommt Freddy rein. Er hat immer noch seine Mütze auf und guckt suchend um sich – als würde er auf dem Fußboden eine Goldmünze suchen. Aber er findet nichts. Er guckt hoch. ›Mensch Heino! Ist das eine Überraschung! Was machst du denn hier?‹ ›Ich fliege zurück nach Düsseldorf.‹ Freddy begeistert: ›Mann, das ist aber toll, dass wir uns mal sehen. Komm, wir trinken einen zusammen.‹ So ist Freddy. Irgendwie hat er Probleme mit mir.«

Die Flaute in der musikalischen Karriere von Freddy Quinn dauert an, und so plant er für den Herbst 1971 eine spektakuläre Tournee, die ihn wieder nach ganz oben bringen soll. Vierzig Konzerte in Deutschland, Österreich und der Schweiz, *Freddy heute* heißt die Tour. Die Presse ist skeptisch: »Letzte Chance für Freddy Quinn?« – »Eine Tournee soll zeigen, ob Freddy noch gefragt ist.« – »Freddy kämpft um jeden Fan«. Freddy ist sauer, das sind Schlagzeilen, die ihm nicht gefallen. »Man setzt bei mir andere Maßstäbe an als bei anderen Kollegen. Als ich vor Jahren noch 13 000 Besucher in die Berliner

Deutschlandhalle lockte, haben alle gejubelt. Wenn heute nur 10 000 kämen, würde es gleich wieder heißen: Von Freddy will man nichts mehr wissen.« Voller Ehrgeiz geht er in die Vorbereitungen zur Tour, zwei Wochen lang begleitet er Artisten der Drahtseiltruppe Adler-Stey bei ihren Auftritten in Italien. Bei ihnen lernt er das, womit er seine Fans überraschen will: singend auf dem Hochseil balancieren.

Dass er das kann, hat er bereits 1963 in der beliebten Show *Stars in der Manege* im Circus Krone bewiesen, zusammen mit Artisten der »Carillos«-Truppe spazierte er auf dem Hochseil über einem Tigerkäfig und sang dazu »Junge, komm bald wieder«. Und jetzt, 1971, ist er wieder Gast in der Prominenten-Show, diesmal auf einem Seil zwölf Meter hoch über der Manege, begleitet von dem Artisten Joe Seitz. Wie ein Fan diesen Auftritt erlebt, beschreibt Vera Baur in ihrer Fan-Klub-Zeitung: »Nun aber blieb uns allen fast das Herz stehen – wir krallten die Hände ineinander, ohne den Schmerz zu spüren, und in die atemlose Stille hörte man nur einen ängstlichen Ruf: ›Junge, fall nicht runter‹ – denn – es war nicht zu fassen – Freddy machte mit einem Herrn der Stey-Gruppe mitten auf dem Seil einen Kopfstand auf einer Stuhlsitzkante. Aber noch nicht genug, Freddy ging im Alleingang nochmals aufs Seil, lief elastischen Schrittes während er sang ›Ja, wir sind Artisten‹, und unten wurde seelenruhig das Sicherheitsnetz entfernt. Freddy weiter: ›Beifall rast, wenn es am Tode hart vorbeigeht‹ – und unten kein Netz mehr – Mein Gott was haben wir gezittert. Das tut man schon, wenn man fremden Seilkünstlern zuschaut, aber gar erst, wenn es sich um einen so verehrten und geliebten Künstler und Menschen wie Freddy handelt. Nun, Freddy kam heil unten an, und unsere Ängste entluden sich in einen tosenden, überhaupt nicht mehr enden wollenden, wohlverdienten Beifall. Nach der Vorstellung wollten wir es uns streitig machen, wer wohl glücklicher sei, dass nun alles vorbei war – Freddy oder wir? Aber natürlich doch Freddy – er hatte ja schließlich da oben ganz allein seinen Mut und sein ungeheures artistisches Können bewiesen. Wenn ich nur daran denke, krieg' ich wieder das Zittern!«

Diese Wirkung will der ehrgeizige Sänger auch auf seiner Tournee erzielen. In schwindelnder Höhe auf einem Stahlseil! Dazu »O mein Papa« auf den Lippen! Er weiß, warum er sich diese Mühe macht: »Ich habe noch nie so viel Angst gehabt wie vor dieser Tournee. Ich muss dem Publikum mehr als gewöhnlich bieten.« Jetzt erst recht! scheint seine Devise vor der Tournee, die am 29. September 1971 in der Hamburger Musikhalle startet. »Wenn es auch viele Neider gibt, die mir einen Misserfolg von Herzen gönnen – ich glaube, dass ich es wieder schaffen werde.«

Nein, er schafft es nicht, die Tour-Bilanz ist ernüchternd. Der Start vor heimischem Publikum – mit den üblichen Prominenten im Publikum und Blumen ohne Ende – fällt bescheiden aus. »Ein schöner bunter Abend« steht in der lokalen Presse, die ihn früher mit deutlich mehr Enthusiasmus begleitet hat. Sein Versuch, Hans Albers zu kopieren, kommt nicht gut an, und gegen die Gags und Clownerien seiner Begleitband hat er keine Chancen. Einziger Höhepunkt: sein Gang auf dem Seil, ganz Clown, mit Pappnase, Hosenträgern und Ringelhemd. Zuvor begrüßt er noch seine Mutter im Publikum, die extra aus Wien angereist ist, und macht ein Geständnis: »Nie zuvor habe ich so nervös die Bühne betreten wie diesmal.«

Freddy Quinn ist ein Bühnenprofi und arbeitet mit allen Tricks. Dass er nervös sei wie nie, gesteht er in Münster genauso wie in Frankfurt oder in Zürich. Gleich zu Beginn lässt er sein Publikum in Stimmung bringen mit einem Ohrwurm, den jeder mitsingen kann: »So ein Tag, so wunderschön wie heute«, nicht von ihm vorgetragen, sondern von dem begleitenden Chor, den »Rocky Till Singers«, drei Sängerinnen und zwei Sängern aus der Schweiz, unter ihnen die beliebte Interpretin Piera Martell. Dann erscheint er, in Bescheidenheit als routinierter Pose: »Darf ich mich vorstellen – Freddy ist mein Name!« Und mittendrin irgendwann – das hat er oft genug praktiziert bei seinen Auftritten – holt er wie zufällig ein kleines Mädchen auf die Bühne, das mit ihm ein Kinderlied singt: »Weißt du wie viel Sternlein stehen?« In Hamburg heißt sie Anja, in Frankfurt ist es die kleine Iris, Tochter des örtlichen Fanklub-Leiters, Karina darf in Hannover mitträllern, Simone in Siegen und Carmen in der Wackerhalle in Burghausen. Doch alle Raffinesse reicht nicht aus, Maren Wamser, die Reporterin der Nachrichtenagentur dpa, kennt kein Pardon in ihrer Nachbesprechung des Hamburger Premierenabends. »Vergebliches Bemühen um ein Comeback!« titelt sie ihren Bericht, der in vielen deutschen Tageszeitungen nachgedruckt wird. Freddy sei älter geworden, schreibt sie, aber keineswegs besser. Sein Programm: »Aufgewärmtes von vorgestern«, seine Hans-Albers-Interpretationen: »Kläglich!«, und sein Gesang auf dem Hochseil: nichts weiter als ein »Brummen«. »Zum Schluss dann«, endet ihr Verriss, »Blumen über Blumen für Freddy. Und man fragt sich insgeheim, wer diese Riesenarrangements wohl geordert haben mag.«

Gute Presse sieht anders aus. Zwar kommen die treuen Fans wie gewohnt, aber das reicht nicht mehr aus, alle gebuchten Hallen zu füllen. In der Berliner Deutschlandhalle sind es gerade mal 4000, in der Westfalenhalle in Dortmund 3000, in Nürnberg ist die Meistersingerhalle zu knapp zwei Dritteln gefüllt, Ravensburg und Kiel werden wegen mangelnder Nachfrage gleich wieder vom Tourneeplan gestrichen. Fanklub-Leiterin Vera Baur versucht in einem Gespräch, den Künstler zu trösten: »Übrigens weiß ich, dass Peter Alexander in Essen auch 2000 leere Plätze hatte, nur wird das nicht an die große Glocke gehängt.« Auch Orchesterchef Ambros Seelos, der mit seinen Musikern Freddy auf der Tour begleitet, steht hinter seinem Star und Arbeitgeber: »Der Bursche kann etwas, er reißt sein Publikum mit. Er war fünfzehn Jahre an der Spitze, das ist eine lange Zeit. Wenn jetzt das Publikum etwas geringer wird, bedeutet das noch keinen Beinbruch.« Seelos versucht zu besänftigen: »Es ist schrecklich, wie sich Freddy das alles zu Herzen nimmt. Er steht in seiner Garderobe deprimiert, enttäuscht. Er entschuldigt sich bei uns, weil die Säle nicht voll sind.« Doch Freddy kämpft, wie er es versprochen hat, und will kein Mitleid: »Jeder kann mal stürzen, ein Freddy Quinn aber nicht!« Bei dem Konzert in Nürnberg geht es ihm schlecht, zwei Ärzte werden vor und während des Konzerts in die Garderobe geholt, nichts davon dringt nach außen. »Was interessiert es das Publikum, wie es mir geht. Sie sollen den besten Freddy erleben, den es gibt.« Und so steht er Abend für Abend – immerhin dauert das Programm drei Stunden und länger – nach jedem Konzert noch bereit und schreibt fleißig ein Autogramm nach dem anderen für seine Anhänger: »Wer so viel für mich getan hat, der darf auch erwarten, dass ich etwas für ihn tue.« Wie sein Tournee-Alltag aussieht, beschreibt er einmal so: »Nach einem mehrstündigen Konzert und den Gesprächen mit meinem Publikum kann ich mich nicht wie ein Kartoffelsack einfach ins Bett legen. Ich setze mich also in meinen Porsche und fahre rund 250 Kilometer in die nächste Stadt. Körper, Geist und Seele sind noch in Aufruhr. Ich brauche eine gewisse Zeit, mich abzureagieren. Im Auto überlege ich, ob ich alles richtig gemacht habe. Außerdem hebt der Stress des Autofahrens den Stress eines Konzertes allmählich auf. Gegen 5 Uhr morgens falle ich ins Bett und schlafe bis Mittag. Um 12 Uhr habe ich meistens Besprechungen mit Journalisten, dem Konzertmanager und anderen Leuten. Gegen 17 Uhr beginnen die Proben mit meinem Orchester und der Technik – und um 20 Uhr hebt sich der Vorhang wieder. Und das alles sechs Wochen lang! Eine Tournee ist das Härteste, das ich kenne – vergleichbar mit der ›Tour de France‹.«

Für Freddy Quinn hat der Schuldige am Misserfolg dieser Tournee nur einen Namen, Maren Wamser. Jedes Wort der dpa-Rezension hat er auswendig gelernt, bei anderen Journalisten beklagt er sich über die Kritikerin. »Die Dame hat sich mein Programm nur eine Weile angehört, ist dann weggegangen und hat ihren sogenannten Bericht verfasst. Das hat meiner Tournee geschadet.« In den Mitteilungen der Fanklubs wird das ausgesprochen, was Freddy so offen nicht zu sagen wagt: »Wer hat diese Art von Text gelenkt und bezahlt? Wem liegt daran, Freddy zu schaden?« Naturgemäß erleben Freddys Verehrer die Tour-Auftritte gänzlich anders als die Journalisten. Mitunter haben sie viele Jahre darauf gewartet, dass ihr Idol wieder einmal in ihrer Heimatstadt auftritt, die Fanzines sind voll von hymnischen Berichten über seine Bühnenshow. »Am liebsten möchte man an einem solchen Abend die Zeit festhalten«, schreibt Renate Kruse aus Bremen. »Er hat was, was kein anderer hat. Es kommt von Herzen und geht zu Herzen. Ein Hoch auf Freddy den Großen!«, findet Gisbert Heyke aus Lübeck. Lobende Worte auch von Lilo Mielimonka und Marie-Rose Gräfe aus Sandershausen bei Kassel: »Die sprichwörtliche Bescheidenheit und Höflichkeit von Herrn Quinn wurde auch in Kassel offenbar.« An die Adresse eines kritischen Zeitungsreporters fahren sie fort: »Schade, dass wir nicht schon vorher wussten, wo Sie sitzen!« Und Otto-Alois Wucher aus Birkenhördt schreibt: »Ich bin ein ehemaliger Leutnant zur See der Bundesmarine und habe noch nie einen so schönen Abend erlebt. Das war der schönste Tag in meinem bisherigen Leben. Ich habe mit meinen 22 Jahren schon viel von der Welt gesehen, aber so schön war es noch nie!« Ähnlich empfindet Ingeborg Leger aus Augsburg: »Unser lieber Freddy ist der Allergrößte und nicht nur als Künstler auf der Bühne, sondern auch als Mensch. Es erscheint immer wieder unwahrscheinlich, aber Freddy ist zu seinem Publikum der beste Freund.« Voller Dankbarkeit äußert sich auch Regula Merli aus Zürich: »Tja, wie viele Worte müsste man da noch suchen, um ein Wiedersehen mit Freddy beschreiben zu können? Man kann sie alle gar nicht finden, denn jedes Wort das man verwendet, kann sich nicht mit dem messen, was er uns schenkt ...« Freddy weiß, was er an seinen Fans hat. Über die unzähligen Klubs hält er in all den Jahren kontinuierlich Kontakt zu ihnen, besucht sie immer wieder bei ihren Treffen, lässt keinen Autogrammwunsch unbeantwortet, versorgt sie mit Bild- und Textmaterial. Zum Weihnachtsfest 1971, die große Tournee ist gerade vorüber, bedankt er sich in einem offenen Brief bei seinen Anhängern für ihre Unterstützung während der Konzertreise: »Ich freue mich ehrlich, dass es mir gelungen ist, diese Tournee, gegen den Widerstand und Opposition der Konkurrenz und einigen Neidern, zu solch einem triumphalen Abschluss zu bringen! Ich danke allen und wünsche ein gesegnetes Weihnachtsfest und ein glückliches-gesundes 1972! Ihr und Euer Freddy«.

Dieses besondere Verhältnis zwischen Freddy und seinen Fans einerseits und zu seinen Kritikern auf der anderen Seite betrachtet der Journalist Reginald Rudorf anlässlich der 1971er-Tournee in der Schweizer Wochenzeitung *Die Weltwoche*. Rudorf, der 1959 nach zweijähriger Stasi-Haft aus der DDR in den Westen flieht, gehört zu den wenigen Publizisten, die sich in den vergangenen Jahrzehnten – jenseits der bundesdeutschen Feuilleton-Ignoranz gegenüber dem Thema – immer wieder mit dem Phänomen des deutschen Schlagers beschäftigen. Heute erscheint Rudorf vorzugsweise in rechtskonservativen Publikationen, unter anderem schreibt er für das umstrittene Wochenblatt *Junge Freiheit*. »Freddy Quinn geht wieder um«, übertitelt Rudorf seinen *Weltwoche*-Artikel im November 1971 und schreibt darin: »Repertoire und Auditorium sind nirgends so verzahnt wie bei Schlagersängern, zumal bei solchen wie Freddy Quinn, die seit fast zwei Jahrzehnten auf ihr Publikum eingesungen sind ... Im Verlauf der Jahre ist daraus ein Gebäude entstanden, in dem sich Freddy mitsamt seinen Anhängern selbst gefangen hält, und die auf Verriss bedachte Kritik hat dazu das Vorhängeschloss geliefert. Es sind nicht die Blumen, nicht die pseudolyrischen Fernwehgesänge, nicht das beklagte Seemannslos oder gar mangelnde Stimme des Troubadours. Es ist das Verfahren des Sängers, ein jedes Lied so wie das andere klingen zu lassen: bei Freddy verhält sich ein Song wie der andere und alle wie einer. Er hat die ganz große Egalisierung eingeführt, die er hinter einer virulent zur Schau gestellten Vielseitigkeit verbirgt. Und seinem zur Anspruchslosigkeit verdammten Publikum vermag er zudem noch jene Härte vorzugaukeln, die das Rezept Freddy Quinns ist. Ihm gebührt bei aller Zweifelhaftigkeit die Ehre, das Schmalz der Schnulzen hart gemacht zu haben, bei ihm hört sich ein einsamer Reiter oder fahrender Seemann noch immer, bei aller Wehleidigkeit der Melodie, schicksalsentschlossen an. Er gibt dem kleinen Mann die Einbildung von vermeintlicher Härte, die ihm fehlt. Freddy gibt nicht auf – weder in seinen Songs noch mit seiner Karriere. Er kämpft nicht nur weiter um jeden Fan, sondern auch gegen jede Kritik ... Er ist immer angespannt, auf Perfektion bedacht und zudem mit dem Komplex behaftet, irgendjemand wolle ihm nicht gut. Und diesen Irgendjemand bläst er auf. Er dichtet sich in seine eigene Donquixoterie hinein.«

Für die Kritiker ist die Tournee ein weiterer Beweis dafür, dass Freddy Quinn den Zenit seiner Karriere überschritten hat, in den Augen seiner Fans hat er damit gerade wieder einen neuen Höhepunkt erreicht. Sie haben nicht die leeren Sitzreihen gezählt, sondern nur volle Säle erlebt, und die Berge von Blumensträußen sind hoch wie immer. So vielfältig sein Liederprogramm auf der Tour auch erscheinen mag, kann es nicht darüber hinwegtäuschen, dass der Sänger seinen Kurs endgültig verloren hat. Die Zeit der Seefahrerromantik ist vorbei, neue Inhalte und ein neues Image sind nicht in Sicht. Der große Motivator Lotar Olias fehlt, Freddy Quinn müht sich vergeblich, Anschluss an die aktuellen Schlagerproduktionen zu finden. Hie und da erreicht er noch eine Hitparadennotierung, sein sicherer Platz im tagesaktuellen Charts-Geschäft aber ist längst dahin. Was soll er noch singen? Wie kann er die Zuhörermassen jenseits seiner treuen Anhänger noch erreichen? Zum einen versucht er es mit großen historischen Themen und Mythen, er besingt die Entdeckung Amerikas (»Land ohne Namen«), Aufstieg und Fall des französischen Kaisers Napoleon (»St. Helena«), die Abenteuer eines legendären Piraten (»Der rote Korsar«), den Turmbau zu Babel (»Der Turm von Babylon«) und die griechische Sageninsel »Atlantis«. Gleichzeitig kümmert er sich wie nie zuvor um des Schlagers ureigenstes Thema, die Liebe. Dabei geht es immer wieder um Trennung und Abschied (»Ich habe ein Herz vergessen«, »Über den Wolken«, »Die Reise ohne Wiederkehr«, »Frei wie der Wind«, »Liebe ist mehr als ein Wort«). Und mit »Michael und Robert«, das er im Juni 1971 im Austrophon-Studio im Wiener Konzerthaus aufnimmt, versucht Quinn noch einmal den Rückgriff auf die allerersten Anfänge. Michael und Robert, das sind zwei Soldaten der Fremdenlegion, der eine ein Franzose, der andere ein Deutscher, die nicht mehr kämpfen wollen. Sie fliehen aus dem Fort, doch nach sieben Tagen will der eine zurück, und den anderen zieht es weiter: »Doch keiner weiß, wo sie geblieben sind / Und über die Wüste, da weht der Wind.« Quinn ist sich bei der Auswahl seiner Lieder über die ökonomischen Zwänge, in denen er steckt, völlig bewusst: »Es muss sich doch jeder Mensch darüber klar sein, dass die Schallplattenbranche eine Industrie ist und dass man in erster Linie doch versuchen muss, Schallplatten zu verkaufen. Es heißt ja auch Schallplattenfirma und nicht etwa Platten-Idealistik-Verein oder dergleichen. Deshalb sollten also im Endeffekt nicht nur die Gefühle und Emotionen und der persönliche Geschmack des Künstlers ausschlaggebend sein.«

Einmal, da verlässt Freddy Quinn seine wasserdichte Identität, koppelt sich ab von jeglichem Trend und zeitgenössischem Musikgeschmack und widmet sich einem Projekt, am 27. und 30. August 1972 nimmt er im »Radio Monte Studio« in Monte Carlo ein Album auf, das eindeutig der Kleinkunst, dem Kabarett zuzuordnen ist. *Bitte recht traurig* heißt die LP, darauf zwölf Moritaten, Bänkelgesänge und sogenannte Küchenlieder. Nur auf der Gitarre begleitet sich der Künstler selbst und erinnert auf eindrucksvolle Weise an die jahrhundertealte Tradition der umherziehenden Schausteller und Jahrmarktsänger, die dereinst von Ort zu Ort zogen und mit Musik, Gesang und illustrierenden Bildtafeln ihrem Publikum schaurig-schöne Geschichten von Mord und Totschlag, von Moral und Unmoral vortrugen. Da erzählt Freddy beispielsweise »Das Bänkellied von der Seiltänzerin Elvira Madigan und den Folgen der Liebe des Leutnants Graf Sparre zu diesem Frauenzimmer« oder »Das ergreifende Erlebnis eines Grafen im Walde«, von »Des Leuchtturmwärters Töchterlein« und »Die traurige Geschichte von einem wunderschönen Polenkind, oder: Zu früh verschenkte Liebe«, »Die Moritat vom Wilden Westen, oder: Der Überfall auf die Pazifische Eisenbahn 1873« und »Verstoßen, oder: Der Tod auf den Schienen« und die Frauenschicksale »Sabinchen war ein

Frauenzimmer« und »Ein Mädchen für's Geld«. So sperrig die Titel, so ungewöhnlich die Texte, da ist nichts mehr dabei für den Massengeschmack und das große Geld. Umso mehr lassen sich in Quinns Interpretationen des ungewohnten Materials ein Spaß und eine Freude heraushören, die man bislang von ihm noch nicht gekannt hat. Das Wissen um die völlige Chancenlosigkeit dieser Langspielplatte auf dem Musikmarkt scheint eine befreiende Wirkung auf den Sänger zu haben. Stimmlich lässt er es heulen und pfeifen, jodelt wie einer aus den Bergen und bringt gekonnt den für eine Moritat typischen hintergründigen Humor auf den Punkt. Endlich sind die Kritiker mal zufrieden, die Platte wird wohlwollend gelobt im Feuilleton. »Diese Moritaten machen etwas mehr aus Freddy«, schreibt einer, und die Fans kaufen die Platte aus Sammlergründen. Dem großen Publikum aber ist dieses »etwas mehr« egal.

Die deutsche Schlagerszene beherrschen inzwischen ganz andere Künstler, und die Hitparaden werden seit Jahren dominiert von englischsprachiger Pop- und Rockmusik. Schlager-Experte Reginald Rudorf spricht bereits vom »Verfall des deutschen Schlagers« und beklagt: »Eine Überfremdung nimmt überhand.« In der Tat vollzieht sich ein Wandel im deutschen Musikgeschäft, der bis heute anhält und längst als selbstverständlich und naturgegeben gilt: Die verschiedenen Musikstile werden deutlicher voneinander getrennt, und die einzelnen Sparten schaffen sich ihre eigenen Präsentations- und Verkaufsformen. »Im Unterschied zu den angelsächsischen und skandinavischen Ländern herrscht in Deutschland eine Polarisierung zwischen Pop-Fan und Schlagerfreund vor, die den sonst so nötigen Kreislauf zwischen Avantgarde und Schlagerschaffen längst unterbrochen hat – eine der entscheidenden Ursachen für die Niveaulosigkeit der Unterhaltungsbranche in der Bundesrepublik«, analysiert Reginald Rudorf 1971. Schlager, das ist das, was jetzt in der ZDF-*Hitparade* läuft, Pop und Rock dagegen sind beispielsweise im *Beat-Club* von Radio Bremen zu Hause. Auch der Hörfunk differenziert sich in vergleichbare Spartenprogramme. Deutschsprachige

Titel bleiben dabei zunehmend auf der Strecke, alles, was angesagt, modern und innovativ ist, kommt aus England oder den USA, diesmal aber im Original und nicht mehr krude eingedeutscht wie noch zehn Jahre zuvor.

Über das, was sich durchsetzt auf dem Plattenmarkt, entscheiden jetzt mehr und mehr die Radiostationen, sprich: die Musikredakteure in den Funkhäusern. Die Zeit der Tourneen und öffentlichen Auftritte ist vorbei, außer den ganz Großen wie Udo Jürgens, Esther und Abi Ofarim oder Freddy Quinn geht kaum noch ein Künstler auf Tour, das, was sie zu singen haben, muss sich jetzt über den Bildschirm oder den Rundfunk durchsetzen. Und hier sind es die Redakteure, die die überlebensnotwendigen Sendeminuten verteilen. Sie sind die Programmmacher, sie bestimmen, welcher Titel gesendet wird und welcher nicht. Da entscheidet plötzlich der individuelle Musikgeschmack eines Einzelnen über ein ganzes Programm, oder mittels kleiner und größerer Geschenke werden gute Beziehungen gepflegt zu der einen oder anderen Plattenfirma, die dann ihre Produkte bevorzugt platzieren kann. Das, was schon einmal in den 1950er-Jahren in die Schlagzeilen geraten war, kommt jetzt in größerem Stil wieder in Mode: Musikredakteure schreiben unter eigenem oder anderem Namen den einen oder anderen Schlager oder lassen jemanden aus der Familie oder Verwandtschaft als Texter oder Komponisten mitmischen. Diese »Heimarbeiten« werden dann massiv in den eigenen Programmen eingesetzt, und anschließend wird über die GEMA abkassiert. Die GEMA, das ist die »Gesellschaft für musikalische Aufführungs- und mechanische Vervielfältigungsrechte« mit Sitz in Berlin, die die Urheberrechte für Texter, Komponisten und Musikverleger wahrnimmt. Da sei eine »Musik-Mafia in den Funkhäusern« herangewachsen, befindet 1976 die *Wirtschaftswoche*, und die Programmzeitschrift *Gong* ermittelt im gleichen Jahr, dass sich die Programmmacher durch gegenseitiges Abspielen eigener Werke in den zurückliegenden zehn Jahren zwanzig Millionen Mark zugeschoben haben sollen. Die Intendanten der öffentlich-rechtlichen

Rundfunkanstalten kennen das Problem spätestens seit 1974, als alle archivierten Musikstücke per Computer erfasst wurden. Immer wieder versucht man, mit neuen Regeln und Dienstanweisungen dem Betrugskreislauf beizukommen. Beim WDR in Köln müssen Mitarbeiter, die für den freien Markt komponieren und schreiben wollen, Nebentätigkeitsgenehmigungen beantragen, beim HR in Frankfurt besteht bereits seit 1967 ein Einkaufsverbot für Musikstücke von HR- und anderen ARD-Mitarbeitern, und beim ZDF ist seit 1969 ein Intendanten-Erlass in Kraft, wonach keine Musikstücke eines ZDF- oder ARD-Mitarbeiters gespielt werden dürfen. Nicht ganz so streng agiert der BR in München, in den Funkprogrammen des Senders können pro Woche bis zu zwei Titel von BR- oder ARD-Mitarbeitern aufgelegt werden. Den Mogeleien der schwarzen Schafe im eigenen Haus, so hoffen die ARD-Oberen, werde man endgültig durch den Einsatz der Technik ein Ende setzen, sämtliche Musiktitel werden per EDV erfasst, sodass künftig auf Anhieb kontrolliert werden kann, wer wann was komponiert und produziert hat. »Dass die Geschäftemacherei mit Schlagern und Liedchen, mit untermalender Musik und ›Hintergrundgedudel‹ in den zurückliegenden Jahren so florieren konnte«, schreibt der Medienjournalist Klaus Morgenstern im Mai 1976 in der *Frankfurter Rundschau*, »hängt nicht zuletzt mit der heute schon vielerorts bedauerten und auch massiv kritisierten Entwicklung zusammen, die Funk und Fernsehen in den sechziger Jahren in Sachen Programm durchmachten, nämlich mit dem Aufblühen und permanenten Vermehren von Magazinen, Serien und Reihen einerseits, von Service-Wellen im Hörfunk (B3, HR3, SWF3), also dem Auslegen von ›Musik-Teppichen‹, und mit der Umstrukturierung der 1. Hörfunkprogramme andererseits, denen man meist einen bevorzugt populär-volkstümlichen Touch verliehen hat.«

Nicht nur die Programmmacher, auch die Fans sind eine Macht. Sowohl im Rundfunk als auch im Fernsehen werden die per Abstimmung ermittelten Hitparaden immer beliebter, und sehr schnell erkennen die treuen Anhänger ihre Möglichkeiten, hier unterstützend für ihre Idole einzugreifen. Dreißigtausend Fanklubs zählt 1976 die *Wirtschaftswoche* im ganzen Land, die »mit gezielter Karten-Schreibe ihre Interpreten in die Hitparaden pusten«. Das weiß auch Manfred Jenke, seinerzeit Hörfunkchef beim WDR: »Hat eine Hitparade einige tausend Zuschriften, dann manipulieren hundert Fanklub-Briefe die Hitparade und den nachfolgenden Umsatz.« Genaueres hat Jochen Pützenbacher zu berichten, damaliger Unterhaltungschef des deutschen RTL-Programms in Luxemburg: »Ganze Altersheime wurden mit hundert Mark motiviert, zu schreiben.« »Die Fanklubs in Deutschland«, sagt Hans R. Beierlein, der Heino-Manager, Musikverleger und Entdecker von Udo Jürgens, »sind heute reine Schreibklubs, deren offensichtlich einzige Aufgabe darin besteht, bei den Redaktionen von Hitparaden für ihre Künstler Stimmung zu machen. Dabei werden die Klubs von den Künstlern gesteuert – und die Künstler werden sie wahrscheinlich auch finanziell unterstützen.« Wie die Aktivitäten der Fanklubs aussehen, belegt ein Brief des Leiters eines Maggie-Mae-Klubs an seine Mitglieder, den der *Spiegel* dokumentiert: »Bitte, sendet nur an diesem betreffenden Tag eine Postkarte an die entsprechende Anschrift. So bekommt die Redaktion jeden Tag eine Karte von einem Fan aus einer verschiedenen Stadt. Und das acht Wochen lang. Wenn Ihr das unauffällig macht, wird alles klappen ... Und noch was: Nie als Klub schreiben.«

Eine herausragende Bedeutung für den Verkauf deutscher Schlagerproduktionen hat die *Hitparade* im ZDF, die Show mit Moderator Dieter Thomas Heck gehört zu den populärsten des Senders. Man vermutet, dass ein Auftritt in der Sendung mindestens dreißigtausend Platten Mehrverkauf einbringt, ein erster Platz gar sechzig- bis hunderttausend Platten mehr. Kein Wunder, dass sich die Fanklubs immer wieder neue Tricks einfallen lassen, um die Notierungen nach ihren Interessen zu beeinflussen, und kein Wunder, dass die Programmgestalter der Show unter besonderer Beobachtung stehen. Immer wieder werden Manipulationsvorwürfe laut; so behauptet die Sängerin Manuela 1973, dass ein Redakteur der ZDF-

Hitparade 20 000 D-Mark Bestechungsgeld für einen Auftritt verlangt hätte. Daraufhin wird Manuela wegen Verleumdung verklagt, und der Sender boykottiert sie. Um gegen derlei Verdächtigungen vorzugehen, wechselt der Sender im Laufe der Jahre wiederholt die Abstimmungsmodalitäten für die Show. Dessen ungeachtet gerät die Sendung immer wieder unter Manipulationsverdacht. Von einer »Inzucht nach Noten« spricht 1974 die Programmzeitschrift *Hörzu* und rechnet nach, dass in 50 Folgen der ZDF-*Hitparade* 27-mal Chris Roberts, Michael Holm und Heino je 21-mal und Rex Gildo 19-mal eingesetzt wurden – ein deutlicher Vorteil also für zugkräftige Namen, hinter denen wiederum große Plattenfirmen stehen. Zwar rechtfertigen die Programmmacher sich immer wieder damit, die Musikauswahl würde »ausschließlich nach der musikalischen und textlichen Qualität« vorgenommen, die Hamburger Fachzeitschrift *Schallplatte* aber stellt nach eingehender Analyse fest: Die Programme entsprechen ziemlich exakt den Firmen-Marktanteilen in der Bundesrepublik. Die *Süddeutsche Zeitung* schreibt, ein »Bewusstsein, die mächtige Promoter-Rolle zur Qualitätsverbesserung zu nutzen«, sei bei der ZDF-*Hitparade* »nicht vorhanden«. Auf dem Rundfunksektor gerät ein anderer Schlager-Marktführer wiederholt ins Gerede. Das deutsche Programm von RTL, zeitweise meistgehörter Sender in Nordrhein-Westfalen, Hessen und Rheinland-Pfalz, ist im April 1974 sogar Verhandlungsgegenstand vor dem Wettbewerbsausschuss der Brüsseler – damals noch – EG-Kommission. Dabei geht es um die Praxis der sogenannten Gemeinschafts-Verlagsverträge, die der Privatsender über Tochterfirmen mit deutschen Musikverlagen abschließt. Darin ist geregelt, dass RTL Produkte dieser Firmen in einem Zeitraum von drei Wochen 36-mal ausstrahlt, dafür fließt die Hälfte der Verleger-Tantiemen nach Luxemburg. Ganz eigene Wege geht der Sender auch, um sich gegen die Vielschreiberei übereifriger Fanklubs zu wehren: Seit März 1976 wickelt RTL seine Hitparadenwahl über die deutschen Sparkassen ab, die Stimmkarten werden in den Räumen der Bank unter Aufsicht eingeworfen. Anders wiederum verfährt der WDR, um die Macht der Fans einzudämmen. Statt Stimmkarten einzusammeln, werden hier Publikumsquerschnitte errechnet, um entsprechend quotierte Hörer ins Funkhaus einzuladen, die dann die Musikauswahl treffen.

Betrügerische Programmredakteure, viel schreibende Fans – sie alle sind nichts gegen die Plattenindustrie und ihre Versuche, Einfluss auf die Sendungen im Hörfunk und im Fernsehen zu nehmen. Mitte der 1970er-Jahre sprechen Kenner der Szene von der »Haifischbranche«, schließlich hat sich der heimische Musikmarkt zu einer beachtlichen Größe entwickelt. 1975 boomt das Geschäft wie nie zuvor, der Umsatz beläuft sich auf 1,5 Milliarden Mark, das ist eine Steigerung von neunzehn Prozent im Vergleich zum Vorjahr. Mit diesen Umsatzzahlen rangiert der bundesdeutsche Musikmarkt ganz vorne in Europa und gleich auf Platz zwei hinter den USA. Dabei teilen sich nur einige wenige Konzerne den Markt auf, darunter Ariola mit einem Marktanteil von siebzehn Prozent als Bertelsmann-Tochter das einzig rein deutsche Unternehmen. Die übrigen, wie die Marktführer EMI-Electrola, Deutsche Grammophon Gesellschaft (Polydor) und Teldec-Telefunken, oder die kleineren, wie die Phonogram, WEA, CBS und RCA, sind teilweise oder ganz im Besitz britischer, holländischer oder US-amerikanischer Firmen. Um den Käufermarkt in ihrem Sinn zu beherrschen, gehen die Großen »halbseidene Wege« – so formuliert es der *Spiegel* 1977 und stellt weiter fest: »Die Unterhaltungsindustrie macht sich im öffentlich-rechtlichen Fernsehen breit.« Wie das aussieht, beschreibt das Nachrichtenmagazin so: »Monate vor den als Live-Sendungen ausgewiesenen Flimmer-Shows zeichnen die Plattenfirmen im Studio auf ihre Kosten – im Schnitt zwischen 100 000 und 200 000 Mark – das Musikband auf ... Als Gegenleistung überlässt der Sender den Plattenfirmen nicht nur den Bildschirm zur besten Sendezeit für massenwirksame Public Relations, sondern auch das Musikband zur kommerziellen Auswertung.« So werden nach Ausstrahlung der jeweiligen Sendung die gesamten Musiktitel noch einmal als Langspielplatte veröffentlicht.

Beispiel: die ZDF-Show *Musik ist Trumpf* mit Peter Frankenfeld – die insgesamt dreizehn LPs der dreizehn Sendungen verkaufen sich hervorragend, dank des Werbeeffekts durch die jeweilige Sendung. Wer da mit wem kooperiert, der *Spiegel* listet sie auf: das ZDF mit CBS für die Roberto-Blanco-Show *1000 Takte Temperament* und für *Der Troubadour aus Griechenland* mit Costa Cordalis, das ZDF mit Polydor für Shows mit Freddy Quinn und Karel Gott, das ZDF mit Ariola für *Treffpunkt Herz* mit Peter Alexander. Auch bei der Finanzierung der großen Samstagabend-Unterhaltung ist die Industrie immer wieder mit dabei. So übernimmt die Industrievertretung »Arbeitsgemeinschaft Schallplatte« im September 1973 die Hälfte der Kosten der SFB-Show *Pop 73*, und die Promotion der Verleihung der »Goldenen Europa« des Saarländischen Rundfunks wird mit etwa 200 000 Mark komplett von ihr bezahlt. Rund zehn Millionen Mark, schätzen Branchenkenner, geben Plattenfirmen und Musikverlage pro Jahr für das aus, was sie beschönigend »Senderbetreuung« nennen. Dazu werden die kostenlosen Promotion-Platten für die Moderatoren bezahlt, die Spesen für Senderkontakter und Künstler, die Playback-Bänder für die TV-Auftritte der Stars und die Portokosten für die Hitparaden-Post der Fanklubs.

Weitaus aggressiver sind die Marketing-Methoden in den USA. Hier hat die Musikindustrie die Umsätze von Film- und Fernsehproduktionen überholt, entsprechend wird mit harten Bandagen gekämpft. Dass die Plattenfirmen die Discjockeys der Radiostationen und die Programmgestalter der Fernsehshows mit Geschenken eindecken und ihnen schon mal den Urlaub bezahlen oder den Schneider, das scheint beinahe selbstverständlich. Ein gerade gefeuerter CBS-Boss gibt 1973 bei einem Polizeiverhör zu Protokoll, dass sein ehemaliger Arbeitgeber jährlich eine Viertelmillion Dollar Bestechungsgelder aufwendet. Zum Skandal erst werden die Praktiken, als bekannt wird, dass die Firmen Musiker und Geschäftspartner mit Rauschgift und Prostituierten gewogen halten. Von einem »Watergate der Musikbranche« ist die Rede, das FBI setzt eine Untersuchungskommission ein, um gegen unlautere Geschäftsgebaren zu ermitteln. Wie der *Spiegel* im Juni 1973 berichtet, wollen FBI-Leute herausgefunden haben, dass Plattenfirmen »zwischen 50 und 100 Dollar wöchentlich, bar oder in Drogenform, teils über Scheinfirmen an Diskjockeys aushändigen ließen; große Mengen Langspielplatten kostenlos in nebenberuflich betriebene Schallplattenläden von Funkangestellten karrten; gefälschte Hitlisten-Notierungen in angeblich objektiven Branchenblättern und Informationsdiensten mit Schmiergeldern erkauften«. Das sind natürlich Auswüchse. Doch eines ist gewiss, hüben wie drüben: Die einen können nicht ohne die anderen. Die Musikindustrie ist auf die Medien als größtmögliche Reklamefläche angewiesen, und die Programmgestalter könnten ohne die kostenlose Zulieferung der Plattenfirmen ihre Sendungen einstellen. Das gilt vor allem für die öffentlich-rechtlichen Sender in Deutschland, müssten sie die Musikanteile ihrer Programme selbst produzieren, wären sie in Kürze bankrott.

Die Umsatzzahlen der Musikindustrie insgesamt sind zufriedenstellend, und doch macht den Plattenfirmen eine technische Neuerung Mitte der 1970er-Jahre schwer zu schaffen, die Musikkassette. 1975 überflügelt sie in Deutschland mit 800 Millionen Umsatzwert den von LPs und Singles, der bei 700 Millionen Mark liegt. Dabei geht es vor allem um Leerkassetten, mit denen Radioprogramme mitgeschnitten und Schallplatten kopiert werden können. 1975 werden 100 Millionen dieser Kassetten verkauft, dagegen nur 87,4 Millionen Langspielplatten, 41 Millionen Singles und 21,3 Millionen bespielte Kassetten. »Die letzten Tage der Schallplatte sind gezählt«, unken die einen. »Das kann an die Existenz gehen«, sagt Musikmanager Hans R. Beierlein. Auch die technische Ausrüstung für die neuen Tonträger ist vorhanden, in bundesdeutschen Haushalten stehen 1976 annähernd so viele Kassetten-Recorder wie Plattenspieler. Im selben Jahr werden noch 1,5 Millionen Kompaktanlagen (Plattenspieler mit Kassettengeräten) verkauft, dagegen wechseln doppelt so viele reine Kassettenmaschinen den Besitzer. Die Plattenfirmen müssen sich anpassen und veröffentlichen fast jede produzierte Langspielplatte auch als Musikkassette. Wilfried Jung, Europachef der EMI-Electrola, muss sogar eingestehen, »dass die Fertigung, die Lagerung und der Vertrieb der Musikkassetten billiger und damit profitabler ist als das Schallplatten-Business«. Trotzdem, die Konkurrenz zu den herkömmlichen Platten ist nicht schönzureden. Vor allem Jugendliche und junge Leute gehen dazu über, gar keine Platten mehr zu kaufen, sondern sich die gewünschten Titel aus dem Radio mitzuschneiden. Außerdem heizt ein Heer von Schwarzkopierern der Branche ordentlich ein und bringt mit Billigangeboten in Millionenauflage die Plattenfirmen um ihren Gewinn. Mehr als eine Milliarde Mark, schätzt man, gehen der internationalen Musikbranche jährlich durch Leerkassetten und Piraterie verloren. Doch der *Spiegel* sieht auch die Vorteile und schwärmt: »Die Musik kommt aus der Luft. Ein Knopfdruck am Radio-Recorder, und schon ist ein Schlager aus dem Äther auf der Kassette lange verfügbar. Ein Klang-Supermarkt zum Nulltarif: Leichter war das Mitschneiden noch nie.« Gleichzeitig warnt er: »Die Musikindustrie steht vor ihrer gefährlichsten Krise ... Versiegt der Verkauf von bespielten Kassetten und Schallplatten, weil der Konsument allen Schall aus dem Äther umsonst konservieren kann, sind keine Mittel für Neuaufnahmen mehr da.« Das Für und Wider in der Debatte ist heute, mehr als dreißig Jahre später, wieder präsent: Ähnlich leidenschaftlich geht es zu im Konkurrenzkampf zwischen CD-Industrie und den Download-Möglichkeiten im Internet.

Mit der Internationalisierung konzentrieren sich die Plattenfirmen auf die Stars im Geschäft, und die kommen nicht aus Deutschland. Die großen Gewinne in einer Branche, die sich längst auf den schnellen Umsatz eingestellt hat, lassen sich nur noch mit Künstlern machen, die weltweit einen Namen haben. An der Spitze der Großverdiener steht 1975 Elton John mit 42 Millionen Mark Jahreseinkommen, gefolgt von den Rolling Stones (38 Millionen) und Bob Dylan (37 Millionen). Ganz bescheiden nimmt sich dagegen die Liste deutscher Künstler und die Anzahl ihrer verkauften Tonträger aus. James

Last hat 1975 2,2 Millionen Platten verkauft, Heino 1,2 Millionen und Otto Waalkes 1 Million, Freddy Quinn ist unter den ersten zehn gar nicht notiert. Die Folgen dieser Konzentration auf einige wenige sind für die Künstler hierzulande katastrophal: Es gibt kaum noch langfristige Verträge, und eine verantwortliche Nachwuchsförderung wird fast völlig eingestellt. Stattdessen werden fertige Aufnahmen zunehmend von selbstständigen Produzenten gekauft, und die Hits werden in immer kürzeren Zeitabständen – erst im Original und dann in verschiedenen *Compilations* – so lange auf den Markt geworfen, bis wirklich nichts mehr rauszuholen ist. Mit der Konkurrenz der Kassette im Nacken scheinen die Aussichten auf eine produktive und gleichzeitig kreative Branche endgültig dahin.

Diese Entwicklung mit ihren neuen Zwängen und Mechanismen bleibt nicht ohne Auswirkung auf den weiteren Karriereverlauf von Freddy Quinn. Sein Marktwert in Deutschland scheint relativ stabil, und noch immer steht er bei der Polydor unter Vertrag mit den entsprechenden Garantien: regelmäßige Single-Veröffentlichungen und Albenproduktionen mit Mitspracherecht. Damit wird die immer noch große Anzahl loyaler Anhänger versorgt, aber die wirklich hohen Verkaufszahlen bleiben aus. Der Sänger bescheidet sich zwangsläufig und fügt sich in die neuen Verhältnisse: »Ich habe festgestellt, dass ich im Hit-Geschäft gar nicht mehr so dringend mitmischen muss, weil ein Hit heute ja nicht mehr so dauerhaft ist.« Er findet sich damit ab, dass sein Publikum keine neuen Hits mehr erwartet, keine neuen Trends, keine neuen Inhalte. Seine Fans, das sind vor allem jene, die mit ihm älter geworden sind und denen es ausreicht, sich mit ihm und seinen einstigen Erfolgen an die Zeit ihrer jungen Jahre zu erinnern: »Ich finde es schön, dass ich so viel Nostalgie bieten kann, obwohl ich persönlich nicht so nostalgisch veranlagt bin. Meine früheren Lieder waren der Ausdruck meiner momentanen Gefühle. Das ist heute, nachdem ich ein Profi in der Branche geworden bin, natürlich nicht mehr so.« Also keine Experimente mehr bei den aktuellen Single-Veröffentlichungen, entsprechend beliebig lauten die Titel, die er zwischen 1975 und 1984 bis zu seinem Vertragsende auf dem Polydor-Label veröffentlicht: »Solang' die Sonne scheint«, »Marie, ich komm' zu dir«, »Komm, ich zeig' dir die Welt«, »Du hast Tränen im Gesicht«, »Weil ich dich wirklich liebe«.

»Ich habe mich für die leichte Kost entschieden, weil ich glaube, dass dafür ein Bedarf vorhanden ist. Und ich habe festgestellt, dass es für einen Unterhalter falsch ist, sich nebenbei sozialkritisch zu engagieren.« So viel Programmatisches äußert der Sänger 1974 und weicht doch einmal noch davon ab, 1980, als er mit einem Titel auf sich aufmerksam macht, der aus dem neu gesetzten Rahmen fällt: »Istanbul ist weit«. Schon das Plattencover erzählt die ganze Geschichte des Liedes: Ein Zugschild ist darauf zu sehen, »Istanbul Express D 293 nach Salzburg – Villach West – Jesenice – Ljubljana – Beograd – Nis – Dimitrovgrad IZ – Dragoman – Sofia – Svilengrad – Kapikule – Edirne – Istanbul«, darüber der türkische Halbmond mit Stern. »Er ging allein durch die Stadt / seine dunklen Augen blickten matt / schwer war sein Gang«, heißt es in dem Lied über einen türkischen Gastarbeiter in Deutschland, der sich zurück in seine Heimat sehnt: »Istanbul ist ja so weit / und ich bin schon so lange fort / Darum muss ich wieder hin / wo mich die Menschen versteh'n / In den kleinen Ort, / wo ich geboren bin.« Hier ist es wieder, ein altes Schlager-Thema, neu variiert. 1962 singt Conny Froboess »Zwei kleine Italiener«, die es jeden Abend vor Heimweh zum Bahnhof zieht. Der Fremde in Deutschland, der Gastarbeiter, wie er in den ersten Jahren genannt wird, wird hier zum ersten Mal besungen. 1974 – es ist die Blütezeit des Schlagers, der so gerne als sozialdemokratisch apostrophiert wird, weil mehr und mehr gesellschaftspolitische Themen darin Eingang finden – greift Udo Jürgens mit »Griechischer Wein« das Thema des Fremden wieder auf und landet einen Riesenhit damit. Bei Freddy Quinn ist es nun ein Türke, dem der Deutsche helfend zur Seite steht: »Da lud ich ihn einfach ein / Komm mit zu uns auf ein Glas Wein / Sprich dich aus, lass dir helfen wenn es geht. / Er sprach, ich danke dir / Du bist sehr gut zu mir / Aber vielleicht ist es schon zu spät.« Die textliche Nähe zu dem Lied von Udo Jürgens ist deutlich, die Einflüsse aus der jungen Tradition der »Gurbet Türküleri«, der türkischen Lieder aus der Fremde, sind unverkennbar. Diese Volksmusikrichtung in der türkischen Musik entsteht nach dem Zweiten Weltkrieg, als in großer Zahl die ersten türkischen Arbeitskräfte ihre Heimat verlassen und im Ausland ihr Einkommen suchen. In der Fremde versuchen diese Arbeitsemigranten in selbst verfassten Texten und Liedern ihren Gefühlen der Heimatlosigkeit und des Heimwehs Ausdruck zu geben. Die Trauer und die Klage, wie sie auch in »Istanbul ist weit« sich artikuliert, sind wesentliche Momente der »Gurbet Türküleri« und der »Alamanya Türküleri«, der türkischen Lieder aus Deutschland. Um die Klage so authentisch wie möglich zu halten, wechselt Freddy Quinn gegen Ende des Liedes die Rolle und spricht auf Türkisch zu seinen Zuhörern, wobei die Textzeilen eine Übersetzung des Refrains darstellen: »Das schöne Istanbul ist so weit / und es ist so lange her, dass ich meine Freunde gesehen habe. / In meinen Träumen sehe ich das Goldene Horn, / den Bosporus, die Inseln und mein Haus.« Auffällig bei diesem Lied ist außerdem, dass der textliche Inhalt mit der Komposition kontrastiert. Produziert und geschrieben von Leo Leandros, ein Komponist griechischer Herkunft und Vater der populären Sängerin Vicky Leandros, ist die Nähe zu griechischer Volksmusik unüberhörbar. Besonders durch die Bouzouki, die immer dann zum Einsatz kommt, wenn – wie in »Griechischer Wein« von Udo Jürgens – griechische Stimmung hervorgerufen werden soll. Die Bouzouki ist im Klang der türkischen Saz ähnlich, beides sind langhalsige Saiteninstrumente und haben eine gemeinsame Geschichte in der Kultur des Osmanischen Reichs. Freddy Quinn erzielt mit diesen exotischen und doch im deutschen Schlager inzwischen vertrauten Tönen einen Achtungserfolg, zum letzten Mal in seiner Karriere erreicht er eine Notierung – Platz 46 – in einer aktuellen Hitparade, zehn Wochen ist er mit »Istanbul ist weit« platziert.

Früher, da hat er seine Platten europaweit verkauft, und später führen ihn die großen Tourneen über die Bundesrepublik hinaus natürlich immer wieder auch ins deutschsprachige Ausland, in sein Heimatland Österreich und in die Schweiz. Nur der andere Teil Deutschlands, die DDR, ist Freddy Quinn verwehrt geblieben. Zwar weiß er davon, dass sein Name auch »drüben« bekannt ist, dass seine Lieder ihr Publikum im Osten gefunden haben. Der Sänger selbst aber ist nicht erwünscht, seine Titel sind in keinem Rundfunkarchiv zu finden, seine Platten wurden nie übernommen. Quinn geht es nicht alleine so, nach dem Bau der Mauer am 13. August 1961 haben alle Künstler aus dem westlichen Ausland – und dazu zählt aus Ostberliner Sicht auch die BRD – keine Möglichkeit mehr, in die DDR einzureisen. Der Empfang westlicher TV- und Radiosender wird zwar nicht direkt unter Strafe gestellt, aber überführte Hörer bekommen mitunter erhebliche Schwierigkeiten. Gelegentlich wird der Empfang von »West-Sendern« durch Störsender verhindert, und mit dem Fernseher »Berolina« und dem Radiogerät »Kolibri« kann man nur Ost-Programme empfangen, West-Frequenzen und -Kanäle werden mit technischer Hilfe gesperrt. Derart abgeschottet haben westliche Interpreten zunächst überhaupt keine Chance mehr in der DDR. Eine Anordnung des Ministeriums drängt bereits 1958 den Einfluss westlicher Unterhaltungsmusik zurück, 60:40 heißt die Formel, 60 Prozent der im Land aufgeführten Musikstücke müssen künftig aus der Feder von DDR-Komponisten stammen, der Anteil devisenpflichtiger West-Ware wird auf 40 Prozent festgelegt. Ideologisch unterstützt wird die neue Richtlinie 1958 vom Staats- und Parteichef Walter Ulbricht höchstpersönlich, auf dem 5. Parteitag läutet er das Ende der »gängigen Massenware zweifelhafter Herkunft« ein und plädiert für eine Wende in der Schlagerproduktion, »bewusstseinsbildend« sollen die neuen musikalischen Reime sein und ihren Beitrag leisten zur »Ausprägung der sozialistischen Persönlichkeit«.

Und schließlich: Gibt es in der DDR nicht genügend Künstler, die den Vergleich mit ihren westlichen Kolleginnen und Kollegen nicht scheuen müssen? Wie Bärbel Wachholz beispielsweise, singt sie nicht fast so wie Caterina Valente? Oder Frank Schöbel wie Peter Kraus? Oder Fred Frohberg wie sein Fast-Vornamensvetter Freddy? Auch Frohberg singt vom Hafen und Fernweh, von der Heimat und der weiten See, »Einsam liegt mein Schiff im Hafen« und »Zwei gute Freunde« heißen seine Erfolgstitel, »Steuermann, halte Kurs«, »Die Sterne der Heimat« und »Über das weite Meer«. Der Osten ist auf den Westen nicht angewiesen, musikalisch jedenfalls nicht.

Am 5. April 1965 öffnet sich das Land dann doch wieder den Tönen vom vermeintlichen Klassenfeind, der US-amerikanische Jazztrompeter und Sänger Louis Armstrong ist der Erste aus dem kapitalistischen Ausland, der nach dem Mauerbau wieder auftreten darf in Ost-Berlin. Sein Konzert im Friedrichstadtpalast wird ein Erfolg. Armstrong folgen andere wie Juliette Gréco und Gilbert Bécaud aus Frankreich, die Verantwortlichen achten darauf, dass nur Künstler auftreten, die der deutschen Sprache kaum mächtig sind und deshalb kein Risiko darstellen mit unkontrollierbaren Äußerungen bei ihren Auftritten. Der erste deutschsprachige Künstler im DDR-Fernsehen, der aus dem Westen kommt, ist 1965 Udo Jürgens, hüben ebenso populär wie drüben, und außerdem keiner aus der BRD, Jürgens ist Österreicher. Erst gegen Ende der 1960er-Jahre mehren sich die Auftritte westlicher Künstler im DDR-Fernsehen und auf ostdeutschen Bühnen. Die Französin Mireille Mathieu gehört dazu, der Grieche Costa Cordalis und die Westberlinerin Katja Ebstein. Ihre Bezahlung ist genau geregelt, ein kleiner Teil der Gagen wird in DDR-Mark beglichen, der Rest in Valuta, in Westgeld. Da die DDR-Währung nicht ausgeführt werden darf, können sich die Künstler ein Konto in der DDR einrichten oder das Geld in Ost-Waren anlegen: Porzellan aus Meißen, Musikinstrumente, Fotoapparate, alles Konsumartikel des sogenannten gehobenen Bedarfs.

Gerne gesehen, vor allem in den populären TV-Shows wie *Ein Kessel Buntes,* sind die West-Gäste, die als unpolitisch bekannt sind. Sie sollen für gute Stimmung sorgen und angesagte Rhythmen, ein bisschen Weltläufigkeit und Offenheit repräsentieren, aber sich nicht einmischen in die inneren Belange der Republik durch ungebetene Kommentare. Deshalb steht so einer wie der Deutsch-Rocker Udo Lindenberg ganz oben auf der Liste der unerwünschten Gäste. Auch Freddy Quinn gehört dazu. Nicht ganz unschuldig an Quinns schlechtem Ruf ist Karl-Eduard von Schnitzler, Chefkommentator des DDR-Fernsehens und Moderator der Sendung *Der schwarze Kanal*. Immer wieder brandmarkt er in seinem Propaganda-Magazin »das diabolische Wechselspiel zwischen Politik und Schlager« im Westen, und besonders angetan hat es ihm Freddy Quinn und sein Hit »Hundert Mann und ein Befehl«, das sei ein Lied der »Kriegstreiber« und gewidmet den Ledernacken in Vietnam. Dieser Bann untermauert das faktische Auftrittsverbot für Freddy Quinn in der DDR.

Bis 1978. »Das Jahr 1978 begann für mich mit einer geradezu utopischen Überraschung«, schreibt in seinen Memoiren der beliebteste Rundfunk- und TV-Moderator der DDR, Heinz Quermann. »Die Agentur Collien in Hamburg rief mich an und teilte mir mit, sie wäre ermutigt worden, mir für meine Sendereihe *Da liegt Musike drin* Freddy Quinn zu vermitteln.« Quermann kann es gar nicht glauben und ist sich erst sicher, als ihm drei Tage später Freddy Quinn telefonisch sein Kommen bestätigt. »Aber wie kommt es zu diesem Angebot?«, fragt Quermann vorsichtig am Telefon. »Weil ich bei der Gelegenheit Herrn von Schnitzler liebend gern in den Hintern treten möchte«, antwortet ihm der Sänger gut gelaunt. Bei einem Treffen am 8. Februar im Westberliner Hotel Schweizerhof erledigen Quermann und Quinn persönlich die Formalitäten des Auftritts, der für den 25. März, den Ostersamstag in diesem Jahr, angesetzt wird. Als es bei dem Gespräch um die Gage geht, legt Quinn dem verdutzten DDR-Moderator eine Seite aus einer Modezeitschrift vor, darauf zu sehen ein echter russischer Blaufuchsmantel, ein Angebot der Leipziger Firma Brühl-Pelz. »Wenn ich diesen Mantel für meine Frau Blessmann bekommen kann, die all meinen Bürokram erledigt und demnächst sechzig Jahre alt wird, dann verzichte ich auf eine Gage.« Freddy Quinn weiß, was er will.

Um ausreichend Zeit zu haben für die nötigen Vorbereitungen des Auftritts, verabreden die beiden, dass Quinn am Mittwoch vor Ostern über den Übergang Drewitz bei Berlin in die DDR einreisen soll. Zum vereinbarten Termin klärt Quermann mit dem zuständigen Wachpersonal an der Grenze, dass er den Gast gemeinsam mit seiner Frau in Drewitz abholen wird. »Plötzlich stoppte in beiden Richtungen jeglicher Verkehr. Ich ahnte: Jetzt ist er da! Prompt eilten die beiden Offiziere herbei und bestätigten strahlend meine Vermutung. Meine Frau solle über beide Fahrbahnen hinweg fahren, Freddy käme dann schon mit seinem Manager nach. Wir bedankten uns, ich ging unter dem Armaturenbrett auf Tauchstation ... und dann folgte uns Freddy mit seinem Wagen.« Später steigt der West-Besucher um in Quermanns Volvo, den seine Frau Ruth steuert. Auf der Weiterfahrt nach Leipzig wird die genaue Liedfolge besprochen. Quermann bittet den Sänger, in seinem Auftakt-Medley auf den Erfolgstitel vom »brennend heißen Wüstensand« zu verzichten. Die »Wüste« darf derzeit nicht erwähnt werden in der DDR, jede Anspielung darauf kann missverstanden werden. Quinn weiß sofort warum, er kennt die Schlagzeilen um Werner Lamberz, ein Mitglied des Zentralbüros der SED, wenige Wochen zuvor. Nach einem Besuch in einem Zeltlager bei Libyens sogenanntem Revolutionsführer Muammar al-Gaddafi kommt Lamberz, der in seiner Heimat schon als Nachfolger für Staatschef Erich Honecker im Gespräch ist, am 6. März bei einem Hubschrauberabsturz in der Libyschen Wüste ums Leben. Ob es ein Anschlag oder ein Unfall ist, bleibt bis heute ungeklärt.

Bei der ersten Bühnenprobe am Abend erfährt Quinn die nächste Einschränkung für seinen Auftritt. Regisseur Bruno Kleberg will Quinn weismachen, das Licht sei nicht besonders günstig ganz vorne am Bühnenrand. Freddy kapiert wieder sofort: »Ich soll nicht so nahe an das Publikum, sonst könnte es aussehen wie eine deutsch-deutsche Verbrüderung.« Am nächsten Morgen, gegen 6 Uhr, wird Heinz Quermann telefonisch geweckt, am Apparat ist der zuständige Polizei-Offizier für die internationalen Gäste im Leipziger Interhotel. Seine Nachricht ist niederschmetternd, Freddy Quinn ist mit einem ungültigen Pass in die DDR eingereist, und – schlimmer noch – niemand in Drewitz hat das bemerkt, im Gegenteil, der ungültige Pass wurde auch noch abgestempelt. Weiter schreibt Quermann: »Quinn erklärte später, dass er weder in den USA, in Kanada, England – überhaupt keinem westlichen Land mit einem abgelaufenen Pass auch nur drei Meter weit käme, nur in der bösen DDR habe er frisch-fröhlich einreisen können. Wir seien eben ein ideales Land für Künstler, meinte Quinn lachend.«

Wieder einen Tag später, es ist inzwischen der Freitag vor Ostern, folgt die nächste Hiobsbotschaft: Freddy ist stockheiser. Gerade erst ist er aus dem sonnigen Spanien gekommen, und hier in Leipzig liegt noch Schnee, dazu bläst ein heftiger Wind aus Nordost. Sofort wird der Leipziger Theaterarzt Dr. Westphal gerufen, seine Diagnose klingt alarmierend: »In Freddys Hals sieht es aus wie nach einem Waldbrand.« Doch der Arzt bleibt gelassen und weiß, was zu tun ist. Und am Nachmittag, zur ersten Durchlaufprobe, singt Freddy gut gelaunt seine Lieder. Der Saal im »Haus der heiteren Muse«, dem Veranstaltungsort der TV-Sendung *Da liegt Musike drin*, ist jetzt schon bis auf den letzten Platz besetzt. Alle sind gekommen, um den berühmten Mann aus dem Westen zu sehen. *Da liegt Musike drin*, das ist ein Prestige-Objekt der heimischen Unterhaltungsindustrie und wird samstagabends im Wechsel mit dem ebenso populären *Kessel Buntes* ausgestrahlt. Durch die Sendung führt nicht Heinz Quermann, sondern der beliebte Kammersänger Reiner Süß, Quermann ist der verantwortliche Redakteur für die Show.

Ist Freddy nicht mit Proben und ärztlicher Versorgung beschäftigt, verbringt er die übrige Zeit in Leipzig damit, Autogramme zu geben. Überall, wo er auftaucht, stehen die Fans sofort Schlange, selbst die ihn begleitenden Polizisten bitten ihn um ein Foto mit Unterschrift für sich und ihre Familien. Auch die Mitarbeiter der Stasi, die sich auffällig-unauffällig in der Hotel-Lobby bewegen, versuchen heimlich, an ein handsigniertes Foto des West-Stars zu kommen.

Die Generalprobe zur Sendung ist für den Samstagmorgen angesetzt, wieder ist der Saal proppevoll, und Regisseur Kleberg hat eine Idee: Er zeichnet das Finale der Probe auf, die dann eingesetzt würde, falls es am Abend während der Live-Sendung zu irgendwelchen Störungen kommen sollte. Große Aufregung schließlich vor der Sendung am Abend, Quinns Auftritt wird endgültig zum Politikum. Quermann erinnert sich: »Wir telefonierten pausenlos mit Berlin, weil uns vom Sendebüro mitgeteilt worden war, welche prominenten Genossen bereits protestiert hatten. Werner Lamberz war tot, und nun sprach man von einer politischen Kulturschande, von einer Beleidigung der tapferen Genossen in Vietnam und so weiter. Karl-Eduard von Schnitzler, Markus Wolf und viele andere drohten mit einer Beschwerde bei der Parteiführung.« Und dann geht doch noch alles gut, Freddy Quinns Auftritt wird ein umjubelter Erfolg, stehende Ovationen vom Publikum, selbst die anderen mitwirkenden Künstler kommen auf die Bühne, um dem großen Kollegen zu applaudieren. Heinz Quermann: »Dann stand ich ohne Krawatte und Jackett, mit aufgekrempelten Hemdsärmeln vor dem tobenden Volk. Freddy kam strahlend zurück, wir umarmten uns, feierten elfeinhalb Jahre zu früh die Vereinigung. Ich klatschte nun auch, schielte zum Orchesterleiter Walter Eichenberg und dem Chor, Walter nickte beruhigend zurück und intonierte die Einleitung von ›Junge, komm bald wieder‹. Bedauerlicherweise kam Freddy nicht zum Singen, alldieweil das ausverkaufte Haus das Lied aus vollen Kehlen schmetterte. Nicht nur ich hatte den Eindruck, dass man diesen Text besser draufhatte als den unserer Nationalhymne.«

Am Dienstag nach Ostern, Freddy Quinn ist wieder unbehelligt ausgereist und Heinz Quermann zurück an seinem Arbeitsplatz im Zentrum des DDR-Fernsehens, in Berlin-Adlershof. Bei allen bösen Tönen, die er aus der Hauptstadt gehört hat, befürchtet Quermann ein Donnerwetter. Doch sein Chef, der »Vorsitzende des Staatlichen Komitees für Fernsehen« – so der offizielle Titel des obersten Zensors des DDR-Fernsehens – Heinz Adameck, kann Quermann beruhigen: »Du warst heute im Politbüro große Mode! Der Mielke hat dich beschimpft – ›dieser Quermann, dieses Ar...loch mit seinen Scheiß-Schlagersängern, beweist aller Welt, dass die Grenzen unserer DDR nicht sicher sind‹, hat er gesagt. Aber mach dir keine Sorgen, vier Politbüro-Mitglieder beruhigten den Genossen Mielke, sie hätten mit ihren Familien schon lange keine so schöne Sendung mehr gesehen.«

Und was ist aus dem Pelzmantel geworden, dem russischen Blaufuchs, den sich Freddy Quinn für Lilli Blessmann statt einer Gage gewünscht hat? Natürlich hat er ihn bekommen, drei Wochen nach seinem Auftritt kann er das kostbare Stück anlässlich einer Pelzmesse in Zürich abholen. Alles in allem ein fast kostenneutraler Auftritt, Quinns erstes Erscheinen in der DDR hat dem Fernsehsender keine Mark gekostet, Heinz Quermann musste der Firma Brühl-Pelz für den Mantel lediglich sechs Eintrittskarten überlassen.

Neuland DDR – der umjubelte Auftritt in Leipzig mit all seinen politischen Implikationen muss eine Genugtuung gewesen sein für Freddy Quinn. Trotz aller Widerstände hat er den DDR-Oberen bewiesen, dass man einen wie ihn nicht verbieten, nicht unterdrücken kann. Außerdem lenkt ihn das besondere Erlebnis im anderen Teil Deutschlands ein wenig ab von dem Karriere-Einerlei in der BRD: Die Plattenumsätze haben sich im vertretbaren Mittelfeld eingepegelt, die Konzerte und TV-Auftritte sind zur Routine geworden – es ist an der Zeit, Neuland auch in Westdeutschland zu betreten. Eine erste Chance dazu bietet ihm das ZDF, der Redakteur Harald Müller will mit Quinn eine Fernsehshow produzieren. Zunächst wird ein musikalischer Leiter gesucht, der durch das Programm begleitet. Müller denkt an Alfred Hause, den Chef des NDR-Unterhaltungsorchesters, oder an James Last, der ja bereits Tournee-Erfahrung mit Freddy Quinn hat. Doch für Freddy kommt nur einer infrage, Bert Kaempfert. »Den kriegen wir nie!«, Redakteur Müller ist skeptisch. Doch Freddy greift zum Telefon, und Kaempfert sagt sofort zu. Seit neun Jahren hat er nicht mehr in Deutschland mit seinen Musikern gastiert, stand aber bereits im Mai 1974 für ein kurzes Special – *Gute*

Laune mit Musik, produziert für den Südwestfunk – schon einmal mit Freddy Quinn vor einer Fernsehkamera. Das ZDF ist stolz, den international renommierten Orchesterchef mit an Bord zu haben, und so lautet der Titel der Sendung *Freddy Quinn – Ein Konzert mit dem Orchester Bert Kaempfert*. Die Show wird – nach vier Tagen Probe – in einem Rutsch Ende Januar in Hannover aufgezeichnet und steht am 1. April 1976 um 19.30 Uhr im Programm. Dafür muss ein anderer großer Österreicher, Peter Alexander, weichen, dessen Musikshow eigentlich für diesen Sendeplatz eingeplant war. Neunzig Minuten dauert das Programm, durch das Quinn nach US-Entertainer-Vorbild führt, im Smoking mit Fliege, akkurat gescheitelter Frisur, eine Hand lässig in der Hosentasche, gelehnt auf einen Barhocker. Neben Kaempfert mit dabei ist die Hamburger Country-&-Western-Band Truckstop, die norddeutsche Folklore-Gruppe Finkwarder Speeldeel und Los Muchachos aus Argentinien. »Damit hat Freddy wieder mal gefunden, was er so dringend braucht: Bestätigung«, schreibt Peter Bar anlässlich der Ausstrahlung der Sendung im *Hamburger Abendblatt*. Denn Quinn, so Bar weiter, »hat immer arg unter einem Defizit an Anerkennung gelitten. Sein enormer Erfolg beim Publikum stand stets in krassem Gegensatz zur Kritiker-Meinung. Freddys Karriere ist denn auch gekennzeichnet vom Kampf um Lob und Liebe. Die Energien, die er dafür mobilisierte, sind gewaltig. Um sich von seinem Seemanns-Image zu befreien, lief er unter Zirkuskuppeln über Drahtseile, machte Kopfstände auf wackeligen Röhren, dressierte Löwen, gab in der Frankfurter Oper den Grafen Orlowsky in der *Fledermaus* und ließ sich vor Jahren, um auch mal als richtiger Mann zu gelten, auf eine Publicity-Kampagne mit dem Schaubusenstar Jayne Mansfield ein. Alles Ausreißversuche vor sich selbst, die in die Hose gingen.«

Quinns erste eigene Fernsehshow aber geht nicht in die Hose, fast jeder zweite Bundesbürger sitzt an diesem 1. April vor dem Bildschirm, die LP zur Sendung wird anschließend rund 150 000-mal verkauft. Für den Sender – in gewohnter Kooperation mit Quinns

Plattenfirma Polydor – Grund genug, gleich im nächsten Jahr eine Fortsetzung der Show einzuplanen. Diesmal sind die Fischer-Chöre mit dabei, die Sängerin Mary Roos, Los Mariachis aus Mexiko und die Hamburger Szene-Musiker »Okko, Lonzo, Berry, Chris und Django«. Während der Vorbereitungen zur Sendung nimmt Quinn Kontakt auf zu Kurt Collien, dem Hamburger Agenten, für den der Sänger zur Neueröffnung des St. Pauli-Theaters im Musical *Der Junge von St. Pauli* auf der Bühne stand. Gemeinsam hecken Collien und Quinn einen Plan aus: Wie wäre eine gemeinsame Konzertreise von Freddy Quinn und Bert Kaempfert? Keine große Tournee, acht Tage nur, ein paar ausgesuchte Hallen? Für Kaempfert wäre es das erste Mal, dass er und sein Orchester sich auf einer Tournee in Deutschland präsentieren können. Bisher ist es dazu nicht gekommen, das Orchester ist zu groß und zu teuer, und die Zahl der Kaempfert-Fans reicht nicht aus, um die für eine gewinnbringende Tour notwendigen Säle zu füllen. Aber die beiden im Doppelpack? Das könnte funktionieren, die treuen Freddy-Fans würden ausreichen, um die kleine Konzertreise nicht zu einem finanziellen Fiasko werden zu lassen. Am 20. März ist es so weit, die Premiere geht in der Gruga-Halle in Essen über die Bühne. Das Publikum ist begeistert, und die Presse reagiert positiv. »Was anfangs nach einer Freddy-Show ausgesehen hatte, fand ein überraschendes Ende: Bert Kaempfert wurde zum Star des Abends«, schreibt die *Welt am Sonntag*. Und so soll es für den Rest der Tour bleiben, sie wird ein Erfolg, vor allem für Kaempfert, in Hamburg muss sogar ein zweites Konzert anberaumt werden. Freddy soll die zweite Geige spielen? Das passt dem erfolgsgewohnten Star überhaupt nicht, hinter den Kulissen kommt es zu Spannungen. Doch Kaempfert und Quinn sind Profis genug, sich auf der Bühne davon nichts anmerken zu lassen, und auch die Aufzeichnung der Sendung verläuft ohne Komplikationen. Die ZDF-Show, die auch diesmal vorab in Hannover aufgezeichnet und schließlich am 7. April 1977 ausgestrahlt wird, erzielt erneut hervorragende Quoten, und die anschließende Zweitverwertung via Langspielplatte kann ebenfalls an die guten Verkaufszahlen vom vergangenen Jahr anknüpfen.

Mit diesen beiden sogenannten Personality-Shows hat Freddy Quinn seine TV-Tauglichkeitsprüfung bestanden. Das ZDF ist zufrieden und will weiter mit dem Künstler, der jetzt als Entertainer gilt, arbeiten. Ein neues Konzept muss her für eine neue Abendshow. Quinn und die zuständigen Redakteure besinnen sich auf des Sängers Vorliebe für die Country-&-Western-Musik. »Diese schlichte, schöne Country-&-Western-Musik hat's mir angetan. Deshalb sagte ich gerne zu, als das ZDF mir die Show anbot; zumal ich Gäste einladen konnte, deren Namen mit Country & Western geradezu verschmolzen sind.« Cowboy-Musik heißt die Gattung im deutschen Volksmund und ist noch nicht wirklich populär hierzulande, eine Sparte nur, die ihr Nischendasein fristet im Nachtprogramm der Radiostationen und in mäßig gefüllten Regalen in den Plattenläden. Das zu ändern, dazu hat Freddy Quinn jetzt die Gelegenheit, am Abend des Ostersonntags 1979 geht er zum ersten Mal auf Sendung, für neunzig Minuten – *Ich möcht' so gern Dave Dudley hör'n* lautet der Titel. Und just jener Dave Dudley, in den USA ein Idol der Cowboys der Neuzeit, der Trucker, ist zur Premierensendung mit dabei. Ebenso wie Ken Curtis, den man in Deutschland nur in seiner Rolle als »Festus Haggen« aus der Fernsehserie *Rauchende Colts* kennt und mit seiner krächzenden (Synchron-)Stimme identifiziert. Tatsächlich ist er ein guter Sänger, der einst als Nachfolger von Frank Sinatra mit dem Orchester von Tommy Dorsey aufgetreten ist. Weitere Gäste aus den USA: Bonnie Nelson und die »Drifting Cowboys« sowie John Conlee und Cristy Lane, beide völlig unbekannt in Deutschland, aber in den USA gerade von der »Academy of Country Music« ausgezeichnet als »Top New Male« beziehungsweise »Top New Female Vocalist« des Jahres 1978. So viele namhafte Gäste, die alle aus den USA eingeflogen werden müssen – das wird teuer. Eine Million Mark soll das ZDF die Show gekostet haben, wird in der Presse spekuliert, genau die Summe, die der Sender ansonsten nur pro Show für seinen bestbezahlten Star Peter Alexander ausgibt. »Es ist ein Versuch«, beim ZDF gibt man sich zurückhaltend-optimistisch: »Wir wissen ja nicht, wie unsere Zuschauer auf Country & Western reagieren.« Bei Erfolg soll daraus eine Serie werden, diese Option hält sich der Mainzer Sender offen.

Die Sendung wird ein Erfolg und geht in Serie. Am 30. Oktober 1980 wird die zweite Folge ausgestrahlt, der sperrige Namen der Erstsendung ändert sich in *It's Country Time,* die Gästeliste ist auch diesmal ebenso spektakulär wie bei der Premiere: Emmylou Harris, die Osborne Brothers, Henry Darrow, bekannt als »Manolito« aus der TV-Serie *High Chaparral,* sowie Johnny Cash und seine Frau June Carter. Konzept und Mischung scheinen zu stimmen und Freddy Quinn der ideale Präsentator, kundiger Gesprächs- und talentierter Duett-Partner für seine Gäste. Insgesamt werden dreizehn *Country Time*-Sendungen produziert und ausgestrahlt, die letzte am 29. Dezember 1986.

Aber die Country-Musik ist es nicht alleine, die Freddy Quinn weiterhin beim Fernsehen eine Beschäftigung sichert. Seine zweite große Liebe ist der Zirkus, geradezu mythischer Ort für viele seiner Sehnsüchte und Wünsche. Der Ursprung dafür liegt selbstverständlich in seiner Jugend, als er 1949 mit dem Zirkus Gschwandner einen Sommer lang durch die österreichische Provinz gezogen ist. In Quinns nostalgischen Erinnerungen erscheint diese Zeit später quasi als Lehrzeit für seine zirzensischen Show- und Glanznummern, auch wenn er nichts davon dort erlernt hat. Aber sie hat ihm offensichtlich das ideologische Rüstzeug mitgegeben, das ihn zeit seiner Karriere begleitet. »Ich habe damals gelernt, den späteren Erfolg zu verkraften, und weiß seit dieser Zeit, wie wichtig Applaus für die Seele sein kann.« Außerdem: »Die Artisten sind die ehrlichsten und aufrichtigsten Kollegen. Sie arbeiten ohne Netz und doppelten Boden, alles ist live, echt und gekonnt – das wahre Leben.« Und: »Von den Artisten habe ich gelernt, dass das Publikum meine Gage bezahlt. Dass ich die verdammte Pflicht habe, dafür meine Arbeit abzuliefern.« Wie oft hat er solche oder ähnliche Sätze geäußert? In fast all seinen Interviews kommen sie vor, magischen Beschwörungsformeln gleich. »Die Artistik ist eine Leidenschaft von mir, das ist alles. Und da ich Artisten wegen ihrer Ehrlichkeit und Disziplin besonders schätze, freue ich mich, einer von ihnen zu sein.«

Fest steht, dass er immer wieder Mut und Talent beweist in einem Metier, das nicht seins ist. Zum ersten Mal zeigt sich das 1963, als er für das Programm *Stars in der Manege* im Münchner Circus-Krone-Bau – zusammen mit den »Carillos« – auf einem Hochseil über einen Tigerkäfig balanciert. 1971 an gleicher Stelle im gleichen Programm glänzt er gemeinsam mit dem weltbekannten Hochseilartisten Joe Seitz bei einem Gang über das Zwölf-Meter-Seil, ganz ohne Netz, und singt dabei »O mein Papa«. Seitz und er haben die Nummer wiederholt aufgeführt, und beide werden dafür aus der Hand von Monacos Fürst Rainier beim Zirkus-Festival in Monte Carlo außerhalb des Wettbewerbs mit dem sogenannten Zirkus-Oscar ausgezeichnet.

Immer wieder macht Quinn Schlagzeilen mit seinen spektakulären Zirkusauftritten, als Dressurreiter, im Raubtierkäfig sowie auf dem Hochseil. Das bringt ihm Achtung und Anerkennung der Zirkusleute und Artisten ein, so viele von ihnen kennt er gut, und mit so vielen ist er befreundet. Was also liegt näher, ihm eine weitere Moderatoren-Tätigkeit anzutragen, die sich vor allem in der Manege abspielt? 1981 moderiert er, zunächst zusammen mit seinem Kollegen Bruce Low, die ZDF-Sendung *Zirkus, Zirkus*. Die Show ist seit 1976 im Programm des ZDF, präsentiert von Bruce Low alleine oder gemeinsam mit Caterina Valente. Jetzt also ist Freddy Quinn an der Reihe, der 1982 schließlich die Aufgabe von Bruce Low übernimmt und alleine fortführt bis 1986. Im Anschluss daran, vom Juni 1986 bis Dezember 1994, ist er Moderator der Sendereihe *Meine Freunde, die Artisten*, ebenfalls im ZDF. Die findet im Nachmittagsprogramm statt und gibt Künstlern und Artisten eine Plattform, die man sonst nur aus dem Zirkus oder aus Revue-Theatern kennt, wie die Illusionisten »New Houdinis«, den Lasso-Werfer Vince Bruce oder »Miss Mati«, die bewegliche Frau. Im April 1983 wird Freddy Quinn als Erstem, der nicht zum Zirkus gehört, der Saltarino-Preis der Gesellschaft der Circusfreunde verliehen. Ausgezeichnet wird er für seine »ständigen Bekenntnisse zum Zirkus«. Als ganz besondere Ehrung für seine artistischen Aktivitäten erhält er im September 2001 aus der Hand der brandenburgischen Kultur- und Wissenschaftsministerin Johanna Wanka die Ehrenmedaille der Artistik in Gold. Oft wird er gefragt, warum es ihn immer wieder in die halsbrecherischen, gefährlichen Situationen treibt, aufs Hochseil, in den Löwenkäfig? Dann stapelt er tief, so als ob er es nicht besser wüsste: »Jeder braucht ein Hobby. Bei mir muss es kribbeln. Deshalb trete ich auch immer ohne Netz auf. Mit einem Handstand auf dem Klodeckel lockt man keinen Menschen mehr hinter dem Ofen hervor.« Hobby? Nein, es ist viel mehr, das ihn antreibt zu solchen Leistungen. Tatsächlich bekommt er hier eine Anerkennung wie sonst bei keiner anderen seiner künstlerischen Ambitionen. Selbst seine Kritiker, selbst die, die ihn gar nicht zur Kenntnis nehmen als Sänger oder Schauspieler, halten die Luft an vor gruselnder Begeisterung, wenn er hoch droben auf dem Seil sein Liedchen singt oder auf der Trompete spielt. Das ruft sofort so viel spontane Bewunderung hervor, wie sie mit keinem Lied und in keiner Bühnenrolle zu erreichen ist. Da zeigt er eine Leistung, an der es nichts zu deuteln gibt, die nicht mit Tricks und falschem Spiel zu erlangen ist. Dann ist er ein ganzer Kerl. Für so viel Wagemut kann es nur Lob geben und ehrlichen Beifall. »Wer kann schon ohne Erfolgserlebnisse glücklich sein? Bei mir kommt nun noch hinzu, dass ich ein Perfektionist bin. Ich arbeite so lange, bis es hundertprozentig klappt. Das mag nach außen etwas verbissen wirken, aber ich kann mich doch nicht anders machen, als ich bin.«

Auch wenn ihm nicht mehr die ganz großen Erfolge gelingen – Freddy Quinn ist jetzt in allen Sparten der Unterhaltung zu Haus. Nun also auch als Fernsehmoderator und Entertainer, mit Experten-Status auf dem Gebiet der Country-&-Western-Musik und dem des Zirkus und der Artistik. Aus dem Sänger wird ein »Allround-Star«, so titulieren ihn nun die Journalisten. Quinn selbst hat auch schon die passende Erklärung parat, warum es ihn umtreibt in so verschiedenen Genres und Sparten: »Wer in meinem Beruf nicht flexibel ist, geht vor die Hunde. Wie ist es denn in Amerika? Da drüben halten sich auch nur die Allround-Künstler wie Sammy Davis Jr. oder Frank Sinatra. Vielseitigkeit ist für einen etablierten Künstler lebensnotwendig. Dass ich so lange im Showgeschäft erfolgreich bin, führe ich auch darauf zurück.«

So wird der Mann zur Institution, ein fester Bestandteil im Leben der Fernsehzuschauer. Und es ist endlich an der Zeit, dieses Leben mit einem Porträt zu würdigen in dem Medium, in dem er jetzt zu Hause ist. 1982 gibt das ZDF einen Film in Auftrag, in dem das Leben des Künstlers nachgezeichnet werden soll. Die Dreharbeiten dazu geraten zum Debakel, der Star zeigt sich mit all seinen Allüren. Zuerst schmeißt der Regisseur Benton Lombard das Handtuch, die ständigen Auseinandersetzungen mit Quinn hält er nicht mehr aus. Zu viel Maritimes sei ständig im Bild, das will der Sänger nicht. Nach Lombard übernimmt der Produzent Markus Trebitsch auch noch die Regie. Der Ärger hört nicht auf. Während der Dreharbeiten in den USA beschimpft Freddy Quinn den Kameramann als »Scheißkerl«, und als der ihn aufnehmen will, während Freddy sein »Junge, komm bald wieder« singt, schiebt Quinn die Kamera einfach beiseite: »Nicht abgesprochene Bilder dulde ich nicht!« Vor den Orten seiner Vergangenheit weicht er zurück, da will er niemanden sehen oder treffen. Vor der Wiener Wohnung, in der er aufgewachsen ist, macht er kehrt, und die neue »Washington-Bar« auf dem Hamburger Kiez weigert er sich zu betreten. Selbst bei der Angabe seines Geburtsjahres macht er Zicken und ist nur bereit, den Geburtstag zu nennen. Die Dreharbeiten dauern insgesamt eineinhalb Jahre, die Kamera ist überall dabei, mit Freddy in Wien und auf St. Pauli, im Konzertsaal und auf einem Schulhof in Morgantown, zu Pferd durch Nashville und bei Siegfried und Roy in Las Vegas, beim Promi-Italiener in New York und beim Schminken in der Theatergarderobe. »Es war nicht einfach mit ihm«, erzählt anschließend Produzent und Regisseur

Trebitsch. »Es herrschte eine permanente Gefahr des Abbruchs der Dreharbeiten. Aber nach langen Diskussionen haben wir uns immer wieder arrangiert.« Selbst als der Film endlich fertig ist, gibt Freddy keine Ruhe. Der Sprecher, Schauspieler Gert Haucke, gefällt ihm nicht, zu ironisch sei sein Ton. Also wird das Sechzig-Minuten-Porträt ein zweites Mal eingesprochen, diesmal von dem Schauspieler Wolfgang Kieling. Und kleine Änderungen sind noch einmal fällig, als Lilli Blessmann die erste Fassung sieht, einige Passagen will sie so nicht durchgehen lassen. Freddy selbst zeigt dem Ergebnis die kalte Schulter: »Diesen Film würde ich nie wieder machen«, lässt er über die Presse mitteilen. Und natürlich werde er sich das Porträt »nie, nie ansehen«. *Freddy Quinn – Das erstaunliche Leben des Jungen von St. Pauli* läuft dann doch, das ZDF zeigt den Film im Sonntagabendprogramm am 25. September 1983, zwei Tage vor seinem 50. Geburtstag, wie er verkünden lässt, obwohl jeder, der schon zwei Jahre zuvor bei seiner öffentlichen Feier zum 50. Geburtstag dabei war, weiß, dass dies sein 52. Geburtstag ist.

BEIM FILM

Die Obstbäume blühen, der Himmel ist blau, eine Burg hebt sich am Horizont ab vor den mächtigen Bergen. »Darf ich für Pfingsten die Hochzeit richten?«, fragt der Franz die Barbara und sie antwortet ihm mit einem Kuss. Dann schlendern sie zurück ins Dorf, wo die Musik spielt und die Einheimischen mit den Hüten winken und alles so sauber ist und geschmückt, damit es dem Herrgott gefällt. Doch dann bricht die Moderne in die Idylle ein, ein junger Mann kommt in einem roten Sportcabrio ins Dorf und nimmt die Barbara mit in die Stadt, dahin, wo die Hinterhöfe grau sind, lauter Verkehr den Stachus umkreist und die Bars »Pigalle« heißen. Und hier, zwischen den lockeren Bardamen und den dunkeln Geschäftemachern im Hinterzimmer, steht Freddy bereit, in kariertem Jackett und mit schwarzer Krawatte, die Gitarre im Anschlag und singt: »Allein, noch immer allein, geht er durchs Leben. Wann wird es für ihn ein Herz voll Liebe geben? Wann wird das sein? Wann wird das sein?«

Heimatlos ist der zweite Kinofilm mit Freddy Quinn, gedreht im Frühjahr 1958 in der Nähe von Meran in Südtirol und in den Gloria-Studios in Baldham bei München. Noch immer spielt der Sänger nicht die Hauptrolle, genauso wenig wie in seinem ersten Film *Die große Chance*, für den er bereits 1957 vor der Kamera stand. Nein, die Stars in *Heimatlos* sind Marianne Hold und Rudolf Lenz, zwei große Namen der populären Heimatfilm-Welle. Freddy wirkt wie reingemogelt in den Film, so als habe man ihn in letzter Minute untergebracht in einer Story, die ihn nicht braucht. Außer, dass er seinen Hit hergibt, »Heimatlos«, der neue Millionen-Erfolg nach »Heimweh«. »Ein großer

Schlager-Erfolg, der einen Film-Titel und möglicherweise auch Thema abgibt, erscheint mir geschäftlich gesehen sicherer als ein Film mit neuen Schlagern, die erst einmal beweisen müssen, dass sie Schlager werden«, so die Logik von Filmproduzent Artur Brauner. Das scheint das Kalkül: Die Beliebtheit der Heimatfilme, die Kino-Erfolge der ersten Nachkriegsjahre, flaut langsam ab. 1951 sah noch fast ein Drittel der Bevölkerung der Bundesrepublik, rund 18 Millionen, den sentimentalen Heimatfilm *Grün ist die Heide* – diese Zeiten sind vorbei. Also erhält das kränkelnde Genre eine Frischzellenkur und ersteht genesen und verjüngt auf als – Schlagerfilm. Viel zu reden hat Freddy Quinn nicht in dem Melodram um Eifersucht, Autoschieberei und ein uneheliches Kind, nur »Schade um das Mädel!« und »Wenn es mal nicht mehr weitergeht, bin ich auch noch da!« und »Du bist so allein, so verloren – genau wie ich!«. Dafür singt er ordentlich: »Noch immer allein« gleich zweimal und »Heimatlos« natürlich und »Ich bin bald wieder hier«.

Der Film soll den Sänger in Aktion zeigen, mehr nicht. Er ist das wichtigste Medium neben Musikbox und Radio, um neueste Plattenproduktionen vorzustellen. Das Fernsehen ist längst noch nicht so verbreitet, um damit die Massen zu erreichen, zum offiziellen Beginn regelmäßiger Sendungen am 25. Dezember 1952 sind bundesweit gerade mal tausend Geräte angemeldet, im Herbst 1953 sind es zehntausend. Im Februar 1955 sehen rund drei Prozent der bundesdeutschen Bevölkerung mit dem eigenen Gerät fern, dagegen 47 Prozent in Gaststätten, 22 Prozent vor Schaufenstern und 18 Prozent bei Bekannten, auf der »Deutschen Rundfunk-, Fernseh- und Phono-Ausstellung« in Düsseldorf werden im August 1955 rund 176 000 Geräte landesweit gezählt. Im Oktober 1957 wird die erste wichtige Hürde geschafft, eine Million angemeldete Fernsehapparate im Bundesgebiet. (Ein kurzer Vergleich mit der DDR: Hier verfügen Ende 1959 zehn Prozent aller Haushalte über ein Fernsehgerät, das entspricht knapp 600 000 angemeldeten Empfängern.) Der Durchbruch gelingt dem Fernsehen 1959: Täglich werden 5 000 Geräte verkauft, Ende des Jahres gibt es zwei Millionen, 1960 vier Millionen Teilnehmer.

Neben der zunächst geringen Verbreitung steht noch etwas anderes einer Kooperation zwischen der Musikbranche und dem aufkommenden Medium Fernsehen entgegen: Den Sängerinnen und Sängern fehlt es am entsprechenden Know-how, um vor der Kamera bestehen zu können. Harald Vock, damals Unterhaltungschef beim Fernsehen des NDR, formuliert seine Vorbehalte so: »Es genügt nicht, wenn jemand mithilfe der Technik zwei Plattenseiten füllt. Ein Sänger, der auch vor Zuschauern bestehen will, muss Dialog sprechen, Tanzschritte beherrschen und sich natürlich bewegen.« Und das auch mitunter live. Im Film lässt sich der eine oder andere Patzer nach mehreren Wiederholungen der Szene korrigieren, im Fernsehstudio fehlt dazu meist die Zeit. Noch deutlicher benennt der Musikjournalist Siegfried Schmidt-Joos das Dilemma: »Die Fernsehkamera ist unbestechlich. Die Persönlichkeit des Sängers oder des Schauspielers ist ihr schonungslos ausgeliefert. Und wenn keine Persönlichkeit da ist, empfindet der Zuschauer Leere. Unsere Schlager-Stars wirken nicht! Eine Fernsehsendung ist für sie keine Reklame, sondern zerstört Illusionen.«

Die Fernsehstars der Zeit sind von ganz anderem Schlag, alles Männer, die keine Gesangskünstler sind, aber ihre Erfolge mit Quiz- und Spielshows erzielen: Peter Frankenfeld, Hans-Joachim Kulenkampff, Robert Lembke. Sie alle waren zunächst im Radio erfolgreich und seitdem geübt im Umgang mit Mikrofon und Publikum. Die Live-Sendung wird im Fernsehen ihre Domäne, bereits 1955 versammeln sich regelmäßig mehr als 500 000 Zuschauer vor den Geräten, um sich Peter Frankenfelds Show *1 : 0 für Sie* anzuschauen. Es sind dagegen nur wenige Gesangsstars, denen die Fernsehmacher den Schritt in die ungewohnte Szenerie zutrauen. Caterina Valente gehört ebenso dazu wie Vico Torriani. In festgefügten Sendungen, mit ausgefeilten Dialogen und im Vollplayback-Verfahren dürfen sie ihre sogenannten Personality-Shows präsentieren und Erfahrungen sammeln. Caterina Valente steht 1957 zum ersten Mal für ihre *Bonsoir, Kathrin*-Show vor der Fernsehkamera, 1959 startet der Schweizer Vico Torriani mit seiner Showreihe *Hotel Victoria*.

Freddy Quinn gehört nicht in diese Liga. Seine Live-Erfahrungen sind die in kleiner, intimer Runde, wie in der »Washington-« oder »Tarantella-Bar«, ganz ohne Kamera und ohne das Korsett eines verordneten Programms. Nur einmal, im Frühjahr 1959, dreht der NDR eine TV-Show mit ihm. *Hallo Freddy*, so der Titel, soll auf unterhaltsame Weise aus dem Leben des Sängers erzählen. Freddys Hauskomponist Lotar Olias schreibt gemeinsam mit dem Textdichter Max Colpet das Skript zu der Sendung, die Regie führt ein ehemaliger Assistent von Helmut Käutner, Joachim Hess. Gedreht wird auf der »Rosita Maria«, die von Travemünde aus in See sticht. An Bord wird mit einigen Darstellern das angeblich frühere Matrosenleben von Freddy Quinn nachgestellt. In der Kombüse muss er die Töpfe schrubben, in die Wanten klettern und schließlich seine Lieder zur Gitarre singen. Der »Unterhaltungsfilm«, so der Untertitel, wird am 25. Mai 1959 ausgestrahlt. Die Kritiker verreißen die halbstündige Show, man spricht von einem »Reinfall«. Regisseur Hess beklagt sich über den schlechten Sendeplatz; eingebettet zwischen einem Feature über die »Gesichter Asiens« und einem Interview mit dem jüdischen Religionsphilosophen Martin Buber hätte die »leichte Unterhaltungskost« keine Chance gehabt. »Dann war aber auch«, so Hess weiter, »das Buch nicht sehr gut, wenigstens nicht für Freddy. Man sollte von ihm nicht so viel schauspielerisches Können verlangen. Das ist ja auch gar nicht seine Aufgabe. Er soll singen. Damit erfreut er seine Fans.« Und Freddy selbst? »Mich werden die im Fernsehen nie mehr kriegen!«, soll er getobt haben, als er die Kritiken liest. Zwar dementiert er das später, muss aber einräumen: »Richtig ist, dass auch ich mich nicht um eine Sendung reiße.« Seine Produzenten verordnen ihm ein Bildschirmverbot: »Freddy ist zu groß, als dass er sich den Fehlschlag einer Fernsehsendung leisten könnte. Er wird nicht mehr im Fernsehen auftreten!«

Der Umgang mit dem Radio ist dagegen ein Kinderspiel. Hier werden die Schallplatten, technisch fertige Produkte, abgespielt, Fehler sind nicht mehr möglich, keine falschen Töne, keine Versprecher.

Der Gesangskünstler tritt in der für ihn vorteilhaftesten Form in Erscheinung. Nur müssen die, die um ihn herum sind, dafür sorgen, dass die Platten auch wirklich gespielt werden. Einen privaten Rundfunk gibt es nicht, und den öffentlichen Anstalten ist außerhalb ihrer Reklamesendungen jede Werbung untersagt. Aber ist nicht jede neue Schallplatte, die im Rundfunk vorgestellt wird, auch eine Werbung für das Produkt? Die Plattenfirmen jedenfalls lassen sich was einfallen, um ihre Erzeugnisse via Radio an den Käufer zu bringen. Kleine Geschenke gibt es für die Programmgestalter, Einladungen und andere Annehmlichkeiten mehr. Von Vorteil ist es, wenn der Moderator auf irgendeine Weise mit der Schallplattenproduktion verbunden ist, als Komponist, als Texter, oder vielleicht als Ehemann von der Sekretärin des Produzenten. Solche Verbindungen gibt es unzählige. Ein wahrer Meister in diesem Interessenkuddelmuddel ist Camillo Felgen, populärer Discjockey im deutschen Programm von Radio Luxemburg. Für die Plattenfirma Electrola ist er als Sänger auf dem deutschen Markt, unter dem Pseudonym Jean Nicolas arbeitet er als Texter für die Ariola, von der Polydor lässt er sich als Schauspieler in deren Schlagerfilmen verpflichten, und für die Teldec bespricht er Werbeplatten, mit denen neue Produkte vorgestellt werden. Ein anderes Beispiel für diese lukrative Vermengung zwischen Radio und Plattenindustrie beschreibt der *Spiegel* 1963 am Beispiel des Erfolgsschlagers »Wini-Wini« der Tahiti-Tamourés. Für Text und Musik, gestrickt nach einer tahitischen Volksweise, sind Heinz Hellmer und Wolfgang Petersen zuständig. Heinz Hellmer heißt eigentlich Monique Falk und ist die Frau des Programmredakteurs für Tanz- und Schlagermusik beim Südwestfunk Baden-Baden. Wolfgang Petersen hingegen ist unter dem Namen Jack Martin als Polydor-Propagandist unterwegs, Spezialgebiet: Funkbetreuung. Und der Musikverlag, der die »Wini-Wini«-Rechte vertritt, der »Radio-Tele-Music-Verlag«, wird von seinem Chef, Peter Meisel, gemeinsam mit Radio Luxemburg betrieben. Immer mehr der unsauberen Geschäftsbeziehungen werden bekannt, bis der Westdeutsche Rundfunk handelt und eine Kontingentierung für deutsche Komponisten und Texter einführt: Jeder darf im Monat höchstens dreißigmal auf einer Welle gespielt werden, außerdem dürfen deutsche Autoren künftig nur noch ein Pseudonym benutzen.

Die Tricks und Betrügereien im Kampf um die Sendeplätze im Radio kommen nicht von ungefähr, zu viele Bewerber streiten sich um die wenigen Plätze. Der *Spiegel* hat einmal ausgerechnet, dass jährlich 25 000 Schlager in der Bundesrepublik veröffentlicht werden, davon erscheinen gerade mal 4800 auf Schallplatte und nur 1500 von ihnen schaffen den Sprung in die Radioprogramme der elf Sender im Land. Und nicht mehr als die Hälfte dieser Titel werden häufig genug gespielt, dass sie im Gedächtnis der Hörer hängen bleiben. Da sind es nicht mehr viele, die wirklich zum Verkaufserfolg werden: 1963 beispielsweise wurden nicht mehr als zwanzig Titel jeweils über 300 000-mal auf Platten verkauft. Vor dem Verkauf steht also unbedingt die Verbreitung, möglichst durch das Radio. Das war nicht immer so. Bis 1945 wurden die Lieder über Tonfilme, Operettenaufführungen oder Live-Konzerte populär. Und dann kamen die Amerikaner. Rund zwei Dutzend Sender der Siegermacht wurden nach dem Zweiten Weltkrieg im Bundesgebiet eingerichtet und sendeten US-Musik am laufenden Band. Gleichzeitig importierten sie ein perfektes System der Musikverbreitung: Die Verleger verkauften ihre Titel an die Plattenfirmen, die wiederum den Funk versorgten. Diverse Musikzeitschriften bastelten dann aus den meistgehörten Titeln lange Listen, ihre Charts, ihre Hitparaden, die wiederum zur Richtschnur wurden für Funkeinsätze und Ladenverkäufe.

Genauso wichtig wie das Radio zur Verbreitung der Schlager sind die Schallplattenautomaten, Musikboxen oder Juke-Boxen genannt. Die Maschinen kommen – natürlich – aus den USA, dem Land, das Westeuropa gleichzeitig die Getränke- und die Flipperautomaten beschert. In der Bundesrepublik sind 1953 gerade mal tausend Musikboxen aufgestellt, fast ausnahmslos Importe aus den USA. Bis deutsche Hersteller sich das Know-how aneignen und die Automaten selbst produzieren. 1957 ist Deutschland – nach den USA –

zweitgrößter Musikautomaten-Hersteller und -Exporteur. Und im eigenen Land stehen inzwischen mehr als 12 000 Boxen landauf, landab in den Cafés, Kneipen und Lokalen, um die Menschen mit Musik zu versorgen. Doch Radio und Musikbox haben einen entscheidenden Nachteil, sie können nur die Melodie und den Rhythmus bieten, aber kein Bild oder gar Film von dem, der da zu ihnen singt. Deshalb sind die Schlagerfilme so wichtig, sie präsentieren die Idole mit Haut und Haar, nicht nur mit ihrer Stimme, sondern auch mit ihrer äußeren Erscheinung. Elegant herausgeputzt und gut ausgeleuchtet laden sie ein zum Träumen, bilden perfekte Projektionsflächen für Wünsche und Hoffnungen.

Der neue Trend im deutschen Filmgeschäft, der Musik- oder Schlagerfilm, orientiert sich sowohl an den populären Operettenfilmen aus den 1930er-Jahren als auch an den Revuefilmen aus der Zeit des Dritten Reichs. Gleichzeitig folgt er einer Mode, die sich parallel in anderen westlichen Industrienationen durchsetzt. Viele Gesangsstars der 1950er- und 1960er-Jahre werden auch in den USA, in Großbritannien oder in Frankreich über die Leinwand geschickt und müssen in mageren Geschichten durch bonbonfarbene Dekorationen, blitzblanke Vorstädte und postkartentaugliche Landschaften singen und tanzen, um ihre Charts-Erfolge zu promoten. Elvis Presley, der King, ist auch auf dieser Erfolgswelle der Größte, allein über dreißig Filme werden mit ihm in der Hauptrolle gedreht. Ebenfalls mit dabei sind Cliff Richard, Connie Francis, Johnny Hallyday und noch viele andere. In der Bundesrepublik hat der Schlagerfilm seinen Durchbruch 1955 mit *Bonjour, Kathrin* mit Caterina Valente. An ihrer Seite spielt einer, der auch das neue Genre zur Vermarktung seiner Schallplatten weidlich nutzt, Peter Alexander. Der Film wird ein Kassenknüller und ist auch in den Kinos der DDR ein Renner. Drei Jahre später – die Welle steuert auf ihren Höhepunkt zu – kommen Cornelia Froboess, kurz Conny, und Peter Kraus mit dazu, die mit ihren Schlagern durch diverse Filme hetzen. »Filme mit Schallplattenstars«, schreibt dazu 1958 das *Film-Telegramm*, »sind in einer viel wirksameren

Weise vom Star her Erfolge als etwa Filme mit reinen Filmstars ... Es gibt Maria Schell-, Curd Jürgens- und O. W. Fischer-Filme, die beim Publikum glatt durchgefallen sind, weil sich die berühmten Fans, die ihren Idolen sonst überall zujubeln, an den Kinokassen nicht blicken ließen. Aber es gibt kaum Filme mit Elvis Presley, Freddy und Peter Alexander, die trotz mangelhafter Drehbücher und trotz mangelhafter Regie ihr Geld nicht eingebracht hätten ...«

Das bundesdeutsche Feuilleton hält überhaupt nichts von dieser Sorte Kino, nur Spott und Häme haben die Kritiker übrig für diese Filme. »Oberflächlich« und »anspruchslos«, »billig«, »Machwerk« und »ohne Niveau« lauten die Negativurteile. Das Publikum sieht das völlig anders, viele der Schlagerfilme werden kommerzielle Erfolge. Allein 1958 sind acht der zwanzig meistgesehenen Kinofilme Schlagerfilme. Und für die Kino-Saison 1959/60 bieten die zehn größten Verleihfirmen nicht weniger als zweiunddreißig der verspotteten Musikfilme an, dabei allein achtzehn Filme mit den Stars der Hitparaden in den Hauptrollen: vier mit Peter Kraus, je drei mit Conny Froboess, Fred Bertelmann und Freddy Quinn, zwei mit Caterina Valente, zwei mit Peter Alexander und einer mit Zarah Leander. Natürlich sind die Filme keine cineastischen Meisterwerke, da wird ein bisschen Handlung um ein paar Schlager gestrickt, und zu den Außenaufnahmen braucht es immer einen blauen Himmel und ein Sportcabrio, möglichst in Kalenderblatt-Landschaften oder Moderne simulierenden Hochhaussiedlungen. Der Sänger (oder die Sängerin) moderiert sich mit einfachen Dialogen von einem Song zum nächsten, flirtet dabei und küsst auch schon mal, und dann kommt immer ein trotteliger Hausdiener dazwischen oder eine überdrehte Plattenfirmensekretärin, eine hysterische Tante, ein übergewichtiger Manager oder ein Pudel mit Starallüren. Diese Nebenrollen werden mit den immer gleichen Schauspielern und Schauspielerinnen besetzt: Grethe Weiser und Ruth Stephan, Loni Heuser und Susi Nicoletti, Hubert von Meyerinck, Georg Thomalla, Gunther Philipp, Kurt Großkurth. Und wenn die Geschichte unter jungen Leuten spielt, sind noch Peter Vogel mit dabei, Margitta Scherr und Peter Weck, und treffen sie sich in ihren Milchbars oder Jazzkellern, dann ruft immer einer »Hallo Kinder!« in den Raum.

Natürlich ist Tempo gefragt bei diesen Filmen – Tempo in der Produktion. Die Hits, um die es vor allem in den Filmen geht, sind eine kurzlebige Ware, ihr Erfolg kann schon vergessen sein in dem Moment, wenn der Film auf den Markt kommt. Deshalb muss alles ganz schnell gehen, die Außenaufnahmen finden im wettersicheren Süden statt, und die Studios müssen nur wenig umdekoriert werden von einem Streifen zum nächsten. Auch nicht viel Zeit gibt es für ein ausgefeiltes Drehbuch, für den schon erwähnten Valente-Film *Bonjour, Kathrin* benötigt der Autor Kurt Feltz gerade mal drei Tage. Wie schnell das alles gehen muss, erzählt Lotar Olias einmal Siegfried Schmidt-Joos: »Es geht dabei nicht zuerst um künstlerische Dinge, nicht um menschliche, es geht um die Termine. Zunächst setze ich mich mit den Textdichtern zusammen und komponiere die Lieder, die haarscharf zu ihren ›Interpreten‹ passen müssen. Sofern mir dann noch Zeit dazu bleibt, beginne ich mit der Instrumentation, die später von Arrangeuren vervollständigt wird. Viele Notenschreiber sitzen nächtelang, um die einzelnen Instrumente aus der Partitur zu ziehen. Oft fährt ein Taxi die ganze Nacht hin und her, von meinem Haus zum Arrangeur, dann wieder zum Notenschreiber und zurück zu mir, dazwischen zum Flugplatz, um die Chorstimmen abzuschicken, auf die bereits das betreffende Gesangs-Team – sagen wir in Berlin – dringend wartet. Auch einzelne Klavierstimmen werden per Flugpost an die Interpreten geschickt. Inzwischen bestelle ich für die festgesetzte Musikaufnahme telefonisch die Musiker, wobei sich herausstellt, dass die Aufnahmeräume entweder überbelegt sind oder mir nur von 2 Uhr nachts bis 9 Uhr früh zur Verfügung stehen, dann erst wieder am nächsten Nachmittag. Die Trompeten und Posaunen sind aber leider nachmittags für Rundfunk oder Schallplatte verpflichtet. Bei den letzten Filmen, *Die Nacht vor der Premiere, Der blaue Nachtfalter, Freddy unter fremden Sternen*, hatte ich von dem Moment des

Ausstoppens – wo ich also die genauen Längen erfuhr über das, was ich im Film musikalisch zu untermalen habe – höchstens eine knappe Woche für die Untermalungsmusik zur Verfügung.«

Sowenig Freddy Quinn in dem Film *Heimatlos* zu sagen und zu schauspielern hat, es wird eine Idee ausprobiert, die in seinen nächsten Kinofilmen bis zur Perfektion weiterentwickelt wird: Die eine oder andere Episode aus seinem wirklichen Leben (oder aus dem, was seine Produzenten daraus gemacht haben) fließt ein in das Drehbuch und gibt der Geschichte die entscheidende Wende, den dramaturgischen Pfiff, die emotionale Würze. Das war schon versuchsweise so in *Die große Chance*, das wird auch in *Heimatlos* noch einmal geprobt. Nicht nur, dass er in seiner Filmfigur als Bar-Sänger und treuer Kumpel der Hauptdarstellerin auch »Freddy« heißt, nein, er hat auch als Sänger ersten Erfolg und bekommt einen Plattenvertrag. Just das, was dem richtigen Freddy gerade mal zwei Jahre zuvor passiert ist, wird im Film noch einmal nachgestellt. »Bis man über Nacht entdeckt wird, da können Jahre darüber vergehen«, darf der Film-Freddy an einer Stelle sagen, und in einer anderen Szene verabschiedet er sich mit einem Spruch wie aus seinem aktuellen Leben: »Gerade jetzt muss ich zu Schallplattenaufnahmen.« Dann geht er weg, in ein Studio mit dem »Polydor«-Logo darüber, und er trifft dort auf seinen Produzenten »Lotar«, dargestellt von seinem wirklichen Produzenten Lotar Olias. Und damit sind Sinn und Zweck für diesen Film trefflich erfüllt, die neuesten Lieder werden in voller Länge promotet, und die Plattenfirma darf sich mitsamt ihrem Produzenten ins vorteilhafte Licht stellen. Ganz ungeniert und nebenbei, als gehörten sie zu der Filmgeschichte mit dazu.

Das Konzept geht auf, und die Provinz-Presse lobt den Film: »Der Schlager von Lotar Olias, der diesem Film Titel und musikalische Untermalung gab«, schreibt das *Mindener Tageblatt* nach der Premiere, »hat inzwischen auf Schallplatte zum ersten Mal in Deutschland die Ein-Millionen-Grenze überschritten. Das allein dürfte für viele auch den Streifen sehenswert machen.« Und der *Trierische*

Volksfreund bemerkt dazu: »Aber immerhin sprechen die Künstler, die diesem Schlager zu seinem Erfolg verholfen haben, so der Komponist Lotar Olias und der Sänger Freddy, in der Handlung ein nicht unerhebliches Wörtchen mit. Es versteht sich, dass diese Handlung sich im Großen und Ganzen auf der gleichen Linie bewegt wie der Schlager selbst.« Der Rezensent der *Neuen Deister-Zeitung* aus dem niedersächsischen Springe schließlich geht der PR-Mischung aus Film-Story und Star-Legende vollends auf den Leim: »Der Titel des Films und des Liedes passen Freddy wie nach Maß: Denn er ist selbst heimatlos – der, der die Vergangenheit aufgegeben, hat in der Gegenwart noch kein Zuhause gefunden. Gestern noch ein freier, ungebundener Naturbursche, der als Matrose über die Meere fuhr und als Tramp durch die Kontinente strolchte, ist heute ein gefeierter Star im Scheinwerferlicht der Öffentlichkeit. Es fällt dem einfachen und bescheidenen Menschen Freddy Quinn schwer, ein Star zu sein – aber vielleicht liegt das Geheimnis seines Erfolges gerade darin, dass man die Echtheit seiner Gefühle, seine stille Sehnsucht nach dem, was er aufgegeben hat, in und aus seinen Liedern spürt.« Nur Freddy Quinn hat der Film nicht so recht gefallen, die Rolle hat ihm keinen Spaß gemacht: »Sie war hingehauen, nur des Namens wegen schnell reingeschrieben. Ausgerechnet ich ein gelackter Barsänger! Ich kann meine Lieder nicht im Smoking singen!«

Dabei hat er gerade ein Jahr zuvor, 1957, in seinem ersten Film, *Die große Chance*, gezeigt, in welcher Kleidung er sich richtig wohlfühlt und ganz authentisch seine Lieder interpretiert. Der Film spielt unter Studenten – natürlich in einer Universitätsstadt, nämlich Heidelberg –, die den Jazz mögen, dafür aber in Konflikt geraten mit der Welt der Erwachsenen. Die jungen Leute heißen hier »Halbstarke«, und ihre Musik sind »Negerlieder«, und eine Liebesgeschichte gibt es auch noch, zwischen dem armen Studenten und der reichen Fabrikantentochter. Mittendrin taucht Freddy auf, und weil er eigentlich nichts verloren hat in diesem Milieu und auch nichts in der Liebesgeschichte, muss er ein Elektromonteur sein und ein »Weltenbummler, der überall Arbeit findet«, mit dem Fahrrad »auf der Walz« ist und nur einen Zwischenstopp macht in der Stadt am Neckar. Er heißt natürlich »Freddy« und ist der gute Geist für alles. Im Jazzkeller stellt er die Stühle hoch nach den Konzerten, sammelt die leeren Cola-Flaschen ein und darf den Vorhang bedienen und die Scheinwerfer. Nur wenn niemand dabei ist, singt er seine Lieder von »Tampico« und vom »Armen Mulero«. »Ich bin doch gar kein Sänger«, sagt er, wenn die anderen ihm doch heimlich zuhören, »mir liegt so was nicht.« »Und öffentlich auftreten – nee, dazu können Sie mich nicht kriegen!« Das sagt er noch, bevor er dann doch »öffentlich« auftritt und gefeiert wird wie ein Star. Der in ausgebleichten Jeans singt und einem Sweater und einem karierten Hemd.

Es ist Freddys erster Kinofilm, und noch ist er nicht der Star der Handlung. Er ist auch nicht der Einzige, der singt. Gisela Schlüter ist noch dabei und ein großer Männerchor ebenso wie Gardy Granass mit der Gesangstimme von Renée Franke. Später hat Freddy es nicht nötig, die kostbaren Filmminuten mit anderen zu teilen, und alle Lieder werden nur von ihm alleine vorgetragen. Aber hier wird – mit seinem Plattenerfolg »Heimweh« im Rücken – zum ersten Mal ausprobiert, ob er auch das Talent hat für die Leinwand. Freddy ist mit seiner Premiere als Darsteller zufrieden: »Natürlich kamen in der ersten Zeit auch mehrere Filmangebote, aber ich sollte immer nur als Sänger in einer Bar auftreten. Das reizte mich nicht, ich wollte auch eine richtige Rolle spielen. Mit Freuden habe ich jetzt ›Ja‹ gesagt, als die Berliner Melodie-Film mir in ihrem Film *Die große Chance* eine Aufgabe gestellt hat, in der ich nicht nur zwei Lieder von Lotar Olias singe, sondern auch eine richtige Rolle, einen jungen handfesten Elektromonteur, zu spielen habe. Ich weiß, dass ich jetzt für meine weitere Laufbahn damit eine Chance in die Hand bekommen habe, und hoffe, dass ich sie mit Erfolg nutzen kann.«

Die »handfeste« Rolle ist eine klitzekleine Nebenrolle, aufgewertet mit zwei Liedern. Ansonsten hört man deutlich, dass es ihm an Sprecherziehung fehlt, und man sieht, dass seine Bewegungen staksig sind und ungelenk. »Was ruderst du ständig so mit deinen Armen?«, ruft ihm Filmpartner Walter Giller während der Dreharbeiten zu. Als Freddy schließlich seinen großen Auftritt hat mit »Tampico«, stolpert er über die Bühnendekoration und fällt beinahe hin – und das ist nicht gespielt. Freddy Quinn, das sieht jeder, muss noch viel lernen, wenn er im Film reüssieren will. Den Gesangsunterricht hat er ja schon hinter sich gebracht, im Nachwuchsstudio der Polydor, jetzt aber lernt er das Sprechen und das Gehen und all die großen und die kleinen Gesten, die man braucht, um eine Figur zu verkörpern, egal ob auf der Bühne oder vor einer Kamera. Der bekannte Film- und Theaterschauspieler Joseph Offenbach wird sein Lehrer. Seit zwanzig Jahren unterrichtet Offenbach, den man gerne »Charakterdarsteller« nennt, bereits den Nachwuchs. Mit seinem neuen, prominenten Schüler ist er zufrieden: »Er arbeitet wie ein Irrer, er ist geradezu gierig darauf, zu lernen, er hat den brennenden Ehrgeiz, ein wirklicher und – wenn's geht – sogar ein guter Schauspieler zu werden. Wenn es anders wäre, wenn er als ›Star‹ zu mir gekommen wäre, mit entsprechenden Ansprüchen und Allüren, dann hätte ich ihn gar nicht erst als Schüler angenommen!« Freddy Quinn selbst sieht seine Kamera-Arbeit nicht ganz so positiv. 1959, während der Dreharbeiten zu *Freddy, die Gitarre und das Meer* bekennt er selbstkritisch: »Ein großer Darsteller bin ich wirklich nicht. Bisher bestand mein Spiel darin, dass ich nickte, wenn mein Partner zu mir sprach. Das sah vielleicht so aus: sprechen, nicken, sprechen, nicken.« Auch Offenbach ändert seine Meinung über Quinns Schauspieltalent, ein paar Filme und ein paar Jahre später. Weit weniger optimistisch fällt 1964 seine Antwort aus, als eine Reporterin ihn danach fragt, ob aus Freddy Quinn doch noch ein guter Schauspieler wird: »Mit dem, was er bisher gelernt hat, ist das Ziel nicht zu erreichen. Wenn seine Karriere im Film noch weitergehen oder gar sich steigern soll, müsste Freddy Zeit investieren. So viel Zeit, dass er richtig an sich arbeiten kann. Und zwar regelmäßig. Die Anlagen sind da. Aber er hat Hemmungen, und um die zu überspielen, ist er vielleicht nicht

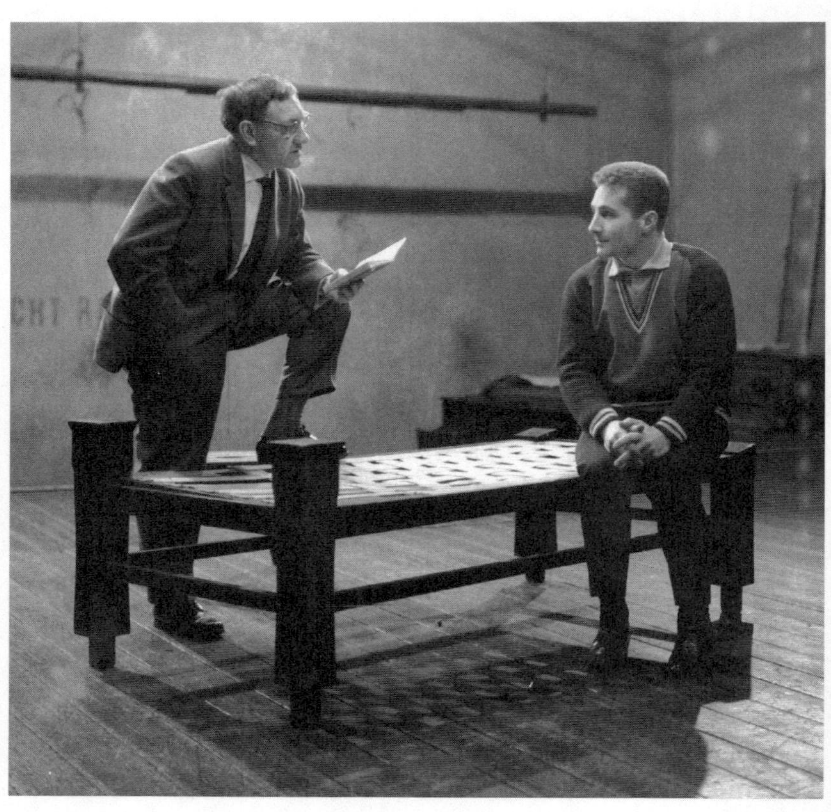

1961: Schauspielunterricht bei Joseph Offenbach

begabt genug. Oder, sagen wir besser: Er ist noch nicht souverän genug. Das kann mit mangelhafter schauspielerischer Ausbildung zusammenhängen. Und ich möchte gern bei ihm erreichen, dass er als mein Schüler mehr von seiner Persönlichkeit bietet. Solange er keine Zeit für das Fundamentale opfert, bleibt alles, wie es ist. Dann kann er sich nicht mehr steigern. Freddys Filme liegen alle auf ähnlicher Linie. Er müsste in Zukunft mal etwas anderes machen, wenn er sich als Schauspieler beweisen will. Er dürfte nicht immer nur sich selbst spielen, oder das, was er glaubt für sein spezielles Publikum sein zu müssen. Die Sache verbraucht sich jetzt wohl etwas.«

Kein schönes Fazit nach nunmehr elf Kinofilmen, auf die Freddy Quinn 1964 zurückblicken kann, allesamt Kassenschlager, Publikumsrenner. Vor allem nicht von dem Mann, der Quinns darstellerische Fähigkeiten am besten kennengelernt hat, als Lehrer und als Filmpartner. Denn in gleich drei Streifen ist Offenbach in tragenden Nebenrollen an der Seite des Stars zu sehen. »Die Sache«, von der Offenbach spricht, ist das immer gleiche Muster, nach dem Freddy Quinns Filme produziert werden: ein paar Lieder, ein paar hübsche Frauen, die ihm nie zu nahe kommen, exotische Orte und mittendrin immer der gleiche Held. *Freddy, die Gitarre und das Meer* von 1959 ist der erste Film mit dem Sänger in der Hauptrolle und als Namensgeber im Titel. Natürlich hat Lotar Olias wieder die Musik dazu geschrieben, und seine Idee ist es auch, künftige Filmtitel alle mit *Freddy und ...* beginnen zu lassen. »Nur so entsteht ein Markenzeichen, das sich dem Publikum einprägt«, ist Olias überzeugt. Als Regisseur arbeitet erstmals Wolfgang Schleif mit Freddy Quinn zusammen. Schleif, 1912 in Leipzig geboren, hat sein Handwerk bei der UFA gelernt. Als Assistent von Veit Harlan war er an zwei berüchtigten Nazi-Propagandafilmen beteiligt, *Jud Süß* und *Kolberg*. Nach dem Krieg dreht Schleif zunächst einige Arbeiter-und-Bauernstaat-Filme für die DEFA, bis er sich schließlich im bundesrepublikanischen Wirtschaftswunderland als Spezialist für Musik- und Unterhaltungsfilme etabliert. Drei Filme der *Immenhof*-Serie gehören ebenso zu seinen Erfolgen wie einige Komödien mit Heinz Erhardt.

Die Story von *Freddy, die Gitarre und das Meer* orientiert sich deutlich am Quinn-Image. Freddy spielt einen Seemann, der Station macht auf St. Pauli, bei »Onkel Max« die Gäste mit Liedern zur Gitarre unterhält und sich in Susi, die Kellnerin, verliebt. Dann lernt er noch eine Journalistin kennen, mit Sportcoupé und aus besseren Kreisen, eine Figur, die deutlich inspiriert ist von Quinns Managerin Lilli Blessmann. Damit die Geschichte auch noch ein bisschen Spannung bekommt, ist Freddy auf der Flucht, aber natürlich unschuldig, wie sich herausstellt. Er verlässt dann doch das Land und macht sich auf nach Kanada, um ein neues Leben zu beginnen. Damit findet der Film, der 1959 der erfolgreichste Streifen an der Kinokasse ist, auch gleich seine Fortsetzung. *Freddy unter fremden Sternen* wird sofort im Anschluss, noch im Jahr 1959, gedreht, wieder mit der Musik von Olias, wieder unter der Regie von Schleif. Diesmal darf der Titelheld in ein Land fahren, von dem der bundesdeutsche Kinobesucher nur träumen kann. In den unermesslichen Wäldern Kanadas spielt die Geschichte um ein verfallenes Blockhaus, das Freddy geerbt hat und das ihm nun streitig gemacht wird von manch finsterem Gesellen.

Zu den Dreharbeiten am Maligne Lake im Jasper National Park in den kanadischen Rocky Mountains reist nur ein kleines Team: der Regisseur, der Kameramann und sein Assistent, ein Produktionsleiter, ein Fahrer und drei Darsteller, Freddy Quinn, Vera Tschechowa und der kleine Christian Machalet, der schon in *Freddy, die Gitarre und das Meer* den Waisenjungen Stefan spielte. Der Drehort liegt hoch oben in den Bergen, mehr als 1600 Meter über dem Meeresspiegel. Die Fahrt dahin mit dem Geländewagen ist beschwerlich, oben angekommen geht es weiter mit Kanus. Allein 28 Kisten für das technische Material müssen transportiert werden, dazu ein riesiger Schrankkoffer mit den Kostümen. Das ist genau das Richtige für Freddy Quinn, bergauf, bergab schleppt er den Koffer, aus der Notwendigkeit macht er sein ganz natürliches Krafttraining. Denn Freddy steht auf Muskeln. Viele seiner Wegbegleiter haben sich oft gefragt, was dem Sänger wohl wichtiger war: sein Körper oder seine Stimme? Das touristisch kaum erschlossene Gebiet in den Bergen Kanadas kommt seinem Drang nach körperlicher Betätigung sehr entgegen, ständig muss angepackt werden, und für das Lagerfeuer am Abend spaltet natürlich Freddy das Holz.

Der kleine Mann will ein ganzer Kerl sein, undenkbar ist es deshalb für ihn, sich in den gewagteren Filmszenen doubeln zu lassen. In diesem Film gibt es gleich mehrere Einstellungen, die nicht ohne Risiko sind. Einmal muss Freddy den kleinen »Stefan« aus einem reißenden Fluss retten, kurz bevor der in den gefährlichen Stromschnellen zu versinken droht. So steht es im Drehbuch und beinahe wäre es auch wirklich so passiert, wenn Freddy nicht mutig eingegriffen hätte. Ein anderes Mal packt er sich seinen schwergewichtigen Kollegen Gustav Knuth auf die Schultern und befreit ihn aus einem brennenden Haus. Diese Szene erinnert den Regisseur Wolfgang Schleif an einen früheren Filmbrand, den er für den NS-Durchhaltefilm *Kolberg* inszenieren musste. Ungerührt von der Tatsache, dass er hier an einem höchst umstrittenen Nazi-Propagandafilm beteiligt war, erzählt Schleif im Jugendmagazin *Bravo* aus Reklamegründen für seinen neuen Freddy-Film noch einmal voller Begeisterung von den Dreharbeiten im Dritten Reich: »Ist schon eine Weile her. Bei dem Mammutfilm *Kolberg*, den Veit Harlan noch bis in die letzten Kriegstage drehte. Da sollte die große Kirche von Kolberg brennen. War schwer zu machen. Das altehrwürdige Gebäude wäre restlos niedergebrannt, hätten wir da auch nur ein bisschen rumgekokelt. Und teuer auch noch. Machen wir es so, sagte ich zu Harlan. Wir bauen oben auf der Rückseite des Turmes ein Gerüst mit Blechboden, streuen Magnesium drauf und zünden es an. Gewaltige Rauchentwicklung, prächtige Brandaufnahme. So haben wir es auch gemacht.« Und so macht Schleif es jetzt wieder. In der Adenauer-Ära, schreibt der Filmhistoriker Eric Rentschler, habe es keinen entschiedenen Bruch gegeben mit dem Film des Dritten Reichs, keinen Bruch und keinen neuen Impuls. Nüchtern bilanziert Rentschler weiter: »Es gab einige erinnernswerte Titel, aber keine beachtenswerten Entdeckungen oder dramatischen Durchbrüche. Die Gesichter blieben vertraut und die Rezepte gleich: 1957 waren bei 70 Prozent der westdeutschen Spielfilme Regisseure oder Drehbuchautoren am Werk, die schon unter Goebbels gearbeitet hatten.«

Freddy unter fremden Sternen kommt gut an in der Heimat. »Die Landschaftsaufnahmen von Kanada sind hervorragend«, schwärmt die *Heidenheimer Zeitung* zur Premiere, der Film erhält den Publikumspreis »Bambi« und wird erfolgreichster Film des Jahres 1960.

Die dazugehörigen Lieder, allen voran der Titelsong »Unter fremden Sternen«, platzieren sich umgehend in den bundesdeutschen Verkaufscharts. Dranbleiben will man am Erfolg, deshalb wird gleich weitergedreht: *Freddy und die Melodie der Nacht*, wieder mit Lotar Olias und Wolfgang Schleif. In der Presse wird inzwischen die gute Zusammenarbeit der drei thematisiert, »gutes menschliches Verstehen und künstlerische Übereinstimmung« werden gelobt, der kommerzielle Erfolg diktiert den freundlichen Ton. Aber auch Negativschlagzeilen machen schon vor Beginn der Dreharbeiten die Runde. »Freddy gibt Heidi Gesangsverbot!« ist da zu lesen, Freddy Quinn habe verhindert, dass seine Partnerin, die ebenfalls sehr erfolgreiche Schlagersängerin Heidi Brühl, auch mit einem Lied in dem Film auftritt. Es war alles ganz anders, stellt Heidi Brühl Jahre später in ihren Erinnerungen *Eine kühle Blonde bitte* richtig. Lediglich ihr Vater, der gleichzeitig auch ihr Manager war, hätte – ohne Erfolg – versucht, bei Aldo von Pinelli, dem Produzenten des Films, eine Gesangseinlage seiner Tochter durchzusetzen. »Freddy und ich wurden von den Gazetten zu Feinden gemacht«, schreibt Heidi Brühl weiter, »waren bei der Arbeit und privat aber die besten Freunde.« Denn die beiden kommen sich näher während der Dreharbeiten, haben sich was zu erzählen. Die eine erkennt im anderen so viele Parallelen zu den Schattenseiten des eigenen Star-Lebens und der ständigen Belastung, mit einem diktierten Image zu leben. Heidi Brühl: »Zum ersten Mal konnte ich in einen Spiegel blicken, denn Freddys Komponist und Manager, Lotar Olias, wachte über ihn wie mein Vater über mich. Welche Sensation, wenn wir zwei ausgerissen wären! Wir sprachen oft davon, doch keiner hatte den Mut dazu, und so arbeiteten wir brav weiter, nach wie vor in unsere Images eingesponnen.«

Da sich Lotar Olias inzwischen fest im Sattel fühlt mit seinem Schützling, wird die alte Masche für den neuen Film variiert: »Olias wollte Freddy nicht in einer Serie von Seemannsfilmen verschleißen«, heißt es dazu im Pressematerial zum Film: »Er muss nicht unbedingt immer Seemann sein, um sich als Volkssänger und einfacher Junge mit Herz zu erweisen, sagte Olias. Er sah Freddy in einem neuen Milieu als Taxifahrer, der in einer einzigen Nacht mehr erlebt als andere Leute in einem Lebensjahrzehnt. Liebe und Verbrechen, Existenzkampf und Glück begegnen Freddy im Strom des nächtlichen Verkehrs inmitten der nie ruhenden, lichtdurchfluteten Großstadt.« Die Großstadt, das ist Berlin, und Freddy als Droschkenkutscher mittendrin, zwischen Nachtbars und Currywurstbude unterwegs, mit Heidi Brühl als patenter Begleiterin und Grethe Weiser als Wurschtverkäuferin mit Schnauze. Dann knallt es auch noch um Mitternacht, und Freddy singt, wenn's passt. Diesmal aber nicht zur Gitarre, die Taxikluft erlaubt es nicht. Mit so einem Zupfinstrument sitzt man schon mal als Cowboy am Lagerfeuer oder steht, ganz Matrose, an der Reling, aber hinter dem Steuer passt es einfach nicht. Deshalb können die beiden Lieder im Film, »Irgendwann gibt's ein Wiedersehn« und »Melodie der Nacht« getrost mit großem Orchester eingespielt werden. Das klingt dann nicht mehr so sehr nach Fernweh und hoher See, sondern unterstreicht vielmehr die Absicht der Produzenten, den Typ Freddy ein klein wenig zu verändern. Nur nicht zu viel, denn das Publikum will nur einen Freddy: »Gleich bleibt eigentlich nur der Menschentyp, den Freddy verkörpert«, heißt es in einer Besprechung zum Film, »ganz egal, in welches Milieu und in welchen Handlungsablauf ihn die Drehbuchautoren stellen. Freddy ist kein Komödiant, der heute einen Prinz, morgen einen Hochstapler und übermorgen einen Detektiv spielen könnte. Sein Publikum liebt ihn, weil es sowohl in seinen Rollen wie auch bei seinen Schallplatten immer ihn selbst spürt, den unverwechselbaren, einfachen, zurückhaltenden Jungen, der stets von einer leisen Melancholie umwittert ist und lieber im Schatten bleibt, als dass er sich gewaltsam ins Licht drängt.« Nach der Premiere des Films überreichen Essens Taxi-Unternehmer dem Hauptdarsteller eine Ehrenplakette und ernennen ihn zum »Ehren-Taxifahrer«. Freddy Quinn ist inzwischen so populär, dass die Menschen ihn in jedem Kostüm lieben.

Freddy lässt die Kinokassen klingeln, und trotzdem verdiene er zu wenig, beschwert er sich vor Journalisten. »Freddy verkauft sich von selbst«, sei die Devise der Produzenten, deshalb würden sie auch nicht mehr Geld ausgeben als nötig. 35 000 Mark hat er bekommen für *Die Gitarre und das Meer*, der 3,2 Millionen Mark eingespielt hat, und gerade mal 15 000 Mark mehr bekommt er für seine Rolle in *Unter fremden Sternen*. Knauserig seien sie, die Produzenten, sagt der Star, und als er für *Melodie der Nacht* selbst seine Beziehungen spielen lässt, um dem Film mit ein paar prominenten Namen mehr Aufmerksamkeit zu verschaffen, lehnen das die Geldgeber ab. »Ich hätte den Mambo-König Xavier Cugat kriegen können und seine Frau, die Sängerin Abbe Lane, für 10 000 Dollar – abgelehnt.« Auch Hollywood-Star Jane Russell will er haben für den Film – abgelehnt. Und als Freddy Quinn auch noch Marlene Dietrich vorschlägt, die unter 100 000 Mark nicht zu haben ist, winken die Produzenten endgültig ab. Dafür geht es beim nächsten Film mit den Produktionskosten bergauf, für *Weit ist der Weg* fliegt das ganze Team Anfang Juni 1961 nach Brasilien, runde dreißig Stunden in einer Propellermaschine, dafür erste Klasse. Ingeborg Schöner spielt die weibliche Hauptrolle, und im Flugzeug lernt sie ihren neuen Filmpartner kennen. Gleich beim ersten Gespräch bittet Freddy sie, bei den Dreharbeiten eine kleine Kleinigkeit zu beachten. Sie möge doch flache Schuhe tragen, damit sie ihn nicht überragt bei den Szenen zu zweit. Das Problem ist bekannt, bei all seinen Filmen müssen die Produzenten darauf achten, dass nur Filmpartnerinnen engagiert werden, die kleiner sind als Freddy Quinn. Außerdem ist es Aufgabe der Kamera, ihn immer so aufzunehmen, dass seine Partnerinnen ihn nicht überragen. Vor allem wenn er ihnen mal nahe kommt oder ganz tief in die Augen schaut, dann sitzt er den Darstellerinnen entweder gegenüber, oder er steht lässig über ihnen auf einer Treppenstufe.

Für Ingeborg Schöner ist Freddys Wunsch nach flachen Schuhen überhaupt kein Problem, sie spielt in *Weit ist der Weg* eine Krankenschwester, die falsch angezogen wäre mit eleganten Pumps. Die Dreharbeiten in Salvador am Strand von Bahia und in Brasilia, der eben erst aus dem Boden gestampften neuen Hauptstadt des Landes, werden anstrengend und ein Abenteuer für die ganze Crew. Da müssen alle mal drei Tage und drei Nächte ohne Wasser auskommen, oder es droht die Ansteckung mit Gelbsucht. Bei ihrem dreiwöchigen Aufenthalt in der neuen Hauptstadt wird den Schauspielern aber auch die Ehre zuteil, in den Präsidentenpalast eingeladen zu werden. Selbst der Komponist Lotar Olias ist mit nach Brasilien gekommen, und zusammen mit zwei Vertretern der Plattenfirma Polydor ist er Interview-Gast im deutschsprachigen Radioprogramm in São Paulo.

Die Kamera führt wieder Heinz Pehlke. Bei *Freddy, die Gitarre und das Meer* war er schon dabei und bei *Freddy unter fremden Sternen*. Pehlke, Jahrgang 1922, gehört zu den meistbeschäftigten Kameramännern in Deutschland. Seine erste Kamera-Assistenz absolviert er 1943 bei einem Film über den »Einsatz ausländischer Arbeiter« in den Konzentrationslagern Auschwitz und Birkenau, gedreht im Auftrag des NS-Propagandaministeriums. Anschließend ist er – wieder als Assistent – bei Veit Harlans *Kolberg* dabei. Nach dem Krieg hat Pehlke seinen Durchbruch erst 1957 als Chef-Kameramann mit dem Film *Die Halbstarken* mit Karin Baal und Horst Buchholz. Die vielen, fast dokumentarisch wirkenden Szenen in dem Film über Jugendliche auf den Straßen Berlins sind seiner Kameraführung zuzuschreiben. In den Jahren danach arbeitet Pehlke wiederholt mit dem Regisseur Helmut Käutner zusammen und wird schließlich von Wolfgang Schleif für die Freddy-Filme eingesetzt. Der besondere Antrieb für die Arbeit in Brasilien besteht für Pehlke im Einsatz der bewegten Kamera als erzählerisches Mittel. So fährt die Kamera in einer Szene neben einer Straßenbahn her und beobachtet die Menschen im Inneren. An anderer Stelle ist die Kamera auf einem fahrenden Lkw dabei, mit dem Tagelöhner sich auf den Weg machen zu ihrer Arbeit nach Brasilia. Zu dem Reiz, die neuen, modernen Großbauten in Brasilia zu fotografieren, schreibt der Filmjournalist Rolf Aurich: »Was die

Architekten der neuen Hauptstadt, Oscar Niemeyer und Lúcio Costa, wollten, teilt sich in Pehlkes Bildern deutlich mit: eine Metropole von Licht, Luft und Sonne zu schaffen, sauber wie ein Klinikraum. Doch wirkt sie hier vor allem monoton und eintönig. Blauer Himmel und Beton: Das ist der Kamera-Subtext.«

In der Geschichte darf auch diesmal wieder ein Kind nicht fehlen. Wie schon in den beiden Filmen zuvor muss es ein Waisenkind sein, wie sonst kämen die Kleinen in die Nähe des ledigen und ungebundenen Filmhelden Freddy. In *Weit ist der Weg* wird die elternlose Janna gespielt von Nayantara Ghosh. Mit ihrer dunklen Hautfarbe und ihrem krausen, langen Haar wirkt sie so niedlich und gleichzeitig exotisch, dass sie den Zuschauern ordentlich zu Herzen geht. Auch wenn sie vielleicht so aussieht, Nayantara Ghosh kommt nicht aus Südamerika, ihre Mutter ist Österreicherin, und ihr Vater kommt aus Indien. Sie ist übrigens nicht beim Film geblieben, nach ihrem Studium in Österreich und in der Schweiz arbeitet sie zunächst bei der Unicef und anschließend für eine amerikanische Computerfirma. Heute leitet sie in Wien ihr eigenes Unternehmen im Bereich Human-Resources-Management.

Zum Team in Brasilien gehört auch Freddy Quinns Leibfotograf Lothar Winkler. 1927 in Berlin-Neukölln geboren, fängt Winkler nach dem Krieg mit Passbildern an. Später arbeitet er als Polizeireporter für die *Berliner Zeitung*, bis er sich schließlich ganz auf die Porträtfotografie spezialisiert. Bekannt wird er mit seinen Bildern von Prominenten, gleichzeitig erfindet er für das Magazin *Neue Revue* die wöchentliche Rubrik »Das Mädchen von nebenan«, eine erfolgreiche Oben-ohne-Fotogeschichte mit Amateur-Models. Caterina Valente ist die Erste, die er für das Jugendmagazin *Bravo* fotografiert, viele andere folgen. Winkler gehört zu den wenigen Fotografen, die Klaus Kinski an sich ranlässt, und der junge Götz George will bei Dreharbeiten auch nur von dem Berliner aufgenommen werden. Lothar Winkler lernt Freddy Quinn kennen, als der seine erste Goldene Schallplatte verliehen bekommt. Winkler ist als Pressefotograf dabei, und die beiden verstehen

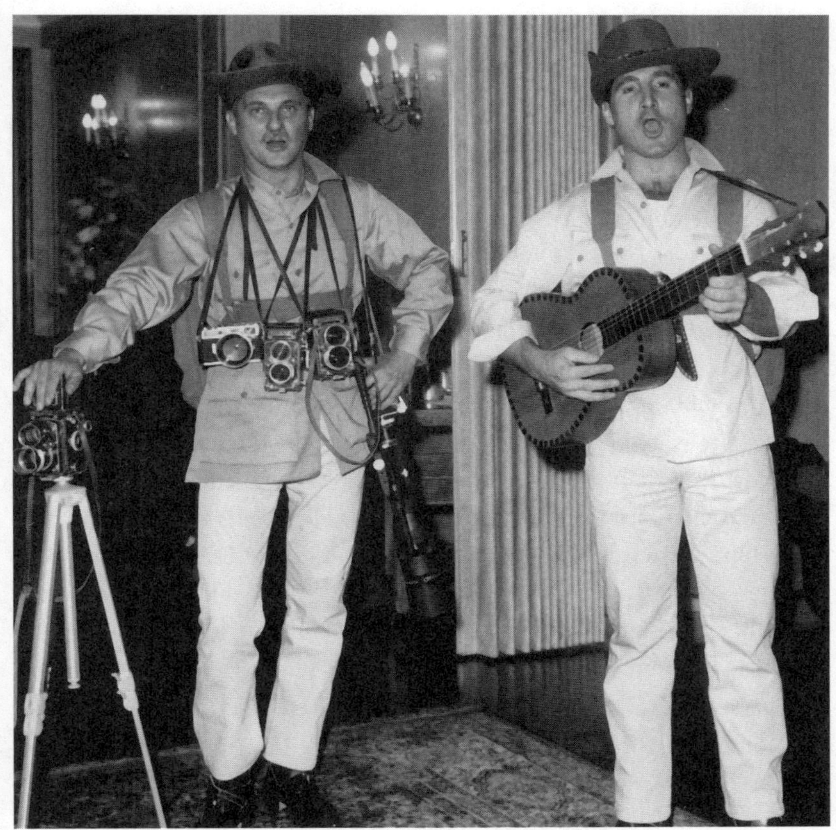

1964: Mit seinem Fotografen Lothar Winkler

sich auf Anhieb. Was so schwer nicht ist, schließlich ist der Berliner als fröhlich und umgänglich beliebt, bei der Arbeit nimmt er nichts übel, er ist diskret und sucht als Fotograf nur die Schokoladenseiten. Seitdem will sich Freddy nur noch von Winkler fotografieren lassen, für die Plattenhüllen, bei Auftritten, bei den Dreharbeiten. Freddy ist der Star, und er setzt durch, dass Winkler bei den Filmen auch als Presse- und Standfotograf engagiert wird. Zunächst macht Winkler das nur bei den Filmen, die in Studios in Berlin gedreht werden, für *Weit ist der Weg* geht der Mann mit der Kamera auch erstmals mit auf die Reise.

Die Kooperation lohnt sich für beide Seiten. Egal, wo Freddy dreht, Lothar Winkler ist mit seiner Kamera dabei und verkauft die Bilder als komplette Foto-Storys von den Dreharbeiten. Das macht er zunächst exklusiv für die *Bravo*, später kommen andere Zeitschriften und Illustrierte hinzu. Mit den richtigen Fotos und den passenden kleinen Geschichten trägt Winkler entscheidend dazu bei, das Image von Freddy Quinn auszubauen und zu festigen. So auch bei den Aufnahmen für *Weit ist der Weg*, nur Nettes gibt es im »Sonderbericht aus Brasilien von *Bravo*-Fotograf Lothar Winkler« zu berichten: »Starallüren, Launen, Sonderwünsche – das sind Begriffe, die Freddy gar nicht kennt. Immer hilfsbereit, immer zu einem Spaß aufgelegt, bildete er bald – ohne es zu wollen – den Mittelpunkt der kleinen Gemeinschaft, die quer durch Brasilien reiste. Und wenn mal etwas gar nicht klappte, wenn man gar nicht mehr weiterwusste, dann hieß es immer wieder: ›Lasst doch mal Freddy ran!‹« Dazu sehen wir Bilder, auf denen Freddy eine Palme besteigt, mit der kleinen Nayantara Ghosh posiert, lachend schwatzt mit Einheimischen am Straßenrand oder einen 180 Pfund schweren Scheinwerfer auf der Schulter balanciert. Der patente Naturbursche, freundlich zu Kindern und immer nah dran an den einfachen Leuten – das sind die Botschaften, die Lothar Winkler fotografisch transportiert und bestätigt.

Doch damit nicht genug: Winkler versteht es, die Bilder zweit- und drittzuverwerten. Ein paar Jahre nachdem sie beispielsweise »exklusiv« in der *Bravo* erschienen sind, tauchen die Fotos erneut auf, diesmal in Boulevardblättern der B-Kategorie wie *Heim und Welt*. Die Geschichten, die Winkler darin über seinen »besten Freund« Freddy Quinn erzählt, sind abenteuerlich ausgeschmückte Berichte über den einen oder anderen weit weniger dramatischen Vorfall bei den verschiedenen Dreharbeiten, bei denen Winkler dabei war. Dazu gibt es Bilder, die man schon kennt, diesmal für die neuen Geschichten neu betextet. Da wird aus dem schwarzen Miro, den man noch aus dem Brasilien-Film *Weit ist der Weg* kennt, plötzlich der »Neger Tola«, »unser Freund und Helfer auf der Foto-Safari durch den Dschungel

Afrikas«. Schwarz ist eben schwarz, das wird schon keiner merken. Ebenso ergeht es Jacqueline Sassard, der weiblichen Hauptrolle in *Freddy und das Lied der Südsee*. Die französische Schauspielerin, die später mit Claude Chabrol und Joseph Losey dreht, wird für diesen Film auf exotische Schönheit geschminkt und taucht mit den Standfotos aus dem Film Jahre danach in einer der Winkler'schen *Heim und Welt*-Geschichten wieder auf als anonyme Südseeschönheit: »Überall fliegen Freddy die Herzen zu. Diese Insulanerin verliebte sich auf der Stelle in ihn«, lautet dazu die Bildunterschrift.

Sinn und Zweck dieser Täuschungen und Mogeleien ist auch hier wieder die Arbeit am Image, an der Legende Freddy Quinn. »Ich bin ein Glückspilz«, schreibt Winkler einmal zu Beginn einer dieser neu erzählten, alten Geschichten: »Was für ein Glück ich habe, den Freddy zu kennen. Er ist ein Mann – wie wenige. Ein Freund – wie wenige. Ein tapferer Bursche – wie kaum einer. Und er hat ein Herz, das so groß ist, dass die ganze Welt hineinpasst.« Und am Ende macht Winkler ebenso pathetisch Appetit auf die nächste Folge der Abenteuerserie: »Ich erzähle Dinge über Freddy, die bisher kaum jemand weiß. Dinge, die er als Kleinigkeiten abtut, die für mich aber keine Kleinigkeiten sind. Dinge, die von seinem Herzen sprechen. In der nächsten Ausgabe muss ich den Leser in die Südsee führen. Dort hat mir Freddy das Leben gerettet, mir und anderen. Er selbst sagte: ›Das war doch nichts Besonderes.‹ Aber ich meine, man muss es unbedingt in allen Einzelheiten erzählen.« Die Legendenbildung funktioniert auch hier, die Leser der Kolportage sind begeistert. Die Redaktion der *Heim und Welt* erreichen anschließend viele Leserbriefe. »Ich habe die Geschichten über Freddy gelesen, und ich möchte Ihnen meinen Dank ausdrücken«, schreibt Leserin Grete von Gelb aus Innsbruck: »Gerade das, was Herr Winkler schreibt, will man hören.« »Freddy ist wirklich ein Mensch mit einem großen Herzen«, sekundiert Fredy Heppuer aus Spiez in der Schweiz. Margot B. aus Fürth meint: »Ich finde, er ist nicht nur ein großartiger Sänger, sondern auch ein wunderbarer Mensch.« Das findet auch Margit Reichelt aus

Uetersen: »Ein Mann wie Freddy, der ohne viel zu reden sein Leben schon mehrmals für andere aufs Spiel gesetzt hat, sollte uns immer wieder ein Vorbild sein. Er ist ein Star ohne Skandale, er ist ein guter Mensch. Man muss ihn einfach gern haben, ob man will oder nicht.«

Für den nächsten Film geht es 1961 wieder zurück nach Europa, gedreht wird auf einer kleinen Insel vor der Ostküste Irlands. *... nur der Wind* heißt der Film und bringt eine andere Farbe in die Freddy-Reihe. Die Landschaft hier ist rau, keine Palmen weit und breit, und auch der Himmel ist grau und bewölkt. Ein richtiger Krimi ist es diesmal – die Reihe der Edgar-Wallace-Filme läuft gerade mit großem Erfolg in den deutschen Kinos – mit Gangstern und Erpressung, Einbruch, Mordverdacht und Selbstmord. Der Regisseur ist nicht mehr derselbe, Wolfgang Schleif wird ausgetauscht gegen Fritz Umgelter. Dafür steht wieder eine Reihe namhafter und routinierter Schauspielerinnen und Schauspieler Freddy zur Seite. Gustav Knuth spielt mit und Cordula Trantow, Heinz Weiss, Claus Wilcke, Helmut Oeser. So ist es bei jedem der Quinn'schen Schlagerfilme, immer muss eine Garde erfahrener Darsteller dem Star beistehen, man traut ihm nicht zu, dass er die Geschichte schauspielerisch alleine trägt. Dabei hat er diesmal mehr zu tun als bisher. Das jedenfalls meint die zeitgenössische Filmkritik zu sehen: »Freddy Quinn besteht hier auch als Darsteller in einem bedeutend größeren Maß, als er es in seinen früheren Filmen gezeigt hat«, so die *Rhein-Neckar-Zeitung* aus Heidelberg. Und ein anderer Kritiker schreibt: »Freddy beschränkt sich diesmal nicht nur auf den Gesang, weil ihm erstmals eine Rolle geboten wurde, die auch schauspielerische Anforderungen an ihn stellt, die er recht gut bewältigt.«

Eine Erfahrung ist neu nach diesem Film: Die Musik bringt keinen Erfolg. Natürlich hat Lotar Olias wieder die Lieder passend zum Image geschrieben, und dennoch funktionieren sie nicht. Dabei hat es noch so gut geklappt mit »La Guitarra Brasiliana« und mit »Weit ist der Weg« aus dem gleichnamigen Film, rund zwanzig Wochen platzieren sich die Titel in den Hitparaden, »Weit ist der Weg« hält sich allein neun Wochen in den Top 10. Doch »Nur der Wind« und »Einmal oben, einmal unten«, die Songs aus dem Irland-Krimi, floppen in den Musikboxen und den Hitparaden.

Das ändert sich nicht beim nächsten Film, der noch im selben Jahr, 1961, gedreht wird. Auch wenn hier wieder alles bunter wird, mit blauem Meer und blauem Himmel. *Freddy und der Millionär* ist der Titel, und die Geschichte ist so nichtssagend und belanglos und ähnelt bis ins Detail den vielen anderen Streifen der Schlagerfilm-Welle. In Italien ist Freddy diesmal an einem Strand unterwegs, ungleich idyllischer als in all den Filmen davor. Es ist das reine Urlaubsparadies der deutschen Wirtschaftswundertouristen, das für diesen Film auf Ischia angesiedelt ist. Auch das Personal erinnert an so viele andere Schlagerfilme: Grethe Weiser, Heinz Erhardt, Hubert von Meyerinck, Peter Vogel, Grit Boettcher – die ganze bundesrepublikanische Komikergarde im Einsatz. Da darf selbst Freddy komisch sein, er heißt auch nicht mehr Freddy, sondern – wie originell – Fritz Meyer und trägt Anzug und eine schwarze Hornbrille. Frauen hat er gleich mehrere zur Auswahl, eine Braut und viele Flirts, und ständig lacht und küsst er. Einen Fremdsprachenkorrespondenten spielt er, der im Urlaub mal auf »süßes Leben« macht. Ein Automechaniker sollte er eigentlich sein, der im VW-Werk am Band arbeitet und im Sommer zum Zelten nach Italien fährt. Aber da legt Freddy Einspruch ein und lässt sich in einen soliden Büroangestellten verwandeln. »Der Boss ist nicht hier«, singt er in dem Film, sicherlich einer der ungewöhnlichsten Titel, den der Sänger in seiner langen Karriere aufgenommen hat. Und »Happy-Happy Baby« darf er grölen, eine Art Parodie auf die populären Kollegen vom deutschen Rock 'n' Roll wie Peter Kraus oder Ted Herold.

Gelassen nimmt das Publikum den Temperamentswandel hin, der Film ist kein Kassenknüller mehr, spielt aber immer noch sein Geld ein. Hauptsache, Freddy singt, das ist es, was das Publikum will. »Herrliche Aufnahmen von der Sonneninsel Ischia und neue Freddy-Lieder umrahmen das Ganze. Der Film wurde mit viel Beifall bedacht«, schreiben die *Reutlinger Nachrichten* im Dezember 1961. Das klingt noch nett, freundlich, wohlwollend – aber die große Begeisterung scheint dahin. Ponkie, die berühmte Filmkritikerin der Münchner *Abendzeitung*, reimt ihr Urteil knallhart: »Das Ganze hat nur einen Sinn, wenn du ein Freund von Freddy Quinn.« Auch Lotar Olias ist mit dem Film nicht zufrieden: »Der ganze Film ist Quatsch. Freddy wollte endlich mal in einem feinen Anzug spielen, und deshalb haben wir diesen Film gemacht.« Noch nie hat sich Freddy Quinn in einem Film so sehr von seinem Image entfernt wie in diesem. Optisch ist er nicht mehr der Gleiche, und auch seine Lieder klingen fremd und ungewohnt. Lediglich seine »La Paloma«-Interpretation, die er in diesem Film vorträgt, hält die Erinnerung an den vertrauten Freddy wach. Er selbst scheint zu spüren, dass er sich auf ungewohnten Pfaden bewegt. In der Presse macht er seinem Unbehagen Luft. Schuld an dem kleinen Karriereknick seien die anderen: »Am deutschen Film ist vieles faul. Ich weiß, woran er hauptsächlich krankt – an den Regisseuren! Sie sind meist zu alt geworden. Man sollte jungen, unverbrauchten, modernen, spritzigen Leuten mehr Möglichkeiten einräumen.« Zu alt, das ist für ihn der 58-jährige Paul May, der die Regie führt in *Freddy und der Millionär*. »Der Mann konnte im Geld fast wühlen, aber eben keinen Musikfilm machen«, schimpft Quinn weiter. »Ich war fertig. Völlig fertig. Seit drei Monaten stopseln wir jetzt an dem Film herum.« Beim nächsten Film, so versichert er, wird alles anders, und wenn er selbst als Produzent tätig werden muss.

In der Tat, mit dem nächsten Film geht es ohne Kompromisse zurück auf gewohntes Terrain. Gleich im ersten Bild von *Freddy und das Lied der Südsee* weiß der Zuschauer, woran er ist, hier bekommt er sein Idol zurück: »Die Wolken, der Wind und das weite Meer, die rufen den Seemann hinaus«, singt er, sitzt auf einem Frachter, irgendwo in der Südsee unterwegs, und hat wieder Jeans an, schwere Schuhe und einen Rollkragenpullover. »Rund ist die Erde und wir sind doch Matrosen«, singt er weiter, und der Käpt'n ist gerührt und der Smutje und die ganze übrige Besatzung. Hier ist die Welt noch in Ordnung, und nur hier an Bord auf hoher See ist die Quinn'sche Idylle intakt. Der Rest des Filmes hält sich streng an derlei Seemannsgarn. Da haben die Matrosen noch in jedem Hafen eine Braut, da wird Schnaps geschmuggelt, und da holt man sich so manch blaues Auge. Bei einer dieser Schlägereien schaut ein bekanntes Gesicht kurz vorbei, rettet seine Whiskey-Flasche und verschwindet dann wieder: Mario Adorf. Das ist nirgends erwähnt und spielt auch sonst keine Rolle, bemerkenswert ist es doch, schließlich ist Adorf 1962, zum Zeitpunkt der Dreharbeiten, kein Unbekannter mehr im europäischen Filmgeschäft.

Gedreht wird der Film wieder weit weg, wo die Kulisse stimmt und die exotische Atmosphäre sich von selbst einstellt, auf Tahiti und auf der kleinen Südsee-Insel Moorea. Der Filmkritiker der *Neuen Presse* aus Coburg ist begeistert: »Was die Freddy-Fans betrifft, für sie ist in diesem neuesten Freddy-Film wieder einmal von allem etwas drin. Seefahrt: Freddy und seine Kameraden Gunnar Möller und Ralf Wolter fahren auf einem alten Seelenverkäufer über die Meere. Action: Sie genießen die verschiedenen Attraktionen südlicher Hafenstädte. Romantik: Sie lassen sich auf der schönsten Südseeinsel nieder und heben dort einen Schatz. Heiterkeit: Sie feiern mit den Insulanern fröhliche Feste. Liebe: Freddy begegnet der zärtlichsten Schönheit des südlichen Pazifiks (Jacqueline Sassard). Spannung: Ein heruntergekommener Schnaps-Schmuggler zettelt eine Intrige gegen sie an, und beim Tauchen in den Korallenriffen werden sie von dolchgewandten Eingeborenen gejagt. Musik: Freddy singt den Südsee-Klassiker ›Alo-Ahé‹ und vier neue Lieder, die Lotar Olias geschrieben hat. Also: Auf, auf – Freddy-Fans.« Auch das Branchenblatt *Filmecho/Filmwoche* ist wohlwollend gestimmt: »Nur selten ist der Übergang von einer teils spannend-kriminalistischen, teils heiter-abenteuerlichen, teils lyrisch-amourösen Handlung zum Freddy-Gesang missglückt. Freddy erweist sich darstellerisch recht gelockert und wird offensichtlich als eine Art Hans-Albers-Nachfolger herausgestellt.«

Regie führt wieder ein anderer, Werner Jacobs ist es diesmal, ein Routinier im Geschäft der Schlager- und Musikfilme. Und die Reklamemaschinerie läuft auf Hochtouren, es gilt, einiges wettzumachen. Als Erster ist Freddy selbst dran. Noch während der Dreharbeiten erzählt er den *Bravo*-Lesern von seinen »Abenteuern« auf Tahiti. Die Bilder dazu stammen wieder von Lothar Winkler – »Exklusiv-Fotos für *Bravo*« – und zeigen den Hauptdarsteller vor exotischer Kulisse, mit »schöner Eingeborenen«, mit »Eingeborenen« im Kanu, mit »Eingeborenen« bei Musik und Tanz in lauer Tropennacht. Freddy ist natürlich der Held in diesen Abenteuern, und es verwischen die Grenzen zwischen Filmstory und dem, was der Sänger tatsächlich erlebt hat. Diese Art von PR setzt Lothar Winkler dann in anderen Zeitschriften fort, in der *Heim und Welt* und drei Jahre später noch einmal in der *Bravo*, diesmal als die »abenteuerlichen Berichte von Lothar Winkler«. Die Bilder sind dieselben, die Geschichten haben sich im Laufe der Jahre aber wie üblich verändert. Erzählt Freddy beispielsweise noch davon, dass die ganze Crew eines Nachts bei Sturm durch die gefahrenvolle See zu dem Drehort auf der Insel Moorea gebracht werden muss und – trotz des unfähigen »eingeborenen Steuermannes« – »nur durch ein Wunder« unversehrt dort ankommt, so ist es in der weitaus dramatischeren Schilderung von Winkler Freddy selbst, der das Ruder rumreißt in der Nacht und das Boot sicher an einem Korallenriff vorbei in die Hafenlagune von Moorea lenkt: »Jubelnd stürzten wir alle auf Freddy zu, doch er wehrte nur ab, zog den betrunkenen Fischer herbei und gab ihm das Ruder. Der Fischer lachte nicht mehr, wie ich beim nächsten Blitz sah. Er zitterte und sah Freddy an, als sei er ein Wesen aus einer anderen Welt.« Da ist er wieder, Freddy, der Held, bescheiden und mutig zugleich. Und noch ein alter Bekannter taucht wieder auf in den Bildern aus der Südsee, der Schwarze, der in Brasilien noch »Miro« hieß, in Südafrika dann »Tola« und jetzt zu einem anonymen Tahitianer wird. Gemeinsam mit Freddy sieht man den Mann, wie sie ein schweres Speichenrad anschieben: »Wenn Weiß und Braun zusammen in die Speichen griffen, ging's rund und voran. Urteil der Tahitianer: ›Freddy gut!‹« ist das Bild untertitelt.

Die Reklame lohnt, der Film läuft wieder besser als der vorangegangene, und zwei der fünf Filmlieder platzieren sich in den Hitparaden, »Keine Bange, Lieselotte« für zwölf Wochen und »Alo-Ahé« gleich zweiundzwanzig Wochen, davon siebzehn in den Top 10. Das ramponierte Image ist also wiederhergestellt, die große Fan-Gemeinde hat ihren alten Freddy wieder. Er selbst gehört inzwischen zu den Topverdienern im bundesdeutschen Filmgeschäft, wie hoch seine Gagen pro Film liegen, ist natürlich ein Geheimnis, aber öffentlich wird über Summen von 100 000 DM und mehr spekuliert. 100 000 Mark – das ist die Obergrenze, die deutsche Filmproduzenten zu zahlen bereit sind. Bereits 1960 haben sie sich darauf geeinigt, um den ihrer Meinung nach überhöhten Gagenforderungen Einzelner entgegenzutreten. Anlass für die Verabredung ist die Forderung des Schauspielers Hansjörg Felmy, der 165 000 Mark für eine Hauptrolle verlangt. Das ist den bundesdeutschen Filmverleihern und -produzenten entschieden zu viel, die Einbußen werden immer größer, seitdem ihnen das Fernsehen zunehmend Konkurrenz macht. Deshalb einigen sich – laut *Spiegel* – im Februar 1960 Spitzenvertreter der beiden Berufsverbände bei einem Geheimtreffen im Münchner Parkhotel auf drei Gagengruppierungen, nach denen künftig Deutschlands Leinwandstars honoriert werden sollen: die Elitegruppe der zehn Spitzenstars, die 100 000 Mark pro Film bekommt, die Mittelklasse der fünfzig Hauptdarsteller, die zwischen 30 000 und 100 000 Mark pro Film verdienen können, und der große Rest, für den bei 30 000 Mark die maximale Gagenhöhe festgelegt wird. Tatsächlich wird der Sänger in die Oberliga eingestuft, neben Ruth Leuwerik, Lilli Palmer, Liselotte Pulver, Caterina Valente, Nadja Tiller, O.W. Fischer, Curd Jürgens, Hardy Krüger und Heinz Rühmann. Hinter sich gelassen hat Quinn dabei solche Größen wie Peter Alexander, Romy Schneider, Peter Kraus, Hansjörg Felmy, Maria Schell und Karlheinz Böhm. Dieser Selbstschutz des »Gagenkartells« (*Spiegel*) funktioniert aber nur bedingt, viele der Stars haben bereits vor dieser Verpflichtung zu moderaten Honoraren langfristige Verträge mit ihren Filmfirmen unterschrieben, die ihnen über Jahre hinweg ganz andere Summen garantieren. Außerdem ist es nicht unüblich, den einen oder anderen Filmliebling zusätzlich mit einem Nerzmantel, einem Sportcoupé oder einer Wohnungseinrichtung zu entlohnen.

Mit dem nächsten Film geht es mit Volldampf zurück in die Heimat, und es soll ein Triumphzug werden. Am 29. August 1963 hat *Heimweh nach St. Pauli* im Hamburger »City«-Kino Premiere. Die Geschichte des Films ist schon bekannt in der Hansestadt, bereits ein Jahr zuvor wurde das gleichnamige Musical im Operettenhaus gezeigt. Jetzt also die Film-Version, und die Fans stehen Schlange am Premierenabend. Selbst Hamburgs Erster Bürgermeister Paul Nevermann ist dabei, die Polizei muss die Schauspieler vor den Autogrammjägern schützen, und eigentlich sind alle gekommen, nur um ihn zu sehen, Freddy, den Jungen von St. Pauli. Das begeisterte Premierenpublikum gerät vollends aus dem Häuschen, als Freddy nach der Vorführung des Films mit seiner Gitarre vor den Vorhang tritt und sein »Heimweh nach St. Pauli« singt. Die Verwandlung gelingt, aus dem Darsteller wird – der Junge von St. Pauli. Selbst die Presse ist von dem Rummel ergriffen und macht daraus einen lokalpatriotischen Akt. Von der »vielfältigen Atmosphäre unserer Hansestadt« schwärmt die *Hamburger Morgenpost*, die in dem Film »ungeschminkt eingefangen« worden sei. Das *Hamburger Abendblatt* schlägt den ganz großen Bogen: »Seit dem Albers-Film *Große Freiheit Nr. 7* ist es keinem der vielen Hamburg-Filme so gelungen, die Schönheiten dieser Stadt einzufangen.« Die *Bild*-Zeitung schlagzeilt: »Liebeserklärung an Hamburg! Hamburg hat ein neues Denkmal!« Der kritische *Filmdienst* hingegen vermeldet: »Schnulzenseligkeit und hamburgische Folklore verbürgen Breitenwirkung.«

Das Musical, auf dem die Filmstory basiert, hat Lotar Olias geschrieben, lange bevor er Freddy Quinn kennenlernte. Es erzählt die Geschichte des Mastrosen Hein Steinemann, der als Sänger unter dem Pseudonym Jimmy Jones in den USA Karriere gemacht hat. Las Vegas ruft, doch er bekommt Heimweh nach Hause, nach St. Pauli und dem Fischmarkt, nach den alten Eltern in Övelgönne und Rosie, der einfachen Deern. Das ist Stoff genug für freudige Wiedersehen und lange Umarmungen, viele Tränen und viele Lieder. Der Knüller aber will so gar nicht in diesen Film passen, Sexy-Hexy Evelyn. Eine amerikanische Blondine mit Oberweite, kurz »Sexbombe« genannt, ist eine Kollegin von Jimmy Jones und kommt mit ihm in seine Heimatstadt. Für diese Rolle kommt in Deutschland nur eine infrage, Barbara Valentin. Die Zuständigen bei der Münchner Produktionsfirma »Constantin« haben sich schon festgelegt, ein Vorvertrag ist gemacht. Doch der Star des Films kalkuliert ganz anders. 1963 ist das Jahr, in dem Freddy Quinn an die große Karriere in den USA denkt. Und entsprechend plant er auch jetzt im großen Stil: Er will die Rolle der sexy Evelyn mit einem wirklichen Hollywood-Star besetzen. Dann wäre der Erfolg nicht nur für Deutschland garantiert, nein, auch nach Amerika könnte man den Film verkaufen. Die Produzenten wollen da nicht mitspielen, zu teuer scheint ihnen dieser Plan, doch Quinn lässt nicht locker.

Sogenannte Sexbomben gibt es einige in den USA, aber welche kann sich Freddy Quinn leisten? Seine Wahl fällt auf Jayne Mansfield, sie ist nicht mehr ganz so jung, aber sie braucht das Geld. Die Schauspielerin mit den legendären Körpermaßen 103-54-91 (andere Quellen sprechen von 100-49-89) und einem IQ von angeblich 163 ist Amerikas bekanntestes Sexsymbol – nach Marilyn Monroe. »Miss Blitzlicht« wird sie abfällig genannt, macht Reklame für Käsekuchen und ist Playmate im *Playboy* im Februar 1955. Hollywood-Star Bette Davis spottet über sie: »Ihre dramatische Kunst besteht darin zu wissen, wie man einen Pullover füllt.« Doch dann dreht sie einige Filme, die zeigen, dass mehr in ihr steckt als das dummen Blondchen. Für die Broadway-Bühnenfassung der Komödie *Sirene in Blond* erhält sie 1956 den »Theatre World Award«, und 1957 wird sie mit einem »Golden Globe« als beste Nachwuchsschauspielerin ausgezeichnet. Doch immer wieder gibt es Negativschlagzeilen, eine Scheidung folgt der anderen, vor allem ihre Ehe mit dem Muskelprotz Mickey Hargitay schadet ihrer Karriere. Den Produktionsfirmen werden die Skandale zu viel, sowohl Warner Brothers als auch die 20th Century Fox verlängern ihre Verträge nicht. Mansfield weicht nach Europa aus, tingelt als Sängerin durch britische Nachtklubs und spielt in Billigfilmen wie *Die Liebesnächte des Herkules,* an der Seite ihres Muskel-Mannes Hargitay. In dieser Situation kommt Freddy Quinn gerade recht mit seinem Angebot – 100 000 Mark für eine schlichte Rolle in einem schlichten Film.

Für das Filmprojekt *Heimweh nach St. Pauli* ist der Coup mit Jayne Mansfield eine gelungene Reklame, jedenfalls in Deutschland, denn hier gilt die Mansfield noch als Superstar. Schon vor den Dreharbeiten steigt die Presse voll ein in die Berichterstattung über die Blonde mit der sagenhaften Oberweite. Die *Bravo* ist – mit Lothar Winkler natürlich exklusiv – schon dabei, als der Sänger in Hollywood mit der Diva die Gage aushandelt. Alles ist rosa hier, das gefällt den deutschen Lesern, denn so leben sie, die amerikanischen Superstars. Der Pool ist rosa und hat die Form eines Herzens ebenso wie das Bett, der Flügel ist rosa, die Tapeten und der Teppich, der Hund heißt »Pinky«, und Jayne Mansfield weiß, wie sie ihr deutsches Publikum für sich einnehmen kann: »Ich habe doch eine deutsche Großmutter und deutsches Porzellan, aber noch nicht genügend deutsche Fans.«

Und die *Bravo* will es gewesen sein, die mithilfe ihrer Hollywood-Korrespondentin Edith Dahlfeld die Verbindung zwischen dem US-Star und dem Sänger aus Deutschland hergestellt hat. Freddy selbst erzählt gerne und immer wieder eine andere, seine Version der Geschichte. Im »Kabelgatt« sei es gewesen, einer Kneipe am Hamburger Fischmarkt, als er eines Abends die Idee hatte, einfach bei Jayne Mansfield anzurufen und sie zu fragen, ob sie Lust hätte, mit ihm zu drehen. Wie es dann weitergeht, steht einige Jahre später, 1970, in der *Hamburger Morgenpost*: »Zwischen dem Örtchen für Damen und dem für Herren in der Seemannskneipe ›Kabelgatt‹ am Hamburger Fischmarkt hebt Freddy Quinn den Telefonhörer ab, wirft zwei Groschen ein und wählt die Nummer 0-0-1-0. Das Fernamt ... ›Guten Abend‹,

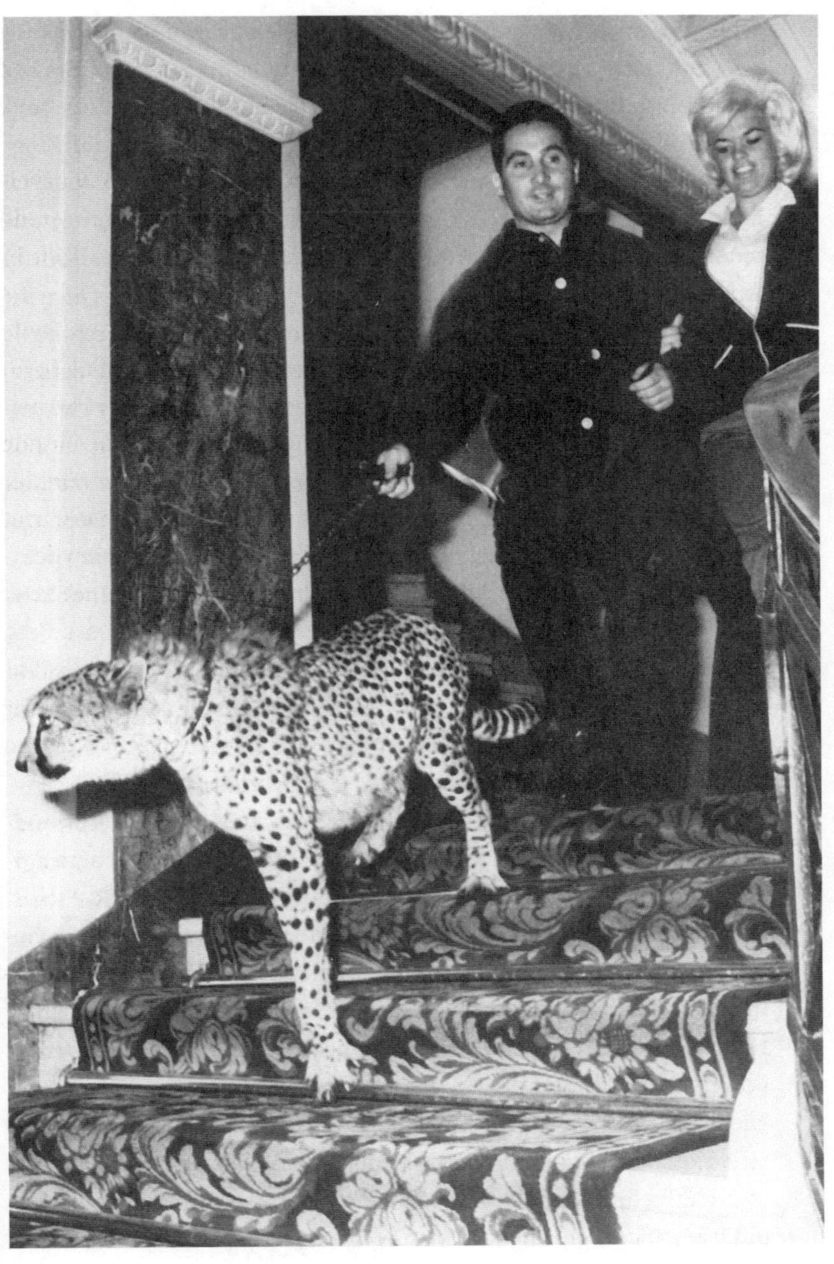

1963: Mit Jayne Mansfield in einer Drehpause von »Heimweh nach St. Pauli«

dröhnt er etwas überlaut in die Muschel, um eine plötzliche Klospülung und den Kneipenlärm zu übertönen. ›Ja, hier spricht Freddy Quinn. Bitte ein dringendes Ferngespräch nach Hollywood. Die Teilnehmerin heißt Jayne Mansfield. Sie müssten erst mal die Nummer erfragen, denn die weiß ich nicht.‹ Kurzes Atemholen am anderen Ende der Leitung, dann ein resolutes weibliches Organ: ›Bitte unterlassen Sie diese Scherze. Wir haben heute genug zu tun.‹ Knack. Aufgelegt.« Und dann – so will es die Zeitungsreportage – versucht Freddy es noch mal und noch mal, bis die Blonde aus Beverly Hills endlich am Telefon ist. Natürlich komme sie gerne nach Deutschland, sagt sie, alles Weitere müsse er aber mit ihrem Manager verhandeln. Einen Tag später macht sich der Sänger auf den Weg nach Los Angeles, trifft sich mit dem Assistenten des Managers und handelt die Gage aus: 25 000 Dollar bar auf die Hand, ausgezahlt in Deutschland. Plus Spesen und eine gigantische Publicity. Der Vertrag wird unterschrieben, Freddy reist zurück nach München, zu seiner Produktionsfirma. Die Produzenten bestehen weiter auf Barbara Valentin, bis Freddy ihnen vorschlägt, dass er die Gage für Frau Mansfield aus eigener Tasche bezahlt. Das ist akzeptiert und einige Zeit darauf trifft Jayne Mansfield in Hamburg ein und bestimmt für die Wochen danach die Schlagzeilen in der Boulevardpresse. Haben Jayne und Freddy ein Verhältnis? Ist Jayne mehr als nur ein guter Kumpel? Nennen ihre drei Kinder ihn schon Daddy? Was man halt so fragt, wenn es gar nichts zu berichten gibt. Der Rest ist reine PR-Arbeit, alles Inszenierungen für die Journalisten und die Fotografen. Jayne mit einem Geparden, Jayne beim Kleiderkauf, Jayne beim Stadtbummel. Nur einmal, das ist nicht geplant, da macht ihr Hündchen einen Haufen auf den Teppich des superschicken Plattenstudios der Polydor, mitten während der Eröffnungsfeier, bei der Jayne singen soll. Die Bosse erstarren vor Schreck, aber die clevere Blondine rettet die Situation: »Oh ... good luck! Das bedeutet Glück!«

Fünfzehn Monate später, nachdem der Film mit großem Erfolg in Deutschland gelaufen ist, der Filmsong »Junge, komm bald wieder« den Sänger noch einmal nach ganz oben auf die Spitzenplätze der Hitparaden gebracht und drei Goldene Schallplatten eingebracht hat, soll er endlich auch für Freddy Glück bringen in den USA, so wie es geplant war. Am Neujahrstag 1965 hat *Heimweh nach St. Pauli* Premiere im »Casino Theatre« im deutschen Viertel von New York. Jayne Mansfield ist wieder dabei, mit Dekolleté und Hund, und verspricht ihre Unterstützung, dass der Film synchronisiert wird für den amerikanischen Markt. Doch daraus wird nichts, der Film kommt nie in die amerikanischen Kinos. Trotzdem hat Freddy Quinn seine Partnerin nicht vergessen. 1967 stirbt sie, vierunddreißigjährig, bei einem Autounfall, und fast vierzig Jahre später steht Freddy einem alten Bekannten beiseite, Matt Cimber. Der war Jayne Mansfields dritter Ehemann, die beiden heirateten ein Jahr nach den Dreharbeiten von *Heimweh nach St. Pauli.* Jetzt, im Februar 2006, ist er zur Premiere seines Filmes *Miriam* nach Berlin gekommen, und Freddy Quinn unterstützt ihn in alter Verbundenheit.

Die Geschichte um den Jungen aus St. Pauli scheint wie ein letzter Paukenschlag. Noch einmal werden alle Klischees bedient, noch einmal ein Freddy vorgeführt, wie ihn das Publikum kennt und liebt. Aber tief greifende Veränderungen deuten sich an. Die Erfolgsgeschichte der Musik- und Schlagerfilme geht langsam zu Ende, der Kino-Boom ist vorbei. In der BRD werden 1962 nur noch 63 Spielfilme produziert, im Vergleich zu 155 im Jahre 1958. Die Leinwand wird endgültig verdrängt vom Fernsehen. Die Zahl der bundesdeutschen Kinobesucher stürzt von fast 820 Millionen im Jahr 1956 auf 335 Millionen im Jahr 1964 ab. Im gleichen Zeitraum steigt die Zahl der Fernsehzuschauer auf fast neun Millionen. Das kleine Gerät im heimischen Wohnzimmer wird zum wichtigen Informations- und Bildungsträger und etabliert sich gleichzeitig als populäre Plattform, um Künstler und ihre Musik zu präsentieren. Es gibt Sendungen wie *Musik aus Studio B,* seit 1961 alle sechs Wochen präsentiert von Chris Howland, und die große Samstagabend-Unterhaltung mit Lou van Burg, mit Vico Torriani und ab 1964 *Einer wird gewinnen* mit Hans-

Joachim Kulenkampff – alles Formate, die Platz bieten für neue Stars und neue Lieder.

Ins Kino strömen die Menschen aber durchaus noch, etwa um Pierre Brice zu sehen und Lex Barker, die Welle der Karl-May-Filme bringt den Kinos noch einmal einen Aufschwung. *Der Schatz im Silbersee* hat Weihnachten 1962 Premiere und wird erfolgreichster Film des Jahres 1963, mit mehr als zehn Millionen Besuchern und einer Goldenen Leinwand für den Produzenten Horst Wendlandt. Außerdem wird der Film in sechzig Länder verkauft, selbst in die USA. Es folgen noch mehr als zehn weitere Karl-May-Filme, und seine Stars, allen voran der Winnetou-Darsteller Pierre Brice, werden die neuen Filmidole der Deutschen.

Freddy Quinn und sein Team stehen unter Druck angesichts der neuen Konkurrenz. Doch sie passen sich schnell an, der nächste Film wird ein Western: *Freddy und das Lied der Prärie.* Gedreht wird – wie bei fast allen Karl-May-Filmen auch – in Jugoslawien. Hier gibt es gewaltige Bergmassive wie in den Rocky Mountains und sonnige Küstenstreifen wie in Italien, dazwischen Steppenland, Urwälder, Wasserfälle und Stromschnellen. Aus der ganzen Welt kommen sie hierher, um die idealen Landschaftsmotive für den Film zu nutzen – und hier ist es billig. Auf zwanzig Prozent und mehr schätzt man die Produktionsersparnisse im Vergleich zu den bisher bevorzugten Drehorten in Westeuropa oder Nordamerika. Das kommunistisch regierte Jugoslawien hat sich schnell darauf eingestellt, der Staat investiert große Summen in den Ausbau von Ateliers, die mit modernster Technik ausgestattet sind. Die Filmateliers in Belgrad oder Zagreb stehen denen in London, Rom oder Paris in nichts nach. Für die Bezahlung akzeptiert das sozialistische Land von ausländischen Produzenten langfristige Wechsel in der begehrten harten Valuta. Die Landschaften sind hier nicht nur schön, die Ateliermieten nicht nur erschwinglich, es steht auch ein Heer jugoslawischer Schauspieler und Statisten bereit, für sehr viel kleinere Gagen als im Westen. Allein 3000 Komparsen werden bei *Der Schatz im Silbersee* gebraucht, dazu 2500 Pferde. Hollywood lässt in Jugoslawien einen Wikinger-Film produzieren, mit Richard Widmark, und Horst Buchholz erlebt hier als Marco Polo, an der Seite von Anthony Quinn, seine Abenteuer *Im Reiche des Kublai Khan*.

Für Freddy Quinn – so wird die Idee verkauft – sei ein Western ein alter Wunsch gewesen. Hier darf er schießen und reiten, sich prügeln und den Robin Hood geben im Einsatz für die Armen. Selbstverständlich singt er auch dabei, und das nicht zu knapp. Neun Lieder sind es insgesamt, so viele wie in keinem anderen seiner Filme zuvor, natürlich alle von Lotar Olias, und in der Werbung spricht man vom »ersten deutschen Musik-Western«. Weil das beim letzten Film so gut geklappt hat mit der Blondine und der Oberweite, ist jetzt wieder eine dabei, Mamie van Doren, auch aus Hollywood, aber bei Weitem nicht so populär wie Jayne Mansfield. Keiner ihrer Filme hat seine Zeit überlebt, und heute noch stellt sie ihre Oberweite aus wie eine Sensation und macht sich in langen Artikeln (»The Great Debate«) Gedanken darüber, ob die Größe des Penis beim Geschlechtsverkehr eine Rolle spielt. Die *Bravo*-Leser, behauptet die *Bravo* damals, hätten protestiert: »Freddy, lass doch die Hände weg von Kurvenstars!«, aber Freddy kann sie alle beruhigen: »Aber Mamie van Doren ist ja gar nicht meine Partnerin, sondern die meines Rivalen Rik Battaglia!« Nein, so eine Blondine ist gerade recht für den Bösewicht, Freddy Quinn darf stattdessen – wie gewohnt – mit einer Braven flirten, die Anita heißt und gespielt wird von der jugoslawischen Schauspielerin Beba Loncar.

Es hilft alles nichts, der Film geht unter in der Western-Welle: 1,7 Millionen Mark musste der Produzent Artur »Atze« Brauner dafür bezahlen, eingespielt hat er nur 1,1 Millionen. »Freddys Popularität beim Publikum hatte offensichtlich nachgelassen«, bilanziert Brauner. Auch die vielen Filmsongs laufen schlecht, gerade mal ein Lied – »Gib mir dein Wort« – schafft noch den Sprung in die Hitparaden. Selbst die Begleitarbeit von Fotograf Lothar Winkler wirkt nur wie der x-te Aufguss der ewig gleichen Geschichte. Es ist wieder die *Heim und Welt*, in der Winkler uns verrät, dass Freddy Quinn erneut vielen Menschen das Leben gerettet hat, fast so wie auf Tahiti, nur ist es diesmal ein Bus mit mehr als dreißig Passagieren, den er mutig vor einem Sturz in den Abgrund bewahrt. Und wieder bleibt er zurückhaltend und bescheiden: »›Lasst das doch‹, sagte er. ›Ihr macht doch aus einer Maus einen Elefanten. Es war doch reiner Zufall, dass ausgerechnet ich als Erster gemerkt habe, als der Bus ein bisschen vom Wege abkam ...‹« Die Arbeitsteilung zwischen den beiden klappt nach wie vor: Während der eine, Freddy, den Bescheidenen gibt, langt der andere, der Freund und Fotograf Winkler, wieder kräftig zu und macht einen Helden, einen Übermenschen aus ihm: »Ich habe Freddy Quinn schon in vielen kritischen Situationen kennengelernt. Und mir kann man es ruhig glauben, wenn ich sage, es war kein Zufall. Freddy ist eben in jeder Situation ein wacher, energischer und zum sofortigen Handeln entschlossener Mann. Das bewies er hundertfach!«

Jahre später räumt Freddy Quinn ein, dass wirklich etwas schiefgelaufen ist bei diesem Film, er habe auf den falschen Regisseur gesetzt. Für viel Geld hat er seinem Produzenten Artur Brauner den amerikanischen Regisseur Sobey Martin aufgedrängt. Martin, der sich zuvor einen Namen gemacht hat als Regisseur von einigen Folgen der US-Western-Serie *Rawhide* mit Eric Fleming und Clint Eastwood in den Hauptrollen, ist zum Zeitpunkt der Dreharbeiten schwer krank. Er kann kaum arbeiten, und so entsteht der Film eigentlich ohne seine führende Hand. Brauner muss anschließend noch einmal viel Geld investieren, um mit einem neuerlichen Schnitt den Film zu retten. Martin aber scheint sich bald wieder erholt zu haben, in den Jahren danach arbeitet er wieder fürs US-Fernsehen und inszeniert viele Folgen der Science-Fiction-Serien *The Time Tunnel* und *Voyage To The Bottom Of The Sea*.

Und dann wird der vorläufig letzte Film mit Freddy Quinn in der Hauptrolle gedreht, ganz schnell noch im selben Jahr wie *Freddy und das Lied der Prärie*. Im September 1964 beginnen die Dreharbeiten im Zelt des italienischen Zirkus »Heros« auf dem Hamburger

Heiligengeistfeld. Vom alten Team sind noch Lotar Olias dabei und Gustav Kampendonk, der bereits für fünf Filme zuvor das Drehbuch geschrieben hat. Regie führt, wie schon bei *Heimweh nach St.Pauli*, Karl Vibach, der noch eine wichtige Rolle spielen wird in der späteren Karriere von Freddy Quinn. Das schauspielerische Repertoire des Sängers ist begrenzt, ein Seemann war er unzählige Mal, dazwischen ein Taxifahrer, ein Büroangestellter, ein Cowboy. Das ist nicht viel, und doch gibt es eine Rolle, die bisher gefehlt hat: der Artist. Und so heißt der Film *Freddy – Tiere – Sensationen* und spielt im Zirkusmilieu, eine Umgebung, die Freddy aus seiner Jugendzeit, damals in Österreich, vertraut ist und die eine große Rolle spielt für sein Image und seine Legende. Die Presse steigt darauf ein: »Dieser Film hat es in sich. Gold-Star Freddy war vom ersten Drehtag an von der Manegenluft wie verzaubert, er war gelöst wie einer, der endlich wieder heimgekehrt ist.« Wieder werden das wahre Leben und die Filmstory miteinander vermischt, denn auch der Film-Freddy kehrt wieder heim. Obwohl er große Erfolge feiert als Trapez-Künstler in den USA, zieht es ihn zurück nach Europa zu seiner Familie und zu den Existenzsorgen ihres kleinen Zirkus. Ein Böser ist auch dabei, der die Pläne für eine neue Trapez-Nummer stiehlt. Aber Freddy rettet die Lage und den Zirkus und die Zukunft seiner Familie.

Dazwischen hat er genügend Raum, all das zu zeigen, was er sich in monatelangem Training angeeignet hat an spektakulären Nummern für die Manege. Mit einem Löwen steht er im Käfig, als Clown bringt er die Kinder zum Lachen, einen Handstand vollführt er in der Zirkuskuppel, seinen Kopf hält er unter einen bedrohlich erhobenen Elefantenfuß, und auf dem Rücken eines galoppierenden Pferdes bläst er Trompete. Freddy meistert alles mit Bravour, die neuen Kollegen vom Zirkus sind voll des Lobes. Einer von ihnen, der Berliner Sensationsdarsteller Kurt Lippert, hat mit ihm für die Rolle gearbeitet und trainiert: »Die Ausbildung eines Fliegers am Trapez, wie Freddy ihn in diesem Film darstellt, dauert etwa zwei

Jahre. Intensives Training ist notwendig. Aber Freddy überrumpelte mich ohne diese Ausbildung als ein großartiger Flieger. Sein kraftvoller Oberkörper beherrschte alle erforderlichen Temporeflexe, die andere erst nach langem Training finden. Und wie ein Schraubstock umspannten mich seine Hände, als er vom Trapez flog und mich packte. Ich möchte erwähnen, dass Fänger und Flieger im Moment des gegenseitigen Sichfangens durch die Wirkung der Zentrifugalkraft ein Gewicht von etwa fünf Zentnern in den Händen halten.« Auch der Löwendompteur Bruno Togni, Bruder des »Heros«-Chefs Enis Togni, ist angetan von Freddy Quinn: »Ich habe schon viele Stars kennengelernt. Nette und weniger nette. Sie passten alle nicht zu uns. In der Manege gibt es keine Stars. Wenn der Artist seine Nummer beendet hat, zieht er die Stalljacke an und hilft bei den Pferden oder beim Umbau der Manege, ganz gleich, wie prominent er auch sein mag. Er kümmert sich um seine Requisiten selbst und reißt, wenn es sein muss, auch Eintrittskarten am Eingang ab. Freddy passt zu uns. Er ist genau wie wir.« Sein Bruder Enis pflichtet ihm bei: »Tricks kann man lernen, wenn man sich müht, aber Freddy hat das richtige Gespür in der Manege, das sonst eigentlich nur den Artisten im Blut liegt, die im Zirkus geboren sind.« Und macht dann doch eine Einschränkung: »Ich bin allerdings froh, dass Freddy einen anderen Beruf hat. Wir würden sehr traurig sein, wenn ihm etwas zustieße. Er geht in den Löwenkäfig und singt zwischen den Raubtieren, ohne mit der Wimper zu zucken. Er macht einen Handstand in zwölf Meter Höhe ohne Netz, den ich zum Beispiel heute nicht mehr ausführen würde, weil es mir zu gefährlich ist. Ich fürchte, Freddy würde beim Zirkus nicht alt werden. Er hat zu viel Mut!«

Die freundlichen Worte der Togni-Brüder zahlen sich aus. Als nach den Dreharbeiten ihr »Heros«-Zirkus im Oktober noch weiter in Hamburg gastiert, bleiben die Zuschauer aus, es wird langsam kalt. Da springt Freddy ein und tritt mit in der Manege auf, ohne Gage und mit Gitarre. Es funktioniert, Freddy informiert die Reporter der lokalen Presse, am nächsten Tag steht es in allen Zeitungen, und am Abend ist das Zirkuszelt ausverkauft. »Freddy, *il miracolo*«, die italienischen Artisten sind dankbar und begeistert.

Ansonsten lebt der Film von den gleichen Zutaten wie immer. Freddys Partnerin, die Italienerin Marisa Solinas, ist kleiner als der Star und keine Gefahr, ihm den Glanz streitig zu machen. Ihrer beider Techtelmechtel ist wieder von unschuldiger Art, noch nie ist Freddy mit einer seiner Filmpartnerinnen in einem Schlafzimmer verschwunden. Seine Fans hätten ihm das nie verziehen, so die Haltung seiner Produzenten. Und Freddy: »Ich muss wohl meinem einmal geprägten Typ treu bleiben.« Daneben spielen in dem Zirkus-Melodram wieder eine Garde allererster Schauspieler, Freddys einstiger Lehrer Joseph Offenbach, der Theatermann Peter Mosbacher als Bösewicht, dazu Heinz Reincke, Viktor Staal, Ingrid van Bergen, Rudolf Platte, Paul Klinger, Loni Heuser. Regisseur Karl Vibach, zum Zeitpunkt der Dreharbeiten eigentlich Intendant des Württembergischen Staatstheaters in Stuttgart, meint nicht, dass sich sein Hauptdarsteller daneben verstecken müsse, er ist überzeugt von seinen schauspielerischen Qualitäten: »Freddy ist ein echter Komödiant. Er hat das Theaterspielen im Blut. Man muss ihn nur selbst etwas entwickeln lassen und ihm dabei helfen. Dass er aus früheren Filmen schauspielerisch oft als Versager gilt, ist nicht seine Schuld. Kaum ein Regisseur hat sich bisher die Mühe gemacht, Freddy Quinn richtig zu führen. Klar, dass er verkrampft wirkte.«

Und damit ist die Filmkarriere des Freddy Quinn eigentlich zu Ende. Zwölf Kinofilme in sieben Jahren, davon zehn Hauptrollen, und 53 Filmlieder – keine schlechte Bilanz. Dazu Preise, Auszeichnungen und Ehrungen für volle Kinokassen, für Millionen Mal verkaufte Schallplatten, für besondere Nähe zum Publikum. Doch nie war eine Anerkennung dabei für den Schauspieler. Nein, er hat nichts gemein mit dem Rühmann und dem Buchholz und dem Jürgens, nicht einmal mit dem Albers, dem er so gerne nachgeeifert hätte. Freddy Quinn hat seine Chancen beim Film nicht genutzt,

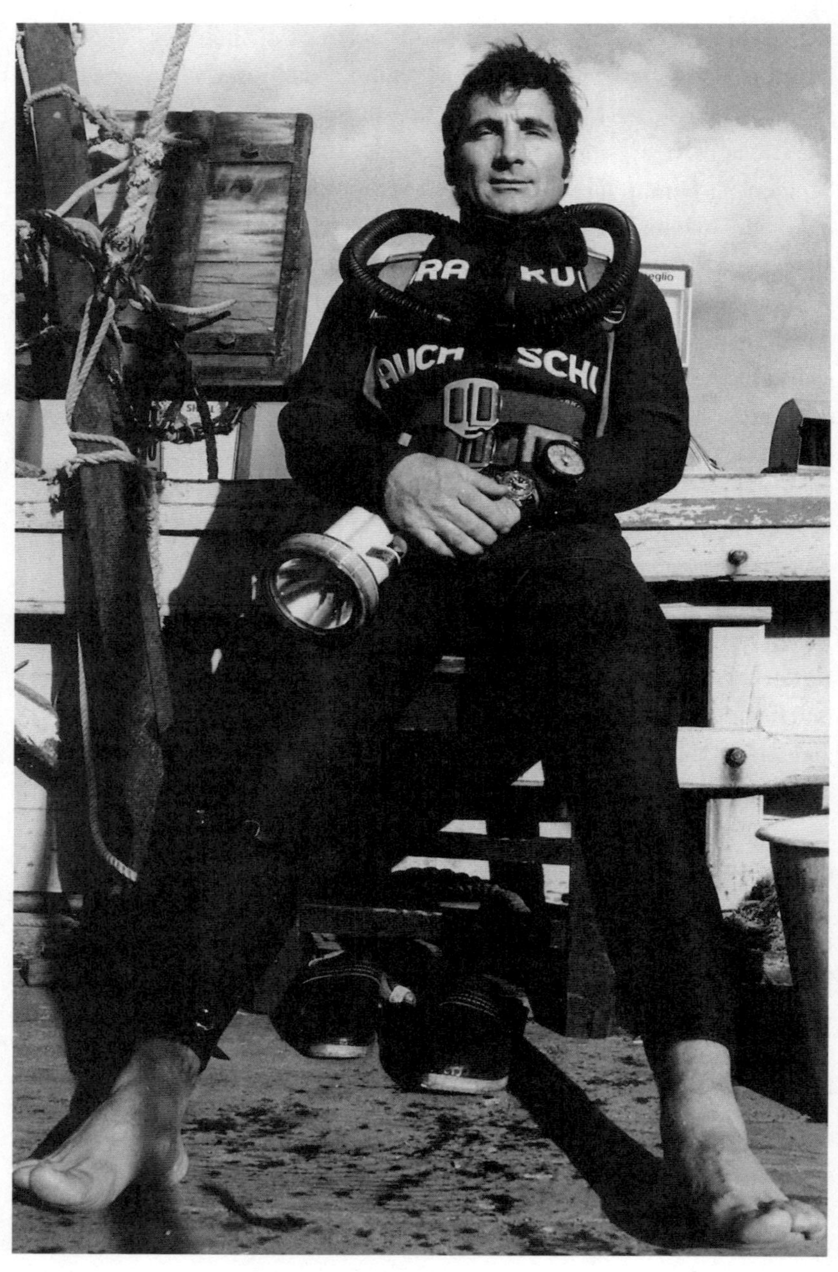

1970: Als »Taucher Fred« in »Haie an Bord«

falls er je eine Chance gehabt hat. Immer ist er stecken geblieben in seiner Figur, in seiner Person. Wie bei seinen Liedern hat er sich seine Rollen auf den Leib schreiben lassen, sie waren »maßgeschneidert«, wie man so gerne sagt in diesem Geschäft, um mit schönen Worten zu bemänteln, dass man bei der immer gleichen Masche bleibt. Diese Maß-Arbeiten funktionieren bei den Liedern, nicht aber im Film. Es ist so lange gut gegangen, wie die Filme mit Schlager und Musik ihr Publikum gefunden haben. Dieser Trend aber ist vorüber, und eine Chance als Schauspieler gibt es für Freddy Quinn nur, wenn er sich wirklich verwandelt, wenn er von einer Rolle in die andere schlüpft und nicht einfach nur sein Matrosenkäppi gegen eine Taxikutschermütze tauscht, wenn er sein Gesicht sprechen lässt, seine Augen, seine Hände, seinen ganzen Körper und nicht nur dreinschaut wie einer, der einsam ist, hundeelend einsam, egal ob auf Tahiti oder in Irland, in Brasilia oder im Wilden Westen, in Berlin oder auf St. Pauli.

Jahre später, im Herbst 1970, setzt Freddy Quinn eine Taucherbrille auf, nimmt den Schnorchel zwischen die Zähne, wird Tiefseetaucher und heißt »Fred«. Noch einmal steht er vor der Kamera für *Haie an Bord*. »All denen, die mich nur als schauspielernden Sänger sahen, will ich beweisen, wie ernst es mir mit der Schauspielerei ist.« Fast zwei Jahre ist Quinn mit dem fertigen Drehbuch hausieren gegangen, »denn einfach nur noch einen Film mit einer Rahmenhandlung um den Sänger Freddy Quinn zu machen, der seine neuesten Schlager singt, diese Zeiten sind für mich für immer vorbei.« Ein »Action-Thriller«, wie es in der Reklamesprache der Filmproduzenten heißt, sei der Film, »mit einer selten gesehenen, aufwendigen Ausstattung und großer Besetzung«. Das muss so laut dröhnen, schließlich hat die Welle der James-Bond-Filme neue Standards gesetzt, wenn man im Kino erfolgreich sein will. Und so dreht man in Nassau auf den Bahamas und an der Costa Smeralda auf Sardinien, aber der Kampf um Gold über und unter Wasser lockt keine Zuschauer mehr, nach sieben Tagen verschwindet der Film von der

Leinwand. Selbst ein zweiter Versuch – nach altem Rezept noch einmal umgetitelt in *Freddy – Die Fahrt ins Abenteuer* – bringt nichts. »Das Film-Comeback fand nicht statt«, schreibt ein Journalist und rechnet vor: »Nach den Statistiken sind die fleißigsten Kinogänger heute zwischen 17 und 26 Jahre alt. Aber diese Altersgruppen zählen nicht zu den Freddy-Fans.« Hinzu kommt, dass die, die ihren Freddy sehen und hören wollen, enttäuscht zu Hause bleiben, zu fremd ist ihnen der Mann im Taucheranzug. Karin Dor, 1967 erfolgreich in dem James-Bond-Film *Man lebt nur zweimal* und jetzt als Gangsterbraut Quinns Partnerin, hält gar nichts von dem Film. »Den können Sie vergessen«, urteilt sie Jahre später: »Der Produzent Reginald Puhl war ein Armleuchter und der Regisseur Arthur Maria Rabenalt war ja ein noch größerer Armleuchter.« Der Film floppt, floppt so sehr, dass die *Bild*-Zeitung besorgt ihre Leser fragt: »Wie wollt Ihr Euren Freddy?« Zur Auswahl stehen vier Varianten des populären Sängers: Freddy als »Kraftprotz«, mit Muskeln beim Gewichtheben, Freddy als »Liebhaber«, mit Jayne Mansfield an der Seite, Freddy als »Westernheld«, grimmig der Blick und die Hand am Colt, oder Freddy »mit Schippermütze im Hafen«, mit Rollkragenpullover und ein bisschen Wasser im Hintergrund und ein Schiff noch dazu. Was für eine Frage? Die absolute Mehrheit aller Einsender entscheidet sich für den Seemann, keiner will den Kraftprotz, kaum einer den Liebhaber oder den Westernhelden. »Schuster bleib bei deinen Leisten«, schreibt *Bild*-Leserin Monika Kähler aus Hamburg. Andere sind immer noch enttäuscht von seinem letzten Film-Fehltritt. »Die Schlägertype, die Freddy in dem Film verkörpert, passt nicht zu ihm«, schreibt eine Leserin, und ein anderer meint: »Wenn Freddy gerne Filme drehen möchte, soll er es nicht gleich mit Gangstern. Er soll der liebe, nette Kerl bleiben.« Und der liebe, nette Kerl, das ist der mit der Gitarre und den traurigen Liedern, aber Schauspieler? »Nein, er ist doch kein Schauspieler«, meint ein Fan in *Bild*, und eine andere fordert: »Er soll die Schauspielerei endlich an den Nagel hängen.«

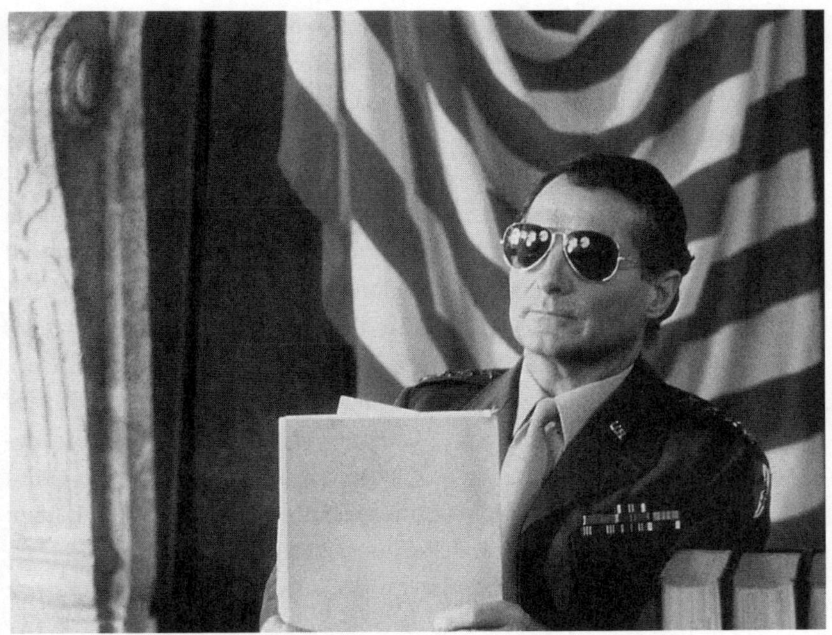

1983: Als US-General Mark Clark in dem Film »Die wilden Fünfziger«

Aber noch ist das Kapitel Film für Freddy Quinn nicht beendet. 1982 steht er vor der Kamera für einen Film, über den keiner der Beteiligten heute noch sprechen möchte. Außer Quinn selbst. »Ich habe unter Zadek gedreht!«, erklärt er immer wieder stolz, wenn er seine Karriere Revue passieren lässt. Ja, er hat unter der Regie des legendären Theatermannes gespielt, *Die wilden Fünfziger* heißt der Streifen, eigentlich gedacht als Verfilmung des Bestsellers *Hurra, wir leben noch* von Johannes Mario Simmel. Doch die Übernahme des Titels hat Simmel verboten, noch während der Dreharbeiten. Und der Autor des Drehbuchs, Robert Muller, zieht seinen Namen zurück, nachdem er sich den Rohschnitt angesehen hat. Dabei schien alles auf Erfolg programmiert: Geplant als knallbunte Satire auf die Zeit des deutschen Wirtschaftswunders darf die Produktion knapp acht Millionen Mark kosten, rund siebzig Darsteller hat Peter Zadek dafür engagiert, ein »Who is Who« der bundesdeutschen Theater-, Film- und Unterhaltungsszene: Christine Kaufmann, Boy Gobert, Eva Mattes, Sunnyi Melles, Dominique Horwitz, Brigitte Mira, Ingrid Caven, Hermann Lause, Charles Regnier, Ivan Desny, Udo Kier, Peter Kern, Margit Carstensen, Ulrich Wildgruber, Rudolf Lenz, Karl Lieffen, Diether Krebs, Beatrice Richter, Lou van Burg und viele andere. Dazu Ilja Richter als rasender Reporter, Willy Millowitsch als Nazi-Professor Donner, Zazie de Paris als Madame Parfüm, Guido Baumann als Bundesinnenminister – und Freddy Quinn als amerikanischer Stadtkommandant General Mark Clark. Unter so vielen Stars ist keiner ein Star, bei so vielen Akteuren bleibt für den einzelnen kaum Zeit. Auch nicht für Freddy Quinn, sein Auftritt ist so kurz, dass nichts davon hängen bleibt im cineastischen Gedächtnis. Der Film wird ein grandioser Flop. »Ich bin ein Dilettant, Madame«, höhnt der *Spiegel* über den Regisseur, in Erinnerung an dessen ersten Kinofilm *Ich bin ein Elefant, Madame,* und schreibt weiter: »Der Regiekünstler kam mit dem Apparat und der Apparat mit dem Regisseur nicht zurecht.« – »Inkonsequent und uneinheitlich im Stil«, urteilen die Kritiker. »Kalauernd, klamottenhaft und fern jeder Delikatesse.« – »Satire heißt hier: laut, platt und doof.« Verrisse überall, und die Kinokassen bleiben leer. Das also ist der Schlusspunkt für Freddy Quinns Kino-Karriere, was einst mit einem schüchternen Kurzauftritt auf der Leinwand angefangen hat, endet wieder mit einem Kurzauftritt, diesmal aber laut und mit Getöse.

AUF DER BÜHNE

Da droht einer unterzugehen. Ehrgeizig ist er und hat alles erreicht. Die Menschen kennen seinen Namen und seine Lieder, sie verehren ihn und zahlen jeden Preis für seine Platten, Konzerte, Filme. Er diktiert die Bedingungen, mit wem er dreht und was er singt. Seine Sonderwünsche sind anderen Befehl. Und finanziell? Darüber natürlich kein Wort, doch man kann es sich an fünf Fingern abzählen: Dieser Mann ist kein armer Mann. Aber Zufriedenheit und Glück sehen anders aus. Schmallippig posiert Freddy Quinn auf fast allen Fotos vor ewig gleicher maritimer Kulisse, nur nicht lächeln und den Blick stur in die Ferne. Das Image erlaubt keinen anderen Ausdruck. Doch nicht nur das: Je erfolgreicher der Weg des jungen Künstlers, umso launischer sein öffentliches Gebaren. Jeder Frager, der mehr sein will als nur ein PR-Gehilfe für das nächste Projekt, wird abgewatscht. Oswalt Kolle, später prominentester Sexualaufklärer der Republik, ist im Oktober 1962 als Reporter für die Illustrierte *Quick* unterwegs auf den Fluren des Hamburger Operettenhauses. Es ist 1 Uhr nachts, am nächsten Abend soll die Generalprobe des Musicals *Heimweh nach St. Pauli* über die Bühne gehen, und zuvor will Kolle mit dem Hauptdarsteller sprechen: »Stimmt es noch mit Freddy Quinn?« – so wird die Titelzeile lauten. Doch Freddy Quinn ist nicht zu sprechen: »Nein. Nein. Nein. Du kannst nicht mit mir sprechen. Es ist unmöglich. Alle wollen sie was von mir. Die Journalisten, die Fotografen. Das Panoptikum will meine Hände, die Mädchen wollen meine Autogramme, die Maurer vom Bau gegenüber klopfen an mein Fenster – und dann die sogenannten alten Freunde: Sie schlagen mir auf die Schulter und sagen ›Sauf einen mit mir, Freddy, sei kein Frosch, weißt du nicht mehr, damals in Shanghai?‹. Verdammt, du kannst mit mir nicht sprechen. Wenn ... wenn du versuchst, in meine Garderobe zu kommen, kann ich dir auch den Leibwächter auf den Hals schicken, bitte sehr ...« Die Nerven liegen blank, nicht nur wegen der kommenden Premiere.

Freddy Quinn hat die Plattenteller erobert und die Leinwand, jetzt will er weiter, jetzt will er mehr. Auf die Bühne als Sänger, als Darsteller, ein richtiger Schauspieler will er sein. Mit Lotar Olias, seinem Produzenten, Freund und Mentor, hat er darüber geredet, und der hat nichts dagegen einzuwenden, auch er ist ehrgeizig und will keine Sparte mit seinem Künstler unbesetzt lassen. Musical heißt die neueste Welle, die gerade vom New Yorker Broadway nach Europa schwappt, ein musikalisches Bühnenstück, das mehr ist als eine Operette, sich in der Musik dem Zeitgeschmack anpasst und von einer Story zusammengehalten wird, die Tempo hat und Schwung. *My Fair Lady*, das erfolgreichste Musical der Saison, hatte gerade im Oktober 1961 im Berliner »Theater des Westens« seine deutsche Erstaufführung erlebt, Publikum und Presse waren begeistert. Just in dieser Stimmung fällt Olias seine Operette aus den frühen 1950er-Jahren ein, *Heimweh nach St. Pauli*. »Eigentlich erfüllt dieses Stück alles, was man zum Musical braucht, nur die Musik muss heutiger werden, interessanter und noch populärer, und ich muss noch größere Schlager finden.« Er bespricht seinen Plan mit einem, der sich auskennt mit dem Musikgeschäft und seinen Möglichkeiten, Kurt Collien. Collien ist der wichtigste Impresario in Hamburg, bereits 1932 eröffnet er hier seine Theaterkasse und veranstaltet in den Jahren danach erfolgreiche Konzerte und Gastspiele. Bis ihm die Nazis die Arbeitserlaubnis entziehen, weil er mit jüdischen Theateragenten zusammenarbeitet. Gleich nach Kriegsende macht er sich wieder an die Arbeit, gründet den »Circus Grock« mit dem legendären Clown als Namensgeber und ein Tournee-Theater, »Der grüne Wagen«, mit Schauspielergrößen wie O. E. Hasse und Käthe Gold und dem blutjungen Harald

Juhnke im Ensemble. Gleichzeitig holt Collien als Konzertveranstalter die ganz großen internationalen Namen in die Hansestadt: Ella Fitzgerald, Rudolf Nurejew, Bill Haley, Josephine Baker, Zarah Leander. Sein spektakulärster Coup ist 1959 ein Gastspiel mit Maria Callas, 42 000 Mark hat er für ihren ersten Auftritt in Hamburg gezahlt, die Eintrittskarten kosten bis zu 200 Mark. 1960 bittet Hamburgs Bürgermeister Max Brauer den erfolgreichen Geschäftsmann, das marode Operettenhaus an der Reeperbahn zu übernehmen. Collien greift zu, und Olias' Idee für ein Musical mit Freddy Quinn in der Hauptrolle kommt ihm gerade recht. Als Regisseur für das Stück wird Karl Vibach engagiert, Intendant des Nordmark-Landestheaters in Schleswig und mit 34 Jahren der jüngste Theaterleiter der Republik. Vibach, 1928 in Paderborn geboren, gehört von 1946 bis 1948 zum ersten Nachkriegsjahrgang der Schauspielschule des Deutschen Theaters in Berlin, 1952 geht er nach Düsseldorf und wird Regie-Assistent von Gustaf Gründgens. Als er 1961 für das *Faust*-Gastspiel von Gründgens in New York mit amerikanischen Tänzern die beiden Komparserie-Szenen vom »Osterspaziergang« und von der »Walpurgisnacht« arrangiert, kommt er zum ersten Mal in direkten Kontakt mit dem Broadway-Musical. Es soll ihn zeit seines Lebens nicht mehr loslassen.

Vibach macht sich mit Elan an die Arbeit zu *Heimweh nach St. Pauli*. Hundertvierzig Mitwirkende hat er zu dirigieren, mit Freddy Quinn an der Spitze in der Rolle des Jimmy Jones alias Hein Steinemann, seinen Eltern, gespielt von Maria Kloth und Rudi Beiswanger, dazu Christa Schindler als Rosi und Rut Rex in der Rolle der US-Schönheit Evelyn, ein großes Ballett, der Chor der Hamburger Seefahrtschule und die Hamburger Originale Addi Münster und Hein Riess, der singende Seemann. Die Mischung stimmt, die Handlung spielt in New York und in Hamburg, in der Alten und in der Neuen Welt, Lokalkolorit trifft auf Moderne und – die Alte Welt gewinnt. Jimmy, drüben zum Show-Star aufgestiegen, kommt reumütig zurück in die alte Heimat und wird wieder das, was sich für einen richtigen Hamburger Jung gehört, ein Matrose. Über zwanzig Nummern hat Olias dafür komponiert, alles neue Lieder, »Junge, komm bald wieder« wird zum Hit, noch während der achtwöchigen Laufzeit des Stückes verkauft sich die Platte bereits 400 000-mal. Auch die anderen Titel, wie »Auf der Reeperbahn nachts um halb eins« und »Das gibt's nur auf der Reeperbahn bei Nacht«, sind inzwischen Klassiker und von der musikalischen Visitenkarte Hamburgs nicht mehr zu streichen.

Das Wetter spielt nicht mit, es regnet, und der Wind bläst über die Reeperbahn. Trotzdem haben sich mehrere Hundert Menschen vor dem Operettenhaus eingefunden, sie alle wollen Freddy sehen, Star des neuen Musicals, das an diesem Abend des 18. Oktober 1962 Premiere hat. Den Hauptdarsteller bekommen die Fans nicht zu Gesicht, dafür eine Riege prominenter Gäste in Abendkleid und Smoking. Boxchampion Hein ten Hoff ist dabei, der Intendant der Staatsoper, Rolf Liebermann, das Schauspielerehepaar Ingrid Andree und Hanns Lothar, der Fernsehmann Jürgen Roland, Regisseur Peter Gorski vom Schauspielhaus und viele andere mehr. Die Premiere wird ein rauschender Erfolg, immer wieder gibt es Beifall auf offener Szene, und im Parkett werden die Lieder mitgesummt. »Im Operettenhaus regnete es gestern Abend Blumen«, titelt tags darauf die *Bild*-Zeitung und schreibt begeistert weiter: »Es ist von Deutschen für Deutsche geschrieben. Es hat Herz.« Ein »Volks-Musical« steht in den Kritiken, »My Fair Freddy«, »ein echtes Lokal-Musical«, »gekonnt, hervorragend, eine Musik, die das deutsche Gemüt erreicht«. Besonderes Lob für den Hauptdarsteller: »Für Freddy ist damit ein Traum Wirklichkeit geworden«, meint die *Kieler Morgenzeitung*: »Dort, wo er einmal als armer Seemann begann, steht er jetzt im Lichtkegel der Scheinwerfer vor Hunderttausenden von Menschen.« Nicht alle sind begeistert: »Ein Freddycal«, urteilt Oswalt Kolle in der *Quick*, »eine operettenhafte Schnulze rund um den Star.« Wofür der Star, so Kolle, aber nichts kann: »Ich nenne ihn ein Opfer der wenigen Menschen in seiner Umgebung, denen er wirklich vertraut.«

Trotzdem – das Kalkül, ganz nach amerikanischem Vorbild einen Star als Zugpferd des Musicals einzusetzen, ist aufgegangen, der Einsatz von einer viertel Million Mark Produktionskosten hat sich gelohnt. Der Erfolg des Stückes ist außergewöhnlich, die Karten dafür sind Wochen im Voraus ausverkauft und werden auf dem Schwarzmarkt für 100 Mark und mehr angeboten. Nach achtzig Vorstellungen ist am Silvesterabend 1962 zunächst einmal Schluss, *Heimweh nach St. Pauli* wird abgesetzt, anschließend ist *My Fair Lady* dran, die Verträge dafür sind schon vor Monaten abgeschlossen worden. Aber die Beteiligten lassen nicht locker, wollen dranbleiben am Erfolg. Pläne, mit dem Stück ans Wiener Raimundtheater umzuziehen, zerschlagen sich. Stattdessen wird aus dem Musical ein Kinofilm und aus den Liedern eine Langspielplatte – die Verwertungskette reißt nicht ab. Anfang 1966 wird das Stück erneut auf den Spielplan des Hamburger Operettenhauses gesetzt, die Premierenfeier gerät zum Volksfest: Wieder roter Teppich für die Prominenz, und vor dem Theater drängeln sich Tausende Fans, ein Marine-Musikkorps spielt dazu die Musical-Hits. Das Foyer des Operettenhauses ist stilecht als Hafen mit Anlegern und Fischernetzen dekoriert, und als Ehrengäste sind an diesem Abend fünfundzwanzig Kapitäne aus dem Seefahrer-Altenheim geladen. Die lokale Presse ist wieder begeistert: »Ein Volltreffer in die Herzen des Publikums«, urteilt das *Hamburger Echo*: »In vollen Zügen genoss man Lotar Olias' goldrichtige Mischung von prächtiger, überschäumender Seemannskneipen-Bombenstimmung und zärtlich-lächelnder Melancholie, die von Abschied und Wiedersehen und goldenen Mutter- und Vaterherzen spielt.«

Es gibt keinen Zweifel, das Stück lebt von seinem Hauptdarsteller. Ihn auf der Bühne zu sehen mit so vielen Liedern, das ist fast so wie ein Konzert. Dass Freddy Quinn zwischendurch auch noch spricht und schauspielert, sich bewegt und den einen oder anderen Ausdruck aufträgt im Gesicht, ist zweitrangig, die Massen im ständig ausverkauften Operettenhaus wollen nur ihn erleben, ganz egal wie. Dafür gibt es während der Spielzeit keinen freien Tag für den

Star, außer montags. Und die Montage sind ausgefüllt mit den übrigen Verpflichtungen – Fernsehauftritte, Plattenaufnahmen, Autogrammpost erledigen. Entspannung? Ja, die gibt es auch, erzählt Quinn: »Dann lese ich die Dramen des amerikanischen Autors Tennessee Williams – im Original.« Der Musical-Sänger bleibt dran an seinem Traum, einmal will er den Kowalski spielen in Tennessee Williams' *Endstation Sehnsucht.* Das erzählt er jedem Journalisten, der es hören will. »Ja, ich könnte viel mehr machen, ganz andere Sachen. Aber man lässt mich ja nicht.« Auch den »Sergeant Berry« in der geplanten Neuverfilmung des gleichnamigen Streifens mit Hans Albers von 1938 würde er gerne spielen oder die Hauptrolle in dem Musical *Golden Boy*, das 1964 am Broadway Premiere hatte mit Sammy Davis Jr. in der Titelrolle. Und dann kommen ihm wieder Zweifel, nein, keine Selbstzweifel, aber die Sorge um sein Publikum: »Darf ich mein großes Ziel, Theater zu spielen, ansteuern? Kann ich es verantworten, dass eine ganze Industrie und Menschen, die meine Lieder lieben, vor den Kopf gestoßen werden?« Deshalb bleibt er erst einmal der »Hein Steinemann«, bis Ende Mai auf der Bühne im Operettenhaus. »Natürlich war ich zum Schluss abgekämpft. Aber ich gab mir Mühe, durchzuhalten und möglichst jeden Abend die gleiche Leistung zu zeigen. Das Publikum hat auch in der 101. Vorstellung Anspruch darauf.«

Danach ist Urlaub angesagt, so wie Freddy ihn versteht. Mit dem Schiff über den Atlantik reist er zunächst nach New York und fliegt anschließend weiter nach Mexiko – zu Plattenaufnahmen. Zurück in Hamburg muss er ins Bett, im Bethanien-Krankenhaus in Eppendorf werden ihm die Mandeln entfernt. Erst als klar ist, dass bei dem Eingriff seine Stimmbänder keinen Schaden genommen haben, darf die Öffentlichkeit davon erfahren. Anschließend gibt es einen kleinen Abstecher in die Gruga-Halle nach Essen, hier erhält Freddy Quinn am 24. September den mittlerweile achten »Goldenen Löwen« von Radio Luxemburg. Und dann beginnt schließlich die Tournee mit *Heimweh nach St. Pauli.* Erste Station ist Wien, die Stadt, in der er aufgewachsen ist und zu der er sich so gar nicht hingezogen fühlt. Die Premiere im »Theater an der Wien« ist für den 29. September 1966 angesetzt, und vorab reagiert die Presse in der österreichischen Hauptstadt reserviert bis spöttisch. »Heimatlos, Seemannslos – überhaupt nichts los!«, ist da zu lesen und von Freddys »künstlerischem Dilemma«, seine Lieder seien zwar nicht gut, dafür aber erfolgreich: »Das ist ein Unterschied, ein Qualitätsunterschied.« Immer wieder wird des Sängers Verhältnis zu seiner Heimatstadt thematisiert. »Freddy hat kein Heimweh!«, überschreibt die Wiener Tageszeitung *Das kleine Blatt* einen entsprechenden Artikel. Darin heißt es: »Zu Wien verbindet den Heimweh-Experten ein Hass-Liebe-Verhältnis ... Er lebt in Hamburg. Denn dort ist der große Hafen, das ›Tor zur Welt‹. Er lebt in der Schweiz. Zeitweise. Die Gegend und die Steuerbescheide sind dort gesünder und schöner als woanders. Aber in Wien lebt Freddy nicht. Nicht gerne. Und er würde auch hier nicht leben wollen, wenn es an der Donau ein gesünderes Klima als im Tessin gäbe ... Freddys Ehrgeiz bezieht sich allein auf das Fluidum der Kulturstadt an der Donau. Er will dieses kritische Wiener Publikum begeistern und erobern.« Das Publikum ist begeistert, die Zahl der Wiener Fans reicht aus, um einen rauschenden Premierenabend zu feiern, mit vielen Blumen, vielen Vorhängen und vielen Bravo-Rufen. Die Kritiker lassen sich davon nicht beeindrucken. »Ernsthaft, es ist gegen unproportionierte Revuen nichts einzuwenden, wenn sie sich als solche deklarieren und an ihnen gemäßer Stätte Erfolg haben«, schreibt Franz Endler in der Tageszeitung *Die Presse*: »Wenn sie sich aber Musical nennen – das ist eine ernst zu nehmende Gattung des Unterhaltungstheaters – und im ›Theater an der Wien‹ aufgeführt werden – das sollte eine für Wien repräsentative Spielstätte sein –, dann hat irgendwer Luv und Lee verwechselt, und der Klabautermann müsste einschreiten.« Im Boulevardblatt *Express am Morgen* urteilt der Kritiker kurz und bündig: »Reines Geschäftsheater«, und endet mit einer kleinen Anekdote vom Premierenabend: »An der Garderobe sah ich eine ältere Dame, die murmelte ein bisschen verstört vor sich hin. Wahrscheinlich dachte sie daran, was im ›Theater an der Wien‹ schon an hehrer Kunst geboten worden ist. Nun hat es eben mehr Stadthallencharakter bekommen. Die Zeiten ändern sich, und Geschäft ist Geschäft.« Nicht ganz so streng dagegen ist Rudolf E. Klaus im *Kurier*: »Es ist sehr nett und unterhaltsam und sicher für Freddy-Fans genau das Richtige«, und lobt ganz besonders den Hauptdarsteller: »Abgesehen von der schönen Stimme ist er ein überaus sympathischer Schauspieler, dezent und allürenlos, und eben das macht ihn zur Persönlichkeit, zum Star. Bravo!«

Der 11. Dezember 1966 ist der letzte Spieltag am Wiener Naschmarkt, für Freddy Quinn aber gibt es keine Pause. Zwischendrin fliegt er für Fernsehaufnahmen kurz nach Madrid, und am 27. Dezember beginnen bereits die Proben am »Theater des Westens« in Berlin, die Premiere von *Heimweh nach St. Pauli* soll am 7. Januar 1967 sein. Das erste Mal auf einer Theaterbühne in West-Berlin! Freddy Quinn ist aufgeregt. Hier fällt der Heimatbonus von Hamburg weg, und niemand wartet auf ihn, wie in Wien alle neugierig waren auf den verlorenen Sohn. »Wer meint, das hier sei Käse, und deswegen nur widerwillig mitmacht, der soll besser nicht mitmachen.« Freddy wappnet sich in seiner kleinen Eröffnungsansprache für das Ensemble im »Theater des Westens« vor dem rauen Wind, der hier weht. Das Theater an der Kantstraße ist ein Traditionshaus, bekannt für gute Opern- und Operetteninszenierungen seit über hundert Jahren und seit der *My Fair Lady*-Premiere 1961 die wichtigste Musicalbühne in Deutschland. Auch vor der versammelten Berliner Presse gibt sich Freddy vor der Premiere trotzig selbstbewusst. »Mein Bogen ist weiter«, lässt er die Reporter wissen: »Und ich habe was dagegen, als Seemann vom Dienst gestempelt zu sein.« Kein guter Einstieg für einen, der dem Publikum die nächsten zwei Monate nichts anderes geben will als den Seemann. Doch auch in Berlin ist es wie in Hamburg oder in Wien, den Freddy-Fans ist sein Kampf gegen das Image egal, sie kommen massenhaft, um ihr Idol zu sehen. Und die Kritiker zerreißen sich wieder das Maul. Karena Niehoff arbeitet sich nach der Berlin-Premiere in der *Süddeutschen Zeitung* am Hauptdarsteller ab: »Freddy mit der untiefen Tiefe in der Stimme: kulinarisch, familiär, unpanisch, Freddy, gegen den die schluchzenden, brüchigen Töne, die verwundbare Sentimentalität von Hans Albers einen Anflug von Genie hatte; Freddy, der sogar für einen Parsifal zu traumlos ist – er ist der Mann ohne Eigenschaften –, führt sie alle ein wenig mürrisch, bescheiden und sympathisch, heim.«

Die letzte Station der Tournee ist München, Anfang Oktober 1967 ist die Premiere im Deutschen Theater. Wieder wird es ein Triumph der Fans, es gibt so viele Blumen am ersten Abend, dass eine Holzkarre alle Sträuße transportieren muss. Und auch hier wieder die Erkenntnis: Der Abend steht und fällt mit der Besetzung der Hauptrolle. »Denn er versteht es«, schreibt ein Kritiker, »eine Schnulze so zu entschnulzen, dass sie erträglich wird, ohne auch an Schnulzenwirksamkeit einzubüßen.« Ein ganz besonderes Jubiläum wird in München gefeiert, die 350. Vorstellung von *Heimweh nach St. Pauli* mit Freddy Quinn in der Hauptrolle. Und nach noch nicht einmal vier Wochen wird Ende Oktober im Deutschen Theater der 25 000. Besucher mit einem Gutschein für eine Reise auf der »Hanseatic« überrascht. So findet die Tournee mit dem Olias-Musical ein erfolgreiches Ende, ständig ausverkaufte Häuser, ein zufriedenes Publikum, und die Lieder aus dem Stück werden auf der Straße gepfiffen. Was will man mehr? Zwischen den Tourneeorten und -daten meldet sich Freddy Quinn immer wieder zu Wort, um sein Missfallen zu äußern. Ihm reicht das alles nicht. Im Gegenteil, überall wittert er Gegner, die ihm den Erfolg missgönnen: »Meine Feinde sind überall, bei der Konkurrenz, in den Publikationsorganen.« Denn die Zeitungen – so sein richtiger Eindruck – berichten nur kritisch über seine Leistungen auf der Musicalbühne.

Zum Jahresende muss Quinn wieder zurück nach Hamburg, im Operettenhaus wartet eine neue Bühnenaufgabe auf ihn. Am Silvesterabend soll er den Prinzen Orlofsky in der Johann-Strauß-Operette *Die Fledermaus* spielen. So hat er es dem Operettenhaus-Chef Kurt Collien aus einer Laune heraus versprochen. Doch dann wird doch nichts daraus, erst ein Jahr später, am 31. Dezember 1968, ist es so weit: Freddy Quinn steht in Frankfurt am Main als Prinz Orlofsky auf der Bühne des Opernhauses. Schuld daran ist Ulrich Erfurt, Generalintendant der Städtischen Bühnen, er hatte Freddy den Vorschlag gemacht. »Freddy Quinn soll ein heiteres Bonbon fürs Publikum sein. Ohne Zweifel ist er schauspielerisch und stimmlich der Aufgabe gewachsen. Freddy braucht kein Mikrofon, er hat eine echte, tragfähige Stimme und kann sich auch einem Ensemble gut einfügen.« Der Sänger fühlt sich geehrt und sagt ohne viel Nachdenken zu. »Ich habe das zunächst missverstanden und geglaubt, ich solle nur eine Einlage singen. Als ich in Frankfurt ankam, erfuhr ich die ganze schreckliche Wahrheit.« Ganz schnell studiert Quinn die Rolle ein, ohne Generalprobe und Gesamtdurchlauf muss er nach einer kurzen Orchesterprobe auf die Bühne. Und bringt eine ganz besondere Einlage, das »Wolgalied« aus der Operette *Der Zarewitsch* von Franz Lehár. Noch ein weiterer Gag ist eingebaut in diese Inszenierung, die ein Kritiker anschließend abkanzelt mit »Mehr Mickymaus als Fledermaus«: Nach dem »Wolgalied« erscheint Martin Jente auf der Bühne, dem breiten Publikum bekannt als Butler Martin in der Fernsehshow *Einer wird gewinnen* mit Hans-Joachim Kulenkampff. Jente trägt auf einem Kissen einen Brief herein: »Eine Depesche des Zaren!« Quinn in der Rolle des Prinzen, in blauer Uniform mit Tressen, Borten und drei Sternen am aufgestellten Kragen, befiehlt: »Lesen Sie! Was schreibt er?« Jente: »Er schreibt: ›Junge, komm bald wieder.‹« Das Publikum brüllt vor Lachen, und Freddy kommt wieder nicht raus aus seiner Rolle, nicht einmal in einer klassischen Operetteninszenierung. Erleichtert äußert sich Quinn am Tag danach: »Ich bin heilfroh, dass ich nicht mit Pauken und Granaten durchgefallen bin.« Ganz im Gegenteil, meint jedenfalls der Kritiker der *Frankfurter Neuen Presse*: »Das anfängliche Lachen verstummte bald, als man spürte, mit welcher Entschlossenheit Freddy die Schwierigkeiten der ungewohnten Rolle meisterte. Seine Stimme wirkte überraschend klangvoll, sie konnte allerdings ihren kleinen Umfang nicht verbergen.«

Das klingt nach einem erfolgreichen Abschluss des Jahres 1968 – das überhaupt sehr erfreulich verlaufen ist. Erneut hat sich Freddy Quinn in einer Musicalrolle versucht und ist beim Publikum gut angekommen damit. Wieder hat Lotar Olias eines seiner alten Stücke aufpoliert und auf seinen Star zugeschnitten: *Prairie-Saloon*, bereits 1958 in Hamburg uraufgeführt. Seitdem ist das Stück auf fast allen deutschen Bühnen zu sehen, in der DDR wie in der BRD, aber auch in Südamerika und in Skandinavien. Besonders bekannt wird das Musical in einer Inszenierung der Berliner »Tribüne« von 1964, die auch im Fernsehen gezeigt wird. Hier sind unter anderen Michael Hinz, Edith Hancke, Ingrid van Bergen und Jan Hendriks mit dabei. Die Geschichte um ein trotteliges Greenhorn, das sich im Umgang mit dem Colt als Wunderschütze entpuppt, versteht sich als Parodie auf das Genre der populären Western-Filme. Doch nicht nur das, mit Liedern wie »Keiner von uns ist schlecht« und »Der Mensch ist ein Gewohnheitstier« will Olias nach eigenem Bekunden auch ironisch an die *Dreigroschenoper* von Bertolt Brecht und Kurt Weill erinnern. »Das haben wir bewusst in die Weill'sche Richtung geschoben, um auch hier dem Stück einen musikalisch-textlichen, parodistischen Akzent zu geben.« Dafür kann sich nicht jeder Kritiker begeistern: »Olias hat in diesem Musical alles zusammengemixt, von der Schnulze bis zum Jazz, und war dazu schamlos genug, Weills Songs ungeniert zu imitieren«, schreibt Katrin Sello im Berliner *Tagesspiegel* und fährt fort: »Vor den Belieferern einer skrupellosen Kulturindustrie scheint also nichts mehr sicher. Was freilich kaum verwundern kann bei einem Mann, der mit zynischer Offenheit über sich selbst im Programmheft schreibt: ›Ich habe nicht einmal Zeit, über die Zeit, in der wir leben, nachzudenken.‹«

Die Premiere mit Freddy Quinn in der Hauptrolle als Pistolen-Jimmy ist für den 15. August 1968 im Zürcher »Corso-Theater« angesetzt, doch zuvor findet – »so wie die Amis das machen«, wie Quinn stolz erklärt – die Hauptprobe an einem geheimen Ort in Hamburg statt. Regie führt wieder Karl Vibach, Partnerin an Quinns Seite ist

Birke Bruck in der Rolle der Mississippi-Lilly. Das Theater in Zürich ist nicht sehr groß, die Premiere läuft gut, die Kritiken sind bescheiden. »Ein Schauspieler ist er zwar noch lange nicht«, schreibt die *Neue Zürcher Zeitung* über den Hauptdarsteller, »aber immerhin bewegt er sich locker und natürlich, beherrscht als einziger der Spieler die traditionellen Spiele mit dem Colt und Ähnliches in unverkrampfter Art und hält seine Rolle im Griff.« – »Mindestens amüsant«, befindet der *Tagesspiegel,* »sind Freddys ungelenke Übungen in der Schauspielkunst. Anscheinend hat er als Schlagersänger keine Sprachausbildung erhalten, und Karl Vibach, der sich erstaunlicherweise für dieses Unternehmen als Regisseur hergegeben hat, ist es auch nicht gelungen, diesem Unvermögen abzuhelfen.« Nach Zürich geht es Schlag auf Schlag, eine anstrengende Tournee durch die Schweiz, Österreich und Deutschland, insgesamt vier Monate durch rund hundert Städte. Das macht 109 Vorstellungen, für die 25 000 Kilometer zurückgelegt werden, allein 3760 Minuten muss der Hauptdarsteller singen, und zirka 90 000 Menschen haben die Inszenierung gesehen. »Wenn ich diesen Sprung nicht wage«, hat er noch vor der Tour gesagt, »überlebe ich mich selbst.« Und das will er auf keinen Fall: »Am liebsten würde ich mein Geld verschenken, wenn ich damit beweisen könnte, dass es mir ernst ist mit meiner Abkehr vom alten Freddy-Klischee.« Er geht sogar noch einen Schritt weiter und distanziert sich von der Arbeit, die ihm bislang den größten Ruhm eingebracht hat: »Wenn ich in diesen vier Monaten statt *Prairie-Saloon* Schnulzen aufgenommen oder ein paar Fernsehauftritte absolviert hätte, wäre viel mehr auf dem Konto.« Nein, auf das Geld kommt es ihm nicht an, will er damit sagen, er will endlich, endlich die Anerkennung und den Respekt als Schauspieler.

Als Freddy Quinn am Ende der *Prairie-Saloon*-Strapazen für seinen Auftritt als Prinz Orlofsky in Frankfurt eintrifft, ist er um acht Kilo leichter. Und – der Erfolg des Musicals beflügelt – immer noch voller Pläne für einen Image-Wechsel: »Ich will nicht ewig als singender Seemann qualifiziert werden, was nicht zuletzt deshalb

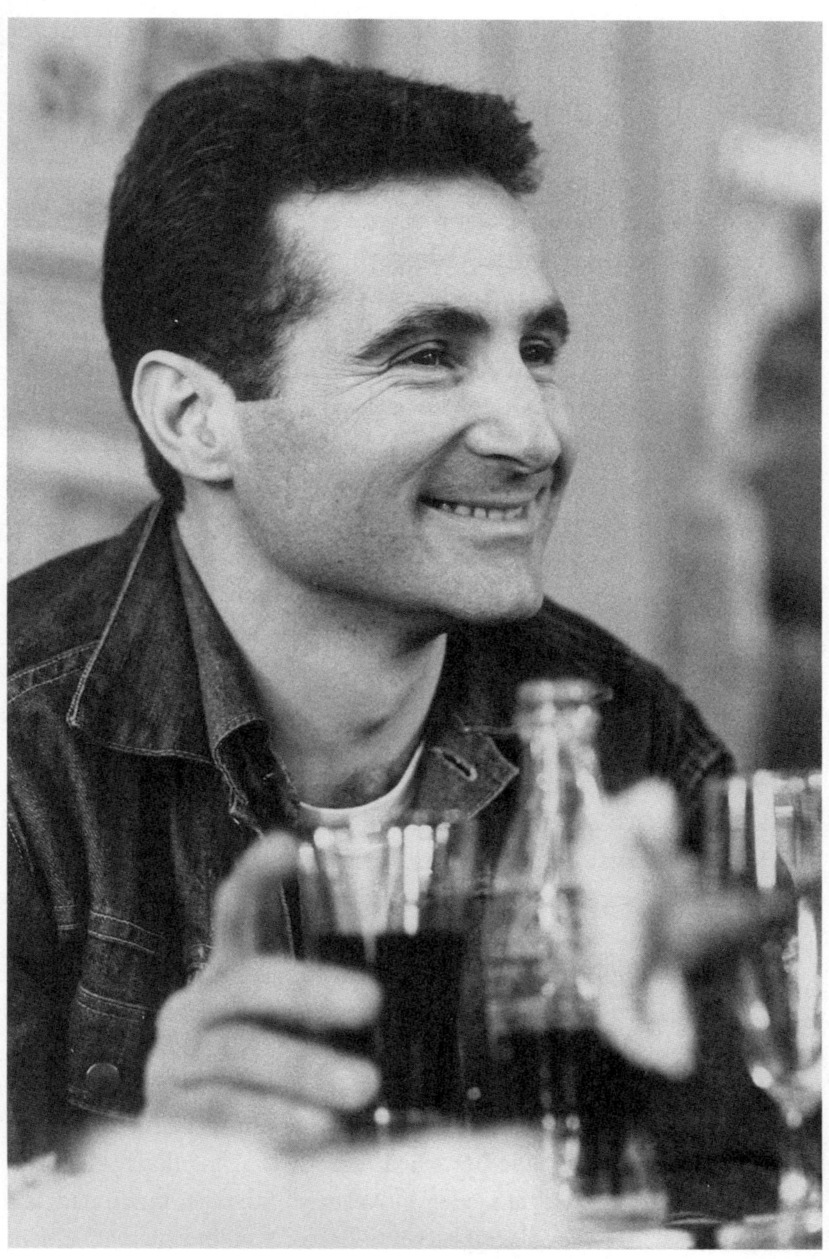

1968: In Berlin

Quatsch ist, weil ich kein Seemann bin. Dieser Seemann – der ist wie ein Mantel, den man zehn Jahre getragen und viermal gewendet hat. Ich kämpfe gegen mein Image an. Andererseits ist es doch höchste Zeit, in meinem Alter einen Fachwechsel vorzunehmen. Ich weiß, es ist ein bewusst harter Weg, den ich da einschlagen muss. Aber der Erfolg von *Prairie-Saloon* hat mir gezeigt, dass ich auf dem richtigen Weg bin. Ich will beweisen, dass ich auch als Schauspieler meinen Mann stehen kann.« Zum ersten Mal deutet Quinn hier an, dass nicht viel dran ist an seiner Vergangenheit als Seemann: »... weil ich kein Seemann bin.« So weit geht er, um endlich aus dieser Rolle auszubrechen. Doch umsonst, kein Journalist greift das Eingeständnis auf, und Quinn schwelgt weiter in seinen Schauspielerträumen: »Es bestehen mehrere Pläne für 1969. Da ich finanziell unabhängig bin, kann ich ablehnen, was mir nicht zusagt.« Und auf die Frage »Wo würden Sie sich in fünf Jahren gerne sehen?«, antwortet Quinn: »Ich möchte dann gerne – ohne einen künstlerischen Zusammenhang zu suchen – dort sein, wo Hans Albers 1943 war. Nicht vom Typ ›Hoppla, jetzt komm ich‹ her, sondern eben als populärer, singender Volksschauspieler.«

So argumentiert er stetig gegen sein Image, so versucht er ständig dagegen anzuspielen, doch seine Kritiker kann er nicht überzeugen. Auch sein gleichbleibender Griff nach dem Hans-Albers-Mythos überzeugt nicht. »Quinn vergisst«, schreibt Alf van Dooren im *Neuen Blatt,* »dass dieser Hans Albers das Herz auf dem rechten Fleck hatte, dass er Schauspieler und kein Sänger war. Dass der ›blonde Hans‹ liebte, soff und schwarze Zigarren paffte. Freddy, so scheint es wenigstens, ist in der Liebe ein Neutrum, einer, der den Alkohol und dem Glimmstängel abgeschworen hat. Er ist einwandfrei und sauber, doch kein Kumpel, der mitten im Volk lebt, um ein echter Volksschauspieler zu sein.« Und wie reagieren seine Anhänger auf so viel Ablehnung? Die besuchen noch jede Vorstellung, Hauptsache, Freddy singt seine Lieder, in welchem Stück ist ihnen letztlich egal. Als das *Prairie-Saloon*-Ensemble einmal Station macht auf einem

Rummelplatz im Elsass, muss die Vorstellung nach dem ersten Akt abgebrochen werden, die Zuschauer wollen nur Quinns Lieder hören, und der liefert ihnen dann tatsächlich ein zweistündiges Konzert. »Das war's nämlich, was das Publikum sich vorgestellt hatte«, bemerkt dazu kurz angebunden Lilly-Darstellerin Birke Bruck.

Pläne für 1969? Immer wieder spricht Freddy Quinn von seinen Theaterplänen für das neue Jahr, ohne Genaues zu verraten. Wieder und wieder erwähnt er zwei Stücketitel – *Golden Boy* und *Endstation Sehnsucht* – ganz beiläufig und doch hartnäckig, und wieder wird nichts daraus: »Es gibt Probleme mit den Aufführungsrechten«, sagt er dann zum Broadway-Musical *Golden Boy*, und: »Ich bin noch nicht so weit« über seine Traumrolle des Kowalski in dem Tennessee-Williams-Stück. Stattdessen ruft ihn wieder die Heimat, eine neue Bühnenaufgabe wartet auf ihn in Hamburg. Kurt Collien, Chef des Operettenhauses, will wieder mal ein Theater retten, in seiner direkten Nachbarschaft auf der Reeperbahn steht das traditionsreiche St. Pauli-Theater vor dem Aus. 1841 als »Urania-Theater« eröffnet, wird zwanzig Jahre später daraus das »Varieté-Theater«, spezialisiert auf Volksstücke in plattdeutscher Sprache. Bis 1884 Ernst Drucker das Theater übernimmt, der der Spielstätte schließlich auch seinen Namen gibt. Er zeigt Stücke von Henrik Ibsen und Gerhart Hauptmann, setzt aber auch die Tradition mit Hamburger Stücken fort, das erfolgreichste wird die *Zitronenjette*, die Geschichte eines Hamburger Originals, der Zitronenhändlerin Henriette Müller. 1941 wird das Theater in »St. Pauli-Theater« umbenannt, die Nazis entdeckten, dass der Namensgeber Drucker ein Jude war. Ende der 1960er-Jahre steuert das 650-Plätze-Haus in die roten Zahlen, der erfolgreiche Collien wird gebeten, das Theater zu übernehmen. Eine halbe Million Mark bewilligt der Hamburger Senat, und der Bühnenbau mit klassizistischer Fassade, direkt neben Deutschlands bekanntestem Polizeirevier, der Davidwache, gelegen, wird gründlich renoviert.

Die Mittelloge im ersten Rang wird am Abend des 29. Januar 1970 zur »Senatsloge« erhoben, und hier nimmt Professor Herbert

Weichmann Platz, Erster Bürgermeister der Hansestadt, einer der prominenten Gäste der Uraufführung von *Der Junge von St. Pauli.* Das Stück, unter dem Titel *Dat Veilchen von St. Pauli* geschrieben von dem Hamburger Versicherungskaufmann Franz W. Schilling, ist ganz auf den Hauptdarsteller Freddy Quinn umgearbeitet worden. Schon lange ist Lotar Olias als künstlerischer Begleiter nicht mehr an Quinns Seite, diesen Platz hat jetzt Karl Vibach eingenommen. Uneingeschränkt vertraut Quinn seinem neuen Freund, er weiß, dass der ihn in seinen Inszenierungen immer ins rechte Licht rücken wird. Und Vibach gibt sich besondere Mühe bei der Arbeit mit dem Sänger. Der als autoritär bekannte Regisseur widmet ihm viel mehr Zeit als seinen anderen Schauspielern, übt jede Szene mit ihm noch mal und noch mal, und wenn es nicht so klappt, wie er will, scheut er sich nicht, den Schallplatten-Star lautstark zurechtzuweisen vor den Schauspielerkollegen auf der Probebühne. Vibach – inzwischen Theaterchef in Lübeck – ist als Regisseur von *Der Junge von St. Pauli* auch zuständig für die großzügigen Korrekturen am Originaltext, das Stück wird zu einer Hommage an Freddy Quinn, die Legende seiner Karriere steht im Mittelpunkt ebenso wie der Stadtteil, in dem die Geschichte spielt, mitsamt seinem Personal: Huren und Seeleute, Polizei und Heilsarmee, Werftarbeiter und Blumenfrauen. Die Fassade der »Washington-Bar«, dort, wo für Freddy Quinn einst alles begann, ersteht wieder originalgetreu als Bühnenkulisse, und Hans Matthiesen, der einstige Chef der »Washington-Bar« und jetzt Wirt einer kleinen Gaststätte im Schleswig-Holsteinischen, sitzt als Ehrengast der Premiere in der ersten Reihe und kann sich von der Richtigkeit der Kulissendetails überzeugen. »Ganz genau wie damals!«, so sein Kommentar, der alte Mann ist ganz gerührt: »Ja, mein Freddy, der hat es zu was gebracht. Und angefangen hat alles bei mir.«

Populärer Volksschauspieler heißt jetzt das Ziel, das mit dem neuen Stück anvisiert wird, ganz so wie es Hans Albers einmal war. Karl Vibach unterstützt die Ambitionen seines Schützlings Freddy Quinn. »Der Seemannspullover ist auf die Dauer zu eng«, sagt er,

»Quinns antiseptische Haltung seinen Mitmenschen gegenüber und die Scheu vor der Konfrontation mit Fremden haben ihre Ursachen in der Schablone, in die man ihn hineingepresst hat.« Doch Vibach ist Profi genug, um die Möglichkeiten seines Hauptdarstellers richtig einzuschätzen: »Er ist eine Bühnenpersönlichkeit, ein Zirkuspferd, das parat ist, sobald die Scheinwerfer aufleuchten. Aber er weiß selber, dass er noch in der Entwicklung ist, ein Spätentwickler, der langsam kommt.« Aber Vibach glaubt an Quinns Fähigkeit, die klischierten Vorstellungen seiner Fans zu überwinden, und er nimmt ihn in Schutz vor der – in der Presse gerne breitgetretenen – Schelte mancher Kollegen, der Star sei launisch und empfindlich gegenüber jeglicher Kritik. Vibach: »Ich habe nie einen folgsameren Schauspieler erlebt.«

Das Rezept hat bereits in seinen Kinofilmen funktioniert, jetzt stehen auch bei dieser Inszenierung Freddy Quinn erfahrene Schauspieler zur Seite. Christa Siems, Günter Lüdke und Rudolf Beiswanger sind Gesichter und Namen, die einem bundesweiten Fernsehpublikum von den Übertragungen aus dem Hamburger Ohnsorg-Theater bekannt sind. Sie wissen, dass er das Zugpferd des Stückes ist, und von ihnen gibt es keine Beschwerden über seine angeblichen Allüren. Die Premiere von *Der Junge von St. Pauli* wird – wie könnte es anders sein – ein rauschender Erfolg. Schon Wochen vorher ist die Vorstellung ausverkauft, Quinns Anhänger sind aus der ganzen Republik angereist. An bekannten Gesichtern sieht man an diesem Donnerstagabend im Januar 1970 neben Bürgermeister Weichmann die Stars der Ohnsorg-Bühne, Henry Vahl sowie Heidi Kabel, die mit ihrem Ehemann Hans Mahler gekommen ist, dazu TV-Regisseur Jürgen Roland, ganz leger im Rollkragenpullover. Im Anschluss an die Vorstellung treffen sich alle wieder mit den Mitgliedern des Ensembles zur Premierenfeier in der »Galerie Mensch« am Fischmarkt, es gibt Bratwurst und »Lütt un Lütt«, die beliebte Hamburger Getränkemischung aus Kümmel und Bier, die seit Jahrhunderten von den Hafenarbeitern zum Schichtende getrunken wird. Heidi Brühl und

Benno Hoffmann sind noch dazugekommen, sie spielen gerade nebenan im Operettenhaus in *My Fair Lady*. Bürgermeister Weichmann nutzt die Gelegenheit und bedankt sich in einer kleinen Rede bei Kurt Collien dafür, dass er sich des St. Pauli-Theaters angenommen hat. Und überschwänglich lobt Weichmann das Ensemble des Abends, allen voran Christa Siems, eine »Volksduse«, und Freddy Quinn, den »St.-Pauli-Caruso«.

Kurze Zeit nach der St.-Pauli-Uraufführung gibt es noch eine zweite Premiere zu feiern, in Lübeck steht Freddy Quinn als Alexander Obolski in der musikalischen Komödie *Das Feuerwerk* auf der Bühne. Hier, an den Bühnen der Hansestadt, ist Quinn-Förderer Karl Vibach Chef des Hauses und kümmert sich um passende Rollen für seinen Schützling. *Feuerwerk*, das Stück mit der Musik von Paul Burkhard, mag so bekannt nicht sein, aber ein Lied daraus – »O mein Papa« –, das kennt jeder. Ihre Uraufführung erlebt die Operette bereits 1939 in der Schweizer Heimat des Komponisten unter dem Titel *Der schwarze Hecht*, 1950 wird sie erstmals in Deutschland am Gärtnerplatz-Theater in München gezeigt, der Titel jetzt: *Das Feuerwerk*. 1954 schließlich verfilmt Kurt Hoffmann die Geschichte um Zirkusdirektor Obolski, das schwarze Schaf der Fabrikantenfamilie Oberholzer, mit Lilli Palmer, der ganz jungen Romy Schneider und Karl Schönböck als Obolski in den Hauptrollen. Stück und Film werden Achtungserfolge, mehr nicht, das Lied mit dem »Eh la hopp« und dem »wunderbaren Clown«, dem »großen Kinstlerr«, wird ein Welterfolg, ein Evergreen. Lys Assia hat damit 1950 ihre erste Hitparadennotierung in Deutschland, viele Versionen über den Tod des geliebten Clown-Vaters sind ihr gefolgt: Connie Francis, die Everly Brothers, Diana Decker, Heinz Rühmann, Robertino, die Beverly Sisters, der Jazztrompeter Harry James und – als »Pappi mín« auf Isländisch – Björk. Eddie Fisher gelangt mit der englischen Version 1954 bis an die Spitze der US-Charts, dem Trompeter Eddie Calvert gelingt dies im selben Jahr in Großbritannien. Als Soundtrack für einen Dokumentarfilm über das Leben von Paul Burkhard nimmt Lys Assia 2007 das

Lied noch einmal auf, diesmal im Duett mit dem Schweizer Popstar Michael von der Heide.

Hier, 1970 in Lübeck, gehört das Lied, eigentlich der Rolle der Obolski-Partnerin Iduna zugedacht, Freddy Quinn, auf den – wieder einmal – die ganze *Feuerwerk*-Geschichte zugeschnitten ist. Die Iduna wird gespielt von Marianne Schubart, der Ehefrau von Karl Vibach. Nicht im Traum hat sie daran gedacht, dass sie diese Rolle bekommt, schließlich ist sie mit dem Intendanten verheiratet, und das gibt nur böse Gerüchte. Aber sie besitzt einen großen Vorteil gegenüber den anderen Anwärterinnen auf den weiblichen Gegenpart zu Obolski, sie ist kleiner als der Hauptdarsteller Quinn. Regisseur Vibach hat einen ganz besonderen Einfall, um sein Zugpferd herauszustellen und ihn zum Titelhelden von »O mein Papa« zu machen: Nach dem zweiten Akt wird zwischen den Seitenlogen ein Drahtseil gespannt, acht Meter hoch über dem Orchestergraben. Dann klettert Freddy in Clownsmaske aus der Loge, hält einen Schirm über dem Kopf und betritt das Seil. Ein paar Schritte macht er auf das Publikum zu, macht Faxen und – ha! – schwankt gefährlich dabei, ein Aufschrei geht durch den Saal, doch der Star fällt nicht. »Polizei hat gesagt, Köpfe des Publikums sind zu kostbar, ist auch so noch schwärr genug!«, ruft er denen da unten zu, hebt seinen Schirm dabei und enthüllt den Trick, eine Schlaufe, die ihn an einem dünnen Parallelseil hält. Und balanciert weiter und singt dazu »O mein Papa«.

Dass er auf dem Seil laufen kann, das hat Freddy Quinn sich eisern erarbeitet, nicht 1949 während seiner kurzen Zeit bei einem österreichischen Kleinzirkus, auch wenn er in seinen Erzählungen immer wieder nahelegt, dass hier der Grundstein für sein artistisches Talent gelegt worden sei. Nein, all die erstaunlichen und atemberaubenden Tricks und Kunststücke hat er sich 1964 beibringen lassen, während der Dreharbeiten zu seinem Film *Freddy – Tiere – Sensationen*. Dass er einiges davon jetzt, 1970, auch auf der Theaterbühne zeigen kann, gehört zu seinen vielfältigen Versuchen, seiner Rolle als Sänger endgültig zu entkommen. Doch die Kritiken bleiben auch diesmal

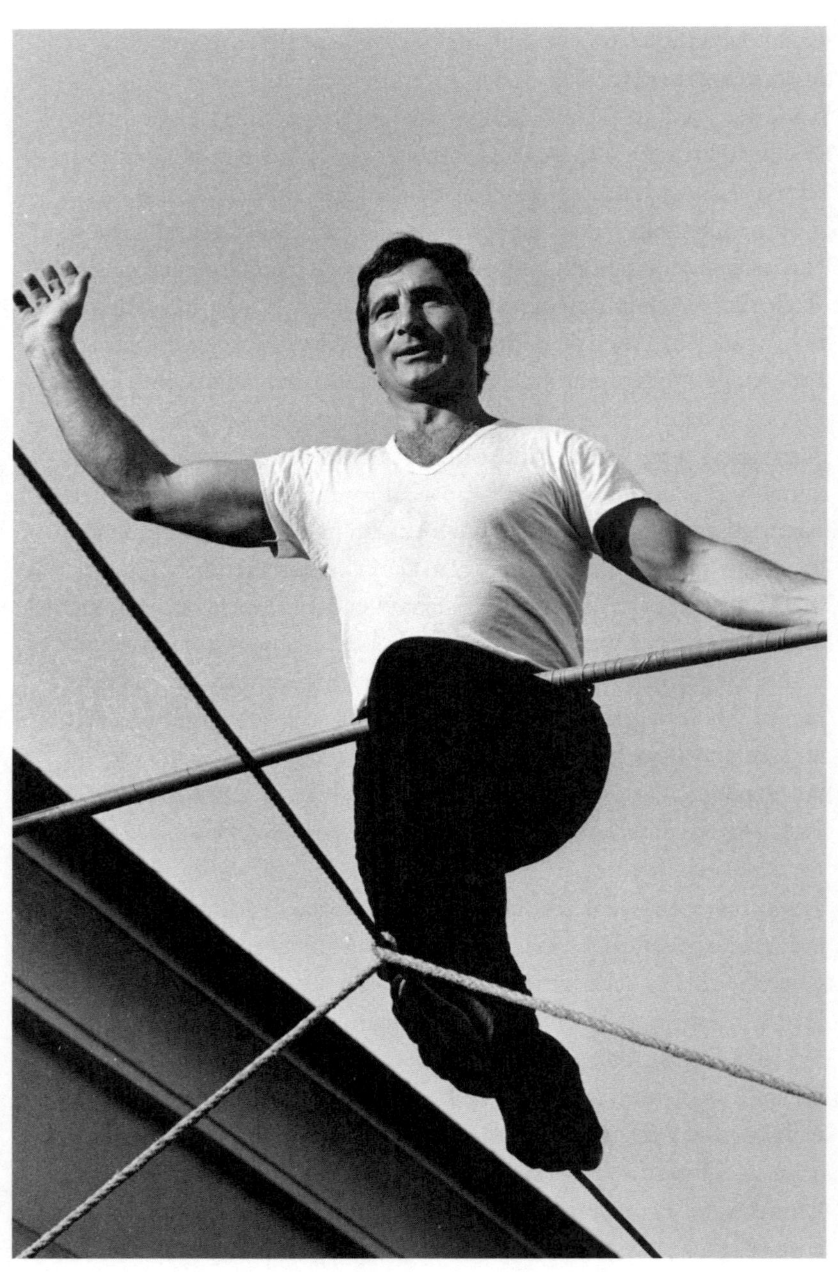

1971: Drahtseiltraining in München

wieder verhalten, obwohl er in einem Jahr gleich zwei Paraderollen abgeliefert hat, einmal den Jungen von St. Pauli und dann den Zirkusdirektor Obolski. Schützenhilfe für seine Anstrengungen erhält Freddy von einer Seite, von der wohl niemand ein freundliches Wort für ihn erwartet hat. *Theater heute*, damals wie heute das Zentralorgan des deutschsprachigen Theaters, schickt 1970 gleich zweimal seinen Rezensenten aus, um sich Freddy Quinn auf der Bühne anzusehen. »Plädoyer für einen Artisten«, heißt es dann im Mai 1970 in *Theater heute*, auf gleich zwei Seiten widmet sich Karl Günter Simon den Bühnenambitionen des Freddy Quinn. Und der kommt gut dabei weg, nein, nicht als Schauspieler, da wirke er, wenn er einen Schauspielertext sprechen müsse, wie im ersten Akt von *Feuerwerk*, »fremd zwischen all den Wesen, die eben noch fast naturalistisches Theater machten«. Aber – so Simon weiter – »der zweite Akt gehört ihm«. Da werde er, wie er mit Peitschenknall als Zirkusdirektor die feinen Damen in Löwinnen verwandelt, zum »Artisten«, zum »Profi«. Und findet seinen Höhepunkt als Clown auf dem Seil: »Merkwürdig, sobald er Clownsdeutsch redet, wirkt seine Sprache überzeugend. Man begreift den Unterschied zur Schauspielersprache.« Denn, so der Rezensent, »ein Clown ist vordergründig-tief wie ein abstraktes Bild, er bedeutet nichts anderes als sich selbst«. Ein ganz besonderes Lob also für Freddy in Lübeck: »Das Theater wird Zirkus.«

Auch die Hamburger Inszenierung hat dem renommierten Theaterkritiker gefallen: »Ich habe mich, ich gesteh es, wohler gefühlt als vor der Gespreiztheit Pinter'scher Dialoge, als vor dem politischen Schwulst davor oder danach.« Und: »Ich bin weit davon entfernt, den Abend kitschig zu finden. Kitsch ist – na, Kitsch ist, wenn Anspruch und Realisierung auseinanderklaffen.« Und genau das erlebe er hier nicht bei diesem Volksstück mit Musik. »Hier ist alles von einer Einheit, Reinheit, die umwirft: der Ort, das Milieu, das Interieur, das Stück und Freddy – die Frauen auf der Bühne sitzen fast spiegelbildlich neben mir im Parkett.« Nein, ein Schauspieler ist Freddy Quinn wohl nicht, so das Fazit des Rezensenten, und er weist ihm einen

Platz zu in einer anderen Kategorie: »Quinns Bescheidenheit ist die der Zirkusleute. Artisten machen keine Show. Ihre Naivität macht sie stark in einer Welt der Masken.«

Es gibt noch einen, dem Quinns Balance auf dem Drahtseil im *Feuerwerk* imponiert hat. Friedrich Luft, Berlins legendärer Theaterkritiker, nimmt die Wiederaufnahme der Operette elf Jahre später am »Theater des Westens« – Karl Vibach ist hier inzwischen Intendant – zum Anlass, die darstellerischen und artistischen Fähigkeiten von Freddy Quinn zu begutachten. »Der schätzenswerte Troubadour der See und des Heimwehs«, schreibt Luft, »ist ja sicher kein Kainz« – gemeint ist die österreichische Schauspielerlegende Josef Kainz –, »kein sehr beweglicher Mime. Er wirkt immer hölzern, er strahlt eine etwas unverrückbare Freundlichkeit aus.« Aber: »Der Mann (ob er nun ein Kainz ist oder nicht) hat Courage. Während immer nur vom Zirkus gesprochen, gesungen wird und szenisch geträumt, liefert Freddy einen perfekten Zirkusakt ab.« Lufts Kollege Hellmut Kotschenreuther vom *Tagesspiegel* kann da nur zustimmen und lobt Freddy Quinn als einen »artistisch perfekten Entertainer der Sonderklasse«. Selbst schauspielern könne er, so Kotschenreuther: »Quinn dementiert mit markigem Organ und Spiel die verbreitete Meinung über seine unheilbare schauspielerische Schwerbeweglichkeit.«

Tatsächlich, mit einem Drahtseilakt schafft es Freddy Quinn, dass sich selbst eingefleischte Theaterkritiker von ihm überzeugen lassen, jedenfalls von seinem festen Willen, Abschied zu nehmen von der eingefahrenen Rolle des »Heimweh«-Sängers. Erneut kreisen seine Wünsche – nach den Premieren 1970 in Hamburg und Lübeck – um die Figur des Kowalski aus *Endstation Sehnsucht*. Wieder nimmt Quinn Kontakte auf, um endlich den begehrten Part einmal spielen zu können. In Hamburg verhandelt er darüber mit Boy Gobert, Intendant am Schauspielhaus. Doch auch diesmal wird nichts daraus. Warum nicht? Quinn hat wieder eine Erklärung parat: Nicht seine Fans sind es diesmal, die er nicht vor den Kopf stoßen wolle mit seinen Theaterplänen, nein, seine Zeit reiche nicht aus dafür, er müsse ja auch noch singen und Platten produzieren. »Ich habe eine Nibelungentreue an meine Plattenfirma«, gesteht er 1972 einem Journalisten: »Sie hat mir vor achtzehn Jahren eine Chance gegeben, damals, als ich beschloss, Karriere zu machen. Ich war damals nichts, gar nichts. Und trotzdem die Chance – ich werde das nicht vergessen. Soll ich ihr untreu werden?« Aber da gibt es noch etwas, ein kleiner Unfall, der Quinns Theaterpläne kurzzeitig stoppt. Es passiert im Hamburger Operettenhaus, während einer Vorstellung von *Feuerwerk*, das hier inzwischen gastiert, als der Hauptdarsteller über einen Teppich stolpert und dabei der Meniskus im linken Bein reißt. Doch Quinn will weitermachen, gegen den Rat der behandelnden Ärzte lässt er sich sofort operieren und spielt weiter bis zum letzten Tag des Gastspiels, er will das Publikum und seine Kollegen nicht im Stich lassen. Die Komplikationen lassen nicht auf sich warten, drei Monate später muss er wieder ins Krankenhaus, es wird noch einmal operiert, und der Künstler muss eine Zwangspause einlegen, auf Krücken.

Es sind aber auch die vielen anderen Verpflichtungen, die dafür sorgen, dass die Theaterkarriere noch immer nicht in Fahrt kommt: Tourneen im In- und Ausland, Plattenaufnahmen, Fernsehauftritte, eine eigene TV-Show im ZDF – und 1974, während der Abschlussfeier der Fußballweltmeisterschaft im Münchner Olympiastadion, darf er ein Lied singen, sein Lied – »Das große Glück« –, für das er den Text selbst geschrieben hat. Mit dem alten Erfolgsstück aus den 1960er-Jahren, »Heimweh nach St. Pauli«, geht er noch einmal auf Tournee, auch nach Wien. Die Medien in seiner Heimatstadt reagieren abermals herablassend auf den Star des Stückes, genau so wie schon bei dem ersten Wien-Gastspiel 1966. »Fischer-Dieskau singt doch besser«, schreiben sie, oder: »Junge bleib' zu Hause.« Freddy Quinn ist enttäuscht und sauer. In einem Beitrag für die *Hamburger Morgenpost* schüttet er sein Herz aus: »Gerade weil ich in Wien geboren bin, scheint die hiesige Presse mich besonders wenig zu mögen.« Und erzählt, mit welchen Unwahrheiten gegen ihn vorgegangen wird: »Da gab es einen Bericht über meine Mutter, in dem es hieß: ›Die verhärmte alte Dame saß in der letzten Reihe.‹ Tatsächlich saß meine Mutter, nicht im Geringsten verhärmt, mit einem neuen Nerzmantel in der ersten Reihe.«

Eine neue Musicalrolle gibt es erst wieder 1975, Premiere am 6. September in Lübeck, natürlich wieder unter Kurt Vibach. Die Rolle hat nichts mit der See zu tun, nichts mit dem Zirkus und spielt auch nicht auf St. Pauli. Diesmal darf Freddy Quinn einen König spielen, den König von Siam, in dem Musical *Der König und ich* von Richard Rodgers und Oscar Hammerstein. Die Geschichte ist denkbar exotisch und spielt 1860 am Hofe des Herrschers von Siam. Eine resolute Engländerin ist engagiert, dem Monarchen und seinem gesamten Hofstaat die Grundlagen der westlichen Zivilisation beizubringen. Das Stück wird 1951 ein Renner am Broadway, und die Verfilmung geht 1956 um die ganze Welt, in beiden Produktionen spielt Hollywood-Star Yul Brynner die Königs-Rolle. Jederzeit bereit, seinen entschiedenen Willen zum Image-Wechsel zu demonstrieren, will Quinn es seinem Rollen-Vorbild Brynner gleichtun und sich ebenfalls eine Glatze scheren lassen. Das lässt sich aber noch verhindern, mit Hinweis darauf, dass sich die Fans von einem kahl geschorenen Freddy abwenden könnten. So lässt der Hauptdarsteller die Maskenbildnerin ran, die aus seinem eigenen Haar und einem falschen Zopf schließlich die angemessene Frisur zaubert. Aber eine Angst, erzählt Quinn Jahre später, treibt ihn um bei jeder Vorstellung: »Ich hatte einen Horror davor, dass in dem Moment, als ich in der Rolle des Königs tot auf dem Bett liege, irgendeiner aus dem Publikum aufsteht und ruft: ›Junge, komm bald wieder!‹ Aber das ist zum Glück nie passiert.« Als nach fünfundzwanzig Aufführungen das Musical wieder aus dem Spielplan genommen wird, treffen sich alle Beteiligten noch einmal in einem Lübecker Frisiersalon – zu einer Zopf-ab-Party. Eine große Schere lässt die falsche Haartracht zu Boden gehen, und Quinn verabschiedet sich Richtung New York. Was es Neues gibt auf dem Musical-Markt, wolle er erkunden, und Intendant Vibach sekundiert: »Wir suchen ein neues Stück für Freddy Quinn.«

Es dauert zwei Jahre, bis das neue Stück gefunden ist. Am 9. Juni 1977 darf er zurück auf die Lübecker Theaterbühne, wieder in einem ganz anderen Kostüm. *Himmel, Arche und Wolkenbruch*, so der unglücklich gewählte Titel des neuen Musicals mit Freddy Quinn als Pater Silvestro in der Hauptrolle. Das Stück um das Zölibat – *Aggiungi un Posto a Tavola* – kommt aus Italien und wurde dort dem Schlagersänger und TV-Star Johnny Dorelli auf den Leib geschrieben. Die Komödie spielt in einem Dorf in den Abruzzen, das sich vor einer drohenden Sintflut zu retten versucht, und ist weltweit ein Publikumsrenner, vor allem in katholischen Ländern. Der Erfolg hält sich im protestantischen Norden in Grenzen, doch eröffnet die Rolle Freddy Quinn eine ungeahnte Chance. Nach Österreich, Spanien, Mexiko und Argentinien kommt das Stück – englischer Titel: *Beyond The Rainbow* – Anfang 1978 auch im »Adelphi«-Theater im Londoner Westend auf die Bühne, mit der italienischen Erstbesetzung Johnny Dorelli in der Hauptrolle. Der macht seine Sache gut wie immer, bis ihn der ungewohnte Linksverkehr auf der britischen Insel aus der Bahn wirft, Dorelli verursacht einen Autounfall und wird so schwer verletzt, dass er vorerst nicht mehr auftreten kann. Ein Ersatz muss her, ganz schnell, und den Londoner Produzenten fällt die deutsche Inszenierung ein, mit einem Hauptdarsteller, der angeblich fließend Englisch spricht. Freddy Quinn lässt sofort alles stehen und liegen, das Londoner Westend ruft, das legendäre Theaterviertel im Zentrum der britischen Hauptstadt. Und er lässt sich den London-Trip was kosten. Seine Wochengage von umgerechnet 1000 Mark reicht gerade mal für zweieinhalb Übernachtungen im Savoy-Hotel, wo er wohnt, und den Garderobier, der ihm jeden Abend während der Vorstellung beim Umziehen hilft, zahlt er aus eigener Tasche. Nur zwei Wochen hat er Zeit für die Proben und dafür, den Text in englischer Sprache zu lernen. Ja, Amerikanisch, das kann er, mit einem Akzent, der noch jeden überzeugt. Aber hier ist ein astreines Midlands-Englisch gefragt: »Niemand im Publikum darf merken, dass ich aus Deutschland komme.« Doch der Sprachbegabte schafft auch diese

Herausforderung – und verliert dreizehn Pfund dabei. Als der Produzent des Stückes, Harold Fielding, dem Ensemble den neuen Hauptdarsteller präsentiert, fragt eine Schauspielerin in die Runde: »Dieser Nazi soll also unser Stück retten?« Freddy Quinn ist empört, will aber keinen Ärger und bemüht sich um eine ruhige Antwort: »Hören Sie zu: Ich wurde 1931 in Wien in Österreich geboren, habe Adolf Hitler nie gesehen und nie seine Hand geschüttelt, und ich habe auch nie die Uniform irgendeiner Nazi-Organisation getragen. Sollten Sie noch einmal so mit mir reden, werde ich sofort das Theater verlassen und hier nicht mehr mitspielen.« Ohne ein weiteres Wort verlässt Quinn die Bühne. Fielding, so erfährt er später, kann die Situation retten und ruft die Darstellerin zur Räson. Der Hintergrund der deutschfeindlichen Attacke ist, wie sich später herausstellt, ein ganz profaner: Die vorlaute Schauspielerin war die Geliebte von Johnny Dorelli und stinksauer über seinen Weggang. Ihre Liaison mit Dorelli hatte noch wenige Wochen zuvor die Londoner Skandalpresse beschäftigt, als nämlich Catherine Spaak, italienische Schauspielerin belgischer Herkunft und Dorellis Ehefrau, ihren Mann mit der Geliebten überraschte und einen handfesten Skandal provozierte.

Die Missstimmung wird beigelegt, Quinn bleibt, das Stück kann weiterlaufen und wird ein Erfolg, auf jeden Fall für den neuen Hauptdarsteller. Schließlich hat er es bis hierher geschafft. Sein alter Freund Karl Vibach sitzt bei der ersten Vorstellung in der vordersten Reihe. »Als der aufsprang«, sagt Quinn anschließend, »und mit ausgestreckten Armen auf mich zukam, da wusste ich, dass ich's geschafft habe.« Vibach ist begeistert: »Der beste Freddy, den ich je auf der Bühne erlebte!«, ruft er aus und bietet ihm auf der Stelle eine Hauptrolle an, egal welche, im »Theater des Westens« in Berlin, wo er, Vibach, jetzt Intendant ist. Beim Londoner Publikum kommt Freddy ebenfalls gut an, die anfänglich skeptischen Kollegen respektieren ihn, und in Deutschland titeln sie schon: »Freddy Quinn auf dem Weg zum Broadway«. Doch am 15. Mai ist alles vorbei, die Zuschauerzahlen reichen nicht aus, das Zölibat-Problem trägt das Stück nicht über mehrere Monate beim verwöhnten Westend-Publikum. »In England«, schreibt der *Stern*, »interessiert es wohl nur noch die Priester, die den *Osservatore Romano* lesen.« Freddy Quinn ist bitter enttäuscht und schimpft: »Das Ding ist ein Flop, das weiß doch jeder in London.« Was ihm von London bleibt, ist eine schöne Erinnerung: »Einmal nach der Vorstellung erwartet mich eine feine englische Dame am Bühnenausgang. Hinter ihr sehe ich einen Rolls-Royce stehen mit livriertem Chauffeur. ›Mr. Quinn‹, sagt die Dame, ›darf ich Ihnen eine Frage stellen? Sind Sie wirklich ein Priester?‹ – ›Nein, Milady‹, antworte ich, ›ich bin ein Schauspieler und Sänger und spiele nur einen Priester. Aber mit Ihrer Frage haben Sie mir das größte Kompliment gemacht, das ich je in meiner Karriere gehört habe.‹ Die Frau bedankt sich, dreht sich um und fährt in ihrem Rolls-Royce davon. Und ich bleibe zurück, mit Tränen in den Augen. Das war die Anerkennung als Schauspieler, die ich in Deutschland nie bekommen habe.«

1983 löst Karl Vibach sein Versprechen ein, Freddy Quinn bekommt seine Hauptrolle in Berlin. Die Atmosphäre des Stückes ist ihm nicht unbekannt, Quinn mimt die Zirkuslegende Phineas T. Barnum. Die Geschichte um den amerikanischen Zirkusdirektor und, zusammen mit James A. Bailey, Begründer der »Greatest Show on Earth«, hat Michael Stewart geschrieben, die Musik komponierte Cy Coleman. Bevor Vibach das Musical in der New Yorker Inszenierung von Mary Porter Hall nach Berlin holt, läuft es schon erfolgreich in den USA, in England und in Australien. »Barnum« ist eine Traumrolle für Freddy Quinn, darf er doch – wie schon im *Feuerwerk* – endlich zurück in die Manege. Und diesmal richtig, denn die Handlung des Stückes – eine Episode aus dem Leben Barnums – tritt fast völlig hinter den zirzensischen Einfällen der Inszenierung zurück. Da müssen die Sänger jonglieren, die Schauspieler balancieren, und die Musiker paradieren im Clownskostüm. Seine bisher »größte und schwierigste Rolle« – Quinn hat dafür 63 Seiten Text auswendig gelernt – wird ein Erfolg, das Stück läuft über Monate in Berlin. Karl Vibach nimmt die Gelegenheit wahr und setzt vor der laufenden Kamera eines ZDF-

Reporterteams jetzt die Maßstäbe, mit denen er seinen Schützling beurteilt wissen will: »Also hier auf diesem Platz«, sagt Vibach und sitzt dabei Quinn, der gerade für seinen Auftritt geschminkt wird, in der Garderobe des »Theaters des Westens« gegenüber, »hier hat schon mal Shmuel Rodensky gesessen, als er *Anatevka* spielte, und er hat gesagt, das ist die Stadt von Max Reinhardt, von Werner Krauß, von Ernst Deutsch, von Fritz Kortner. Hier auf diesem Platz! Hier hat auch Heesters gesessen, und ich finde, jetzt sitzt du hier, und das kommt dir auch zu.« Auch die ansonsten so mäkeligen Kritiker sind angetan: »Zu beobachten, wie Quinn gegen sein altes Image anspielt, lohnt allein schon den Besuch der Aufführung.« Das ist ein Lob ganz nach seinem Geschmack, und noch Jahre später gibt er es in Interviews gerne wieder, aber in einer abgewandelten Version, die ihm besser gefällt: »Allein wie Quinn sein Image besiegt, macht diese Aufführung sehenswert.«

Gegen sein Image anspielen oder es besiegen, Freddy Quinn entscheidet sich im Oktober 1984. Routiniert greift er jetzt wieder zurück auf alte Klischees und bekannte Milieus. Er schmettert »Auf der Reeperbahn nachts um halb eins« und »La Paloma«, heißt Johnny Kröger und ist Stimmungssänger mit Matrosenvergangenheit in einem Amüsierlokal auf St. Pauli, im »Hippodrom«. *Große Freiheit Nr. 7*, so der Titel des Stückes, ist bereits einem breiten Publikum bekannt. Denn Helmut Käutner hat es schon 1943 verfilmt, mit Hans Albers in der Hauptrolle, dazu Ilse Werner, Hilde Hildebrand, Hans Söhnker, Gustav Knuth, Günther Lüders und Ethel Reschke. Die Lieder aus dem Film, komponiert von Werner Eisbrenner, sind zu Gassenhauern geworden. Karl Vibach brütet schon seit einiger Zeit über der Idee, die Kinolegende für seinen Freund Freddy aufzubereiten. Inzwischen schwer erkrankt, begibt sich Vibach dennoch auf die beschwerliche Autoreise in die Toskana, wo er sich bei der Witwe von Helmut Käutner die Rechte an dessen Drehbuch sichert. Denn darauf basiert sein Text für das Stück, und die Handlung wird ins Nachkriegsdeutschland verlegt, in die Aufbaujahre der Republik, damit auch Gelegenheit bleibt, ein paar neue, zeitgemäßere Lieder einzubauen. Unter den neuen Songs sind auch Kompositionen von Freddy Quinn selbst, das Titellied »Große Freiheit Nr. 7« und »Einsamkeit«. Und noch etwas ist anders als in der Kinovorlage, »Hannes« – so der Filmname von Hans Albers – heißt wieder »Johnny«, diesen amerikanischen Vornamen nämlich hatte NS-Propagandaminister Joseph Goebbels einst verboten, so wie er schließlich jegliche Aufführung des Films untersagt, die dargestellten Personen entsprächen nicht dem Ideal des »deutschen Seehelden«. Doch auch nach dem Krieg wird der Film nur unter der Auflage »Jugendverbot« freigegeben, zu sehr stößt man sich an der Schilderung des Nachtlebens auf St. Pauli. Beträchtlich gekürzt gelangt *Große Freiheit Nr. 7* schließlich erst 1954 in die Kinos, von der »Katholischen Filmkommission« nur bedingt empfohlen: »Nicht wegen der realistischen Milieuschilderung eines Vergnügungslokals, sondern im Hinblick auf die unsympathische Selbstverständlichkeit vorehelicher Hingabe wird vom Besuch abgeraten.«

»Der große Scoop«, schreibt die Presse, als das neue Vibach-Quinn-Projekt bekannt wird, die beiden Freunde vertrauen auf den Erfolg, gründen die »Große Freiheit GmbH« und werden Geschäftspartner. Das Gesellschaftergeld stammt aus der eigenen Tasche und wird bei Freunden und Kollegen zusammengeliehen. Als Spielstätte bietet sich das Operettenhaus auf der Reeperbahn an, gerade für zwanzig Millionen Mark renoviert, steht es leer, und Vibach, der im Mai 1983 seinen Intendanten-Posten in Berlin geräumt hat und inzwischen auf gleicher Position in Bad Hersfeld arbeitet, greift zu. Die Konditionen scheinen günstig: Kostenlos kann er das Haus sechs Monate lang vom Senat anmieten, der außerdem für die laufenden Kosten einen monatlichen Zuschuss von 33 000 Mark gewährt, was darüber hinausgeht, muss Vibach selbst tragen. Das Risiko ist es ihm wert, er will den »Heimweh«-Sänger endlich zurückbringen in sein angestammtes Milieu, und das auch noch in den Fußstapfen des großen Vorbildes Hans Albers. »Da springt er doch mit Hurra wieder ins ungeliebte Image!«, bemerkt eine Reporterin zu Recht, doch Quinn protestiert: »Hier habe ich eine Charakterrolle.« Und die will er nicht abgucken, auch wenn er stolz ist, in die bekannteste Albers-Figur zu schlüpfen: »Hans Albers war für mich ein Idol. Dass ich ihn als Filmschauspieler verehrte, ist eine Sache, dass ich ihn kopieren will, trifft nicht zu. Ich habe nie versucht, so zu singen oder so zu gucken wie er. Außerdem habe ich braune Augen. Hans Albers ist vom Typ her ganz anders als ich. Wer es objektiv betrachtet: Es gibt nur einen Vergleich, die Popularität beim Publikum.« Die Rechnung geht auf, die Verquickung der St.-Pauli-Legenden Albers und Quinn lockt die Medien ebenso wie das Publikum. Weil schon lange vor dem Start so viele Kartenbestellungen vorliegen, wird eine B-Premiere eingeplant, und 160 Vorstellungen können wegen der großen Nachfrage angesetzt werden. Die Premiere am 18. Oktober wird zum Spektakel, mit Prominenten aus Politik, Kultur und Showbusiness, man sieht Ilse Werner, Udo Lindenberg, Heidi Kabel, Rudi Carrell und Peter Zadek. Die Lokalpresse überschlägt sich am Tag danach: »Jubel um Freddy!«, »Triumphaler Erfolg!«, lauten die Schlagzeilen: »Das Wagnis gelang, die größte künstlerische Herausforderung seines Lebens wurde zur deutschen Musical-Sensation!« Nur der *Spiegel* kontert am Montag darauf mit gewohnter Häme: »Seine Sprechtexte meistert er wie ein Weihnachtsmann, die originale Hans-Albers-Lederjacke ist ihm auch eine Nummer zu groß. Aber den Hamburgern hat es gefallen. Denn es war wie im Kino – nur nicht so schön.« Und aus Bayern pflichtet die *Süddeutsche Zeitung* bei: »Provinzielle Peinlichkeit!«

Der Erfolg aber geht weiter in den Wochen und Monaten danach, glaubt man den Positivmeldungen der »Großen Freiheit GmbH«: Das 1200 Plätze fassende Operettenhaus sei ständig ausverkauft, 100 000 Besucher habe man gezählt bis zur hundertsten Aufführung. Bis Anfang März 1985 der Ton umschlägt in der Öffentlichkeit, plötzlich werden ganz andere Nachrichten publik: Teile des Ensembles warten seit Wochen auf ihre Gage, erste Mitarbeiter werden entlassen, die Publikumsgunst lässt nach, der Kartenverkauf stagniert. Am 11. März wird Kassensturz gemacht, 800 000 Mark Schulden lautet die Bilanz, und die Presse rechnet Geschäftsführer Vibach und seinem Kompagnon Quinn vor, wie es dazu kommen konnte: Zwar habe man 2,7 Millionen Mark eingespielt, aber der personelle Aufwand mit 40 Darstellern, 10 Ballettmitgliedern, 26 Musikern und einem veritablen Kamel sei doch wohl eine Nummer zu groß gewesen. »Kreist der Pleitegeier über dem Operettenhaus?«, fragt das *Hamburger Abendblatt*, aber Karl Vibach gibt nicht auf: »Wir spielen weiter!« Auch Quinn kann an ein Ende nicht glauben: »Ich wünschte sehr, dass diese Produktion bis zum letzten Tag durchgespielt werden kann, dass sie nicht platzt, dass sie nicht wie eine zertretene Pflanze einfach untergeht.« Er legt sich ins Zeug mit der ganzen Macht seiner Prominenz, der ganzen Kraft seiner Rolle als Sympathieträger des Stückes, ja der ganzen Stadt: »Wenn das Operettenhaus aber dichtmachen muss, gibt es hier in Hamburg keine Spielmöglichkeit mehr für mich.« Ein Zollbeamter gründet mit publizistischer Unterstützung der *Bild*-Zeitung eine Bürgerinitiative – »Rettet das Operettenhaus!« –, Vibach fehlen, nach eigener Aussage, genau 325 000 Mark, um weiterzumachen. »In Wahrheit sind das aber nicht Schulden des Operettenhauses, sondern der ›Großen Freiheit GmbH‹, deren Geschäftsführer Karl Vibach ist«, heißt es in einer Stellungnahme der Kulturbehörde. Deren Chefin, Kultursenatorin Helga Schuchardt, bekennt, dass ihr und ihrem Amt die finanziellen Schwierigkeiten des Operettenhauses bereits seit Ende Februar bekannt seien. Daraufhin sei ihnen ein Spar- und Sanierungsplan vorgelegt worden, der bis zum 2. Juni den Spielbetrieb gewährleisten und die Schulden abbauen soll. Eine Finanzspritze ihres Hauses für das gefährdete Theater schließt die parteilose Politikerin aber kategorisch aus. Sie ist gebunden an einen Beschluss der Bürgerschaft, des Landesparlaments der Hansestadt, worin es heißt, dass keine Gelder über die notwendigen Kosten von jährlich 400 000 Mark ausgegeben werden dürfen, um das Operettenhaus spielfähig zu halten.

Das endgültige Aus lässt nicht lange auf sich warten, am Abend des 25. März teilt Karl Vibach der Nachrichtenagentur dpa mit, der Spielbetrieb werde ab sofort eingestellt, und er, Vibach, habe über seine Anwälte die Eröffnung des Konkursverfahrens beantragt. »Welche genauen Konsequenzen unser Scheitern hat, kann ich noch gar nicht übersehen. Eines ist sicher – unsere Einlage ist futsch, und der Rest wird wohl an mir hängen bleiben. Ich fühle mich im Moment wie jemand, der an einem Grabe steht, die Trauermusik hört – und im Hintergrund spricht man schon von der Testamentseröffnung.« Doch die Pleite ist noch schlimmer als verlautbart, bereits Anfang des Jahres war die Situation schon so alarmierend, dass eigentlich ein Konkurs hätte beantragt werden müssen. Jetzt droht dem Geschäftsführer gar eine Anklage wegen betrügerischer Konkursverschleppung. Vibach ist bitter enttäuscht, bis zuletzt hat er auf die Hilfe der öffentlichen Hand gewartet, umsonst. Nach dem Weggang vom »Theater des Westens« und der Saisonbeschäftigung als Intendant der Bad Hersfelder Festspiele zerplatzt sein Traum, endlich wieder ein eigenes Haus zu führen, das auch zur festen Spielstätte für sein Zugpferd Quinn wird. »Unser Wunsch war es«, so Freddy Quinn, »eine Musical-Spielstätte für das ausgesprochene Familienpublikum zu schaffen – und mit jungen Kräften.« Der Hamburger Kulturbehörde wirft Vibach vor, ihm das Operettenhaus sowieso nur als Lückenfüller überlassen zu haben, schon längst verhandele man mit Großinvestoren, die das Theater zu einer kommerziellen Musicalbühne umgestalten wollen. Die Kultursenatorin dementiert umgehend, aber die Operettenhaus-Pleite wird zum Politikum und Thema in der Hamburger Bürgerschaft. Die CDU-Opposition lästert, Freddy habe auf dem Riff sozialdemokratischer Kulturpolitik Schiffbruch erlitten, und die Grün-Alternative Liste fordert, der »bürgerliche Muff« müsse unverzüglich aus dem Operettenhaus entfernt werden. Nur Bausenator Eugen Wagner von der SPD glaubt noch an die »Große Freiheit«: »Das Musical mit Freddy muss unterstützt werden. Das ist Unterhaltung für breite Bevölkerungskreise, kein hochgestochener Kram.« Die lokale Presse, noch voller Lob und Bewunderung zur Premiere, kennt jetzt kein Halten mehr. »Aus dem Musical wurde ein Grusical, in dem der Pleitegeier die Hauptrolle übernahm!«, schreiben sie, und mit Karl Vibach und Freddy Quinn sind die Hauptschuldigen der Pleite schnell ausgemacht, keiner lässt noch ein gutes Haar an ihnen. »Junge, komm nie wieder!« steht jetzt in den Schlagzeilen und der Vorwurf, die beiden wollten, trotz ihrer Privatvermögen in Millionenhöhe, nicht in die eigene, sondern in die Tasche der Steuerzahler greifen. Ähnlich äußert sich Kurt Collien, der frühere Intendant des Operettenhauses: »Freier Unternehmer sein heißt Risiko tragen und nicht abwälzen. Wer sich verkalkuliert, muss das Theater schließen.« Auch Eynar Grabowsky, der das Operettenhaus in den 1970er-Jahren leitete, stößt ins gleiche Horn: »Ich finde es in höchstem Maße peinlich, beim Senat und bei der Bevölkerung betteln zu gehen. Vibach und Freddy sind Millionäre. Warum schlachten sie nicht ihre Sparschweine und legen die 800 000 Mark aus eigener Tasche zu, wie das andere Unternehmer auch tun müssen?« Häme kommt auch aus dem ZDF, für das Freddy Quinn immer wieder vor der Kamera stand. »Auf dem Bildschirm ist Freddy kaum noch«, sagt ein Redakteur, der nicht genannt werden möchte: »Seine Platten laufen schlecht. Fürs Hochseil ist er zu alt. Also bleibt nur noch das Theater als letzter Strohhalm. Und dieses Hobby möchte er sich auch noch von den Steuerzahlern finanzieren lassen. Eine schlechte Idee.«

Das Desaster geht nicht spurlos an Freddy Quinn vorüber, er schimpft und wütet, ist sauer und enttäuscht. »Ich fühle mich den Geiern zum Fraß vorgeworfen«, sagt er. »Nicht nur die finanzielle, auch die ideelle Enttäuschung ist groß.« Und fährt fort: »Ich weiß noch nicht, was der Schlagzeilenkrieg der letzten Wochen für meine Karriere bedeutet. Ich weiß nur, dass wir alle auf der Bühne unser Bestes gegeben haben – dafür sind die Zuschauerzahlen der beste Beweis. Für die Kalkulation und die Finanzen war ich nie verantwortlich.« Dafür verantwortlich ist hauptsächlich Karl Vibach. Zwar kommt er um eine Strafanzeige herum, muss aber ein Großteil der aufgelaufenen Schulden aus seinem Privatvermögen bezahlen, in Raten. Noch zwei Jahre bleibt Vibach als Intendant bei den Festspielen im nordhessischen Bad Hersfeld beschäftigt, bis er, vor Ende der Spielzeit, am 10. Juni 1987 an den Folgen seiner schweren Erkrankung verstirbt. Die Pleite in Hamburg hat auch das Ende seiner Freundschaft mit Freddy Quinn bedeutet, die beiden haben nicht mehr zusammengearbeitet. *Große Freiheit Nr. 7* sollte der Höhepunkt der Theaterkarriere von Freddy Quinn werden, als großer Volksschauspieler wollte er glänzen und endlich die ersehnte Nachfolge von Hans Albers antreten. Nichts ist davon geblieben, nur ein Haufen Schulden, böse Worte, das Ende einer Freundschaft und ein zutiefst enttäuschtes Publikum. Der gekränkte Star verlässt St. Pauli nicht ohne Pathos: »In Hamburg werde ich nie mehr spielen!«

Freddy Quinn wäre nicht Freddy Quinn, würde er sich daran halten. Wo sonst soll er spielen, wenn nicht in Hamburg? Die Stadt, die seine Wahlheimat ist und der er seine Karriere verdankt. Seine bekanntesten Bühnenrollen waren immer an Hamburg und seinen Hafen gebunden und an den Mythos vom Meer und vom Matrosen. So bleibt er Hamburg und St. Pauli weiter treu, jedenfalls wenn es ums Theater geht. Im April 1991 steht er wieder auf der Bühne im St. Pauli-Theater an der Reeperbahn, diesmal als Lachnummer im Frauenkleid, in dem scheinbar unverwüstlichen Schwank *Charleys Tante*. Das Stück des Liverpooler Autors Brandon Thomas wurde 1892 uraufgeführt, seitdem in achtundvierzig Sprachen übersetzt und in mehr als siebzig Ländern gespielt. In der ursprünglichen Fassung, einer komödiantischen Abrechnung mit den strengen Sitten im viktorianischen England, schlüpft ein Student in die Kleider seiner Tante, um bei seiner Angebeteten ans Ziel zu kommen. In der Hamburger Inszenierung wird dieser Leckerbissen alberner Travestie natürlich dem Star überlassen: Butler Brassett, gespielt von Freddy Quinn, verwandelt sich in Donna Lucia d'Alvadorez, die Tante aus Brasilien, mit Fistelstimme und dunkler Langhaarperücke

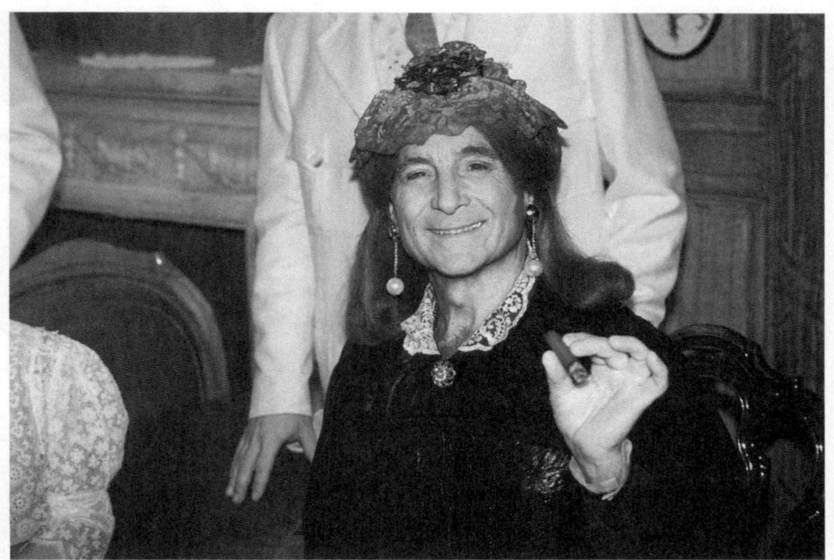

1992: Als »Charleys Tante« im St. Pauli-Theater

mit einem Altjungfernhäubchen obendrauf. Ein Mann in Frauenkleidern – wenn gar nichts mehr geht, das geht immer und ist einen Lacher wert ohne viel Zutun. Doch Freddy gibt noch was dazu, er weiß, was das Publikum will, greift im Frauenkleid zur Gitarre und singt ein Lied, »Cucurrucucu Paloma«. Die Fans danken es ihm, Jubel bei der Premiere, kaum, dass er die Bühne betreten hat. Über einhundert Mal spielt er die Tante, selbst an seinem 60. Geburtstag am 27. September 1991. Die Fummel-Posse wird ein netter Erfolg einer routinierten Inszenierung, doch nicht immer werden alle Plätze verkauft. »Es schmerzt schon in der Brust eines Künstlers, wenn das Haus nicht voll ist«, erklärt Quinn darauf angesprochen. Aber er spielt gerne im Frauenkleid und begründet es damit, wie schon all die anderen Rollen zuvor: »Es ist eine Möglichkeit, gegen das Image anzukommen.«

Der Kampf gegen das Image – seinen Anhängern war und ist es egal. Sie nehmen seinen Unmut hin, den er bei jeder sich bietenden

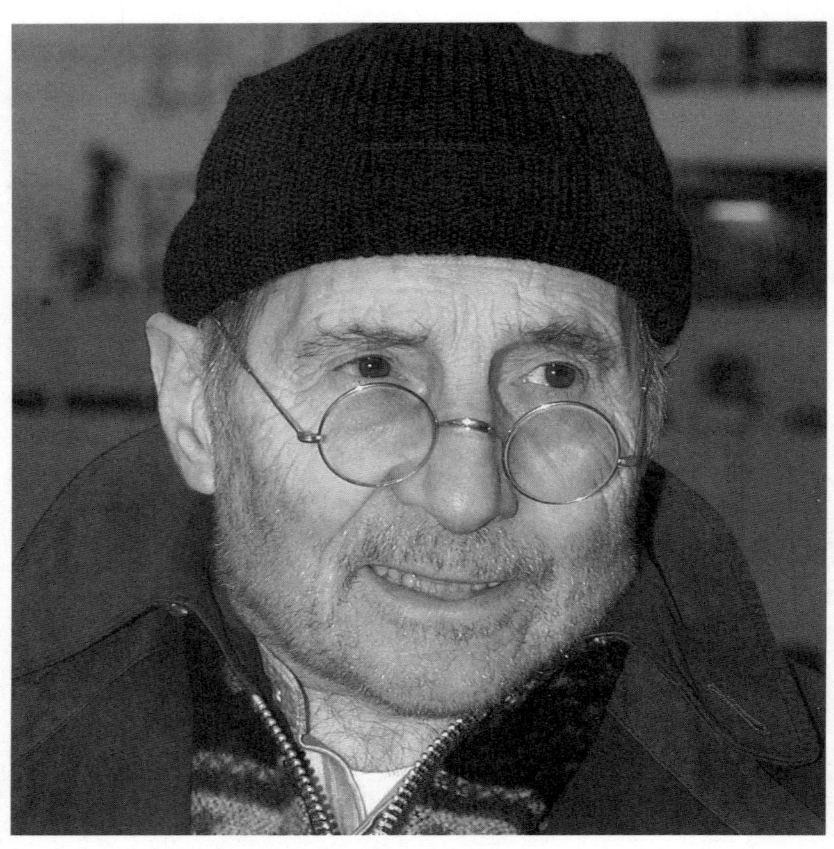

2003: Als »Nachtwächter Ottensen« in dem TV-Film »Erbin mit Herz«

Gelegenheit äußert: Ich warte auf eine Rolle im Charakterfach! Ich möchte so gerne in einer Fernsehserie spielen! Ich will nicht mehr singen dabei! Die Fans kümmern sich nicht darum und verlangen noch ein Lied und noch eins, egal in welchem Kostüm. Und die Regisseure, die Produzenten, die Casting-Scouts? Freddy Quinn hat kein Glück bei ihnen, kaum einer klopft bei ihm an. Tatsächlich scheint das Bild des Stars so gefestigt in den Köpfen der Menschen, dass niemand ihm zutraut, einmal ein ganz anderer zu sein. Er ist längst zur Legende geworden, ein Sänger, mit dem nichts anderes assoziiert wird als das, was geformt wurde von Anfang an. Wird er doch noch einmal eingesetzt – in einer Episode der ARD-Vorabendserie *Großstadtrevier*, in der erfolgreichen Krankenhausserie *In aller Freundschaft* des MDR oder in dem TV-Film *Erbin mit Herz* –, es bleiben nur Gastauftritte, kurze Momente, die an einen Star erinnern, den man von früher kennt. Jürgen Roland, Erfinder und erster Regisseur des populären *Großstadtreviers*, kennt Freddy von Beginn seiner Karriere an und kann seine Fähigkeiten einschätzen: »Ich habe ihn ins *Großstadtrevier* geholt, und er war nicht schlechter als andere. Aber er war auch nicht besser. Er kann es eben nicht.« Auch Freddys Kampf gegen das übermächtige Image hat Roland oft genug miterlebt. Wie beispielsweise einmal beim Jahrestreffen der »Congregation der Alster-Schleusenwärter«, einer exklusiven Runde prominenter Hanseaten. Fünfzehn Mitglieder hat der honorige Klub, und jeder ist deshalb dabei, weil er ein Botschafter Hamburgs ist, einer der – symbolisch – die Schleusen für die Stadt geöffnet hat. Bei besagtem Treffen im Hotel »Vier Jahreszeiten« sitzen drei der »Schleusenwärter« beisammen – Jürgen Roland, James Last und Freddy Quinn –, als der Veranstalter zu ihnen kommt, um den weiteren Verlauf des festlichen Abends mit ihnen abzusprechen. »Wir werden jeden von Ihnen musikalisch vorstellen«, schlägt er vor, und Last und Roland sind einverstanden. »Also abgemacht«, so der Veranstalter, »dann spielen wir eine bekannte Melodie von Ihnen, Herr Last. Sie, Herr Roland, stellen wir mit der Titelmelodie Ihrer *Stahlnetz*-Serie vor, und für Freddy Quinn haben wir an ›Junge, komm bald wieder‹ gedacht.« Quinn springt empört auf: »Wenn der erste Ton kommt, dann verlasse ich die Veranstaltung.« – »Dann können Sie gleich gehen!« Der Veranstalter bleibt freundlich, aber bestimmt. Wütend verlässt Quinn den Saal, Jürgen Roland läuft ihm nach und holt ihn ein vor der Tür. »Was ist los mit dir? Tickst du nicht richtig?«, er will den aufgebrachten Sänger zurückhalten. »Nein, ich gehe nicht wieder rein, ich will diese Schnulzen nicht mehr hören. Ich bin Schauspieler!« Roland nimmt kein Blatt vor den Mund: »Du bist kein Schauspieler, du bist ein Vollidiot! Millionen Menschen sind mit deinen Schnulzen aufgewachsen, haben sie geliebt. Es ist eine Unverschämtheit von dir, dich jetzt davon zu distanzieren.« Die Argumente kommen nicht an, Freddy Quinn ist zu keinerlei Zugeständnis bereit und macht sich davon.

Noch immer lässt sich sein Name einsetzen, als Quotenbringer, als Zugpferd – die Anzahl der Fans, die deshalb einschalten oder eine Vorstellung besuchen, ist weiterhin beachtlich. »Ich bin doch kein Traumtänzer!«, sagt er 2003 der *Süddeutschen Zeitung* nach den Dreharbeiten zu *Erbin mit Herz*: »Denken Sie im Ernst, dass ich nicht wüsste, dass die mich nur engagiert haben, damit der Marktanteil einen Prozentpunkt höher ausfällt?« Das gleiche Kalkül leitet auch zehn Jahre zuvor die Veranstalter der Karl-May-Festspiele im schleswig-holsteinischen Bad Segeberg. Im Sommer 1993 engagieren sie ihn für einen Auftritt auf der Freilichtbühne vor der imposanten Kalkberg-Kulisse. In *Der Ölprinz* soll er den verschrobenen Sam Hawkens spielen, und er ist nicht schlecht dabei. Quinn liefert vollen Körpereinsatz, holt sich blaue Flecken und Beulen, beherrscht gekonnt auf einem Pferd die Szene und kann auch mit dem Gewehr umgehen. Selbst Sächsisch spricht er perfekt, wie es die Rolle verlangt. Nur singen – das hat er sich ausbedungen –, singen wird er nicht: »Das ist das Schlimmste, was man von mir verlangen kann, um das Stück zu retten.« Also kein »La Paloma« hoch zu Ross, die 58 Vorstellungen mit ihm sind dennoch gut besucht, über 200 000 Besucher finden den Weg nach Bad Segeberg. Die Bilanz kann sich sehen lassen, deshalb darf er im Sommer 1994 noch einmal den Filzhut des alten Hawkens aufsetzen und wieder am Kalkberg auftreten.

Zehn Jahre sind inzwischen vergangen, seit der fulminanten Pleite mit *Große Freiheit Nr. 7*. Zeit genug, dass sich kaum noch jemand daran erinnert, und die Gelegenheit, das Stück noch einmal aufzuführen. »Eine neue Epoche in der schauspielerischen Karriere des Freddy Quinn!«, dröhnen jene, die das Unternehmen vermarkten müssen, und schicken ihn auf Tournee, von 1995 bis 1997 ist er damit unterwegs, bespielt rund neunzig Bürgerhäuser und Stadthallen landauf und landab. Die aufwendige Inszenierung von Karl Vibach wird auf Tourmaß zusammengestrichen, keine Tiere sind mehr dabei, statt des renommierten Orchesterchefs Alfred Hause spielt eine Kapelle aus dem polnischen Lodz, und die Dekoration muss praktikabel sein für den Tourneebetrieb und installiert werden können an fast jedem Ort. Das sind vor allem Segeltücher, auf denen Hamburgs Speicherstadt aufgemalt ist, der Fischmarkt oder eine Spelunke. Und muss einmal ein Elbdampfer ins Bild, so legen die Schauspieler selbst Hand an und schieben die Kulisse hin und her. Das hemmt den Spielfluss und das Vergnügen für die Zuschauer, doch alles wird wieder gut, wenn Jonny Kröger alias Freddy Quinn »Auf der Reeperbahn nachts um halb eins« singt, mit ausgebreiteten Armen, dann kommt Leben in den Saal, und alle schunkeln dazu und stimmen ausgelassen mit ein. »Amüsiert haben sich alle bei dem Musical aus dem Hamburger Puff-Viertel, wo die kernigen Kerle besoffen und die heißen Weiber käuflich sind, kurzum, wo die klischierte Welt noch heil ist«, steht in einer Rezension nach der Vorstellung im März 1996 in der Hoechster Jahrhunderthalle. Die Kritiker haben es offenbar aufgegeben mit Freddy Quinn und lästern nur noch ab: »So was wie Handlung, Choreografie oder gar Dramaturgie, so ’n Schietkram brauchen wir nicht. Uns reicht es, uns Musical zu nennen und einen alten Seebären wie den Freddy auf die Bühne zu stellen, und das ist dann bei uns die große Freiheit.«

Die »neue Epoche« eröffnet dem sich nach Schauspielerei sehnenden Quinn keine neuen Wege mehr, zu selten hat er auf wirklich neue Stücke gesetzt und auf neue Rollen, ist immer wieder zurückgekehrt in die alten Welten und vertrauten Klamotten, die er am besten kennt, als melancholischer Sänger im Hafenmilieu. Die wenigen Ausreißversuche in anderen Kostümen – als Zirkusdirektor, als katholischer Priester, als König von Siam oder als Charleys Tante – bleiben nur Versuche und überzeugen nicht mit schauspielerischem Können. Und eine darstellerische Facette, die vor allem den legendären Ruhm seines großen Vorbilds Hans Albers ausmacht, kommt bei Quinn überhaupt nicht vor, die des Herzensbrechers, des Sunnyboys, des Bruders Leichtfuß.

Als schließlich der – nach Lotar Olias – »letzte starke Mann an seiner Seite«, Karl Vibach, nicht mehr da ist, ist die Darstellerkarriere des Freddy Quinn eigentlich beendet. Da ist keiner mehr, der ihn zu führen weiß, der die Geduld aufbringt, ihn mehr spielen zu lassen als lediglich »La Paloma« zur Gitarre. »Der kann singen, dass man eine Gänsehaut kriegt dabei«, hat einmal eine Kollegin von ihm gesagt, die mit ihm auf der Bühne stand: »Das ist doch ein Gottesgeschenk. Aber warum bleibt er nicht dabei? Warum will er immer was anderes, immer mehr?«

Es ist die Sucht nach Respekt und Anerkennung, die ihn antreibt. Anerkannt werden will er von denen, die sich gar nicht zuständig fühlen für ihn, von den renommierten Theaterkritikern, von den intellektuellen Feuilletonisten. Gewiss, er kann seine schauspielerischen Fähigkeiten vernünftig einschätzen: »Ich träume nicht davon«, hat er einmal gesagt, »Wallenstein zu spielen, Shakespeare, Prinz Hamlet. Ich weiß, dass das eine andere Sparte ist.« Und doch glaubt er an sein Talent: »Es wäre vermessen von mir zu sagen, dass ich ein guter Schauspieler bin oder ein besonders guter. Ich glaube aber auch nicht, dass es mit gutem Gewissen zutrifft, dass ich ein ganz schlechter Schauspieler bin. Das glaube ich auch nicht.« So ergeht es dem Musical-Darsteller, der ein Schauspieler sein will, wie dem Sänger, der ein Plattenstar ist: Die Menschen lieben und verehren ihn und halten ihm die Treue bei jeder Anstrengung für einen Image-Wechsel, das Feuilleton aber bleibt auf Distanz und will sich nicht gemeinmachen mit jeglichem Massengeschmack.

MÄNNER UND FRAUEN

Günther ist im Jahr 1960 sechzehn. Er wohnt in Bochum, und er ist schwul. Das sagt er natürlich niemandem, selbst wenn er es wollte, er wüsste nicht, wie man es sagt: »Ich bin homosexuell«, »Ich bin andersrum«, »Ich bin ein Warmer.« Nein, das hört sich gar nicht gut an. Günther weiß, dass er schwul ist, weil er anderen Jungs hinterherschaut, weil er träumt von ihnen, weil er sich manchmal wünscht, dass einer von ihnen zu ihm käme und ihn küsst, ganz einfach küsst. Und Günther hat ein Bild von einem Mann im Kopf, der so aussieht, wie ein Mann für ihn aussehen soll, es ist das Bild von Freddy Quinn. Der ist der größte Schlagersänger, sagt Günther und sammelt alle Platten von ihm, dazu Sammelbilder aus dem Kaugummiautomaten und Fotos aus der *Bravo*. Der Sechzehnjährige ist ganz verrückt nach Freddy Quinn. Heute noch erinnert sich Günther genau an seine Gefühle von damals: »Ich dachte, der schaut immer nur mich an auf seinen Bildern, und dann guckte der immer so traurig, aber gleichzeitig so, als ob er alles versteht, verständnisvoll eben.« Heute muss Günther herzlich lachen darüber: »Aber ich glaube, ich war damals richtig verliebt in ihn.« Einmal, erzählt er weiter, hat er eine Illustrierte aufgeschlagen – »Ich glaube, das war der *Stern*« – mit einer Riesenstory über Freddy, und gleich zu Beginn ist ein Foto von ihm zu sehen, mit nacktem Oberkörper und prallen Muskeln, umgeben von anderen jungen Männern, ebenfalls nur mit Shorts bekleidet. »Ich bin fast hintenübergekippt, so aufgeregt war ich. Jetzt zieht der sich auch noch fast aus – unglaublich. Das hat niemand gemacht damals, kein prominenter Mann hat sich so gezeigt, höchstens mal ein

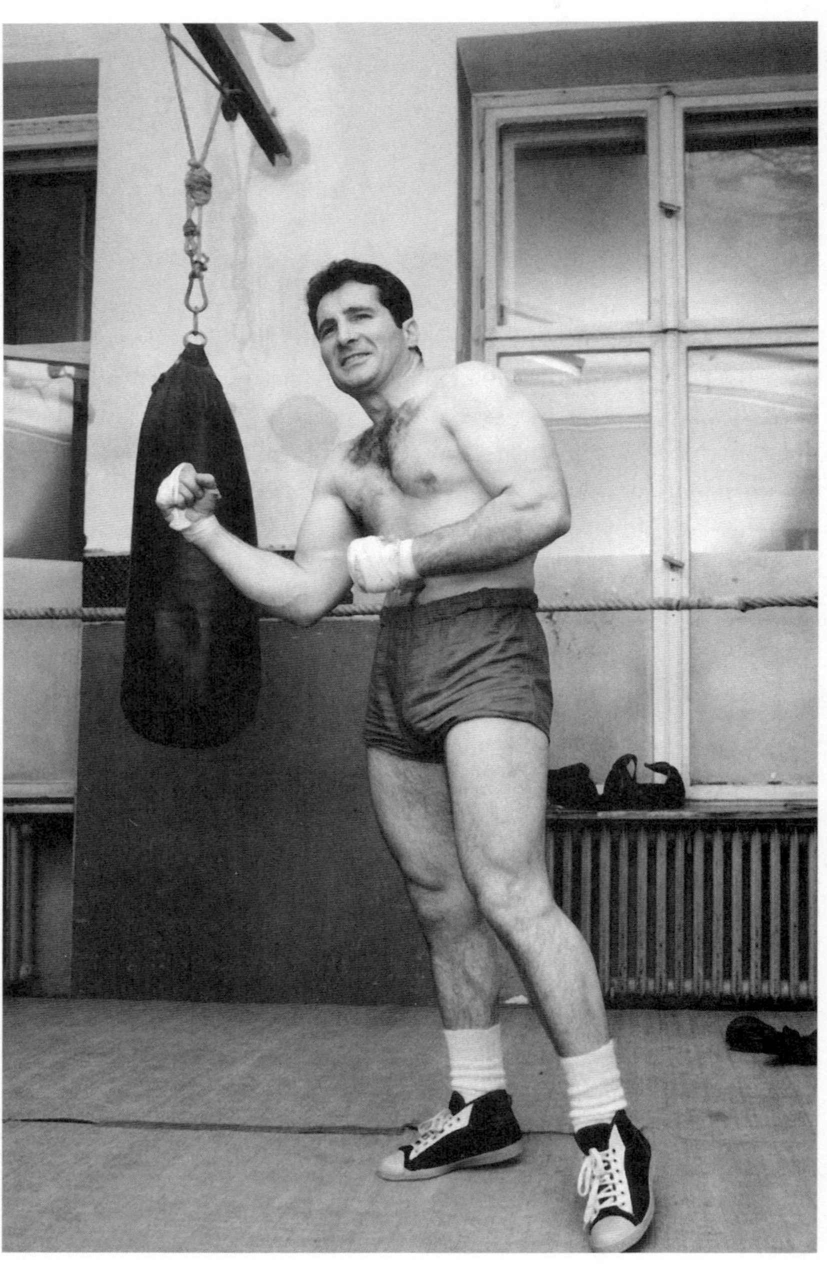

1967: Beim Boxtraining

Boxer. Mich hat das völlig verstört. Wie gerne hätte ich das Foto über mein Bett gehängt, aber das war natürlich nicht möglich. Wie hätte ich das erklären sollen, wenn meine Mutter mich danach gefragt hätte?« Mit neunzehn ist Günther weggegangen aus Bochum, nach Köln, und da hat er dann Männer kennengelernt, die ihn geküsst haben und in die er sich verliebt hat, und er hat Freddy vergessen. Heute kann er dessen Lieder nicht hören, höchstens um sich darüber zu amüsieren: »Dieser Kitsch, weißt du, dieser Kitsch in den Liedern, das ist doch zum Schreien komisch.« Nur dieses Bild hat er nicht vergessen, diesen Oberkörper und diesen Blick: »Da schaut der überhaupt nicht traurig, eher kess, herausfordernd, verstehst du?«

Freddy Quinn – ein Idol der Schwulen? Ein bisschen schon, jedenfalls zur damaligen Zeit. Tatsächlich hat er immer wieder gerne seinen Körper vor der Kamera gezeigt, stolz posiert und die Muskeln spielen lassen. So weit hat sich sonst keiner vorgewagt. Peter Kraus? Peter Alexander? Roy Black? Von denen sind solche Fotos nicht bekannt, aber Freddy Quinn hat offensichtlich Gefallen daran. Und er bringt seine Fans damit zum Träumen, Männer wie Frauen. Den schwulen Männern gefällt nicht nur der attraktive Oberkörper, den sie so ungestört bewundern können, es ist auch die Einsamkeit im Blick und im Image, diese Melancholie, diese Heimatlosigkeit und Ungebundenheit. Ist er nicht genauso wie sie? Sind sie, die homosexuellen Männer, nicht auch immer traurig, immer auf der Suche, immer ohne ein wirkliches Zuhause? Das, was sie sich wünschen, gibt es nicht, kein Zusammenleben mit einem Partner, kein ausgelassenes Ausgehen, kein kleiner Spaziergang Hand in Hand. Homosexualität ist verboten, darauf steht Gefängnisstrafe, so bleiben nur die Träume von einem besseren Leben und eine ordentliche Portion Selbstmitleid, um dieses Schicksal zu ertragen. Freddys Lieder passen genau zu diesen Stimmungen und Gefühlen, und die Geschichten darin spielen vor allem unter Männern, bei den Matrosen, bei den Soldaten, bei den Legionären. So abwesend die Frauen in seinen Liedern, so gibt es auch im wirklichen Leben keine Frau an seiner Seite. Das steht jedenfalls in der Zeitung, in den Berichten über ihn. Keiner der schwulen Männer, der sich so einen Freddy wünscht für sich ganz alleine, muss ihn teilen, schon gar nicht mit einer Frau.

Und ist Freddy Quinn selbst nicht auch schwul? Es gibt kein Gerücht, das ihn so hartnäckig verfolgt in seiner gesamten Karriere wie dieses. Gibt man »Freddy Quinn« im Internet in die Google-Suchmaschine ein, taucht an erster Stelle als Vorschlag der Zusatz »schwul« auf, erst dann folgen Beiwörter wie »Lieder« oder »Heimweh«. »Schwul«, so muss man daraus schließen, ist also das meistgefragte Stichwort, mit dem man im Internet Freddy Quinn assoziiert. Auf St. Pauli erinnert sich heute noch so mancher an seinen Spitznamen von damals, Soraya, und viele, mit denen ich gesprochen habe, zwinkern mir verschwörerisch zu: »Der Freddy, der ist doch schwul! Oder?« Wenn ich nachfrage, ob sie Genaueres wüssten, erfahre ich nichts, außer Allgemeinplätzen wie »Aber das weiß man doch!« oder »Das erzählen doch alle!«. Dabei gibt es keinen Hinweis, der das Gerücht stützt, nicht einen einzigen. Niemand hat je davon erzählt, dass er Freddy Quinn mit einem anderen Mann in einer eindeutigen Situation erlebt oder gesehen hat. Nicht die, die ihn näher kennen, und schon gar nicht die, die ihn nur aus der Ferne erlebt haben. Als ich stur bei denen nachfrage, die ihn wirklich besser kennen, verneinen sie mit Nachdruck, und ich kann mir aussuchen, ob sie nicht reden wollen oder ob es wirklich nichts zu berichten gibt.

Auch in der Presse wird schon sehr früh das Gerücht über die angebliche Homosexualität von Freddy Quinn erwähnt, jedoch nur in ganz vorsichtigen Andeutungen und zwischen den Zeilen. Denn niemand hätte es ernsthaft gewagt, in den 1950er- oder 1960er-Jahren Freddy Quinn als Homosexuellen zu enttarnen, das wäre auf der Stelle das Aus für die Sangeskarriere gewesen, und der Überbringer der News, der Journalist, hätte möglicherweise mit einer saftigen Verleumdungsklage rechnen müssen. Im Schutz des Pseudonyms »Petronius« schreibt der umstrittene Journalist und Autor Will Tremper 1961 im Magazin *Stern* eine Serie »Deutschland deine

Stimmchen«, über Schlagerstars in der Bundesrepublik. In der Folge über Freddy Quinn (das ist die mit dem Foto des Sängers in Sportler-Pose, an das sich Günther noch so gut erinnert) schreibt »Petronius« auch über die mögliche Nähe des Stars zu einem Homosexuellen. Peter Burian heißt der Mann und ist – nach den Informationen des Journalisten – der ganz persönliche Trainer von Freddy Quinn in einem Berliner Sportstudio, einem »Klub für Body-Building«. »Diesem Burian«, schreibt »Petronius«, »schenkte Freddy eine seiner Platten: ›Du brauchst doch immer wieder einen Freund‹.« Und fährt fort: »Bis Freddy die Erkenntnis dämmerte, dass dieser Burian tatsächlich immer wieder einen Freund brauchte. Da trennte er sich von dem Klubkameraden und erwählte einen Herrn Karl Peyler zum Trainer und Masseur.« Dazu veröffentlicht die Zeitschrift ein Foto von Peter Burian, kein Porträt, eher eine Art Pin-up, mit der Bildunterschrift: »Freddys Trainer Peter Burian: ›Auf die Veröffentlichung meines vollen Namens, eines Bildes von mir sowie auf die Bezeichnung Nachwuchsschauspieler lege ich großen Wert. Ich bin heute noch mit Freddy befreundet …‹« Pünktchen, Pünktchen, Pünktchen.

Knapp zehn Jahre später sind es die *St. Pauli Nachrichten*, die sich des Gerüchts annehmen. Die Wochenzeitung aus Hamburg hat sich ihren Platz an den bundesdeutschen Kiosken mit Kontaktanzeigen, Aktfotos und linken Ansichten erobert, einige ihrer Redakteure und Autoren kennt man heute noch, darunter den Ex-Chefredakteur des *Spiegels*, Stefan Aust, und *Konkret*-Kolumnist Horst Tomayer. Im August 1970 spekuliert ein gewisser Tom Ashley in den *St. Pauli Nachrichten* darüber, »was Freddy fühlt«, und witzelt pubertär in der Unterzeile weiter: »Der Junge von St. Pauli hält zur Stange!« Der Text selbst hat dann gar nichts mehr zu bieten, außer dass der Klatsch noch einmal deutlich benannt wird: »So geht also das Gerücht, Freddy neige mehr dem eigenen als dem anderen Geschlecht zu.«

Das Gerede hält sich hartnäckig. Je liberaler die Zeiten, umso deutlicher fragen die Journalisten nach. Im November 1971 – der Paragraf 175, der bislang sogenannte »homosexuelle Handlungen« unter

Strafe stellte, wurde zwei Jahre zuvor reformiert, erwachsene homosexuelle Männer gehen künftig straffrei aus – ist es eine Reporterin der *Bild am Sonntag*, die ohne Umschweife zur Sache kommt: »Herr Quinn, von vielen wird behauptet, Sie schwärmen mehr für Männer als für Frauen. Stimmt das?« Des Sängers Antwort kommt prompt: »Wenn es so wäre, dürfte ich es jetzt ja auch sogar dem Gesetz nach. Aber glauben Sie mir, ich schwärme für Frauen.« Und legt sofort nach und beschreibt, wie die Frau seiner Wahl aussehen müsste: »Sie müsste groß sein. Groß und schlank. Vielleicht lange Haare – vielleicht etwas mehr Busen als normal.« Freddy Quinn ist ein Profi, ein Medienprofi. Er ist schon zu lange im Geschäft, als dass er nicht wüsste, wie er mit den Journalisten reden soll. Da gibt es nichts mehr, was ihn umhaut, auch nicht die Frage nach seiner vermeintlichen Homosexualität. So wie die vielen anderen Fragen nach seinem Privatleben lernt er auch, diese Frage gekonnt zu parieren. Als ihm 1973 die *Bild*-Zeitung auf die Schliche kommen will, ist er kurz angebunden: »Nein, ich bin nicht homosexuell. Ich bin nur bei Frauen sehr zurückhaltend, ich bin kein ›Aufreißer‹.« Im Laufe der Jahrzehnte werden die Antworten immer wieder leicht variiert. Mal sagt er: »Ich bin nicht schwul. Nur weil ich mein Privatleben nicht nach draußen posaune, wird darüber spekuliert«, mal gibt er wieder den Journalisten die Schuld: »Ich habe einmal einen Blödsinn zur *Bild*-Zeitung gesagt auf deren Frage, ob ich schwul bin: Ja, aber immer nur sonntags zwischen zwei und vier. Die haben dann verbreitet, der Quinn ist schwul«, und 1994, in einem Gespräch mit mir, fasst er alle möglichen Antworten auf die unleidliche Fragerei noch einmal zusammen, um sie dann ad acta zu legen: »Achtzig Prozent meines Lebens gehören meinem Beruf, den ich wahnsinnig gerne ausübe, und der Öffentlichkeit. Für die restlichen zwanzig Prozent habe ich mich abgeschottet. Das hat die furchtbaren Gerüchte aufgebracht, ich sei homosexuell. Ich bin absolut tolerant und habe keine Vorurteile gegenüber homosexuellen Männern und Frauen. Aber mich damit zu identifizieren ist falsch, weil ich diese Erfahrung nicht habe. Dafür gibt es keinerlei Beweise, in keinster Form. Wenn ich es wirklich wäre, hätte ich keinerlei Bedenken, mich dazu zu bekennen. Denn ich bekenne mich zu dem, was ich tue. Inzwischen habe ich gelernt, mit solchen Gerüchten umzugehen. Es ärgert mich, wenn ich so etwas lesen muss, aber ich gehe nicht mehr vor Wut an die Decke.« Das Gerücht bleibt und gehört inzwischen zu ihm, so als ob es nichts mehr bedeutet. Bedenkenlos wird es ihm zugeschlagen, genauso wie das Bild vom heimatlosen Seemann, und hat sogar Eingang gefunden in die Literatur. Der Hamburger Schriftsteller und Übersetzer Harry Rowohlt lässt in einer seiner *Pooh's Corner*-Kolumnen für die *Zeit* eine Wirtin auftreten, die auf den Tratsch reagiert: »Freddy Quinn schwul? Der steht auf kleine Jungs, aber schwul ist er nicht.«

Was hätten sie dafür gegeben, die Reporter und die Fotografen? Einmal eine Frau an seiner Seite. Eine Affäre. Eine Romanze. Eine Verlobung. Eine Heirat. Seit Beginn seiner Karriere sind sie hinter ihm her, um diese eine Geschichte zu sehen, zu hören. Doch Freddy Quinn hat ihnen in dieser Hinsicht nichts zu bieten, gar nichts. Er hat sich stattdessen seinem Publikum versprochen, ganz und mit Haut und Haaren. Und sein Publikum, das sind zuallererst Frauen. Nicht nur, dass es vor allem Frauen sind, die generell Schlager hören und Schlager kaufen, sie sind es auch, die dem melancholischen Charme des Sängers aus dem Nirgendwo erliegen. Anne arbeitet 1957 während der Sommerferien als Küchenhilfe in einem kleinen Hotel in Kampen auf Sylt. Während sie die Teller spült, sitzt nebenan in der Bierstube ein Hotelgast und übt auf der Gitarre. Es ist Freddy Quinn, so weit ist er schon bekannt, dass Anne ihn sofort erkannt hat. Seine Musik gefällt ihr, seine Lieder, die von der weiten See und dem großen Fernweh erzählen. Vorsichtig nähert sich die Siebzehnjährige der Bierstube, um ihn besser hören zu können. Freddy sieht den Zaungast und bittet das Mädchen herein, während er weiter seine Musik macht. Anne ist begeistert. »Ich glaube, ich habe sogar ein bisschen mit ihm geflirtet«, meint sie sich heute zu erinnern. »Er machte einen schüchternen Eindruck, war aber sehr freundlich. Er war ein hübscher Mann, mittelgroß, klassisches Gesicht, ganz liebe Augen. Aber so richtig umwerfend war seine Stimme, daran kann ich mich am besten erinnern. Diese Stimme hatte eine ungeheure Wirkung. Sie drückte Sehnsucht aus, die Sehnsucht nach irgendetwas Unerreichbarem. Und es war ein Schmelz in der Stimme, den es heute gar nicht mehr gibt. Heute klingt alles eher hart, aber in seiner Stimme war ganz viel Gefühl.«

Freddy ist ein Frauenschwarm. Wenn er sie anschaut, verträumt und traurig, sehnsüchtig und verloren, dann werden sie weich und möchten seine Geliebte sein, seine Gefährtin, seine Mutter – und möglicherweise mit ihm ins Bett, ohne sich dessen bewusst zu sein. Er berührt ihre Beschützerinstinkte ebenso wie ihren Wunsch nach erotischer Zärtlichkeit und nach Sexualität. Noch lange vor Roy Black und vor Udo Jürgens ist Freddy Quinn das erste Sex-Symbol bundesdeutscher Schlagerfans – natürlich hat das damals keiner so benannt. Dafür sind die Zeiten zu prüde, über Sexualität wird noch lange nicht so frei und beliebig geredet wie heute. Den Träumen der weiblichen Freddy-Fans steht keine andere im Wege, mit niemandem müssen sie ihn teilen. »Ich bin bald wieder hier«, verspricht er jeder einzelnen von ihnen in seinen Liedern, und: »Irgendwann gibt's ein Wiedersehn«, »Wenn die Sehnsucht nicht wär«, »Soviel Träume«, »Allein wie du«, »Gib mir dein Wort« und »Junge, komm bald wieder«. Wie sehr das wirkt vor allem bei den weiblichen Fans, beobachtet einmal ein Journalist bei einem Zusammentreffen zwischen Freddy Quinn und Gudrun, einer Verehrerin aus Kassel:

»›Es geht um meine Ehe!‹, fleht sie ihn an.

Quinn: ›Was geht mich Ihre Ehe an?‹

Sie: ›Ich liebe Sie seit neun Jahren.‹

Quinn: ›Gute Frau, das ist doch Unsinn.‹

Sie: ›Nein, nein, kein Unsinn. Immer, wenn ich Sie singen hörte, dachte ich, dass Sie mich kennen, dass Sie nur für mich singen. Besonders bei ›Komm heim nach Old Virginia‹ habe ich gefühlt, dass Sie das allein auf mich beziehen. Das stimmt doch ...?‹

Quinn: ›Hören Sie, seien Sie vernünftig, ich kenne Sie nicht.‹

Sie: ›Und ich bin extra aus Kassel hierhergefahren. Aber Sie haben sich ganz schön verändert. Als Jüngling waren Sie anders.‹

Quinn: ›Kommen Sie, reißen Sie sich zusammen. Fahren Sie nach Hause und fangen Sie mit Ihrem Mann neu an.‹

Sie: ›Nun ja, mein Mann ist ja sehr nett. Aber immer, wenn ich Sie höre, stehen Sie dazwischen. Seit neun Jahren ...‹

Quinn: ›Das geht doch nicht. Ich muss für alle da sein, für alle meine Fans. Ich darf nicht nur einer gehören. Kommen Sie, ich schreibe Ihnen ein schönes Autogramm, dann fahren Sie nach Hause zu Ihrem Mann.‹

Sie: ›Na ja, ich habe ja heute ohnehin noch einen Zug. Aber ich glaube, Sie können mich nicht verstehen. Weil Sie nicht imstande sind, wie ein richtiges Mädchen zu denken. Ich begreife schon, das wird ein Abschied für immer sein.‹«

»Glauben Sie nicht«, sagt Quinn anschließend, nachdem Gudrun ihn verlassen hat, zu dem Reporter, »dass ich so was zum ersten Mal erlebe. Derartige Dinge sind bei mir gar nicht selten.«

Über »derartige Dinge«, darüber, warum Freddy so gut ankommt bei den Frauen, machen sich schon von Anbeginn seiner Karriere vor allem Journalistinnen immer wieder ihre Gedanken. Sybille, die Reporterin der *Film-Revue,* will 1963 – nachdem sie live erlebt, wie er »La Paloma« singt auf der Bühne – erkannt haben, »warum der Freddy sie alle um Längen geschlagen hat im deutschen Schaugeschäft, die Schönen und Charmanten, die Raffinierten und jene, die heute immer schon den Stil von morgen bringen: Weil er echt ist, unverbraucht und ohne jeden künstlichen, ausgeklügelten Dreh – weil er ein Ding in aller Öffentlichkeit wieder zu Ehren gebracht hat, das in unserer rasanten, turbulenten Zeit meist nur noch ängstlich und zaghaft und verloren klopft: das liebe, altmodische, leider durch kein anderes Organ zu ersetzende Herz.« An anderer Stelle schwärmt Sybille weiter: »Er hat eine Seele, ›empfindsam und scheu wie ein neugeborenes Entlein‹, wenn ich an dieser Stelle den spanischen Dichter

Federico García Lorca zitieren darf – und er hat um diese Seele durch jahrelanges Training einen Körper mit Sehnen aus Stahl und Muskeln aus Eisen herumgebaut. Nichts Verletzbareres gibt es auf dieser Welt als einen solchen Mann.« Ähnlich poetisch versucht sich 1964 Christiane Höllger, Reporterin der *B.Z.*: »Seine Hände liegen auf dem Tisch, sehr kräftige und muskulöse Hände. Sie könnten Ziegelsteine tragen und auch Katzen streicheln.« Und resümiert schließlich: »Unter dieser Disziplin, unter erworbener Beherrschung liegt der paradoxe Zauber, die Anziehungskraft eines Mannes und seiner Stimme, der es nie aufgibt, sich nach dem Abenteuer zu sehnen. Auf das Glück zu hoffen, selbst wenn der Star Freddy Quinn ihm dazu keine Gelegenheit mehr gibt. Es ist schwer, ihn sich mit fünfzig vorzustellen. Denn seine Jugend gehört zu seiner Anziehungskraft.«

Die, die ihn vermarkten, werden ihm dazu geraten haben, dass es besser für ihn sei, ohne Frau zu bleiben, ohne Ring und ohne Trauschein. Und er hält sich daran, eisern. Aber wie lassen sich derlei strategische Überlegungen für einen besseren Verkauf des Produktes Freddy rechtfertigen, ohne sie als solche zu benennen? Wie erklärt man irgendeinem vernünftigen Menschen, dass dieser junge, gut aussehende, attraktive Mann sein Leben ohne eine Frau an seiner Seite verbringt? Freddy und seine Macher haben sich immer wieder etwas einfallen lassen, um das Unbegreifliche begreiflich zu machen. In den ersten Jahren erzählt Freddy Quinn die dramatische Geschichte seiner ersten großen Liebe, damals in Wien, und er ist gerade mal achtzehn Jahre alt. Sie heißt Susi. Oder Ruth. Oder Christel. Oder Hedy. Wieder variieren Namen, Daten und Abläufe. Wie es wirklich war, ist nur schwer zu rekonstruieren. Sicher ist, dass die neunzehnjährige Hedwig Böck zur »Mischpoke« gehört, einer Clique junger Leute, die sich in der Wiener Josefstadt fast täglich trifft, nach der Schule, in der Freizeit. Man hängt rum miteinander, macht mal Musik zusammen oder diskutiert über die Probleme der Welt und des Lebens. Manfred Petz gehört dazu ebenso wie sein bester Freund Erhard Hassek. Hedwig, von allen nur Hedy genannt, ist die Tochter vom Wirt des »Jahrhundert-Beisls« Ecke Floriani- und Lederergasse und der strahlende Mittelpunkt der Gruppe. Sie ist die Hübscheste von allen, die »Schönste aus dem Bezirk«, sagt man ihr nach, dazu lebenslustig und voller Temperament. Auf dem einzigen Foto, das von ihr veröffentlicht wird, sieht man eine hübsche junge Frau, die kess ihrem Spiegelbild zuprostet. Ein bisschen sieht sie aus wie die frühe Romy Schneider, nur viel dunkler die Haare. Oft trifft sich die »Mischpoke« in der Kneipe von Hedys Vater, dort ist quasi ihr Hauptquartier. Freddy hat ein Auge auf die schöne Hedy geworfen, wie fast alle in der Gruppe. Sie flirtet mit allen, lässt sich gerne die Schmeicheleien und Komplimente gefallen. Bis sie eines Tages verschwunden ist.

»Als Freddy bei Ruths Eltern auftauchte, um die Schulaufgaben zu machen, war Ruth verschwunden. Man wartete ein, zwei, schließlich drei Stunden. Dann machte man sich auf die Suche, alarmierte die Polizei, die Krankenhäuser und Rettungsstationen. Vergeblich! Die Verschwundene war nicht aufzufinden. Da erinnerte sich Freddy an jenen Herrn, der ihr manchmal Komplimente machte und der als Gast im Restaurant verkehrte. Ob der vielleicht mit ihr ausgegangen war? Ruths Eltern kämpften sich mit Freddy bis zur Wohnung des ominösen Herrn durch – und ließen die versperrte Wohnungstür gewaltsam öffnen. Das Bild war grauenhaft. Ruth war ermordet worden, er selbst lag gleichfalls vergiftet auf dem Teppich.« Das ist die Version, wie sie Lia Avé 1958 für die *Illustrierte Berliner Zeitschrift* aufgeschrieben hat.

»Am nächsten Tag wartet Freddy nach der Schule vergebens auf Susi. An diesem Tag kehrt Susi nach der Schule nicht heim. An diesem Tag alarmieren ihre Eltern die Polizei und geben Vermisstenanzeige auf. An diesem Tag macht Freddy sich auf die Suche nach ihr. Und findet sie: Ermordet in der Wohnung eines schlanken, elegant gekleideten Herren, der mit ›Herr Doktor‹ angeredet wird …« So steht es in der *Bravo* von 1959.

In der »Autobiografie« *Lieder, die das Leben schrieb* von 1963 verknappt sich das dramatische Geschehen auf ein paar Sätze: »Hedy musste eine Besorgung machen und war nicht wieder nach Hause zurückgekehrt. Die Eltern waren beunruhigt und ließen mich rufen, aber ich wusste auch nicht, wo sie sein könnte. Verzweifelt suchten und fragten wir im ganzen Bezirk herum. Die Eltern benachrichtigten die Polizei, und im Laufe des nächsten Tages fand man Hedy. Sie war tot – vergiftet.« Fast wortwörtlich erzählt Freddy Quinn 1970 dem Magazin *Frau* die Geschichte noch einmal: »Hedy sollte für ihre Eltern in der Stadt Besorgungen machen. Als sie nach Stunden noch nicht zurück war, wurde Hedys Mutter unruhig. Sie kam zu mir und fragte, ob ich das Mädchen nicht gesehen hätte. Aber ich wusste auch nicht, wo sie sein konnte, und ahnte auch nichts Böses. Nach weiteren drei Stunden alarmierte die besorgte Mutter die Polizei. Eine große Suchaktion wurde eingeleitet. Schließlich fanden sie Hedy am Stadtrand. Sie war tot. Sie hatte sich mit einem Pflanzenschutzmittel vergiftet.«

Wie dieser Geschichte ergeht es vielen Geschichten aus dem Leben des Freddy Quinn. So als sei eine stille Post im Umlauf, verändert sich das Geschehene im Laufe der Jahre und Jahrzehnte und ist schlussendlich kaum noch wiederzuerkennen. Nur ein kleiner Rest bleibt übrig von der ursprünglichen Version. Natürlich sind daran die Journalisten schuld, zu schön sind manche der Geschichten, als dass man sich nicht selbst daran versuchen möchte und ein wenig dazuerfindet, ein bisschen ausschmückt, der Fantasie freien Lauf lässt. Natürlich sind auch Freddys Produzenten und Manager daran schuld, sie passen immer genau auf, dass alles, was er zu erzählen hat, das Image nicht gefährdet, dabei bleibt die Wahrheit oft genug auf der Strecke. Natürlich ist Freddy Quinn auch selbst daran schuld, zu oft verheddert er sich zwischen den verschiedenen Versionen einer Geschichte, oder er erzählt sie ganz bewusst mal so und mal so.

Aber was ist wirklich geschehen mit Hedwig Böck? Hat sie Selbstmord begangen? Wurde sie getötet? Unter Berufung auf den Polizeibericht meldet die *Wiener Zeitung* am Samstag, den 29. April 1950: »Liebestragödie in der Josefstadt. Gestern gegen Mittag wurden die 19-jährige Studentin Hedwig Böck, Lederergasse Nr. 14 A, und der 27-jährige technische Angestellte Friedrich Göttling in der mit Leuchtgas erfüllten Wohnung des Angestellten in der Laudongasse 26 tot aufgefunden. Da vom Hauptgashahn der Verbindungsschlauch abgezogen war und der Gashahn offen stand, wird angenommen, dass es sich nicht um einen Unfall, sondern um eine Tragödie der beiden handelt. Abschiedsbriefe wurden nicht vorgefunden.« Der *Wiener Kurier* macht am gleichen Tag die Geschichte größer auf, als Zweispalter, überschrieben »Mysteriöser Tod eines Liebespaares im 8. Bezirk«, und hat mehr herausgefunden als die kurze Nachricht aus dem Polizeibericht. »Die näheren Untersuchungen ergaben jedoch Umstände, die es als sehr zweifelhaft erscheinen lassen, dass Hedwig Böck, die eine bezirksbekannte Schönheit und ein äußerst lebenslustiges Mädchen war, das in guten finanziellen Verhältnissen lebte – ihr Vater ist Gastwirt –, einem Selbstmord zugestimmt haben könnte. In der Wohnung wurden Reste eines Likörs aufgefunden, der sofort zur chemischen Untersuchung gebracht wurde, da man annimmt, es könnten darin Betäubungsmittel enthalten sein, mit denen Göttling dem Mädchen das Bewusstsein raubte, bevor er es mit in den Tod nahm. Göttling, den Hedwig Böck erst seit 14 Tagen kannte, wurde am Donnerstag nacht noch um 23.15 Uhr von Nachbarn im Hause gesehen. Ob Hedwig Böck zu dieser Zeit bereits in seiner Wohnung war oder erst später kam, steht noch nicht fest. Die erste Untersuchung der Leichen, die um 11 Uhr vormittags aufgefunden wurden, ergab, dass der Tod der beiden ungefähr sechs bis acht Stunden vorher eingetreten sein muss. Die gerichtsmedizinische Obduktion beider Leichen wurde zur Feststellung der genauen Todesursache beantragt.«

Die polizeilichen Ermittlungen der nächsten Tage und Wochen bestätigen den ersten Verdacht nicht. In den Resten des Sherry-Brandys werden weder Rückstände eines Giftes noch eines Betäubungsmittels gefunden. Das Leuchtgas hat das Paar vergiftet. An Hedy Böck werden keine Spuren äußerer Gewalteinwirkung, auch nicht sexueller, gefunden. Bei Friedrich Göttling wird ein Leberleiden festgestellt, mit dem er möglicherweise die nächsten zwei Jahre nicht überlebt hätte. Über die Motive der Tat wird nichts weiter bekannt. Die Polizei ermittelt lediglich, dass Böck und Göttling am Abend vor dem Geschehen gemeinsam tanzen gegangen sind. Gegen Mitternacht gehen beide in Göttlings Wohnung. Weiter stellt die Polizei fest, dass Hedy als Erste das Bewusstsein verloren hat in dieser Nacht. Ist Hedy Böck also zusammen mit ihrem Geliebten in den Tod gegangen, der wusste, dass er nicht mehr lange zu leben hat? Oder hat Göttling das Gas ausströmen lassen, um zunächst seine Freundin zu töten, und hat sich anschließend selbst gerichtet? Die Polizei spricht von einem »mutmaßlichen Doppelselbstmord« und schließt die Akten.

Der tragische Tod der Hedwig Böck wird von Freddy Quinn wieder und wieder in all seinen Variationen erzählt, um zweierlei zu begründen: Zum einen, dass ihn der Tod seiner geliebten Freundin – »wir haben auch schon vom Heiraten gesprochen« (Freddy Quinn) – vor einer neuen Bindung zurückschrecken lässt; und zum anderen, warum er nicht mehr in seine Heimatstadt zurückkehren will, weil ihn dort alles an sie erinnert. »So recht wohl hatte ich mich in Wien nie gefühlt, aber nach dem Tode Hedys schien es mir unmöglich, noch länger dort zu leben. Trauer und Schmerz vermischten sich mit dem Fernweh und der Abenteuerlust, und so wurde mir der Entschluss, das Elternhaus in Wien wieder zu verlassen, nicht besonders schwer.« Tatsächlich ist die Beziehung zu Hedwig Böck – welcher Art auch immer sie war – jahrzehntelang die einzige, über die Freddy Quinn spricht, wenn er denn von der Beziehung zu einer Frau erzählt.

Der Mann ist noch jung, keine dreißig Jahre alt, als Freddy Quinn 1960 dem Teenager-Magazin *Bravo* Auskunft darüber gibt, wie seine Traumfrau aussehen soll: »Mit dunklen Haaren, weder mollig noch zu schlank, mehr sportlich als elegant, modern frisiert und nur leicht geschminkt. Sie soll jungmädchenhaft aussehen, dabei aber ernsthaft, klug und belesen sein. Und wissen, was sich gehört!« Danach ist Schluss mit solchen PR-»Geständnissen«, für den Rest seiner Karriere gibt Freddy Quinn der Öffentlichkeit den Einsamen, den Alleinstehenden, den Rast- und Heimatlosen. »Ich muss einsam sein, darf mich nicht mit Mädchen rumtreiben, keine Skandale haben, mein Publikum nicht enttäuschen«, hat er einmal seiner Kollegin Heidi Brühl anvertraut. Er spielt den »Mann ohne Privatleben«, und den Reportern nennt er wechselnde Begründungen, warum er nicht verheiratet sei. »Ich habe schlechte Erfahrungen mit Frauen gemacht« ist eine davon: »Ich habe einfach Angst, mich noch einmal zu verlieben. Meistens lieben die Frauen nur meinen Ruhm oder mein Geld – aber ob sie mich selber lieben, weiß ich nicht.« Eine andere Antwort ist: »Ich bin an dem Punkt angekommen, wo ich feststellen muss, dass ich keine Konzessionen mehr machen kann, dass ich keine Partnerschaft mehr akzeptieren könnte. Ich bin so egoistisch, so penibel, so pedantisch geworden, dass ich keine Frau finden würde, die dieses Leben mitmacht!« Oder er zählt Punkt für Punkt auf, warum es nicht geht: »Erstens kommt es darauf an, ob der gewisse Funke zündet. Das hat er zwar schon. Aber zwischen Funken und Feuer – bis es brennt –, da liegt doch einiges. Das ist der zweite Grund! Und drittens habe ich nie Zeit gehabt. Aus Angst habe ich wohl nie weitergeschürt. Schließlich der vierte Grund: Wenn man ewig auf Achse ist, das ist nicht so einfach für einen Partner.« Dann wieder sagt er: »Ich habe mir vorgenommen, nicht zu heiraten. Ich schrecke vor einer Ehe zurück. Bisher konnte ich vor tieferen Gefühlen immer noch davonlaufen. Ich bin nicht der Typ zum Heiraten.« Nicht der Typ! Keine Zeit! Zu viel Angst! Um Antworten in dieser Frage ist Freddy Quinn nicht verlegen. Einen Scherz hat er all die Jahrzehnte über immer auf Lager, wenn er keine Lust mehr hat, auf die Frauen-Frage einzugehen: »Eines muss ich Ihnen noch gestehen: Ich bin nicht mehr unberührt.«

Wo keine Freundin oder Frau freiwillig präsentiert wird, machen sich die Reporter einen eigenen Reim darauf. Immer wieder wird öffentlich in den Gazetten gemunkelt über die eine oder andere Affäre. Natürlich sei da was gewesen mit der jeweiligen Filmpartnerin, aber das sind mehr so Geschichten aus Reklamegründen. Dann wird ihm eine Liaison nachgesagt mit der Opernsängerin Anja Silja. Geheimnisvoller Favorit der Presse aber ist eine blonde Stewardess, die Gerüchte um sie halten sich jahrelang, es werden sogar Bilder publiziert von ihr, doch es gibt weder ein Dementi noch eine Bestätigung. Dennoch gibt es Frauen in Freddys Leben, mit denen er sich gerne öffentlich zeigt und über die immer wieder ausführlich berichtet wird. Das sind ältere Frauen, Wirtinnen, die dem jungen Mann in Zeiten seiner größten materiellen Not beiseitegestanden haben, ihm ein Dach über dem Kopf geboten haben, eine warme Mahlzeit und viel mütterliche Wärme. Da gibt es eine, die »liebe Mutti Tremel«, zu Beginn der 1950er-Jahre Wirtin im Münchner »Marsgarten« in der Marsstraße, nicht weit vom Hauptbahnhof entfernt. Nasskalt soll der Abend gewesen sein, damals 1951, erzählt Kathi Tremel viele Jahre später einer Reporterin, als ein junger Mann in ihr Lokal kommt: »Total ausgefroren hat er sich an den Ofen gesetzt. Es war damals draußen sehr, sehr kalt, und er trug nur Bluejeans und eine ganz dünne Jacke. Ich hab gleich g'sehen, dass er halb verhungert war, und ihn zu mir in die Küche g'holt. Nachdem ich ihm erst mal ordentlich was zu essen gegeben hab, ist er zutraulich geworden und hat g'sagt, dass er in Wien, wo er wohnt, ausg'riss'n ist. Er hat fast gar kein Geld g'habt und hat immer so rumgedruckst. Schließlich hat er mich dann doch gefragt, ob er vielleicht a bissl bei uns schlafen darf, weil er halt gar so müd war. Wir haben ihm eine Matratze auf den Boden gelegt und er ist sofort eing'schlafen.« Ein paar Wochen bleibt Freddy in München, singt im »Marsgarten« seine Lieder für die US-Soldaten, die hier verkehren. Und er jobbt als Handtuchhalter für den Catcher »I. K. Staatenlos«. Der tritt mit seiner Truppe um die Ecke vom »Marsgarten« im Circus Krone auf und braucht jemanden, der ihm seinen Bademantel abnimmt, bevor er in Siegerpose in den Ring steigt, oder der ihm das Handtuch reicht, wenn er zwischendurch ins Schwitzen kommt. »Im Übrigen musste ich ihn nach jedem Kampf betreuen, ihm zu trinken geben, ihn abfrottieren und ihm sagen, dass er der Größte war!« Aber irgendwann ist es Freddy genug in München, und er will weiter nach Norden. »Dann ist er nach Hamburg«, erinnert sich Kathi Tremel weiter, »und weil's Fahrgeld nicht ganz g'reicht hat, hab ich ihm noch 7,50 Mark geliehen.«

Möglicherweise ist es auf dieser Reise gewesen, vielleicht auch kurz davor oder kurz danach, dass Freddy Quinn in Fürth gelandet ist. Mit seiner Gitarre unterwegs macht er Station im »Gelben Löwen« in der Fürther Altstadt. Hier, in der Gustavstraße, steht er Abend für Abend auf einer kleinen Bühne im Hinterzimmer und singt seine Lieder, wieder für die GIs, die neuen Stammgäste. Die hiesige Wirtin heißt Marga Schadler, ist seine Chefin für einige Monate und sorgt dafür, dass er gleich nebenan ein möbliertes Zimmer hat, wo er wohnen kann. Schließlich gibt es noch »Mama Bou«, auch sie eine Wirtin, aber in Paris. Ihre kleine Kneipe am Montmartre heißt »Chez Pomme«, und hier muss Freddy gelandet sein kurz vor München oder kurz danach, auch das lässt sich nicht zweifelsfrei rekonstruieren. Gesungen hat er natürlich auch in Paris, seine Lieder zur Gitarre, mit einigem Erfolg und ausreichendem Taschengeld zum Überleben. Jahre später, er ist schon längst ein Star, besucht er die Wirtinnen noch einmal, mit einem Fotografen oder einem Reporter, damit diese »Ersatzmütter« zu Anekdoten werden können, die die mütterlichen Gefühle der weiblichen Fans zum Klingen bringen. Bei dem Besuch elf Jahre später bei »Mama Bou« ist auch der Fotograf Lothar Winkler dabei, der es wie immer auf einzigartige Weise versteht, diese Begegnung zu vermarkten. Viel Gefühl muss dabei gewesen sein, denn die Schilderung ein und desselben Besuchs fällt von Zeitung zu Zeitung unterschiedlich aus. »Schluchzend warf sich Mama Bou in Freddys Arme« steht in dem Teenager-Magazin *MP*: »Freudentränen rannen über ihr mütterlich weiches Gesicht. ›Mon Chou-Chou‹, flüsterte sie mit stockender Stimme. ›Ich bin so glücklich, dich wiederzusehen.‹ Freddy war von Erinnerung überwältigt. Wieder fühlte er die gleiche Geborgenheit wie damals.« In der *Heim und Welt* liest sich das so: »Sekundenlang sah sie ihn an. Der

Kochlöffel, mit dem sie so emsig gerührt hatte, schien plötzlich wie angefroren. Im nächsten Augenblick ließ sie ihn in den Topf fallen. ›Freddy …‹, sagte sie ganz leise. ›Freddy hat mich nicht vergessen … Er ist wiedergekommen …‹, und ihre Tränen rannen. Sie machte einen hilflosen Schritt auf ihn zu, und dann lagen sie sich in den Armen. Freddy Quinn und seine Madame Pomme, der weltberühmte Sänger und eine etwa 50-jährige, kleine und ziemlich dicke Frau.« So sehen Mütterträume aus, die Rückkehr des verlorenen Sohnes, das Wiedersehen nach langer Zeit. Als ob das nicht ausreicht und um die Symbolik, die so gut zu dem »Junge, komm bald wieder«-Sänger passt, auf die Spitze zu treiben, schildert Winkler den Lesern noch, wie Freddy Quinn zum ersten Mal mit der Montmartre-Wirtin zusammentrifft, so als sei er dabei gewesen: »Es war merkwürdig, vom ersten Augenblick bestand zwischen beiden ein Verhältnis wie zwischen Mutter und Sohn. Madame Pomme bereitete ihm ein Essen. Freddy, der nur ein paar lumpige Francs in der Tasche hatte, revanchierte sich durch einige Lieder. Das Lokal war gerammelt voll und sehr laut. Aber als Freddy seine schwermütige, dunkle Stimme ertönen ließ, in der jeder Ton aus dem Herzen kommt, da hätte man eine Stecknadel zu Boden fallen hören können. Er musste singen, die ganze Nacht, und am nächsten Abend war er wieder da. So ging es wochenlang.«

Von der Frau seines Lebens, der Frau, die er bald schon heiraten wird zu Beginn seiner Karriere, spricht Freddy nie, fast nie. Erst seit ein paar Jahren erwähnt er sie in Interviews, mal als Ehefrau, mal als »Dauerverlobte«. Die Rede ist von Lilli Blessmann, einer Frau, um die sich heute noch Legenden ranken. Aus ganz reichem Haus, Typ Hamburger Geldadel, soll sie kommen. Ganze Straßenzüge in der Hansestadt gehören der Familie, erzählen die einen, der Grundstein für ihren Reichtum liegt in Fuhlsbüttel, sagen die anderen, das Grundstück, auf dem heute der Flughafen steht, soll dereinst zu Teilen im Besitz ihrer Familie gewesen sein. Die *Bild*-Zeitung schätzt 1992 ihr Vermögen auf dreißig Millionen Mark. So viel aber ist gewiss:

Als Lilli Marianne Blessmann – am 6. März 1918 als Tochter der Eheleute Max Hugo Klein und seiner Ehefrau Christiane Hermine Klein, geb. Untzelmann, geboren – Freddy Quinn kennenlernt, gehört sie zu Hamburgs erster Gesellschaft. 1946 heiratet sie den Hamburger Kaufmann und promovierten Staatswissenschaftler Karl Blessmann, acht Jahre später, am 21. Juli 1954, wird die Ehe wieder geschieden. Lilli Blessmann spielt Feldhockey in der Nationalmannschaft, wird 1951 dafür mit dem »Silbernen Lorbeerblatt« aus der Hand von Bundespräsident Theodor Heuss ausgezeichnet und verbringt ihre Freizeit auf Partys und auf Bällen. Eines Abends um die Jahreswende 1953/54 sei sie, so wird in der Presse kolportiert, mit einigen anderen aus ihrem exklusiven Harvestehuder Tennis- und Hockey-Klub in der »Washington-Bar« gelandet. Sogleich ist die verheiratete Frau Feuer und Flamme für den hübschen, jungen Sänger, der dort auftritt: »Er hat mir sofort gut gefallen. Und das Einzige, was ich sofort wusste, war, dass aus dem was zu machen ist. Das wusste ich sofort.« Die elegante Verehrerin lädt Freddy Quinn noch am selben Abend ein, mit ihr und ihrer Clique in den Pfeilshof zu kommen, ihr Haus in Sasel, am nördlichen Stadtrand von Hamburg. Nicht ganz freiwillig, denn eigentlich will er nichts mit ihnen zu tun haben, mit den feinen Leuten. Doch »Muttchen«, die Wirtin der »Washington-Bar«, Christina Matthiesen, redet ihm gut zu: »Musst du dich denn immer an so Mädchen hängen, die nichts an die Füße haben«, schimpft sie mit Freddy: »Die Lilli, das is' 'ne gebildete Frau, die is' korrekt, ein guter Mensch.« So oder ähnlich mag sie ihn beredet haben – behauptet jedenfalls das Magazin *Quick* –, bis Freddy endlich nachgibt. Es bleibt nicht bei dem einen Besuch in Sasel, Freddy ist immer wieder zu Gast in dem feudalen Gutshaus. Bis er irgendwann ganz bleibt. Lilli Blessmann ist vierzehn Jahre älter als Freddy, und ihren Eltern gefällt der neue Begleiter überhaupt nicht, es kommt zum Krach, sie fliegt zu Hause raus, und in ihrer Clique rümpfen sie die Nase: »Lass die Finger von dem Mann. Das ist doch kein Umgang für dich.« So erzählt man es sich noch heute, ohne Genaues zu wissen. Auf jeden

Fall nimmt sie künftig das Leben des noch unbekannten Künstlers in die Hand. Zunächst einmal hilft sie ihm in privaten Dingen und steht ihm bei, als eine gewisse Renate aus St. Pauli Freddy zur Ehe erpressen will, schließlich sei sie schwanger von ihm. Doch das ist alles nur gelogen, ein Kissen unter der Bluse soll nachgeholfen haben, und Lilli Blessmann regelt das Ende der Affäre. Dann hat Freddy Quinn einen Autounfall, im VW der Blessmann fährt er gegen einen Laternenpfahl, Totalschaden, man attestiert Quinn Trunkenheit am Steuer. Auch hier lässt die Hanseatin ihre Beziehungen spielen und verhindert größeren Ärger.

Später dann, Freddy hat seine ersten Hits gelandet und wird ein Star, kümmert sie sich auch um die geschäftliche Seite des Erfolges. Sie hält ihm die Presse vom Leib bei unangenehmen Fragen. Als 1961 ein Reporter des *Sterns* bei ihr nachfragt, wie hoch denn die Prämie gewesen sei, die Freddy für seinen ersten Plattenerfolg »Heimweh« von der Polydor bekommen habe, antwortet sie ungehalten: »Fragen Sie die Polydor. Aber da rufe ich jetzt sofort an, dass die Ihnen die Summe nicht nennen.« Lilli Blessmann berät ihn, wenn es um gute Verträge geht, sie bringt ihm bei, vernünftig mit dem vielen Geld umzugehen, das auf einmal da ist. Und irgendwann – so heißt es immer wieder – heiraten beide. 1956, sagen die einen, 1962, schwören die anderen. Nur die Öffentlichkeit darf davon nichts erfahren. So bleibt Lilli Blessmann immer im Hintergrund, wird mal als Managerin vorgestellt, mal als »mütterliche Freundin«, mal ist sie die Haushälterin, mal die »Gönnerin«. 1959 lädt Freddy Quinn einen Fotoreporter des *Film-Journals* zu einer Homestory in den Pfeilshof. Überall lässt er sich dort ablichten, auf gediegenen Chintz-Sofas, zwischen allerlei Stilmöbeln und vor dekorativen Gemälden – das ganze Interieur der Lilli Blessmann wahrscheinlich. Doch von ihr ist nicht die Rede, dafür von einem »feudalen Junggesellenheim«, in dem Freddy Quinn lebt – »noch immer allein« –, nur in Begleitung von »Piefke«, seinem »treuherzigen Foxterrier«. Ganz zum Schluss der Reportage wird die eigentliche Hausherrin kurz erwähnt, als »getreue Mitarbeiterin

Cilly Blessmann, die alle geschäftlichen Verhandlungen führt« – und der Vorname ist falsch. Gewürdigt dagegen wird Lilli Blessmann am Ende von Freddy Quinns »Autobiografie« von 1963: »Zwei Menschen sind aus meiner bisherigen beruflichen und künstlerischen Laufbahn nicht wegzudenken, sie sind gewissermaßen die Paten meines Erfolges. Mit beiden Menschen verbindet mich eine herzliche Freundschaft, und beide haben mich auf meinem Werdegang begleitet: Lilli Blessmann und Lotar Olias, zwei Freunde, die mir immer zur Seite standen. Ihnen gilt mein besonderer Dank.«

Da gibt es noch einen, der Lilli Blessmann seinen besonderen Dank schuldet, Peter Sebastian. Sie ermöglicht dem Schlagersänger den Einstieg in seine Karriere, die inzwischen seit über fünfundzwanzig Jahren andauert. Kennengelernt haben die beiden sich 1981 auf Sylt, die Hamburgerin ist häufiger Gast in dem Restaurant, in dem der gebürtige Franke arbeitet. Die beiden kommen ins Gespräch, und Sebastian erzählt ihr von seinem Wunsch, Sänger zu werden. Der unkomplizierte, junge Mann gefällt der Hanseatin, und sie lädt ihn nach Hamburg ein. »Ich habe schon einmal einen guten Riecher gehabt«, sagt sie und denkt dabei an die Anfänge von Freddy Quinn. Jetzt will sie noch einmal einen jungen Mann auf seinem Weg nach oben unterstützen. Sebastian zieht als Untermieter in das gemeinsame, neue Haus von Lilli Blessmann und Freddy Quinn in Poppenbüttel ein. Sie finanziert ihm eine musikalische Ausbildung bei dem renommierten Gitarristen Ladi Geisler, Schauspielunterricht erhält er bei Hedi Höpfner. Auch sonst lässt die Mäzenin ihre Beziehungen spielen und bringt ihn mit Textern, Komponisten und Produzenten zusammen. Knapp zwei Jahre dauert die ganz private Ausbildung der Lilli Blessmann, bis Peter Sebastian seine erste Schallplatte veröffentlicht. Siebzehn Alben hat er seitdem aufgenommen, einen Hit hat er 1989 mit einem Remake von »Du schwarzer Zigeuner«, einem Welterfolg des tschechischen Komponisten Karel Vacek von 1931. Aus Anlass seines fünfundzwanzigjährigen Bühnenjubiläums veröffentlicht Peter Sebastian im Mai 2007 eine CD, gewidmet den deutschen Schlagerklassikern. »Ganz in Weiß« interpretiert er darauf neu ebenso wie »Tanze mit mir in den Morgen« und »Kleine Annabell«. Auch mit dabei – eine Reverenz an seine Entdeckerin Lilli Blessmann und seinen Förderer Freddy Quinn – Neuaufnahmen von »Junge, komm bald wieder« und »Hundert Mann und ein Befehl«.

Freddy Quinns großes Geheimnis um Lilli Blessmann wird erst im Jahr 2001 gelüftet, wenige Tage vor dem 70. Geburtstag des Sängers. Er ist Gast in der ZDF-Talkshow von Johannes B. Kerner und erzählt erstmals öffentlich von »meiner Frau«. Auf Kerners etwas ungläubige Nachfrage »Ihre Frau?« fährt er fort: »Ja, nach fünfundvierzig Jahren kann man das sagen.« Lilli Blessmann habe ihm ein Leben lang geholfen, diesen Weg zu gehen, sie habe ihm die Kraft gegeben, dass er diese fünfundvierzig Jahre durchsteht. Nur auf dem Papier, sagt er weiter, seien sie nicht verheiratet: »Wir durften damals nicht heiraten. Meine Schallplattenfirma war der Meinung, das würde meinem Image schaden, meinem Mysterium. Ich war damals naiv wie jeder Anfänger, der tun muss, was die Firma sagt.« Genau ein Jahr später, zum 71. Geburtstag, erscheint die *Bild*-Zeitung mit der Schlagzeile »Freddy Quinn – Sein geheimes Doppel-Leben«. In *Bild* »gesteht« er, so das Blatt, was er tatsächlich bereits ein Jahr zuvor bei Kerner »gestanden« hat. Ja, ich liebe Lilli Blessmann seit zweiundfünfzig Jahren, ja, wir sind verlobt, nein, wir haben nicht geheiratet. Und der Sänger – er ist inzwischen an dem Punkt seiner Karriere angelangt, wo es nichts mehr zu berichten gibt über neue Platten oder neue Filme und seine Geburtstage zum Anlass genommen werden, um sich zu erinnern oder neue Enthüllungen bekannt zu geben, die längst keine mehr sind – erzählt dem Boulevardblatt Einzelheiten aus seiner Beziehung mit Lilli Blessmann: »Wir trafen uns 1950 in der ›Washington-Bar‹ in Hamburg. Ich bekam damals 50 Mark am Abend für den Auftritt. Da kam Frau Blessmann auf mich zu. Ich trug einen Matrosenkittel. Sie sagte: ›Der ist aber schick.‹ Sofort zog ich das Hemd aus und schenkte es ihr. So fing es an. Es war herrlich, eine ältere, erfahrenere Frau zu haben. Sie ist das Größte, was mir je

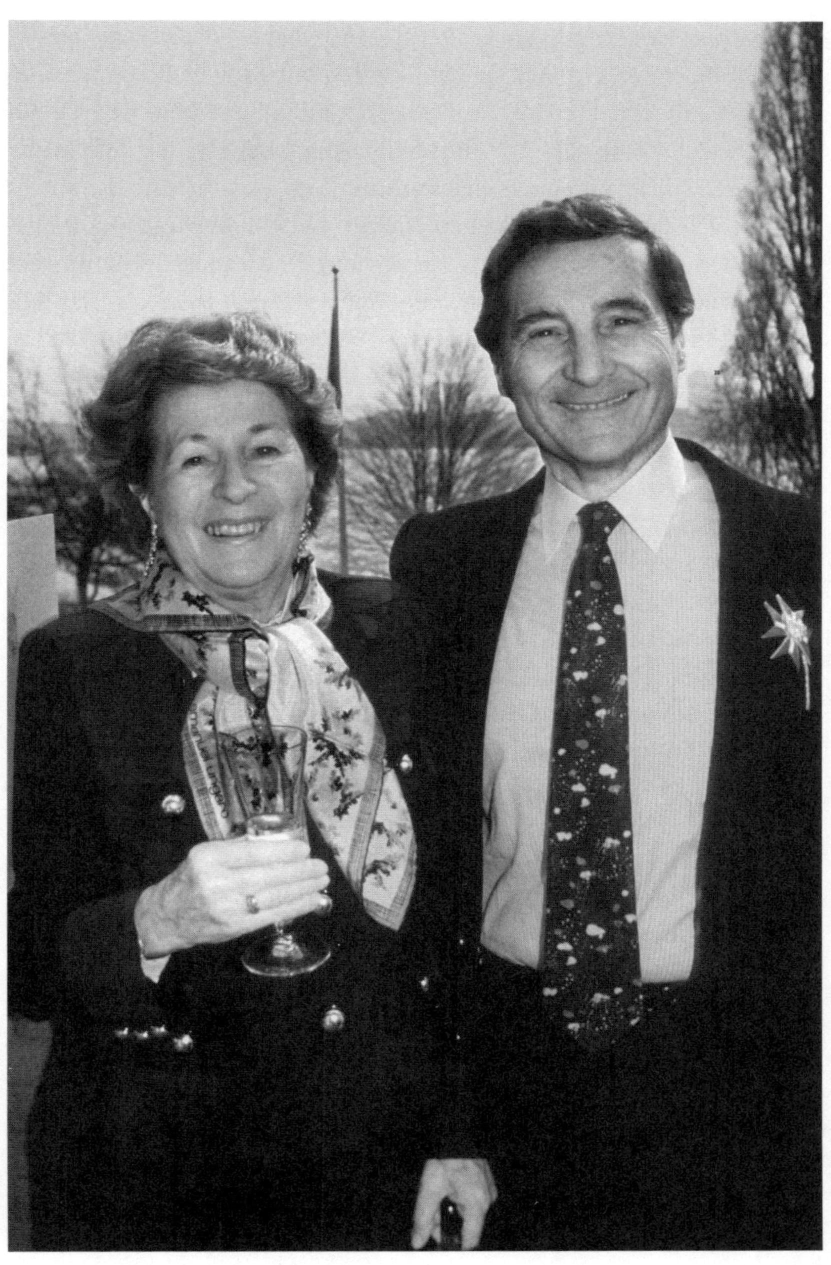

1992: Mit Lilli Blessmann in Hamburg

passiert ist.« Sechs Jahre später, also 1956, habe sich das Paar verlobt, erzählt er weiter: »Wir kauften uns goldene Ringe mit kleinen Diamantsplittern. Ihr Vater wollte sie daraufhin enterben, weil ich auf St. Pauli spielte. Das war verrufen. Es hat mich gerettet, dass meine Familie nicht aus dem Milieu stammt.« Und warum keine Heirat? »Es hat sich einfach nicht ergeben. Im Herzen ist sie sowieso meine Ehefrau. Kinder haben wir uns nie gewünscht. Bei meinem Beruf wäre ich nie ein guter Vater gewesen.« Eine Kuriosität zu diesen »Enthüllungen« bleibt anzumerken: Einen Tag bevor der zitierte Artikel in der *Bild*-Zeitung erscheint, verbreiten mehrere Nachrichtenagenturen eine Vorabmeldung der *Bild*-Zeitung, wonach Freddy Quinn gegenüber dem Springer-Blatt erklärt habe, dass er seit 1956 verheiratet sei, verheiratet mit Lilli Blessmann.

Letzte Verwirrungen über den Zivilstand von Freddy Quinn ergeben sich Anfang 2008. Nach langer schwerer Krankheit stirbt Lilli Blessmann am 16. Januar auf der Herzstation des Hamburger Krankenhauses St. Georg an den Folgen einer Lungenentzündung. Drei Tage später taucht die Nachricht darüber in der Presse auf, wechselweise ist von ihr als »Ehefrau« oder »Lebensgefährtin« die Rede. Noch einen Tag später, gerade mal vier Tage nach dem Tod von Lilli Blessmann, spricht Freddy Quinn mit einem Reporter der *Bild*-Zeitung über seine Trauer. »Ich habe jetzt auch keine Lust mehr«, sagt Quinn: »Sie hat mich geführt. Sie hielt mir den Rücken frei.« Über seine letzten Stunden an ihrer Seite erzählt er: »Ich war die ganze Nacht da und saß auf einem Stuhl neben ihr. Ich hielt ihre Hand, als sie starb. Ich habe gefühlt, dass es zu Ende ging. Um 11 Uhr 02 war es vorbei.« Noch einmal erinnert er sich, wie er Lilli Blessmann kennengelernt hat: »Es war nicht so ganz leicht, damals, vor über fünfundfünfzig Jahren, als wir zusammentrafen. Frau Blessmann war Kauffrau in dritter Generation. Ich war der Luftikus aus St. Pauli. Aber enterbt worden ist sie trotzdem nicht.« Und weiter: »Ich hatte einen meiner ersten Plattenverträge. Stolz wie Oskar kaufte ich ein paar Blumen, ging zu Frau Blessmann und zeigte ihr den kleinen Scheck. Sie freute sich aber nicht – sondern schüttelte den Kopf, weil ich keine Erfolgsbeteiligung ausgehandelt hatte. Seitdem war Frau Blessmann auch meine Managerin. An vorderster Front vor dem Publikum – da war ich gut. Aber hinter mir stand stets Frau Blessmann.« Wieder wird Quinn gefragt, ob er mit ihr verheiratet war. »Nein, das brauchten wir nicht. Wir waren Mann und Frau. Füreinander da.« Wie wird es weitergehen – ohne sie? »Ich weiß nicht, wie es weitergehen soll. Es tut so weh. Ich glaube nicht, dass ich zu ihrer Beerdigung gehen kann. Es würde mich umwerfen. Ich werde ganz allein und im Stillen von ihr Abschied nehmen. Ihr Platz ist jetzt leer. Aber es gibt einen Platz neben ihr auf dem Friedhof – auch der ist leer. Es ist alles organisiert. Es war unser letzter gemeinsamer Wunsch. Ich werde neben ihr liegen. Vielleicht wird es nicht mehr lange dauern.«

Tatsächlich erscheint Freddy Quinn am 22. Januar nicht zur Beerdigung auf dem Ohlsdorfer Friedhof in Hamburg. Bei aller Trauer hält er weiterhin Kontakt zur Boulevardpresse und lässt via *Bild* Hamburg die Öffentlichkeit über jeden seiner weiteren Schritte informieren. Sein Arzt habe ihm geraten, nicht zur Beerdigung zu gehen, teilt der Sänger mit, deshalb habe er bereits einen Tag zuvor Abschied genommen: »Ganz im Stillen im Ruheraum des Friedhofs. Ich hatte noch Zeit, ein kurzes Gebet an ihrem Sarg für sie zu sprechen. Danach war ich so aufgewühlt, dass es meinem Körper nicht gut ging. Mein Herz hat gerast.« Quinn begibt sich ins Krankenhaus, die Ärzte diagnostizieren einen zu hohen Blutdruck, die *Bild*-Zeitung titelt anderntags: »Freddy Quinn – Zusammenbruch am Sarg seiner toten Frau«.

Vier Monate später meldet sich Freddy Quinn wieder via *Bild*-Zeitung zu Wort und spricht öffentlich über seine Zeit nach dem Tod von Lilli Blessmann. »Ich war nicht stark genug, um zu der Beerdigung von Lilli Blessmann zu gehen. So viele Menschen haben mich danach gefragt, warum ich nicht dort gewesen bin.« Stattdessen, so erzählt er weiter, sei er »auf der Flucht« gewesen, vor der Öffentlichkeit, vor der eigenen Trauer, in den USA, in Italien, in Österreich und in der Schweiz. Jetzt, Ende Mai 2008, ist er wieder zurück in Hamburg und meldet sich umgehend in der Redaktion von *Bild* Hamburg: »Ich möchte eine Anzeige veröffentlichen. Egal, was es kostet. Das ist es mir wert. Jeder soll wissen, wie dankbar ich meiner lieben Lilli Blessmann bin.« Die großformatige Anzeige erscheint am 29. Mai in der Lokalausgabe des Springer-Blattes. »Lilli M. Blessmann« steht darauf, und »Danke« in Großbuchstaben. Darauf folgt »... Dein Platz ist leer, / wie kann ich dich vergessen, / denk immer an dich, / du fehlst mir sehr ...« Unterzeichnet ist die Traueranzeige mit »Manfred«. Im redaktionellen Teil der Zeitung erläutert Quinn den Grund für dieserart Schritt an die Öffentlichkeit: »Nun möchte ich, dass jeder sieht, wie wichtig sie für mich war, und dass ich sie nie vergessen werde.« Weiter sagt er: »Ich hoffe, das versteht niemand falsch: Aber ich habe erst jetzt zu hundert Prozent gemerkt, was sie alles für mich getan hat. Wie sie mir den Rücken freihielt, damit ich meine Arbeit an der Front machen konnte.« Dass die Zeilen in der Anzeige aus einem Lied stammen, das er einst für Lilli Blessmann geschrieben hat, lässt er die Leser noch wissen, und dass die Anzeige eine fünfstellige Summe gekostet hat, die er sofort überwiesen habe: »Bloß keine Sonderbehandlung. Bloß kein Feilschen. Darauf bestand er«, ergänzt der zuständige Reporter den Artikel. Abschließend hat der Hinterbliebene noch eine Bitte: »Jetzt wünsche ich mir, dass es ruhiger wird. Es ist nicht mein Weg, kniend am Grab zu trauern. Ich spreche Gebete und werde mich nicht aufgeben. So hat es sich meine Lilli Blessmann gewünscht.«

Gleich am nächsten Tag setzt Freddy Quinn sein öffentliches Nachdenken über den Tod und die Trauer in der *Bild*-Zeitung fort. Das Blatt hat ihm genügend Platz eingeräumt, um dazu in eigenen Worten Stellung zu nehmen, ohne Zwischentexte, ohne störende Reporterfragen. »Als meine Lilli Blessmann Anfang dieses Jahres gestorben ist, hatte ich keinen Lebensmut mehr. Doch meine Frau hat kurz vor ihrem Tod zu mir gesagt: ›Manfred, gib dich nicht auf. Dein Leben geht weiter.‹ Und so will ich meinen Weg in ihrem Sinne fortsetzen, das bin ich ihr schuldig – und ich möchte den Menschen sagen, dass es sich lohnt, niemals aufzugeben. Ganz egal, wie hart die Schläge sind, die man einstecken muss.« Und erneut äußert er sich über seine Beziehung zu Lilli Blessmann: »Über fünfzig Jahre lang war ich mit Lilli Blessmann zusammen. Sie war immer da für mich, meine größte Hilfe und Stütze. Geheiratet haben wir nie, doch wenn man so lange zusammengelebt hat, dann ist man Mann und Frau. Fertig. Da braucht man keine Dokumente. Wie die Liebe so lange überdauern kann? Ich sagte gern über uns beide: ›Nie ein böses Wort!‹ Da tippte sich Lilli Blessmann immer an die Stirn und lachte: ›Glauben Sie den Quatsch nicht.‹ Natürlich haben wir uns gestritten – alles andere wäre langweilig und schlicht unmöglich. Aber das war auch unser Schlüssel: Wir haben unsere verschiedenen Ansichten ausgetauscht und diskutiert. So behält man sich den Respekt voreinander und lernt, sich zu verstehen. Respekt und Verständnis – nur so kann Liebe überdauern.« Verheiratet oder nicht? Ein schlichter Sachverhalt, der sich einfach klären ließe mit einem Ja oder Nein – für Freddy Quinn wird die Frage zu einem Verwirrspiel ohne Ende. Es dauert nur ein paar Monate nach diesen letzten Äußerungen dazu, dass er sich wieder korrigiert. Im Oktober 2008 spricht er in einem Zeitungsinterview noch einmal über seine Ehe mit Lilli Blessmann. »Wir haben heimlich in Las Vegas geheiratet, ganz schlicht und einfach. 264 Dollar hat das gekostet. Mit einem Standesbeamten und ohne Publikum.« So laufen die Quinn'schen Erinnerungen, präzise bis in kleine Details, damit keiner auf die Idee kommt, daran zu zweifeln. Und dann widerspricht er sich wieder selbst und stellt alles erneut auf den Kopf. Endgültige Auskunft über Ehe oder Nicht-Ehe der Lilli Blessmann gibt nach ihrem Tod ein Blick in die Akten bei dem für sie zuständigen Standesamt in Hamburg-Wandsbek. Verheiratet sei sie gewesen, steht darin, einmal, mit Karl Blessmann, von dem sie 1954 geschieden wurde. Eine zweite Eheschließung hat es demnach nie gegeben.

VOR GERICHT

Der 27. September naht, 71 wird der Mann, aber es wird für Freddy Quinn kein schöner Geburtstag in diesem Jahr. Die Herren in den grauen Anzügen, die am Vormittag des 25. September 2002, einem Mittwoch, an der Tür seines Hauses in Hamburg-Poppenbüttel klingeln, haben keine Geschenke dabei, sie wollen was fordern stattdessen. Die Steuerfahnder sind da, ihr Verdacht: Steuerhinterziehung. Denn, so haben sie ermittelt, Quinn hat seit Jahrzehnten seinen Hauptwohnsitz in der Schweiz, lebt aber eigentlich in Hamburg. Und ist deshalb auch hier steuerpflichtig. Die Beamten durchkämmen das ganze Haus und beschlagnahmen Akten und Flugtickets, um den Anfangsverdacht zu entkräften oder zu bestätigen. Aber noch etwas anderes fällt ihnen auf bei Durchsuchung der luxuriösen, reetdachgedeckten Villa im idyllisch gelegenen Alstertal, sie entdecken eine beachtliche Waffensammlung. Umgehend informieren sie die Polizei. Uniformierte Beamte rücken kurz darauf an und beschlagnahmen einen Berg von Flinten, Revolvern und Pistolen. Doch den Besitz der Waffen kann der Sänger erklären, für fast alle Schießwerkzeuge hat er eine Besitzerkarte, die übrigen – darunter eine verrostete Flinte der Schweizer Armee – seien Filmrequisiten und Geschenke von Freunden, versichert Quinn glaubhaft.

Schwieriger wird es für ihn, den Vorwurf der Steuerhinterziehung zu entkräften. »Ich bin dem Gesetz immer treu gewesen!«, beteuert er ein übers andere Mal. »Meine Abgaben von den Auftritten in Deutschland habe ich immer gleich abgeführt.« Lilli Blessmann, die mit ihm im Haus wohnt, springt wie gewohnt ihrem Schützling zur Seite: »Freddy war zuletzt sehr häufig hier, weil ich krank bin.« Warum die Fahnder so plötzlich bei ihnen auftauchen, dafür hat die Vierundachtzigjährige eine einfache Erklärung: »Das war eindeutig Rache. Eine Verehrerin, die er nicht erhört hat, hat ihn angezeigt.« Freddy Quinn stößt ins gleiche Horn: »Ich wurde von jemandem verpfiffen, der mir nicht wohlgesinnt war. Und ich weiß, dass es irgendeine Frau war, verschmähte Liebe oder dergleichen.« Eine geheimnisvolle Unbekannte also. Aber wer ist die Frau?

Wie so oft, die *Bild*-Zeitung deckt auf. Zwei Jahre später: »Hat dieses süße Mädchen Freddy Quinn beim Finanzamt angeschwärzt?«, lautet die Schlagzeile am 13. Oktober 2004, darunter ist ein Bild zu sehen von »Tina K. (33)«, ein schwarzer Balken vor den Augen einer jungen Frau im Rollkragenpullover und mit Kurzhaarschnitt. »Mit 17 wurde sie die Geliebte des Schlagerstars«, weiß der Reporter des Boulevardblattes und lässt – »nennen wir sie Tina K.« – besagte Tina zu Wort kommen: »Ich hatte jahrelang eine innige Liebesbeziehung mit Freddy Quinn. Als seine Lebensgefährtin dahinterkam, hat er mich verleugnet und vor Kollegen Mist über mich verbreitet. Jetzt will ich Gerechtigkeit.« Wie die aussieht, erläutert die – so *Bild* – »Chefin einer Hamburger Theateragentur«, die früher einmal Sängerin gewesen sein soll: »Ich ahnte, dass Freddy Quinn mehr Zeit in Deutschland als in der Schweiz verbringt und deshalb hier auch seine Steuern zahlen müsste. Er hat also nicht nur mich, sondern auch das Land hintergangen. Meine Mutter hat letztendlich Anzeige gegen ihn erstattet.« Rache aus verschmähter Liebe und zugleich ein patriotischer Akt – was für ein Szenario für Freddy Quinn! Er antwortet an gleicher Stelle im Blatt auf die Vorwürfe: »Ich möchte mich über diese Person nicht weiter äußern. Nur so viel: Ja, wir hatten mal so etwas wie eine kurze Affäre. Aber keinesfalls so lang, wie diese Person behauptet. Und ich war fair zu ihr. Das beweisen über zwanzig Briefe, die sie mir geschrieben hat.« Auch Lilli Blessmann schaltet sich wieder ein: »Herr Quinn und ich standen uns fünfzig Jahre gegenseitig bei. Natürlich werde ich ihm auch in der harten Zeit seines Steuerprozesses zur Seite stehen.«

Denn jetzt, im Oktober 2004, ist es so weit, zwei Jahre nach der Hausdurchsuchung steht die Anklage. Rund 1,8 Millionen Mark (etwa 900 000 Euro) Einkommens- und Umsatzsteuer soll Quinn zwischen 1998 und 2002 dem deutschen Fiskus vorenthalten haben. Kaum ist die Anklage öffentlich, bekennt sich Quinn schuldig: »Ja, ich habe Steuern hinterzogen«, gesteht er in der *Bild*-Zeitung, »aber ich wusste es vorher wirklich nicht. Mein Steuerberater hat mich nicht gewarnt, und es ist ja auch nicht so, dass ich das Geld beiseitegerafft hätte.« Zum wiederholten Mal rechtfertigt er, warum er mehr Zeit als erlaubt in Hamburg und nicht in der Schweiz verbracht hat: »Meine Lebensgefährtin hat 1996 einen schlimmen Sturz gehabt, bei dem sie sich die Hüfte verstaucht hat. Da war es für mich selbstverständlich, an ihrer Seite zu sein. Da habe ich keine Tage gezählt.« Denn darum wird es bei dem anstehenden Prozess auch gehen: Wie viel Zeit hat Freddy Quinn im schweizerischen Tessin verbracht? Da, wo sein Hauptwohnsitz und demnach auch sein Lebensmittelpunkt ist, muss er Steuern zahlen, wenn er sich die meiste Zeit des Jahres dort aufhält. Ist er aber über die Hälfte des Jahres in Hamburg, so wird er in Deutschland steuerpflichtig. »Ich habe wirklich meinen Wohnsitz im Tessin gehabt, das war nicht nur eine Briefkastenadresse. Ich hatte dort ein bescheidenes Haus, ich habe dort gelebt und hatte dort meinen zentralen Lebensmittelpunkt. Aber natürlich ist es so, dass mein Lebensmittelpunkt Deutschland ermittelt wurde, weil ich dort länger als 186 Tage gelebt habe. Dazu stehe ich.« Nicht immer. Noch 1999, in einem Interview mit der *Zeit*, stilisiert er sich einmal mehr als der Heimatlose. »Die meiste Zeit lebe ich im Hotel. Aber im Moment habe ich ein Haus«, bekennt er, und meint damit die Villa in Poppenbüttel, und fügt umgehend hinzu: »Oder sagen wir besser: Ich darf bei jemandem in dessen Haus wohnen.« Immer auf der Hut, formuliert er so, dass ihm niemand einen Strick daraus drehen kann, sobald es an die heiklen Punkte geht. Nach Beginn der Ermittlungen im Jahr 2002 verlegt Quinn sofort seinen Hauptwohnsitz nach Hamburg und bezahlt hier seitdem seine Steuern. Die ausstehenden Schulden seien inzwischen beglichen, gesteht er öffentlich. Bereits im März 2004 habe er 1 861 314 Euro an die Finanzbehörden überwiesen, vorsorglich für ein paar Jahre mehr, als die Staatsanwaltschaft untersucht hat. »Ich habe deshalb ein kleines Grundstück in Ascona verkauft. Das hatte ich in Reserve für schlechte Tage und das Alter.« Quinns Vermögen, das bringt die laufende Berichterstattung zutage, wird auf fünf Millionen Euro geschätzt, seine jährlichen Einnahmen durch Tantiemen und Tourneen sollen noch immer sechsstellig sein.

Der anstehende Prozess – noch ist kein genauer Termin festgesetzt – bereitet dem Künstler schlaflose Nächte. Er, der zeit seiner Karriere peinlichst darauf bedacht war, keine Negativschlagzeilen zu produzieren und immer nur als der bescheidene Sänger zu erscheinen, wird plötzlich als Betrüger vorgeführt und soll sich vor einem Gericht verantworten. »Mit Disziplin und beiden Beinen auf der Erde habe ich es bisher geschafft, unverwundet durch die Welt zu gehen. Jetzt habe ich einen kleinen Einschnitt mit dieser Geschichte.« Quinn nutzt die Zeit bis zum Prozess und gibt ein Interview nach dem anderen, alle Kontakte zu ihm wohlgesinnten Journalisten werden aktiviert, um wenigstens die Öffentlichkeit von seinen lauteren Motiven zu überzeugen. »Ich kann mich vor einem Publikum von zehntausend Leuten artikulieren, aber wenn einer dasitzt: Name, Anschrift, sind Sie schuldig? – dann bin ich nervlich dem nicht gewachsen, weil ich mit Polizei, Behörden und Strafen nie etwas zu tun hatte. Ich bin weder ein Kinderschänder noch ein Mörder noch ein Dieb.« Er kann nicht anders und greift darauf zurück, was er am besten beherrscht: Er setzt auf Gefühl. Von der Rolle des Täters manövriert er sich gekonnt in die des Beinahe-Opfers, inszeniert Mitleid und hofft auf die Loyalität seiner Anhänger: »Man stellt mich wie einen Verbrecher hin, aber meine Fans stehen zu mir. Ich bin traurig, dass ich jetzt so behandelt werde.« Unruhig sieht er der Gerichtsverhandlung entgegen: »Meine Nerven sind seit der Durchsuchung bei mir so schwach wie Seidenfäden. Ich werde offen und ehrlich im Prozess aussagen.

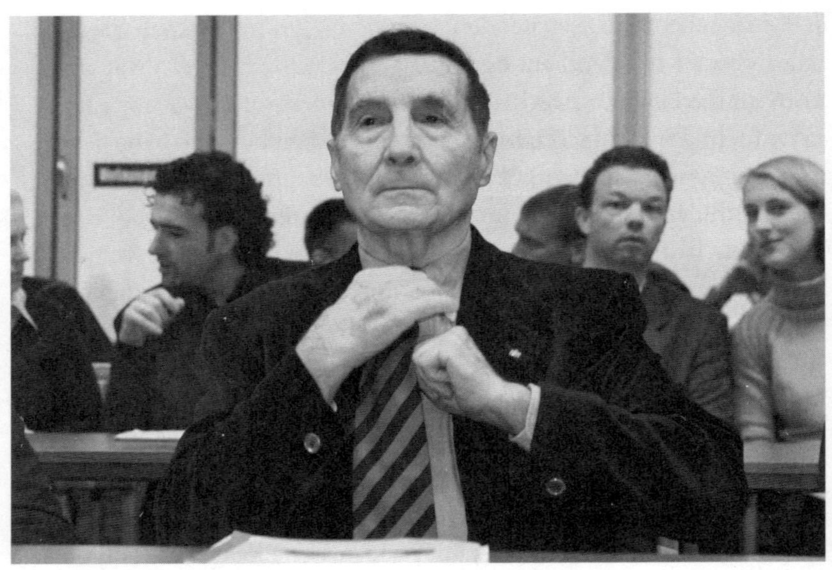

2004: Vor dem Hamburger Landgericht

Ich hoffe auf ein gerechtes Urteil.« Bei einem Schuldspruch droht dem Sänger eine hohe Geldstrafe oder bis zu fünf Jahre Haft.

Mittwoch, der 16. November 2004, die Medien sind vorbereitet. Zuhauf erwarten Kameras und Fotografen den prominenten Angeklagten vor dem Hamburger Landgericht am Kapstadtring. Erster Prozesstag, der Sänger und Schauspieler Freddy Quinn muss sich wegen Steuerhinterziehung verantworten. Das Interesse der Öffentlichkeit ist groß, und vor dem Gerichtsgebäude hat der Star die Situation noch im Griff: »Ich habe vierundvierzig Jahre auf allen Bühnen der Welt gestanden, aber das hier ist für mich eine echte Premiere.« Und: »Ich habe so ein Lampenfieber, dass ich nicht schlafen konnte. Da bin ich zeitig aufgestanden. Für mich ist diese Bühne sehr ungewohnt.« Bereits eine Woche zuvor hat er den fremden Ort schon einmal inspiziert und als Zuschauer einen anderen Steuerprozess besucht. »Ich weiß nicht, ob Sie mich kennen? Ich bin Freddy Quinn«, hat er sich beim zuständigen Staatsanwalt vorgestellt, »und will mal sehen, wie das hier so läuft.« Jetzt, mit Blick auf die Schar der Reporter und Schaulustigen, die alle nur seinetwegen gekommen sind, versucht er sich in Ironie: »Wenn ich nun ein Mörder wäre, könnte ich das ja verstehen.« Chic hat er sich gemacht für seine Prozesspremiere, trägt ein nachtblaues Samtjackett mit Krawatte, breite Schrägstreifen in Hell- und Dunkelblau, und am Revers steckt sein Bundesverdienstkreuz erster Klasse. »Das habe ich für mein soziales Engagement bekommen und werde es jetzt wahrscheinlich abgeben müssen, wenn ich ein verurteilter Verbrecher bin!« Das Gericht sei eine Bühne für ihn, gibt er weiter zum Besten, korrigiert sich aber sofort, als er – ob seines ungebührlichen Vergleichs – den gestrengen Blick seines Anwalts Gunter Kramper bemerkt. »Bühne natürlich nur in Anführungsstrichen!«

Schnell hat der Angeklagte im Saal 912 die Anführungsstriche vergessen und bewegt sich auf ganz großer Bühne. Gleich zu Beginn verkündet er theatralisch: »Hohes Gericht, ich möchte aussagen!«, und zieht dabei einen Zettel hervor, auf dem in großen Lettern sein Geständnis notiert ist. Schon bei den ersten Zeilen bricht er in Tränen aus. Beruhigend legt Verteidiger Kramper den Arm um seinen Mandanten. »Ich bin es gewohnt«, Quinns Stimme zittert, »über meine positiven Taten ausgefragt zu werden. Aber ich muss ja wohl mit meinen Untaten beginnen.« Spricht's und legt ein volles Geständnis ab. Doch nicht einfach so, seine Verteidigungstaktik wird schnell klar, jede seiner weiteren Äußerungen zielt darauf ab, ihn als Unbedarften erscheinen zu lassen, als einen, der von Geld- und Steuerangelegenheiten keine Ahnung hat. Ja, er habe die Augen vor »dieser Finanzsache« verschlossen, er habe nie einen Steuerberater gehabt, Finanzdinge seien ihm ein Gräuel gewesen. Und ja, er habe irgendwie geahnt, dass er in Deutschland Steuern zahlen müsste. Oberstaatsanwalt Gerd Manz kontert mit Zahlen und Fakten. Er, der Angeklagte, habe doch Einkommenssteuererklärungen eingereicht, habe die Einkünfte aus einem Musikverlag in Eckernförde, an dem er beteiligt ist, deklariert. Tja, und in manchen Jahren hätten die Einkünfte daraus laut seiner Steuererklärung null Euro betragen. Aber ja doch, antwortet Quinn, in der Schweiz, da habe er Steuern bezahlt. »Aus welchen Einkünften?« – »Das weiß ich nicht.« Aber er habe gewusst, dass es in der Schweiz billiger sei. Verteidiger Kramper versucht zu retten, was zu retten ist: »Steuerdinge sind doch so abstrakt, damit haben selbst Geschäftsführer manchmal Probleme, und mein Mandant eben auch. Das ehrt ihn doch!« Wieder schaltet Quinn sich ein: »Ich wollte doch immer nur die Menschen unterhalten. Schon bei meinem Karrierebeginn habe ich nichts von Steuern gewusst.« Diese Antwort, rät der Staatsanwalt, solle er doch lieber noch einmal mit seinem Anwalt besprechen.

Quinn bleibt bei seiner Linie und schildert seinen Lebens- und Karriereweg als einfacher, ehrenwerter Mann. »Ich war bisher ein braver Bürger. Nur 1968, als man mir in Mexiko, wo ich ein Star bin und nur der ›deutsche Cowboy‹ heiße, einen silbernen Colt schenkte, wurde dieser von der Polizei einkassiert.« Dann erzählt er von seiner Kindheit unter Hitler, von seinen Liedern für die US-Soldaten, von seiner Reise nach Algerien, um in der Fremdenlegion zu dienen. Und wie er einst in der »Tarantella-Bar« für Onassis gesungen und 1000 Dollar dafür von dem Reeder bekommen habe: »Heute würde ich mir den Scheck einrahmen. Aber natürlich erst versteuern.« Dann stimmt er eine griechische Volksweise an, jene, die er für Onassis gesungen haben will, und schwingt seine Hüften dazu. An anderer Stelle seines Lebenslaufs schmettert er »Brennend heißer Wüstensand« in den Gerichtssaal und kommt schließlich zurück auf seine zentrale Aussage: Er sei Artist und komme vom Zirkus, und als solcher habe er nicht gewusst, wie das so ist mit Steuern und Finanzamt: »Als Artist macht man seinen Handstand, seinen Salto, seinen Seiltanz, und dann bekommt man sein Geld.« Noch heute kassiere er bei Auftritten in bar und deponiere das Geld bei Frau Blessmann im Safe. »Herr Vorsitzender, es ist meine Untat, mich nicht gekümmert zu haben!« Das habe er alles Lilli Blessmann überlassen. »Sie hat Generalvollmacht über meine Konten.« Reumütig fährt er fort: »Ich habe eine Dame, die älter ist als ich, in Mitleidenschaft gezogen. Das tut mir leid!« Für ihre Hilfe habe Frau Blessmann 5000 Euro »Haushaltsgeld« im Monat bekommen, »Managergehalt«, vermutet dagegen die Anklage. Über die Rolle von Lilli Blessmann – sie ist angeklagt wegen Beihilfe – soll in einem eigenen Verfahren befunden werden. Darüber hinaus widerlegt die Verhandlung jegliche Heiratsgerüchte, Lilli Blessmann steht in keinerlei verwandtschaftlichem Verhältnis zu Freddy Quinn, sonst wäre das hier zur Sprache gekommen.

Ganze sieben Stunden dauert der Quinn-Auftritt, aber Oberstaatsanwalt Manz scheint dem Angeklagten nicht zu trauen, zu viele Widersprüche tauchen auf. Es sei doch seltsam, so Manz, dass es in Deutschland Steuererklärungen gebe, die mit »Freddy Quinn« unterschrieben sind, aber angeblich nicht von ihm, sondern in seinem Namen von Lilli Blessmann. Und dass ein Steuerberater für ihn tätig war, den er aber nicht beauftragt hat, denn es war der Steuerberater von Lilli Blessmann. »Mir kommen jetzt aber nicht die Tränen!«, kommentiert Manz an anderer Stelle Quinns Äußerungen ironisch. Er unterstellt, dass sich der Sänger einzig aus Steuergründen in der Schweiz niedergelassen habe. Doch der will das nicht so stehen lassen. Nein, er sei nur in die Schweiz umgesiedelt, weil sein Produzent und Komponist Lotar Olias dort gelebt habe. »Zieh doch um, bevor du immer anreisen musst«, habe der ihm 1959 geraten. Dass das alles nicht ganz korrekt sei, darauf sei er erst gekommen, als er von dem Steuerprozess gegen Boris Becker gehört habe und davon, dass der Tennisspieler als seinen Hauptwohnsitz Monaco angegeben hatte, sich überwiegend aber in München aufhielt. Freddy: »Aber dann habe ich mir gesagt: Augen zu und durch.« Ein paar Jahre früher, als es ihm noch nicht an den Kragen ging, hat er durchaus sein Schweizer Steuerexil richtig eingeschätzt, überhaupt nicht naiv und blauäugig: »Es gibt einen schönen Spruch: Spare in der Schweiz, dann hast du in der Not. Natürlich kann man auch woanders sparen. Ich hab's getan, denn wer eine so schwere Jugend hatte wie ich, strebt nach wirtschaftlicher Absicherung.«

»Der alte Mann und die Justiz«, spöttelt die *Welt*, »Freddy und die Steuerfahndung«, lästert die *Süddeutsche Zeitung* in Anspielung auf seine alten Filmtitel – nach dem ersten Prozesstag sind die Zeitungen voll von Berichten und Reportagen aus dem Gerichtssaal, alle TV-Sender informieren in Bild und Ton. Schon seit Jahrzehnten hat Freddy Quinn nicht mehr eine solche mediale Aufmerksamkeit, sein Comeback aber hat er sich anders vorgestellt. »So war es immer«, sagt er montags darauf, am zweiten und letzten Prozesstag, dem Tag der Urteilsverkündung, »zwanzig Jungs haben einen Streich ausgeheckt, und ich war der Einzige, dem man etwas angehängt hat.« Aber diesmal – und darüber sind sich alle einig – kommt der Ertappte mit einem blauen Auge davon: Wegen Steuerhinterziehung wird Freddy Quinn zu einer Bewährungsstrafe von zwei Jahren und einer Geldbuße von 150 000 Euro verurteilt. Damit folgt das Gericht den Plädoyers von Staatsanwaltschaft und Verteidigung. Das sei knapp für ihn gewesen, sagt der Vorsitzende Richter Michael Kaut in seiner Urteilsbegründung. »Hätten Sie nicht schon vor der Verhandlung ein Geständnis abgelegt und die Steuern nachgezahlt, hätte die Kammer keine Skrupel gehabt, Sie ins Gefängnis zu stecken.« Außerdem wird das hohe Alter des Angeklagten als strafmildernd gewertet. Zu Quinns angeblicher Unwissenheit in Steuerfragen sagt Kaut: »Wir sind da skeptisch. Künstler sagen das gerne mal.« Kaum ist das Urteil gesprochen, erhebt sich Quinn von der Anklagebank, verbeugt sich leicht und sagt mit bewegter Stimme: »Ich nehme den Spruch an, natürlich. Und herzlichen Dank, Herr Richter. Ich bereue zutiefst, es tut mir wahnsinnig leid.« Dabei treten ihm Tränen in die Augen, er fühle sich so schwach wie nach einem Boxkampf über zwölf Runden. »Das Verfahren aber ist sehr fair verlaufen.« Quinn nimmt den Schuldspruch an und verzichtet wie die Staatsanwaltschaft auf Rechtsmittel. Damit ist das Urteil rechtskräftig.

Auch der Vertreter der Anklage, Oberstaatsanwalt Gerd Manz, erklärt in seinem Plädoyer noch einmal, dass der Angeklagte wohl nicht so naiv sei, wie er sich dargestellt habe. Sein System, nach dem er den Staat betrogen hätte, sei »raffiniert« gewesen, Manz unterstellt einen bedingten Vorsatz. »Quinn hat genau gewusst, wohin seine Einkünfte geflossen sind. Gagen steckte er bar ein, alles andere floss auf ein Konto in der Schweiz.« Für wirkliches Erstaunen im Gerichtssaal sorgt der Verteidiger, Gunter Kramper. Nicht nur schließt er sich den Anträgen der Staatsanwaltschaft rückhaltlos an, sondern fordert gar eine zusätzliche Strafe für Quinn. Das Gericht solle ihm auferlegen, sich sozial zu engagieren. Quinn versteht seinen Anwalt nicht. »Ich hätte das anders gemacht«, so sein Kommentar. Und ist doch froh, noch einmal glimpflich davongekommen zu sein. »Dieser Auftritt vor Gericht war für mich eine Premiere. Ich habe aber den festen Vorsatz, dass es keine Zugabe gibt.« Das Bundesverdienstkreuz jedoch, das werde er behalten: »Schließlich bin ich ja kein Kinderschänder und kein Mörder, sondern ein Musikant, der Mist gemacht hat.« Das letzte Wort dazu aber hat Quinns größter Konkurrent auf dem deutschen Plattenmarkt – Heino. Via *Bild*-Zeitung nutzt der blonde Sänger die Gelegenheit und tritt ordentlich nach: »Wenn Freddy Größe hätte, würde er das Bundesverdienstkreuz zurückgeben und den Mund halten.« Was Quinn da vor Gericht abgezogen hätte, sei doch Kasperltheater: »Ich finde es unerträglich, dass Freddy erst jammert, er könne das Bundesverdienstkreuz nicht mehr tragen. Warum hat er es dann bei seiner Gerichtsverhandlung überhaupt angelegt?« Wird hier eine alte Feindschaft neu belebt? »Freddy hat vor dreißig Jahren nicht verkraftet, dass ich ihm mit Plattenverkäufen den Rang abgelaufen habe. Seitdem geht er mir aus dem Weg. Das ist doch kindisch.« Oder ist der pure Neid im Spiel? »Viele Menschen finden zwar, dass ich das Bundesverdienstkreuz eher verdient hätte als Freddy, ich selbst lege aber überhaupt keinen Wert darauf. Wenn ich sehe, wer die Auszeichnung in Deutschland alles bekommen hat, will ich es gar nicht mehr haben.«

Sie haben es gewagt, ihn vor ein Gericht zu stellen. Sie haben es gewagt, ihn zu verurteilen. Mit dem Prozess bricht für Freddy Quinn eine Welt zusammen. Sein ewiges Misstrauen gegen alle und jeden wird bekräftigt. Sein Leben lang hat er gekämpft um Anerkennung und Respekt und gegen ein tief sitzendes Gefühl der Minderwertigkeit. Mit einem Mal hat er diesen Kampf verloren, alle Anstrengungen verblassen hinter dem Urteil und scheinen umsonst. Er, der doch immer nur den Menschen Gutes tun wollte, wird gründlich missverstanden und falsch beurteilt. Wie schwer muss ihm der Gang vor den Richter gefallen sein! Vor den Augen der Öffentlichkeit! Seine Sprüche, mit denen er sich zu schützen sucht, sind kläglich, seine Ironie versagt. Mit aller Kraft fährt er noch einmal auf, was er zu bieten hat. Lässt seine einzigartige Stimme erklingen, die doch Millionen überzeugt hat. Will jenen, die sich möglicherweise nicht auskennen in der Bedeutung seiner Karriere, dem ganzen juristischen Personal also, zeigen, wie groß er eigentlich ist: Unter Hitler hat er gelitten, und den Befreiern hat er gedient! Vor Onassis hat er gesungen, und in Mexiko ist er ein Star! Im Übrigen: Hat er sich nicht immer loyal gegenüber dem Land verhalten, das ihm, dem Österreicher, zur Heimat geworden ist? Nun muss er ein Urteil hinnehmen »im Namen des deutschen Volkes« – größer kann die Schmach nicht sein. Wie einen Schutzschild trägt er vor Gericht sein Bundesverdienstkreuz, die höchste Auszeichnung, die dieser Staat zu vergeben hat. Und doch hilft sie ihm nicht. Auch nicht vor einem Gericht in Hamburg. Gerade Hamburg! War er nicht stets bemüht, dem Ansehen dieser Stadt Glanz zu verleihen, weltweit? »Im Herzen bin ich ein Hamburger und habe ein Leben lang darunter gelitten, dass ich hier nur gezeugt wurde und nicht geboren.« Wie oft hat er dieses Bekenntnis in die Welt hinausposaunt? Und das ist der Dank? Noch 2008, vier Jahre nach dem Urteil, offenbart er, wie sehr ihn die mit dem Urteil tief empfundene Ablehnung schmerzt. »Ob ich mich heute hier in Hamburg zu Hause fühle? Das kann ich nicht beantworten. Ich bin Kosmopolit – und Hamburg hat ja nicht immer Gutes für mich getan.«

Der Prozess und das Urteil werfen Freddy Quinn endgültig aus der Bahn, bedeuten für ihn das Aus seiner Karriere. Bereits im April 2004, Monate vor Verhandlungsbeginn, hat er sich verabschiedet. Er wolle nie wieder ein Konzert geben, hat er erklärt, höchstens noch interessante Schauspielrollen oder kleinere Auftritte. Wie oft hat er sich so schon verabschiedet, noch ein letztes Konzert, noch eine letzte Tournee. Sind nicht all die Auftritte und Konzertreisen in den 1990er-Jahren bereits Abschiedstourneen? Nichts, aber auch gar nichts Neues hat er seitdem seinem Publikum zu bieten, außer die Erinnerung, die Nostalgie. Seine Bühnenprogramme – ob sie nun *Von Heimweh bis heute* heißen oder *Nicht eine Stunde tut mir leid* oder *Lieder, die das Leben schrieb* oder *Memories* – unterscheiden sich geringfügig voneinander und haben nur eine Idee: die Karriere des Sängers – oder das, was das Publikum dafür halten soll – noch einmal mit seinen bekanntesten Liedern Revue passieren zu lassen. Dazwischen die Stationen der offiziellen Biografie, von Quinn persönlich erzählt und mit überdimensionalen Dias bebildert. Selbst die Kalauer, die er, der sich gerne als »Entertainer« apostrophiert, einstreut zur gefälligen Unterhaltung zwischen den Liedern, sind die gleichen geblieben. Da spricht er von den »Toholders«, den »Zuhältern«, auf St. Pauli und lächelt maliziös, da erzählt er von seinem ersten Polydor-Kontakt und dass er überhaupt keine Ahnung hatte, mit wem er damals sprach: »Die stellen doch Backpulver her, oder?«, dazu die immer gleichen Koketterien über sein Alter, mit dem Publikum, mit den Musikern. Jedes Mal, wenn so eine Tournee vorüber ist, stellt er sich der Öffentlichkeit mit demselben Spruch: »Jetzt ist es genug. Ich werde sicherlich nicht wie Zarah Leander 25 Abschiedskonzerte geben und beim 26. tot umfallen.« Die vorerst letzte Abschiedstournee führt ihn 2005 durch Deutschland, Österreich und die Schweiz, mehr als vierzig Stationen, und fast immer heißt es: »Ausverkauft«.

Wie gewohnt sitzt er dann jeden Abend vor dem Auftritt in der Garderobe und putzt seine Stiefeletten, die mit dem Absatz, die so gut zu dem Bühnensmoking passen. Schuheputzen fördere die Konzentration, erklärt er und spricht von seinem Lampenfieber, das ihn immer noch packt bei jedem Gang ins Rampenlicht. Bis es so weit ist, hält er sich an seinen Ritualen fest. »Auf Tournee habe ich immer eine lange Pinzette mit im Gepäck und Armaturenfilter. Wenn ich dann in meine Garderobe komme und der Filter ist verkalkt, tausche ich ihn aus und freue mich, wenn das Wasser richtig mit Druck läuft und nicht nur tröpfelt. Mit der Pinzette fische ich im Abfluss nach Haaren des Gastes vor mir und schmeiße sie in den Abfall. Ich habe auch immer Vim und Ata dabei und putze meine Garderobe, bis sie richtig sauber ist. Auf Reisen habe ich auch immer Sagrotan-Spray dabei. Nichts brauche ich mehr. Bevor ich im Hotelzimmer auspacke, wird gesprüht. Ganz wichtig ist auch die Klobürste, die ich mir vor Ort besorge.«

Bis alles nichts mehr hilft und er rausmuss auf die Bühnenbretter, vor denen er Angst hat, und gleichzeitig sind sie sein sicherster Halt. Hier kennt er sich aus, hier geht er nicht unter. Fast vorsichtig ist sein erster Schritt ins Rampenlicht, er schaut sich um, ein bisschen erstaunt darüber, dass sie alle gekommen sind. Doch das ist alles nur gespielt, natürlich weiß er ganz genau, dass der Saal wieder ausverkauft ist. Dann begrüßt er das Publikum mit offenen Armen, begrüßt den Orchesterleiter mit Handschlag und verneigt sich schließlich vor seinen Zuhörern, nicht zu tief, die Hände dabei ehrfurchtsvoll aneinandergepresst. Große Gesten – und erst dann geht es richtig los. Es sind überwiegend Frauen, Frauen in seinem Alter oder etwas jünger, die sich fortwährend verabschieden von ihm und beständig seine Konzerte besuchen. Natürlich trägt jede von ihnen ihr schönstes Kleid und war vor dem Konzert noch extra beim Friseur. Jetzt sitzt sie auf ihrem Platz, strahlt zur Bühne hin und hält ihre Handtasche mit beiden Händen fest auf dem Schoß. Freddy Quinn hat sie alle im Griff. Ganz Charmeur, steht er am Bühnenrand und flirtet mit jeder Einzelnen, gibt ihr jeden Abend aufs Neue das Gefühl, dass nur sie es ist, die er meint, dass er nur gekommen ist wegen ihr. Er ist ein Profi durch und durch, und wenn eine ihm zu nahe kommen will, ihn fotografieren will oder ein paar Blumen reichen, dann spielt er sich auf wie ein gestrenger Oberlehrer und weist sie zurecht.

Freddy Quinn kann ohne sein Publikum nicht leben, und er verachtet es. Er weiß um seine Abhängigkeit von ihm und will sich immer wieder daraus befreien. »Meine Fans interessieren mich nicht mehr!«, greint er 2007 in einem Interview. »Die Fans sollen mich unterstützt und groß gemacht haben? Das ist doch Unsinn! Schließlich haben die Konzertbesucher für ihr Eintrittsgeld auch etwas von mir bekommen. Ich habe immer sehr hart für mein Publikum gearbeitet. Für mich war das aber nur eine Dienstleistung. Es war ein Geben und Nehmen – und mehr nicht.« Nur eine Dienstleistung? Mehr nicht? Alles, die Arbeit für sein Publikum war immer alles für ihn – was sonst hätte er auch tun sollen? »Ich habe den Menschen mein Leben gegeben.« Auch das hat er einmal gesagt, ein paar Jahre früher. Die Menschen sollten ihn lieben dafür, ihm das geben, was er ganz früh so sehr vermisst hat. Einen Vater, den es nicht wirklich gab; eine Mutter, die ihn alleineließ und dann hintanstellte für einen anderen Mann; Freunde, wirkliche Freunde und nicht die vielen falschen, die – später, als er berühmt war und erfolgreich – nicht ihn meinten, sondern nur ein Stück abhaben wollten von seinem Kuchen. »Mir war schon sehr früh klar, dass ich ein Mittelpunktsmensch bin.« Wie oft hat er das gesagt, seine Erklärung dafür, dass es ihn stets auf die Bühne gezogen hat, ins Rampenlicht. Und wenn das noch nicht genug war oder schon ausgereizt und zur Gewohnheit geworden, dann musste er aufs Hochseil, zwölf Meter über der Bühne, oder in einen Käfig mit einem Löwen darin.

So ist Freddy Quinn all die vielen Jahre durch seine Karriere gehetzt, hat sich nicht aufgehalten in einem Genre, sondern wollte immer mehr. Gleichzeitig hat er dafür gesorgt, dass er in keiner Sparte heimisch werden konnte. Zeit zu reifen als Sänger – die hat er sich nicht gegeben, lieber wollte er Schauspieler sein und ist es doch nie geworden, weil er nicht dabei geblieben ist, sondern ein Artist sein wollte, der aber nur eine Nummer absolviert, weil schon wieder die nächste Verpflichtung wartet. Nur ein Seemann – das war er wirklich nie. Man kann nicht einmal behaupten, dass er Wind und Wellen, Meere und Strände wirklich gemocht hat. »Der größte Fehler meines Lebens«, und das hat er nicht nur einmal gesagt, »das war mein Schiff

›Libertas‹.« Wie oft hat er darüber geklagt, dass ihn das Schiff nur Geld gekostet hat. Freie Zeit, damit wirklich die Weltmeere – oder wenigstens die Nordsee zwischen Cuxhaven und Helgoland – zu durchschippern, die hatte er nicht, die hat er sich auch nicht genommen. Das Schiff war nur für eins gut – als Kulisse für die Fotografen. »Libertas« hieß die Jacht, »Freiheit«, und war nichts weiter als ein Sinnbild für eine Lebenslüge, für die Image-Falle, aus der er nie entkommen ist. »Ein seltsames Gefühl ergreift von ihm Besitz. Ein Gefühl, das ihn nicht mehr verlassen soll, das sich in den Tagen auf hoher See zur Gewissheit verstärkt, hier ist dein Platz! Schiffsplanken unter den Füßen, um dich herum das offene Meer und vor dir in der Ferne das lockende Abenteuer. Das ist dein Leben. Er hat sich selbst gefunden.« So hörte sie sich an, zu Beginn seiner steilen Karriere, die Freddy-Prosa der PR-Leute, die alles aus ihm herausholen wollten. »Ob das Persil ist oder Freddy Quinn, beide sind Markenartikel geworden, und ich glaube, weder Persil noch Freddy Quinn werden sich unter Marktwert verkaufen.« Das ist seine Lehre, die er daraus gezogen hat, zynisch und realitätstüchtig gleichermaßen. Doch nicht nur das: »Ich hatte so früh das Image des einsamen Seemanns verpasst bekommen, dass ich nur noch ganz schwer daraus entkommen konnte. Ich war selten einsam und nie ein Seemann. Und das Publikum hat akzeptiert, dass ich diese Maske abgelegt habe. Dafür bin ich zutiefst dankbar. Sie haben wahrscheinlich gemerkt, dass ich meine Arbeit ehrlichen Herzens getan habe und nicht für mein Ego.«

So schwankt er heute noch hin und her zwischen Markenartikel und ehrlicher Haut, zwischen den Zwängen eines Marktes, der die Träume verhökert, und einer tief sitzenden Angst vor Ablehnung und Liebesentzug. Eine Balance hat er nie gefunden. Die Inneneinrichtung des Hauses, in dem er wohnt in Poppenbüttel, wird gerne als »hanseatisch geschmackvoll« beschrieben, hier herrschte eindeutig Lilli Blessmann. Nur der Pool sowie der Sportraum mit Hanteln und sonstigen Muskeltrainern verweisen auf ihn. Und die hohe Mauer drum herum, mit viel Stacheldraht obendrauf, einer Festung gleich. Egal, von welcher Straßenseite aus man sich reckt, einen Einblick gibt es nicht. Hier hat sich einer verbarrikadiert, ganz freiwillig und ohne Gefahr. Und erwischt man ihn am Telefon im Haus, dann erreicht man nicht ihn, sondern die Putzfrau, die mit türkischem, jugoslawischem oder sonst irgendeinem Akzent radebrecht und entscheidet, ob der Herr des Hauses da ist oder nicht. Dabei ist es immer nur er, der spricht, in einer fremden Rolle, die ihn schützen soll vor jedem Eindringling. Der Schutz des Prominenten und seiner Privatsphäre hat hier jedes Maß verloren.

Was wohl aus seinem Koffer geworden ist? Der, den er immer bei sich trägt, mit all den Papieren, die seine staatsbürgerliche Identität belegen sollen, mit den Originalnoten von »Blue Spanish Eyes« und dazu der Brief von Bert Kaempfert, der beweisen soll, dass das Lied für ihn geplant war, mit den Scherzartikeln ohne Witz: eine Visitenkarte ohne Namen, ein Briefchen voller Streichhölzer ohne Zündköpfe. So sieht also sein Fluchtgepäck aus, das Wichtigste, was es zu retten gilt von einem, der sich jederzeit aus dem Staub machen will. Darin hat er Übung, sein Leben lang. Das vorerst letzte Mal ist er verschwunden, als Lilli Blessmann beerdigt wird. Er geht stattdessen zum Arzt und wird anschließend drei Monate nicht mehr gesehen. »Da hatte ich keinen Lebensmut mehr, und ich kenne jetzt diese tiefe Trauer, die einen von innen auffrisst.« Dabei hat sie noch kurz vor ihrem Tod zu ihm gesagt: »Manfred, gib dich nicht auf. Dein Leben geht weiter.« – »Und so will ich meinen Weg in ihrem Sinne fortsetzen, das bin ich ihr schuldig.« Das antwortet er ihr darauf – in der *Bild*-Zeitung. Wem sonst sollte er dieses Versprechen abgeben als der Öffentlichkeit, den Anhängern! Es ist ihm keiner geblieben sonst. An gleicher Stelle nimmt er Abschied. »Ob ich noch einmal öffentlich auftreten werde – das bezweifle ich. Das Singen, das Artisten-Dasein, das wird es so nicht mehr geben. Es gibt keinen Rücktritt vom Rücktritt. Ich fühle mich nicht mehr öffentlich.«

Doch der Abschied lässt Freddy Quinn keine Ruhe. Der letzten Worte sind noch nicht genug, im Oktober 2008 meldet er sich erneut öffentlich zu Wort: »Freddy Quinn wird es nie wieder öffentlich geben«, sagt er in einem Interview mit dem Wochenblatt *Neue Post*: »Wenn ich sage, es ist Schluss, dann ist auch Schluss. Ich bin da sehr konsequent.« Noch einmal erinnert er an Lilli Blessmann, so als sei ihr Tod der Grund dafür, dass er verschwinden möchte, für nichts und niemanden mehr erreichbar. »Ich glaube nicht, dass ich in Deutschland bleiben werde. Ich werde mich so verkrümeln, dass mich keiner mehr findet.«

Und jetzt – wir schreiben das Jahr 2011 – wird er 80 Jahre alt, ein Datum, an dem es sich lohnt, zurückzublicken, Bilanz zu ziehen, mit all denen zu feiern, die noch immer bei ihm sind, die ihm geblieben sind. Quinns Manager Werner Triepke lehnt jede Journalistenanfrage schon weit im Vorfeld zum Geburtstag ab: »Herr Quinn wird sich nicht dazu äußern. Es wird auch keine öffentlichen Feiern zu seinem Geburtstag geben, weder auf der Bühne und auch nicht im Fernsehen. Es ist jedenfalls nichts geplant, woran er sich beteiligen würde.« Aber wo steckt er eigentlich? Auch darauf möchte Herr Triepke nicht antworten. All seine Ankündigungen der letzten Jahre – Freddy Quinn hat sich offensichtlich daran gehalten, er ist und bleibt verschwunden. So wie er einst, vor 45 Jahren, seinen Start in die Karriere inszenierte als ein Auftauchen aus dem Nichts, tritt er jetzt wieder ab ins Nichts.

Was bleibt, sind ungezählte Namensnennungen bei »Google Alert«, diesem Erinnerungsdienst im Internet, der jede Wiedergabe seines Namens, egal wo im Netz, aufzeichnet und weitergibt. Es vergeht kein Tag, an dem sein Name hier nicht aufgerufen wird, und fast immer steht er synonym für eine längst vergangene Zeit, für die Schlagerwelt der 1950er-Jahre, für die Mythen und Legenden, die sich um die Seefahrt ranken, für Lieder, die ganz fest eingebrannt sind in das kollektive Gedächtnis dieses Landes. Doch nicht ein einziges Mal wird er erwähnt in aktuellen Reports, nicht einmal in einer Nachricht, um uns zu erzählen, wo er sich wirklich aufhält, was er macht, wie es ihm geht. Dieses seriöse Interesse an seiner Person bringt keiner mehr auf.

Den kläglichen Rest besorgen die Boulevardmedien, jene Frauenzeitschriften aus der zweiten Reihe, die immer noch wissen, dass der Name Quinn auf dem Titel ausreicht, um Käufer zu finden. Das sind die verbliebenen Fans, die ihr Idol nicht loslassen wollen, so lange war er Teil ihres Lebens, und noch haben sie sich nicht von ihm verabschiedet. Stattdessen müssen sie sich abspeisen lassen mit Schlagzeilen, die nicht einmal sie mehr glauben können: »Es ist so tragisch – Freddy Quinn spurlos verschwunden«, oder: »Jetzt kommt es heraus: Heimliches Liebesglück mit Ingrid van Bergen«, oder: »Verzweifelt gesucht! Sein Ziehsohn fleht: Bitte melde dich«, oder: »Jetzt enthüllt: Sein geheimes Vermächtnis«, oder: »Wir haben ihn gefunden! Sein heimliches Leben in der Schweiz«, oder: »Sensationelle Enthüllung! Neue Liebe mit 79«, oder: »Spätes Glück! Die Liebe ist zu ihm zurückgekehrt«. Nicht eine einzige Geschichte hält, was die Schlagzeile verspricht. Stattdessen Klatsch, Gerüchte, Spekulationen: Ist er in Neuseeland? Vielleicht in Dubai? Oder doch am Lago Maggiore? Auf jeden Fall mit einer Neuen, mit einer Frau an seiner Seite. Mit der hat man ihn gesehen, in New York. Und irgendwo an einem Strand in Neuseeland. Und in Tenero im schweizerischen Kanton Tessin. Im Supermarkt »Manor«. Die Kronzeugen für derlei Geschichten sind einstige Filmpartner wie Ingrid van Bergen, ein Hamburger Ehepaar, das die gleiche Apotheke besucht, in der der Star früher Kunde war, die Verkäuferin in einem »Swisscom«-Handy-Laden, der Kioskbesitzer, bei dem sich Freddy schon mal eine Zeitung gekauft hat.

Das also soll übrig bleiben von diesem langen Künstlerleben, leeres Geschwätz in unseriösen Zeitschriften? Wenn das wirklich alles ist, tut Freddy Quinn gut daran, versteckt zu bleiben. Und nicht zu reagieren. »Ich dementiere nichts, jedes Dementi rollt eine nicht zutreffende Geschichte ja doch nur wieder neu auf.« Aus jahrzehntelanger Erfahrung weiß er, dass jeder Versuch einer Richtigstellung nur neues Gerede und weitere Gerüchte befeuert. Dieses Schicksal teilt Quinn mit allen anderen seiner Zunft. Seine Schublade ist die des Schlagersängers, und der gilt nichts hierzulande. Das ist ganz anders beispielsweise in Italien oder Frankreich, wo populäre Künstler, egal welchen Genres, die Wertschätzung genießen, die ihnen zukommt. Hier aber gehört der Schlagersänger zur untersten Kaste, ist einer, über den man ernsthaft nichts berichten will, über den man Witze reißt und dem man »Schlagerfuzzi« nachruft. Er ist nichts weiter als einer, der ein bisschen musikalisches Beiwerk liefert für den Alltag und für die Massen, dem aber keine Beachtung und kein Respekt gebührt. »Die deutsche Schublade«, hat Quinn einmal gesagt, »ist so eng und böse.« Kein einziger Musikkritiker würde je auf die Idee kommen, das neue Album eines Schlagersängers zu rezensieren, und ausverkaufte Konzerthallen werden zwar zur Kenntnis genommen, aber mit Häme kommentiert. Und die Verkaufszahlen der Platten werden lediglich berücksichtigt, wenn sie deutlich höher liegen als bei jenen Musikern, denen ansonsten die ganze Aufmerksamkeit des Feuilletons gilt. Wenn sie sich dennoch behaupten wollen, die Schlagersänger, dann pochen sie darauf, dass sie eigentlich was anderes können, was anderes sind. Gitte Hænning – kommt sie nicht vom Jazz? Roy Black – ein heimlicher Rocker? Mary Roos – eine verkappte Chansonsängerin? Marianne Rosenberg – eigentlich eine Punkerin? Die Liste der verkehrten Karrieren ist lang. Hinter diesen Legenden verschanzen sich die Künstler, die in ihrem angestammten Metier keinerlei Anerkennung finden. Anstatt stolz darauf zu sein, dass sie über Jahre und Jahrzehnte ein Millionenpublikum zum Träumen gebracht, ihm Trost gespendet und es hervorragend unterhalten haben, machen sie sich selbst was vor, frisieren ihre Biografien und werden zu Hochstaplern.

Freddy Quinns Minderwertigkeitskomplex, den er gemein hat mit vielen seiner Kolleginnen und Kollegen, rührt auch daher, dass er niemals eine wirkliche Anerkennung gefunden hat dafür, so viele Menschen mit seiner Stimme und seinem Charisma für sich eingenommen zu haben. Und wird er dann doch einmal geladen und zum Gespräch gebeten von den Medien, die ihn ansonsten geflissentlich übergehen, dann versucht er seine stolze Freude darüber mit Koketterie oder zynischen Sprüchen zu kaschieren. »Oh, die Süddeutsche! Die echte authentische Süddeutsche Zeitung«, sagt er beispielsweise dem *SZ*-Reporter, »bemüht sich darum, einen älteren Herrn aus Hamburg zu befragen?« »Ich bin wohl die Legende, die keine Zukunft mehr hat«, kontert er Sandra Maischberger sarkastisch, nachdem sie ihn als »Legende« in ihrer Talkrunde begrüßt hat. »Ich bin ganz aufgeregt, neben der schönsten Frau des deutschen Fernsehens zu stehen«, umgarnt er Bettina Böttinger in ihrer Show *B. trifft*. Die gleiche Masche gegenüber Christine Westermann und Götz Alsmann in *Zimmer frei*: »So viel Lampenfieber wie heute habe ich noch nie gehabt«, und bei Alfred Bioleks *Boulevard Bio*: »Ich bin so nervös und von Lampenfieber gepackt, bei dir zu sein. Diese Ehre macht mir zittrige Hände.« All diese Spielereien und Konversationstricks täuschen nicht über die Kränkungen hinweg, die Freddy Quinn zeit seiner Karriere erfahren hat. Dafür rächt er sich jetzt und bleibt verschwunden, will nicht mehr auftreten und sich keiner Öffentlichkeit mehr zeigen. »Wenn ich einmal nicht mehr bin«, tröstet er jene, die ihn wirklich vermissen, »hinterlasse ich etliche Aufnahmen von mir. Alles andere ist doch egal.« Und an anderer Stelle: »Ich möchte einfach nur noch vergessen werden.«

PERSONENREGISTER

BILDNACHWEIS

Seite	Copyright-Vermerk
47	privat
55	Story / privat
57	Story / privat
66	privat
68	ullstein bild / Blume
109	Lothar Winkler / Hipp-Foto – Marianne Winkler, Berlin
123	Lothar Winkler / Hipp-Foto – Marianne Winkler, Berlin
127	Conti Press / Keystone
175	ullstein bild / Harry Croner
230	Lothar Winkler / Hipp-Foto – Marianne Winkler, Berlin
239	Lothar Winkler / Hipp-Foto – Marianne Winkler, Berlin
251	Lothar Winkler / Hipp-Foto – Marianne Winkler, Berlin
260	Lothar Winkler / Hipp-Foto – Marianne Winkler, Berlin
263	ddp images
277	bpk / Alexander Enger
284	ullstein bild / C. T. Fotostudio
299	Lothar Winkler / Hipp-Foto – Marianne Winkler, Berlin
300	picture-alliance / dpa / Wolfgang Langenstrassen
306	Lothar Winkler / Hipp-Foto – Marianne Winkler, Berlin
327	Lothar Winkler / Hipp-Foto – Marianne Winkler, Berlin
336	picture-alliance / dpa / Fabian Bimmer

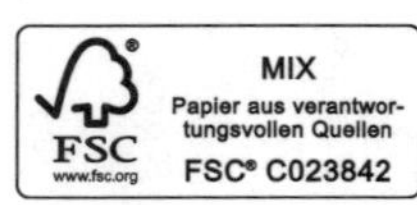

Originalausgabe
2. Auflage 2011

Lektorat: Heiko Arntz, Wedel
Umschlag: b3K, Hamburg – Frankfurt a. M.
Umschlagmotiv: © picture-alliance/dpa/Gus
Satz: Reemers Publishing Services GmbH, Krefeld
Druck und Bindung: Bercker Graphischer Betrieb, Kevelaer
Printed in Germany 2011
ISBN 978-3-85535-390-3

www.atrium-verlag.com